KB091556

파이썬 기반
강화학습 알고리듬

파이썬 기반
강화학습 알고리듬

DP, Q-Learning, AC, DQN, TRPO, PPO, DDPG,
TD3, Imitation Learning, ESBAS 알아보기

안드레아 론자 지음 **정사범** 옮김

i!i
에이콘

부모님께, 제게 생명이라는 빛을 주시고 항상 제 곁에 있어주셔서 감사합니다.
페드, 당신은 화가 많이 났군요.
당신은 항상 내게 더 많은 것을 하도록 영감을 줬습니다.
고맙습니다. 형님.

에이콘출판의 기틀을 마련하신 故 정완재 선생님 (1935-2004)

| 지은이 소개 |

안드레아 론자^{Andrea Lonza}

인공지능에 대한 열정과 지능적으로 행동하는 기계를 만들고자 하는 욕구를 지닌 딥 러닝 엔지니어다. 학문과 산업 분야의 기계학습 프로젝트를 통해 강화학습, 자연어 처리, 컴퓨터 비전 등의 전문 지식을 습득했다. 또한 몇몇 캐글^{Kaggle} 대회에 참가해 높은 성적을 거두고 있다. 그는 항상 설득력 있는 도전을 하고 있으며 자신의 능력을 스스로 증명하는 것을 좋아한다.

그레그 월터스 Greg Walters

1972년부터 컴퓨터와 컴퓨터 프로그래밍에 관여해 왔다. Visual Basic, Visual Basic .NET, MySQL, SQLite, Microsoft SQL Server, Oracle, C++, Delphi, Modula-2, Pascal, C, 80×86 Assembler, COBOL, Fortran에 조예가 깊다. 프로그래밍 트레이너로 MySQL, Open Database Connectivity, Quattro Pro, Corel Draw!, Paradox, Microsoft Word, Excel, DOS, Windows 3.11, Windows for Workgroups, Windows 95, Windows NT, Windows 2000, Windows XP, Linux를 비롯한 여러 컴퓨터 소프트웨어에서 수많은 사람을 대상으로 강의를 해왔다. 현재는 은퇴했고 여가 시간에 음악과 요리를 좋아하지만 다양한 프로젝트에서 프리랜서로 일하기도 한다.

| 옮긴이 소개 |

정사범(sabumjung@hotmail.com)

의사결정과 최적화 방법론에 관심이 많다. 세상에 존재하는 다양한 데이터를 이용해 당면 문제를 해결하는 일을 하고 있다. 다양한 책과 현장 경험을 통해 데이터 수집, 정제, 분석, 보고 방법의 지식을 얻는 데 감사하고 있다. 에이콘출판사에서 출간한 『RStudio 따라잡기』(2013), 『The R book (Second Edition) 한국어판』(2014), 『예측 분석 모델링 실무 기법』(2014), 『데이터 마이닝 개념과 기법』(2015), 『파이썬으로 풀어보는 수학』(2016), 『데이터 스토리텔링』(2016), 『R에서 객체지향 프로그래밍 사용하기』(2016), 『파이썬 프로그래밍 개론』(2016), 『산업인터넷IIoT과 함께 하는 인더스트리 4.0』(2017), 『장고 마스터하기』(2017), 『텐서플로로 구현하는 딥러닝과 강화학습』(2017), 『머신 러닝 알고리즘』(2019)을 번역했다.

| 옮긴이의 말 |

우리는 AI가 적용된 여러 분야의 적용 사례를 매일 신문 기사나 기타 매체를 통해 접하고 있습니다. 이처럼 딥 러닝으로 시작된 AI의 재도약은 다양한 분야에서 실무 적용으로 많은 관심을 받고 있습니다. 이러한 현상은 딥 러닝이라는 기존 AI의 문제점을 극복한 알고리듬 측면의 발전도 있겠지만 대량의 데이터셋과 컴퓨팅 파워의 기하급수적인 성장도 무시할 수 없는 영향을 미쳤다고 볼 수 있습니다.

과거에 비해 많은 사람이 AI는 분류, 회귀, 클러스터링, 차원 축소 등의 업무에서 인간보다 우수한 능력을 보여주고 있다는 점에 동의하리라 생각하게 됐습니다. 특히 바둑, 자율주행, 이미지 분류, 음성인식 등의 업무에서 기대 이상의 성능을 보여주고 있다는 것은 논쟁의 여지가 없는 현실이 돼가고 있습니다.

이와 같은 딥 러닝의 성공은 인간의 개입 없이 다양한 수준의 추상화abstraction를 통해 분석 대상 데이터의 디스크립터descriptors를 학습할 수 있게 했다는 점에 기인한다고 볼 수 있습니다. 이러한 시점에서 추가로 관심을 받는 영역이 바로 강화학습 기술입니다.

누군가 강화학습이 왜 필요한지 묻는다면 저는 사전에 최적의 의사결정 능력을 기계가 학습하도록 해 실시간으로 인간보다 뛰어난 의사결정을 할 수 있도록 하기 위해라고 답하고 싶습니다. 최적의 의사결정 방법은 다양하지만 강화학습은 실시간으로 최적의 의사결정을 제공한다는 점이 장점이라고 할 수 있습니다.

이러한 능력을 갖추기 위해 기계는 환경과의 상호작용을 통해 의사결정 조건을 스스로 최적화하고 학습한 정책을 통해 실시간으로 더 바람직한 의사결정을 내려야 합니다. 하지만 이러한 능력을 갖추기 위해 강화학습은 여러 가지 문제점과 이슈를 해결해야 합니다. 예를 들면 강화학습에서 중요한 구성 요소인 보상reward이 희박한 경우가 있을 텐데 그 대응 방안을 강구해야 합니다. 이러한 과정에서 여러 가지 강화학습 방법이 나오게 됐고 계속 더 나은 방법이 논문으로 발표되고 있다고 생각합니다. 그만큼 연구를 통해 더 새로운 개선 방안을 만들 여지가 많은 영역이라고 생각합니다.

여러 책을 번역했지만 이 책은 상대적으로 장기간 작업으로 세상의 빛을 보게 된 것 같습니다. 연구 업무로 바쁜 와중에도 주옥과 같은 도움과 조언을 주신 LG전자 생산기술원 박찬호님, 박석우님과 SK하이닉스 이무엽님께 깊은 감사를 드립니다. 또한 이 책이 나오기까지 물심양면으로 도움을 주신 에이콘출판사 여러분께도 감사를 드립니다.

| 차례 |

5장	Deep Q-Network	147

| 들어가며 |

강화학습은 변화하는 요구 사항에 근거해 최적의 행동을 자동으로 결정할 수 있는 스마트한 모델과 에이전트를 만드는 인기 있고 유망한 인공지능 분야다. 파이썬 기반 강화학습 알고리듬은 자가학습 에이전트를 개발할 때 강화학습 알고리듬을 마스터하고 구현하는 것을 이해하도록 도와줄 것이다.

이 책에서는 강화학습 환경에서 작업해야 하는 도구, 라이브러리, 셋업 소개를 시작으로 강화학습의 빌딩 블록을 다루고 Q-러닝과 SARSA 알고리듬의 응용 같은 가치-기반 메서드를 상세하게 알아볼 것이다. 복잡한 문제를 해결하기 위해 Q-러닝과 신경망의 조합을 이용하는 방법을 학습할 것이다. 게다가 DDPG와 TD3 같은 결정적 알고리듬을 학습하기 전에 성능과 안정성을 개선하기 위한 폴리시 그래디언트 메서드, TRPO, PPO를 학습할 것이다. 또한 이미테이션 학습 기술이 작동하는 방법과 DAgger가 에이전트를 훈련시키는 방법을 다룬다.

여러분은 진화 전략과 블랙박스 최적화 기술을 학습할 것이다. 마지막으로 UCB와 UCB1 같은 탐색 접근법을 학습하고 ESBAS라는 메타-알고리듬을 개발해보겠다.

이 책을 마칠 시점에는 현실 문제를 해결하기 위해 강화학습 알고리듬을 활용할 수 있는 역량을 갖추고 강화학습 연구 모임에 참여할 수 있을 것이다.

▌ 이 책의 대상 독자

인공지능 엔지니어, 딥 러닝 사용자, 강화학습 기초를 학습하고자 하는 분에게 적합하다. 또한 강화학습 분야의 일부 고급 기술을 알고 싶은 경우에도 일부 내용이 유용하다는 것을 알게 될 것이다. 다만 책 내용을 알려면 파이썬 활용 지식은 선결 요건이다.

▌ 이 책의 내용

1장, 강화학습의 개요 강화학습이 필요한 분야와 강화학습 알고리듬을 이미 적용한 분야를 설명한다. 또한 2장의 프로젝트 실행에 필요한 툴, 라이브러리, 설정setup을 설명한다.

2장, 강화학습 사이클과 OpenAI Gym 구현 강화학습 알고리듬의 주요 사이클, 알고리듬 개발에 필요한 툴킷, 다양한 환경 유형을 설명한다. 랜덤 액션을 이용해 카트폴CartPole을 플레이하기 위해 OpenAI Gym 인터페이스를 이용한 랜덤 에이전트를 개발할 수 있다. 또한 다른 환경을 실행하기 위해 OpenAI Gym 인터페이스를 사용하는 방법도 학습해본다.

3장, 동적 프로그래밍으로 문제 해결하기 핵심 아이디어, 용어, 강화학습의 접근법을 소개한다. 강화학습의 메인 블록을 학습하고 문제 해결을 위해 강화학습 알고리듬을 만드는 방법의 일반적인 아이디어를 개발한다. 또한 모델-기반과 모델-프리 알고리듬의 차이와 강화학습 알고리듬 분류를 학습할 것이다. 동적 프로그래밍은 프로즌레이크frozenlake 게임을 해결하는 데 사용해본다.

4장, Q-러닝과 SARSA 애플리케이션 가치-기반 메서드 특히 동적 프로그래밍과 다르며 대규모 문제에 확장 적용이 가능한 Q-러닝과 SARSA를 설명한다. 이 알고리듬을 이해하기 위해 프로즌레이크 게임에 강화학습을 적용하고 동적 프로그래밍과의 차이를 알아본다.

5장, DQN 특별하게 Q-러닝에 적용한 신경망과 컨볼루션 신경망 CNN을 설명한다. Q-러닝과 신경망의 결합이 어떻게 뛰어난 결과를 만들고 많은 문제 해결에 사용될 수 있는지 알게 될 것이다. 추가로 DQN을 OpenAI Gym 인터페이스를 이용한 아타리 게임에 사용해본다.

6장, 확률적 PG 최적화 학습 새로운 모델-프리 알고리듬 군(폴리시 그래디언트 메서드)을 소개한다. 그리고 폴리시 그래디언트와 가치-기반 메서드의 차이점과 장·단점을 학습한다. 다음으로 Lunarlander라는 신규 게임을 학습하기 위해 REINFORCE와 액터-크리틱 알고리듬을 구현해본다.

7장, TRPO와 PPO 구현　폴리시 개선을 제어하기 위해 신규 메커니즘을 사용한 폴리시 그래디언트 메서드 변경을 제안한다. 이 메커니즘은 폴리시 그래디언트 알고리듬의 안정성과 수렴성을 개선하는 데 사용한다. 특히 TRPO와 PPO 같은 기술을 사용한 2개의 메인 폴리시 그래디언트 메서드를 구현한다. 연속형 액션 공간을 갖는 환경인 로보스쿨[RoboSchool]에 구현해본다.

8장, DDPG와 TD3 애플리케이션　폴리시 그래디언트와 Q-러닝을 모두 결합한 결정적 폴리시 알고리듬이라는 신규 알고리듬을 소개한다. 내부 컨셉을 학습하고 신규 환경에서 2개의 딥 결정적 알고리듬인 DDPG와 TD3를 구현해본다.

9장, 모델-기반 강화학습　미래 액션을 계획하거나 환경 모델을 학습하는 강화학습 알고리듬을 설명한다. 강화학습 알고리듬의 작동 방법, 장점, 많은 상황에서 선호하는 이유를 알게 될 것이다. 모델-기반 강화학습을 마스터하기 위해 로보스쿨에서 모델-기반 알고리듬을 구현해본다.

10장, DAgger 알고리듬으로 이미테이션 학습하기　이미테이션 학습의 작동 방법과 문제에 적용하고 적합화[fit]하는 방법을 설명한다. 가장 잘 알려진 이미테이션 학습 알고리듬인 DAgger를 학습한다. 이 알고리듬을 잘 이해하기 위해 FlappyBird에서 에이전트의 학습 과정 속도를 높이는 데 이를 구현해본다.

11장, 블랙박스 최적화 알고리듬 이해하기　역전파에 의존하지 않는 블랙박스 최적화 알고리듬인 진화 알고리듬을 알아본다. 이 알고리듬은 빠른 훈련과 수백, 수천 개 코어를 이용한 쉬운 병렬화 때문에 관심 받고 있다. 11장은 일종의 진화 알고리듬인 진화 전략 알고리듬에 초점을 맞춰 이 이론에 대한 이론적 실제 적용 배경을 설명한다.

12장, ESBAS 알고리듬 개발하기　강화학습에 특화된 중요한 탐색-활용 딜레마를 소개한다. 이 딜레마는 멀티-암드 밴딧 문제를 이용해 데모 시연을 하고 UCB와 UCB1 같은 접근법으로 해결할 것이다. 다음으로 알고리듬 선택 문제를 학습하고 ESBAS 메타-알고리듬을 개발한다. 이 알고리듬은 개별 상황에서 가장 적합한 강화학습 알고리듬을 선택하는 UCB1을 이용한다.

13장, 강화학습의 도전 과제를 해결하기 위한 실제 구현   이 분야의 주요 도전 과제를 살펴보고 이를 극복하기 위한 몇 가지 사례와 메서드를 설명한다. 강화학습을 실제 현실 문제에 적용하기 위한 몇 가지 도전 과제, 딥 강화학습의 미래 개발, 현실에서의 사회적 임팩트를 학습한다.

▌ 이 책의 선수 지식

파이썬 개발 지식이 필요하다. 강화학습과 다양한 강화학습 툴 지식이 도움이 된다.

예제 코드 파일 다운로드

팩트사 사이트(www.packt.com) 계정을 이용하면 예제 코드 파일을 다운로드할 수 있다. 다른 곳에서 이 책을 구매한 경우 www.packtpub.com/support를 방문해 파일을 이메일로 직접 전달받기 위해 등록할 수 있다. 다음 과정을 통해 코드를 다운로드할 수 있다.

1. www.packt.com에 로그인하거나 등록한다.
2. Support 탭을 선택한다.
3. Code Downloads를 클릭한다.
4. Search 박스에서 책 이름을 입력하고 온스크린 지침을 따라한다.

파일을 다운로드하면 다음 프로그램의 최신 버전을 이용해 해당 폴더의 압축을 푼다.

- WinRAR/7-Zip: 윈도우용
- Zipeg/iZip/UnRarX: 맥용
- 7-Zip/PeaZip: 리눅스용

또한 깃허브 https://github.com/PacktPublishing/Reinforcement-Learning-Algori thms-with-Python에서도 예제 코드를 다운로드할 수 있으며, 에이콘출판사의 깃허브 https://github.com/AcornPublishing/rl-python에서도 동일한 코드를 다운로드할 수 있다.

컬러 이미지 다운로드

또한 이 책에서 사용한 스크린샷 및 그래프의 컬러 이미지가 있는 PDF 파일도 제공한다. 해 당 파일은 http://www.packtpub.com/sites/default/files/downloads/97817891311 16_ColorImages.pdf에서 다운로드할 수 있다.

사용된 규칙

이 책 전반에 사용된 많은 텍스트 사용 규칙이 있다.

CodeInText: 문장 내 코드, 데이터베이스 테이블명, 폴더 이름, 파일명, 파일 확장자, 경로 명, 더미 URL, 사용자 입력, 트위터 핸들을 표시할 때 사용하는 글자체다. 사용 예는 다 음과 같다.

> "이 책에서는 파이썬 3.7을 사용한다. 하지만 3.5 이상 모든 버전에서 작동한다. 또 한 numpy와 matplotlib를 이미 설치했다고 가정한다."

코드 블록은 다음과 같이 설정한다.

```
import gym

# 환경을 생성한다.
env = gym.make("CartPole-v1")

# 시작하기 전에 환경을 리셋한다.
```

```
env.reset()

# 10회 반복한다.
for i in range(10):
# 랜덤 액션을 취한다.
    env.step(env.action_space.sample())
    # 게임을 렌더링한다.
    env.render()

# 환경을 닫는다.
env.close()
```

모든 명령-행 입력이나 출력은 다음과 같다.

```
$git clone https://github.com/pybox2d/pybox2d
$cd pybox2d
$pip install -e
```

볼드체: 신규 용어, 중요 단어, 스크린상에서 보는 단어를 표시할 때 사용하는 글자체다. 예를 들어 메뉴나 대화 창 박스상 단어는 이와 같은 글자체로 표시한다. 사용 예는 다음과 같다.

> "**강화학습**[RL]에서 알고리듬은 에이전트라고 하고 에이전트는 환경에서 제공된 데이터로부터 학습한다."

 경고나 중요한 내용은 이 박스로 표시한다.

 팁이나 요령은 이 박스로 표시한다.

▮ 연락하기

여러분의 피드백은 항상 환영한다.

질문: 책의 모든 내용에 질문이 있다면 메시지 제목에 책 이름을 언급한 후 다음 주소 (customer@packtpub.com)로 메일을 보내기 바란다. 한국어판에 관한 질문은 에이콘출판사 편집 팀(editor@acornpub.co.kr)이나 옮긴이의 이메일로 문의하길 바란다.

오류: 책의 모든 내용을 확인했지만 여전히 오류가 있을 것이다. 오류를 발견했다면 해당 내용을 알려주기 바란다. www.packtpub.com/support/errata를 방문해 해당 책을 선택한 후 Erra Submission Form Link를 클릭해 상세한 내용을 입력해주기 바란다. 한국어판의 정오표는 에이콘출판사의 도서정보 페이지 http://www.acornpub.co.kr/book/rl-python에서 볼 수 있다.

저작권 침해: 인터넷상 모든 형태의 불법 복사물을 목격했다면 위치 주소나 웹사이트 명을 알려주기 바란다. 해당 불법 복사물에 대한 링크를 copyright@packt.com으로 알려주기 바란다.

알고리듬과 환경

1부는 강화학습의 기초 내용을 소개한다. 1부에서는 강화학습의 개요를 설명하고 책 후반부에서 사용하게 될 강화학습 환경 설정을 알아볼 것이다.

1부에서는 다음 내용을 다룬다.

- 1장, 강화학습의 개요
- 2장, 강화학습 사이클과 OpenAI Gym 구현
- 3장, 동적 프로그래밍으로 문제 해결하기

강화학습의 개요

인간과 동물은 시행착오 과정을 통해 학습한다. 이 과정은 어떠한 행동에 대해 반응하는 보상 메커니즘에 근거하며 강화학습의 목표는 수차례 반복을 통해 긍정적 반응을 보이는 행동은 권장하고 부정적 반응을 보이는 행동은 권장하지 않는 것이다. 시행착오trial and error 메커니즘을 통한 보상gratification보다 복잡하지만 의미 있는 목표를 장기간 추적해 학습한다.

상호작용과 경험을 통한 학습은 필수 요건이다. 다른 사람이 축구하는 것을 보는 것만으로 축구하는 방법을 익힌다고 생각해보자. 이러한 형태로 학습해 축구시합을 한다면 잘하지 못할 것이다.

이 사실은 20세기 중반 리차드 헬드Richard Held와 알란 하인Alan Hein이 캐러셀Carousel에서 키운 두 새끼고양이kittens 연구(1963년)에서 입증됐다. 연구에서 한 마리 고양이는 활발하게 움직인 반면 다른 고양이는 위축된 채 활발하게 움직이는 고양이를 따라다녔다. 두 마리

고양이가 빛에 노출되자마자 능동적인 고양이만 외부 환경을 잘 인지해 이동하는 기술을 익혔고 수동적인 고양이는 잘 대응하지 못했다. 연구 결과 수동적인 고양이는 자기 쪽으로 다가오는 물체에 즉각적인 반응blink-reflex을 못한다는 것을 알 수 있었다. 이 실험을 통해 동물이 학습하려면 물리적으로 환경과 상호작용하는 것이 매우 중요하다는 것을 알게 됐다.

강화학습은 동물과 인간이 학습하는 방법을 참조해 환경에 능동적 반응을 하고 다양한 시행착오 결과를 이용해 학습하는 것이다. 특히 강화학습은 에이전트가 세상이라는 환경과의 상호작용을 통해 학습하는 방법이다. 기계는 환경과의 상호작용을 통해 학습함으로써 인간과 유사하게 행동할 수 있다.

이 책은 강화학습에 대한 책이다. 기본적으로 알고 있어야 하는 강화학습 내용을 여러분이 잘 이해하도록 하는 것이 목표다. 1부에서는 강화학습의 기초 개념을 설명한다. 이 개념을 이해한 후 강화학습 알고리듬을 개발한다. 그 다음에는 더 어렵지만 흥미로운 문제를 해결하기 위해 복잡한 고급 알고리듬을 만들어본다. 이 책을 읽으면서 강화학습 문제가 다양한 형태로 존재하며 문제를 해결하는 알고리듬도 다양하다는 것을 알게 될 것이다. 따라서 실용적인 알고리듬 구현은 물론 각 방법의 개념을 간결하고 명확하게 설명하겠다.

1장에서는 강화학습의 기본 개념, 여러 접근법의 차이, 폴리시policy, 가치함수value function, 보상reward, 환경 모델model of the environment의 개념을 설명한다. 또한 강화학습의 역사와 해당 분야도 설명하겠다.

1장에서는 다음 내용을 다룬다.

- 강화학습 소개
- 강화학습 요소
- 강화학습 적용 분야

▌ 강화학습 소개

강화학습은 순차적 의사결정 문제에 대해 바람직하다고 생각하는 최적의 목표를 달성하는 기계학습 분야다. 강화학습 문제는 에이전트^{agent}라는 의사결정자, 에이전트가 상호작용하는 물리적 가상세계인 환경으로 이뤄져 있다. 에이전트는 영향력^{effect}을 보여주는 행동^{action}으로 환경과 상호작용한다. 결과적으로 환경은 에이전트에게 신규 상태^{state}와 보상을 피드백한다. 상태와 보상 이 두 가지 신호는 에이전트가 취하는 행동의 결과다. 특히 보상은 해당 행동의 선악$^{how\ good\ or\ bad}$에 대한 피드백이고 상태는 에이전트와 환경의 현재 표현이다. 강화학습 사이클은 다음 그림과 같다.

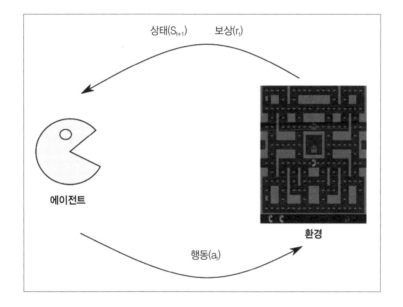

그림에서 에이전트^{agent}는 환경의 현재 상태에 따라 어떠한 행동을 취할지 결정하는 팩맨이다. 팩맨의 행동은 자신의 위치와 적의 위치 같은 환경에 영향을 미친다. 이와 같은 자신의 위치와 적의 위치는 신규 상태와 보상 형태로 환경에 의해 리턴되는 값이다. 이 사이클은 게임이 끝날 때까지 반복적으로 실행된다.

에이전트의 최종 목표는 살아 있는 동안 누적된 총 보상을 최대화하는 것이다. 용어를 간단하게 정리해보자. a_t는 시간 t에서의 행동이고 r_t는 시간 t에서의 보상이며 에이전트는 모든 보상의 합 $\sum_{i=0}^{t} r_i$을 최대화하기 위해 행동 a_0, a_1, …, a_t를 취한다.

누적 보상cumulative reward을 최대화하려면 에이전트가 모든 상황에서 최고의 행동을 학습해야 한다. 이를 위해 에이전트는 모든 개별 행동을 처리하는 동안 장기간 시평time horizon을 최적화해야 한다. 많은 이산형이나 연속형 상태와 행동이 있는 환경에서 에이전트는 개별 상황을 고려할 수 있어야 하므로 학습이 어렵다. 이 외에도 강화학습은 매우 드물고sparse 지연된 보상delayed rewards을 갖기 때문에 학습이 어렵다.

예를 들어 빈도가 드문 보상sparse reward의 복잡함을 설명하기 위해 헨젤Hansel과 그레텔Gretel 이야기를 생각해보자. 두 남매의 부모는 아이들을 버리려고 숲속으로 데려갔다. 하지만 부모의 의도를 눈치챈 헨젤은 집을 떠나면서 빵 부스러기를 챙겨 나왔다. 그리고 동생과 집으로 돌아갈 수 있도록 빵 부스러기를 길 위에 떨어뜨렸다. 이 현상을 강화학습 프레임워크로 보면 에이전트는 헨젤과 그레텔이며 환경은 숲이다. 헨젤과 그레텔은 빵 부스러기를 찾아낼 때마다 보상 +1을 획득하고 집에 도착하면 보상 +10을 획득한다. 이 경우 빵 부스러기 흔적이 많을수록 집에 돌아가는 길을 쉽게 발견할 수 있다. 즉 한 개의 빵 부스러기를 찾고나서 또 다른 빵 부스러기를 찾는 과정에서 상대적으로 적은 영역을 탐색할 수 있게 하는 것이 좋다. 하지만 현실에서는 빈도가 드문 보상sparse rewards이 빈도가 잦은dense 보상보다 일반적인 현상이다.

강화학습의 중요한 특징은 동적dynamic이며 불확실uncertain하고 비결정론적인non-deterministic 환경을 다룰 수 있다는 점이다. 이 특징은 현실에서 강화학습을 채택하는 중요한 항목이라고 할 수 있다. 다음 내용은 현실세계의 문제를 강화학습 설정으로 다시 프레임할 수 있는 예제다.

- 자율주행 자동차는 강화학습만으로 접근하기 어려운 기술이다. 자율주행은 인도, 주변 차량, 자전거, 신호 등 많은 운전상황을 고려해야 하는 불확실하고 까다로운 문제다. 자율주행에서 자동차는 운전대, 액셀러레이터, 브레이크로 작동하는 에이전트이고 주변 운전상황은 환경이다. 분명하게 에이전트는 카메라, 레이더, GPS 같은 센서를 통해 제한된 정보만 수집할 수 있어 주변 상황을 완벽하게 파악할 수는 없다. 자율주행 자동차의 목표는 사고 없이 법 규정을 위반하지 않고 최단시간에 목적지에 도착하는 것이다. 결과적으로 에이전트는 네거티브 이벤트가 발생하면 네거티브 보상을 획득할 수 있고 포지티브 보상은 에이전트가 목적지에 도착할 때 운전시간에 비례해 획득할 수 있다.
- 서양 장기 체스는 상대방의 최고 말인 왕king을 꼼짝 없이 잡히는 상황으로 몰아넣는 것이 목표다. 강화학습 프레임워크로 정리하면 게이머player가 에이전트이고 환경은 보드게임인 장기판의 현재 상태다. 에이전트는 장기판의 말을 규칙에 따라 이동시킨다. 환경은 승패에 따라 에이전트에게 긍정적 보상이나 부정적 보상을 한다. 나머지 모든 상황에서 보상은 0이며 다음 상태는 상대방 말이 이동한 후의 장기판 상태다. 서양 장기의 경우 자율주행 자동차와 달리 환경 상태는 에이전트 상태와 같다. 즉 에이전트는 환경의 완벽한 뷰를 갖는다고 할 수 있다.

강화학습과 지도학습 비교

강화학습과 지도학습은 데이터를 이용해 학습하는 유사하지만 다른 패러다임을 갖는다. 지도학습과 강화학습을 이용하면 많은 문제를 해결할 수 있다. 하지만 대부분의 경우 각 학습 방법에 적합한 문제 유형이 있다.

지도학습은 예제를 구성하는 제한된 데이터 양을 갖는 고정 데이터셋으로 일반화 방법을 학습한다. 각 예제는 입력과 즉각적인 학습 피드백을 제공하는 출력label으로 이뤄져 있다.

강화학습은 특정 환경에서 취할 수 있는 순차적 행동sequential actions에 중점을 둔다. 이 경우 지도supervision 역할을 하는 것은 보상reward이다. 강화학습은 지도학습과 달리 어떠한 상황에서 취해야 할 정답 행동correct action이 없다.

강화학습은 학습을 위한 더 일반적이고 완벽한 프레임워크라고 볼 수 있다. 강화학습만 갖는 주요 특징은 다음과 같다.

- 보상은 빈도가 잦거나 드물 수 있고 발생이 상당히 지연될 수 있다. 대부분의 경우 보상은 해당 작업이 종료될 때만 획득할 수 있다. 장기게임이 그 예다.
- 해결해야 할 문제는 순차적sequential이며 시간에 따라 영향을 받는다time-dependent. 행동은 다음 행동에 영향을 미치며 결과적으로 획득할 수 있는 보상과 상태에 영향을 미친다.
- 에이전트는 목표 달성을 위해 기존보다 더 높은 잠재력을 갖는 행동(활용exploitation)을 취해야 한다. 하지만 미래에 더 좋은 행동을 하기 위해 과거에 하지 않았던 새로운 행동을 시도(탐색exploration)도 해야 한다. 이와 같은 문제를 탐색-활용 딜레마exploration-exploitation dilemma 또는 탐색-활용 상충 관계exploration-exploitation trade-off 라고 하며 탐색과 활용 사이의 균형을 잡는 어려운 작업을 해야 한다. 강화학습은 지도학습과 달리 이익이 된다고 생각되면 새로운 데이터를 자유롭게 수집할 수 있고 이와 관련된 행동이 환경에 영향을 미칠 수 있다는 점이 매우 중요하다.
- 환경은 확률적stochastic이고 비결정론적nondeterministic이다. 따라서 에이전트는 다음 행동을 학습하고 예측할 때 이 점을 고려해야 한다. 사실 많은 강화학습은 한 개의 결정론적 값이나 확률에 근거해 일정 범위의 값을 출력할 수 있도록 구성 요소를 설계할 수 있다.

세 번째 학습 유형은 비지도 학습unsupervised learning이다. 이 방법은 어떠한 지도 정보를 제공하지 않고 데이터의 패턴을 찾아내는 기술이다. 데이터 압축, 군집화, 생성 모델이 비지도 학습의 예다. 또한 비지도 학습은 환경에 대한 탐색과 학습을 위해 강화학습에 사용할 수 있다. 비지도 학습과 강화학습의 결합을 비지도 강화학습unsupervised RL이라고 한다. 이 방법은 어떠한 보상도 제공하지 않으며 에이전트는 환경을 탐색하는 신규 상황을 선호하는 방향으로 내재적 동기intrinsic motivation[1]를 만든다.

 자율주행 자동차 관련 문제는 지도학습 문제로 해결할 수 있지만 성능은 좋지 않다. 성능이 안 좋은 것은 훈련 기간 동안 사용된 에이전트 대비 운영 기간 동안 에이전트가 사용할 데이터 분포가 서로 다르기 때문이다.

강화학습의 역사

강화학습에 대한 최초의 수학적 이론 기반은 1960년대와 1970년대 최적 제어 분야에서 시작됐다. 강화학습 이론은 시간이 지나면서 동적으로 변화하는 시스템dynamic system에 대한 행동behavior 측정을 최소화하면서 대상 문제를 해결했다. 이 방법은 시스템의 역학 관계를 이용해 일련의 방정식을 해결하는 기술이다. 이 시점에 MDPMarkov Decision Process의 핵심 개념이 도입됐다. 이 개념은 확률적 상황에서 의사결정을 모델링하기 위한 일반적인 프레임워크를 제공한다. 이 시점에 DPDynamic Programming라는 최적 제어를 위한 방법이 도입됐다. DP는 MDP를 해결하기 위해 복잡한 문제를 더 단순한 하위 문제Subproblems 집합으로 나눠 해결하는 방법이다.

DP는 역학 관계dynamics가 알려진 시스템에 대해 최적의 제어를 해결하는 더 쉬운 방법만 제공할 뿐 학습 과정은 포함돼 있지 않다. 또한 상태state 수에 따라 계산 자원이 기하급수적으로 증가하기 때문에 차원의 저주curse of dimensionality 문제가 발생한다.

리차드 서튼Richard Sutton과 앤드류 바토Andrew Barto가 지적했듯이 DP 같은 학습 개념을 포함하지 않은 최적 제어 솔루션도 강화학습 범주에 포함시켜야 한다.

---

1 어떠한 활동 자체를 위해 그 활동을 하려는 동기다. Lepper&Hodell(1989)은 내재적 동기는 도전, 호기심, 통제, 상상 네 가지 원천을 갖는다고 주장했다. − 옮긴이

1980년대 시간적으로 연속적인 예측이 어떠한 식으로든 관련돼 있다는 가정에 근거한 학습 개념인 시간차 학습temporal difference learning 방법이 마침내 도입됐다. TD 학습은 이 책에서 설명할 다양하고 강력한 강화학습 알고리듬을 만들어내는 데 중요한 역할을 했다. 일반적으로 예측 기반 지도학습에서는 실제로 관측된 값만 이용해 학습한다. 이와 달리 시간차 학습은 예측이 관측된 결과뿐만 아니라 미래에 대한 다른 예측에 잘 부합되도록 수정한다. 이를 부트스트랩이라고 한다.

시간차 학습으로 처음 해결한 것은 테이블이나 행렬로 표현할 수 있을 정도의 소규모 문제다. 이 방법을 테이블 기반 방법tabular methods이라고 하며 최적의 솔루션이지만 규모 확장scale up이 어렵다는 단점이 있다. 사실 많은 강화학습 문제는 테이블 방법을 사용하기 어려울 정도로 큰 규모의 상태 공간을 갖고 있다. 이러한 큰 규모의 문제를 해결하려면 함수 근사법function approximations을 이용해 적은 리소스로 좋은 근사해를 찾아낼 수 있어야 한다.

강화학습에서 함수 근사, 인공신경망과 심층신경망 사용은 중요한 역할을 한다. 많은 사례에서 봤듯이 다양한 함수 근사법을 이용하면 놀라운 결과를 얻을 수 있다. 딥 러닝을 사용한 강화학습을 딥 강화학습Deep RL이라고 하는데 대표적인 방법으로 2015년 게임화면 이미지 데이터를 이용해 인간보다 게임을 더 잘하는 능력을 보여준 DQNDeep Q Network이 있다. 주목할 또 다른 딥 강화학습은 알파고AlphaGo로 2017년 세계 챔피언에 18번이나 오른 프로 바둑 기사 이세돌을 이긴 첫 번째 프로그램이다. 이러한 기술로 인해 기계가 고차원 공간에서 인간과 동일한 수준으로 이미지를 인식할 수 있고 인간보다 정보처리 능력이 뛰어날 뿐만 아니라 더 나은 행동을 할 수 있다는 것을 보여줬다. 예를 들어 다음 그림과 같이 게이머가 모든 블록을 부숴야 하는 벽돌깨기Breakout 게임을 학습하는 과정에서 딥 강화학습 시스템이 찾아낸 창의적인 게임 방법이 있다. 이 게임에서 에이전트는 한 번의 동작만으로 점수를 최대한 획득할 수 있게 하는 행동으로 좌측 블록을 부숴 공간을 만들고 그 방향으로 공을 보내 더 많은 블록을 깰 수 있다는 것을 기계 스스로 학습했다.

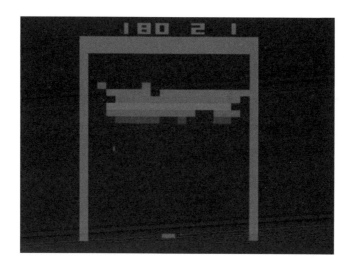

이세돌과의 바둑시합에서 알파고가 보여준 행동 같이 인간이 절대로 이해하지 못하는 에이전트의 여러 가지 뛰어난 행동이나 전략이 있다. 인간의 관점에서는 아무 의미도 없는 행동처럼 보이지만 결국 알파고가 승리하게 한 이러한 행동을 무브 37$^{\text{move37}}$이라고 한다.

오늘날 고차원 상태 또는 행동 공간을 다룰 때 근사함수로 심층신경망을 사용하는 것은 거의 필수 옵션이 됐다. 딥 강화학습은 데이터센터의 전력소비 최소화, 자율주행 자동차, 멀티 기간 포트폴리오 최적화$^{\text{multiperiod portfolio optimization}}$, 로봇공학 같은 해결하기 어려운 문제에 활용되고 있다.

딥 강화학습

강화학습과 딥 러닝을 왜 결합해 사용할까? 딥 러닝이 고차원의 공간 문제를 잘 해결하기 때문이다. 딥 강화학습을 사용하기 전 상태 공간은 특징^{features}이라는 단순한 표현으로 정리해 분석에 사용했다. 일반적으로 이 작업은 설계가 어렵고 전문가만 가능한 작업이었다. 하지만 강화학습은 CNN이나 RNN 같은 심층신경망을 이용해 원본 픽셀이나 자연어 같은 순차적 데이터로부터 다양한 수준의 추상화된 지식을 학습할 수 있게 됐다. 이 과정은 다음 그림과 같다.

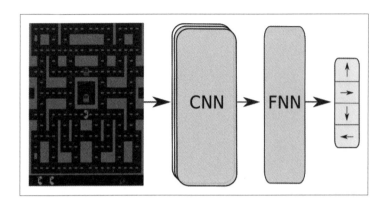

게다가 딥 강화학습은 문제를 엔드투엔드^{end-to-end} 방식으로 해결할 수 있다. 딥 러닝 시대 이전에 강화학습 알고리듬은 두 개의 고유한 파이프라인을 갖고 있었다. 첫째는 대상 시스템의 인식을 다루는 파이프라인이고 둘째는 의사결정을 다루는 파이프라인이다. 이제 딥 강화학습 알고리듬^{deep RL algorithms}으로 두 개의 파이프라인은 서로 연결돼 원본 이미지의 픽셀 인식에서 행동 결정까지 학습할 수 있게 됐다. 예를 들어 위 그림과 같이 시각적 구성 요소를 처리하기 위해 CNN을 사용하고 CNN의 결과를 행동으로 변환하기 위해 완전연결층^{FNN, Fully Connected Neural Network}을 사용해 팩맨을 엔드투엔드^{end-to-end} 딥 러닝[2] 수준으로 훈련시킬 수 있게 됐다.

요즘 딥 강화학습은 고도의 지능을 갖는 기계를 제작하기 위해 필요한 기술 유형으로 생각되고 있기 때문에 매우 화두가 되는 주제다. 그 근거로 인공지능^{Artificial Intelligence} 기술 분야의 대표적인 두 AI 기업인 딥마인드^{DeepMind}와 오픈AI^{OpenAI}가 강화학습에 많은 연구를 진행하고 있기 때문이다. 딥 강화학습으로 상당한 성과를 거뒀지만 아직 갈 길이 멀다. 여전히 해결해야 할 과제가 많은데 그 일부는 다음과 같다.

- 인간의 학습 속도와 비교해 딥 강화학습의 학습 속도가 너무 느리다.

---

2 자료처리 시스템/학습시스템에서 여러 단계의 필요한 처리 과정을 한 번에 처리하는 것을 말한다. 예를 들어 데이터만 입력하고 원하는 목적을 학습시키는 방법이다. - 옮긴이

- 강화학습에서 전이학습$^{transfer\ learning}$은 여전히 개방형 문제$^{open\ problem}$[3]다.
- 보상 함수를 설계하고 정의하기 어렵다.
- 가상이 아닌 현실에서처럼 매우 복잡하고 역동적인 환경에서 강화학습 에이전트를 학습시키기 어렵다.

하지만 강화학습 연구는 매우 빠른 속도로 성장 중이며 여러 회사가 자사 제품에 강화학습을 도입하는 단계다.

▌강화학습의 구성 요소

알다시피 에이전트는 행동을 통해 환경과 상호작용한다. 이로 인해 환경이 변화하고 에이전트는 행동의 품질 수준(좋고 나쁨의 정도)과 신규 상태에 비례하는 보상을 피드백받는다. 에이전트는 시행착오를 통해 모든 상황에서 취할 수 있는 최상의 행동을 점진적으로 학습하며 장기적으로 더 큰 누적 보상을 달성한다. 강화학습 프레임워크에서는 폴리시^{policy}에 따라 특정 상태에서의 행동을 선택하며 해당 상태에서 얻을 수 있는 누적 보상$^{cumulative\ reward}$을 가치함수$^{value\ function}$라고 한다. 요약하면 에이전트가 최적의 상태로 행동하길 원한다면 모든 상황에서 폴리시는 다음 상태에서 가장 높은 가치^{value}를 가져다줄 행동^{action}을 선택해야 한다. 이러한 기본 개념을 자세하게 살펴보자.

폴리시

폴리시^{Policy}는 에이전트가 대상 상태에서 행동을 선택하는 방법을 정의한다. 폴리시는 해당 상태에서 상대적으로 좋은 즉각적인 보상$^{immediate\ reward}$보다 누적 보상을 극대화하는 행

---

3 정확하게 정의되지 않아 이해하기 어렵고 애매해 하나의 정답을 찾기 어렵고 어떠한 답이 최적인지도 알기 어려운 문제로 여러 개의 해답이 가능한 문제를 말한다. 예를 들어 건물을 설계하거나 폴리시를 수립한다면 수학 문제를 푸는 것과 달리 여러 개의 해답이 가능한데 이러한 유형의 문제를 말한다. ─ 옮긴이

동을 선택한다. 따라서 폴리시는 에이전트의 장기 목표를 찾는 데 도움이 된다. 예를 들어 자동차가 목적지에 도착하려면 30km를 더 가야 하지만 현재 남은 연료로 10km만 갈 수 있고 이용할 수 있는 주유소가 현재 지점에서 1km와 60km 떨어져 있다고 가정하자. 현재 상태에서 최적의 폴리시는 연료가 바닥나기 전에 1km 떨어진 첫 번째 주유소에서 연료를 주입하는 것이다. 현재 상태에서 첫 번째 주유소에서 연료를 주입하기로 결정하는 것은 약간의 시간을 소모하는 것이므로 단기적 관점immediate future에서는 최적의 의사결정이 될 수 없다. 하지만 연료 주입을 해야만 최종 목적지에 도달하는 궁극적인 목표를 달성할 수 있다.

다음 그림은 4×4 그리드에서 움직이는 액터가 달팽이 모양의 셀(함정)을 피해 별 모양의 셀로 이동하는 것이 목표인 예제다. 폴리시가 추천한 행동은 화살표를 따라 이동하는 것이다. 왼쪽 그림은 랜덤한 초기 폴리시이고 오른쪽 그림은 최종 폴리시다. 최적의 행동이 동시에 존재하는 경우 에이전트는 행동을 임의로 선택할 수 있다.

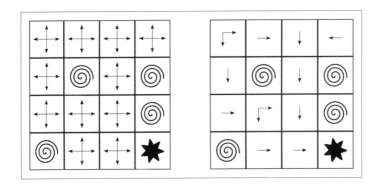

확률적 폴리시stochastic policies와 결정론적 폴리시deterministic policies의 차이를 아는 것은 매우 중요하다. 결정론적 폴리시는 단 하나의 결정론적 행동만 제공하는 폴리시를 말하고 확률적 폴리시는 각 행동에 대한 확률 값을 제공하는 폴리시를 의미한다. 행동 확률probability of an action 개념은 환경의 변동성dynamicity을 고려하고 탐색exploration을 돕기 때문에 강화학습에 도움이 된다.

강화학습 알고리듬은 학습 기간 동안 폴리시 개선법을 기준으로 구분할 수 있다. 상대적으로 단순한 알고리듬은 환경에 대해 행동을 취하는 폴리시와 학습하는 동안 개선되는 폴리시가 동일한 경우다. 즉 폴리시가 생성한 데이터를 사용해 대상 폴리시를 학습시키는 경우다. 이러한 알고리듬을 온-폴리시on-policy 알고리듬이라고 한다. 반면 오프-폴리시 off-policy 알고리듬은 두 개의 폴리시를 갖는다. 하나는 환경에 대해 행동을 취하는 폴리시이고 또 하나는 학습은 하지만 실제로 행동을 취하는 데 사용하지 않는 폴리시다. 환경에 대해 행동을 취하는 폴리시를 행동 폴리시behavior policy라고 하고 학습은 하지만 실제로 행동에 사용하지 않는 폴리시를 타깃 폴리시target policy라고 한다. 행동 폴리시의 목표는 수동적 타깃 폴리시passive target policy를 개선하기 위해 환경과 상호작용하고 환경 정보를 수집하는 것이다. 2장에서 소개할 오프-폴리시 알고리듬은 온-폴리시 알고리듬보다 불안정하고 설계하기가 어렵지만 샘플효율성sample efficiency이 높아 학습에 필요한 데이터가 상대적으로 덜 필요하다.

두 가지 강화학습 알고리듬의 이해를 돕기 위해 누군가가 새로운 기술을 학습해야 한다고 가정하자. 온-폴리시 알고리듬의 경우 매시간마다 순차적으로 행동을 실행하고 누적된 보상에 따라 폴리시를 업데이트한다. 이와 달리 오프-폴리시 알고리듬은 타깃 폴리시가 자신의 기존 비디오인 행동 폴리시를 살펴보고 폴리시를 업데이트해 학습한다. 즉 이전 경험을 사용해 행동을 업데이트한다.

폴리시-그래디언트 메서드policy-gradient method는 강화학습 알고리듬으로 폴리시에 대한 성능 그래디언트에서 직접 파라미터화한 폴리시를 학습한다. 이 알고리듬은 연속형 행동을 다루고 여러 수준의 환경을 탐색하는 능력을 포함해 많은 장점이 있다. 이 알고리듬은 6장, '확률적 폴리시 그래디언트 최적화 학습하기', 7장, 'TRPO와 PPO 구현', 8장, 'DDPG와 TD3 애플리케이션'에서 상세하게 다루겠다.

가치함수

가치함수는 상태에 대한 장기간long-term 품질을 나타낸다. 이 함수는 에이전트가 지정된 상태에서 시작하는 경우 향후 예상되는 누적 보상이다. 보상은 즉각적인 성과immediate performance를 측정하는 반면 가치함수value function는 장기적인 성과를 측정한다. 따라서 보상이 높다고 가치함수가 높다고 할 수 없으며 보상이 낮다고 가치함수가 낮다고 할 수도 없다.

또한 가치함수는 상태만의 함수와 상태-행동 쌍의 함수 형태를 갖는다. 상태만의 함수는 상태-가치함수state-value function라고 하고 상태-행동 쌍의 함수는 행동-가치함수action-value function라고 한다.

0.54	0.5	0.47	0.45
0.56	0	0.36	0
0.59	0.64	0.61	0
0	0.74	0.86	✦

↓	←	←	←
↓	◉	↓	◉
→	↓	↓	◉
◉	→	→	✦

그림에서 왼쪽은 최종 상태 값이고 오른쪽은 최적 폴리시다.

폴리시 개념을 설명하는 데 사용한 그리드 월드grid world 예제를 이용하면 상태-가치함수를 표시할 수 있다. 에이전트가 별 모양에 도달해 +1 보상을 획득할 때를 제외하면 각 상황에서 보상은 0으로 정의할 수 있다. 또한 강한 바람이 에이전트를 0.33 확률로 다른 방향으로 밀어버린다고 가정하자. 이 경우 상태 가치state values는 왼쪽 그림과 같다. 최적 폴리시는 최대 상태 가치를 갖는 다음 상태로 에이전트를 이동시키는 행동을 선택하며 오른쪽 그림과 같다.

행동–가치 메서드Action-value methods 또는 가치–함수 메서드는 또 다른 강화학습 알고리듬 유형이다. 이 방법은 행동–가치함수를 학습하고 이에 근거해 최적 행동을 선택한다. 이 알고리듬은 3장, '동적 프로그래밍으로 문제 해결하기'부터 알아보겠다. 가치 기반 메서드와 폴리시 기반 메서드의 장점을 결합하기 위해 일부 폴리시–그래디언트 메서드는 최적의 폴리시를 학습하는 데 가치함수를 사용하기도 한다. 이 방법을 액터–크리틱 메서드actor-critic methods라고 한다.

다음 그림은 세 가지 주요 강화학습 알고리듬의 종류다.

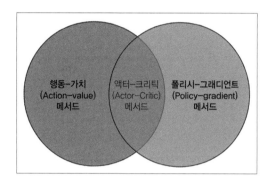

보상

각 타임스텝에서 에이전트가 이동할 때마다 환경은 해당 행동이 에이전트에게 얼마나 좋은지 정량화해 하나의 값으로 제공한다. 이것을 보상reward이라고 한다. 이미 말했듯이 에이전트의 최종 목표는 환경과 상호작용하면서 얻은 누적 보상을 극대화하는 것이다.

어떠한 문서에서는 보상을 환경의 일부로 가정하지만 실제로는 사실이 아니다. 보상은 에이전트로부터 발생하지만 에이전트의 의사결정 부분에서는 보상을 획득할 수 없다. 이러한 이유로 보상 공식을 단순화하면 보상은 항상 환경에서 제공된다.

보상은 강화학습 사이클에 있는 유일한 지도supervised 신호다. 따라서 올바른 행동을 하는 에이전트를 확보하려면 보상을 올바른 방식으로 설계하는 것이 필수 요건이다. 보상 체계에 조금이라도 문제가 있으면 에이전트는 잘못된 행동을 실행할 수 있다. 예를 들어 코스트 러너Coast Runner는 보트경주 게임으로 다른 플레이어보다 종료 지점에 먼저 도달하는 것이 목표다. 하지만 게임 도중 보트는 추가 점수reward를 획득하기 위해 아이템과 부딪히기도 한다. OpenAI에 근무하는 연구원들은 강화학습으로 에이전트를 훈련시켜 이 게임을 실행해봤다. 연구원들은 훈련시킨 보트가 목적지에 최대한 빨리 도착하는 것보다 점수만 많이 획득하도록 보상 설계를 했다. 결국 보트는 아이템과 부딪혀 점수를 획득한 후 재생성된 아이템에 부딪혀 점수를 획득하는 전략을 취해 아이템이 있는 위치에서 앞으로 나아가지 않고 원형으로 반복 운행하는 문제점을 보였다. 이와 같이 보상 체계를 제대로 설계하지 않아 보트는 기대했던 행동을 하는 대신 총 보상을 극대화하는 방법을 찾았다. 이러한 현상은 단기간과 장기간 보상 사이의 부정확한 밸런스 때문에 발생한 문제라고 할 수 있다.

일반적으로 보상은 환경에 따라 서로 다른 빈도를 갖는다. 빈도가 높은 보상은 밀도가 높은 보상dense reward이라고 한다. 반면 게임에서 보상은 적은 횟수만 발생하거나 종료 때 한 번만 발생하므로 빈도가 드문 보상sparse reward이라고 한다. 빈도가 드문 보상의 경우 에이전트가 보상을 포착하고 최고의 행동을 찾아내기는 무척 어렵다.

이미테이션 학습과 역강화학습inverse RL은 보상이 없는 환경을 다루는 유망한 기술이다. 이미테이션 학습은 상태와 행동을 맵핑하기 위해 전문가의 데모 시연을 이용한다. 반면 역강화학습은 전문가의 최적 행동으로부터 보상함수를 유도한다. 이미테이션 학습과 역강화학습에 대해서는 10장, 'DAgger 알고리듬으로 이미테이션 학습하기'에서 알아보겠다.

모델

모델Model은 에이전트의 선택적 구성 요소다. 따라서 환경에 대한 폴리시를 찾는 데 꼭 필요한 것은 아니다. 모델은 환경이 어떻게 작동하는지 자세하게 설명하고 대상의 상태와 행동이 주어지면 다음 상태와 보상을 예측한다. 모델이 알려진 경우 계획 알고리듬을 사용해 모델과 상호작용하고 향후 행동을 권장할 수 있다. 예를 들어 이산형 행동 환경에서 예상 궤도에 대한 사전 검색(예: 몬테카를로 트리 검색Monte Carlo tree search)을 적용해 시뮬레이션할 수 있다.

환경 모델은 사전에 제공되거나 환경과의 상호작용을 통해 학습할 수 있다. 환경이 복잡한 경우 심층신경망을 사용해 근사화하는 것이 좋다. 이미 알려진 환경 모델을 사용하거나 환경을 학습하는 강화학습 알고리듬을 모델 기반 메서드model-based methods라고 한다. 9장, '모델 기반 강화학습'에서 이 기술을 더 상세하게 설명하겠다.

▌ 강화학습 애플리케이션

강화학습은 로봇공학, 금융, 헬스케어, 지능형 교통시스템을 포함해 다양한 분야에 적용되고 있다. 이러한 분야로는 자동화(자율주행 차량, 스마트 그리드, 로봇공학), 최적화 프로세스(계획 보전, 공급망 및 공정계획), 제어(이상감지, 품질관리) 세 가지 주요 영역으로 그룹화할 수 있다.

초기에 강화학습RL은 단순한 문제 해결에만 활용됐다. 하지만 딥 강화학습을 도입해 다양한 문제에 적용할 수 있게 됐고 더 복잡한 과제를 다룰 수 있게 됐다. 최근 딥 강화학습은 몇 가지 매우 전망 있는 성과를 이뤘다. 하지만 대부분 연구나 게임에 한정돼 있고 연구지향 적용 분야와 산업계 문제 사이의 간극을 좁히기 어렵다는 것을 알게 됐다. 하지만 이러한 문제에도 불구하고 점점 더 많은 기업이 산업계와 제품에 강화학습을 도입하고 있다.

강화학습을 이미 도입 중이거나 성과를 거둘 것으로 생각되는 분야는 다음과 같다.

게임

게임은 인간의 능력으로 도전하고 정복하기 위해 만들어진 것이므로 인간의 두뇌가 공통으로 보유한 기억, 추론, 조화기술을 이용해 해결해야 한다. 따라서 강화학습을 위한 완벽한 테스트 베드다. 결론적으로 인간보다 뛰어나거나 동일한 수준으로 게임을 할 수 있는 컴퓨터는 인간의 두뇌 능력이 필요하다. 게다가 컴퓨터에서 게임은 쉽게 재현하고 시뮬레이션할 수 있다. 비디오게임은 부분만 관측 가능(게임의 일부만 볼 수 있다)하고 탐색 공간이 너무 커 해결하기 어렵다는 것이 입증됐다.

2015년 알파고가 이세돌과의 바둑시합에서 승리를 거뒀을 때 게임혁신이 이뤄졌다. 이 승리는 예측 못한 놀라운 사건이었다. 당시 일반적인 생각은 향후 10년 동안 어떠한 컴퓨터도 바둑에서 프로기사를 이길 수 없다는 것이었다. 하지만 알파고는 강화학습과 지도학습을 이용해 프로기사의 이전 경기 내용을 학습했고 결국 승리를 거뒀다. 그 시합 이후 수년이 지나 개선된 버전인 알파제로는 알파고를 100 대 0으로 이겼다. 알파제로는 스스로 게임을 해 불과 3일 만에 바둑두는 방법을 학습했다.

 자가학습(self-play)은 자신을 상대로 게임하기 때문에 알고리듬을 훈련시키는 데 매우 효과적인 방법이다. 자가학습을 통해 기존에 발견할 수 없었던 유용한 기술이나 행동이 출현할 수 있게 됐다.

OpenAI Five라는 5개 신경망 팀은 현실세계의 연속적이고 노이즈를 갖는 특성을 포착하기 위해 DOTA2 플레이를 훈련시켰다. DOTA2는 실시간 전략 게임으로 각각 5명으로 구성된 두 팀이 게임한다. 이 게임은 길이가 긴 시평$^{time\ horizon}$(수천 가지 행동으로 평균 45분 동안 지속되는 게임), 부분 관측 가능성(각 게이머는 자기 주변의 작은 범위만 알 수 있다), 고차원 연속 행동과 관측 공간 때문에 경사가 가파른 학습곡선$^{steep\ learning\ curve}$을 갖는다. 2018년 OpenAI Five는 전 세계 최고의 DOTA2 플레이어를 상대로 비록 패했지만 협업과 전략 스킬 분야에서 타고난 학습능력을 보여줬다. 2019년 4월 13일 드디어 OpenAI Five는 공식적으로 월드 챔피언과의 시합에서 승리를 거뒀고 e스포츠 게임에서 프로팀을 상대로 승리를 거둔 첫 AI가 됐다.

로봇과 인더스트리 4.0

산업용 로봇은 강화학습 기술을 자연스럽게 도입 중인 매우 활발한 연구 분야다. 지능형 산업로봇의 잠재력과 이점은 엄청나고 광범위하다. 강화학습은 매우 복잡하고 합리적인 운영을 가능하게 함으로써 지능형 장치, 시스템, 로봇을 통해 인더스트리 4.0(4차 산업혁명 이라고도 한다)을 가능하게 하는 핵심기술이다. 예지보전, 실시간 진단, 제조활동 모니터링 시스템을 통해 제조 현장에서 최적 설비가동률과 생산성을 달성할 수 있다.

기계학습

강화학습은 적용 유연성이 높아 독립작업standalone tasks뿐만 아니라 지도학습 알고리듬의 파라미터 미세 튜닝 방법으로도 폭넓게 사용할 수 있다. 많은 자연어 처리NLP와 컴퓨터 비전 문제에서 최적화 대상인 측정 항목metric은 미분이 불가능하다. 따라서 신경망으로 문제를 해결하기 위해 미분 가능한 보조적 손실함수를 사용해야 한다. 하지만 평가함수와 손실함수의 차이가 크면 모델링의 최종 성능을 떨어뜨린다. 이를 해결할 한 가지 방법은 먼저 미분 가능한 보조적 손실함수를 이용한 지도학습을 사용해 시스템을 학습시킨 후 강화학습을 사용해 신경망의 최종 측정 항목에 대해 네트워크를 미세 튜닝하는 것이다. 예를 들어 이 프로세스는 평가 측정 항목이 복잡하고 미분 불가능한 기계번역과 질의 응답 같은 분야에서 큰 도움을 받을 수 있다.

또한 강화학습은 대화 시스템과 텍스트 생성 같은 NLP 문제에도 적용 가능하다. 컴퓨터 비전, 현지화, 모션 분석, 시각적 제어, 시각적 추적에서도 딥 강화학습을 사용해 훈련시킬 수 있다.

딥 러닝은 신경망 아키텍처 설계 업무에서 수작업으로 수행했던 피처엔지니어링(특징 선택, 추출 등 신경망의 입력 요소를 분석하는 업무) 작업을 자동화했다. 이 작업은 시행착오를 겪고 최적의 설계를 찾아내야 하는 지루한 작업이다. 따라서 이 작업을 자동화해 업무를 효율화하는 것은 상당한 의미가 있다. 뉴럴 아키텍처 설계NAD, Neural Architecture Design는 강화학습을 이용해 심층신경망의 아키텍처를 설계하는 접근 방식이다. 이 방법은 매우 많은 자원이 필요하지만 이미지 분류에서 최상의 결과를 달성할 수 있는 DNN 아키텍처를 만들어낼 수 있다.

경제와 금융

비즈니스 경영은 강화학습의 또 다른 응용 분야다. 이 분야에서 강화학습은 제품 추천, 고객관리, 마케팅을 위한 클릭당 비용 지불 광고pay-per-click adverts 수익을 극대화하기 위해 인터넷 광고에 성공적으로 사용됐다. 금융 분야에서는 옵션 프라이싱option pricing과 다중 기간 최적화multi-period optimization 같은 작업에 사용돼 상당한 성과를 거두고 있다.

헬스케어

강화학습은 헬스케어 분야에서 진단과 치료 목적으로 모두 사용할 수 있다. 강화학습은 의사와 간호사를 위한 인공지능 기반 보조원으로 해당 기능을 구축할 수 있다. 특히 강화학습은 환자에게 개별적인 점진적 치료 즉 동적 치료제로 알려진 과정을 제공할 수 있다. 헬스케어 분야의 또 다른 강화학습 사례는 개인용 혈당glycemic 조절, 패혈증sepsis 치료, 에이즈 바이러스HIV 치료다.

지능형 교통시스템

지능형 교통시스템은 강화학습을 통해 모든 유형의 교통시스템을 개발하고 개선할 수 있다. 관련된 적용 범위는 교통혼잡을 제어하는 스마트 네트워크(교통신호 제어), 교통량 조사 및 안전(충돌 예측)에서 자율주행 자동차에 이르기까지 다양하다.[4]

에너지 최적화와 스마트 그리드

에너지 최적화와 스마트 그리드는 지능형 전력 생성, 분배, 소비를 위한 핵심기술이다. 에너지 시스템과 제어시스템에 강화학습 기술을 채택해 가변적 환경에 탄력적으로 대응할 수 있다. 또한 강화학습은 유동적으로 변동하는 에너지 가격 폴리시에 따라 전력 수요를 조정하거나 에너지 사용량을 줄이는 데 사용된다.

▌ 요약

강화학습은 의사결정을 위한 목표지향 접근법이다. 이 방법은 환경과 직접 상호작용direct interaction하고 지연된 보상 메커니즘delayed reward mechanism을 이용한다는 점에서 기존 패러다임과 차이가 있다. 강화학습에서 딥 러닝을 사용하면 고차원 상태 공간 문제와 인지 데이터 분석 문제를 해결하는 데 도움이 된다.

폴리시와 가치함수의 개념은 환경 상태의 품질과 취해야 할 행동 지침을 제공해 중요하다. 강화학습에서 환경 모델은 필요 없지만 추가 정보를 제공해 폴리시의 품질을 개선하는 데 도움이 된다.

1장에서는 모든 주요 개념을 소개했으므로 2장부터는 실제 강화학습 알고리듬에 중점을 두고 설명하겠다. 2장에서는 OpenAI와 텐서플로우를 이용해 강화학습 알고리듬 개발을 위한 기반기술을 소개하겠다.

---

4 일반적인 교통시스템 외에 공장 내의 지능형 무인 자동 물류시스템의 최적화에도 강화학습을 적용할 수 있다. – 옮긴이

질문

- 강화학습이란 무엇인가?
- 에이전트의 최종목표는 무엇인가?
- 지도학습과 강화학습의 주요 차이는 무엇인가?
- 딥 러닝과 강화학습을 결합해 얻는 장점은 무엇인가?
- 강화reinforcement라는 용어는 어디서 왔는가?
- 폴리시와 가치함수의 차이는 무엇인가?
- 환경과 상호작용해 환경 모델을 학습할 수 있는가?

심화학습 자료

- 잘못된 보상함수의 예는 다음 자료를 참조하자.
  https://blog.openai.com/faulty-reward-functions/
- 딥 강화학습 정보는 다음 자료를 참조하자.
  http://karpathy.github.io/2016/05/31/rl/

02

강화학습 사이클과
OpenAI Gym 구현하기

모든 기계학습 프로젝트에서 알고리듬은 대상 작업을 잘 수행하기 위해 훈련 데이터 집합
training dataset을 이용해 규칙을 학습한다. 강화학습에서는 알고리듬을 에이전트라고 하며
환경이 제공하는 데이터를 이용해 학습한다. 여기서 환경은 에이전트의 액션에 따라 데
이터를 반환하는 정보의 원천이다. 또한 환경이 반환한 데이터는 잠재적으로 무한 개일
수 있으므로 에이전트를 훈련시키는 과정에서 발생하는 여러 지도적인 설정supervised settings
사이에는 수많은 개념적, 실제적 차이가 있다. 대상 환경에 따라 달성해야 할 작업이 다를
뿐만 아니라 입력과 출력 및 보상 신호 유형이 다를 수 있고 각각의 경우에 따라 알고리듬
조정adaptation이 필요하다. 예를 들어 로봇은 RGB 카메라 같이 시각적 입력이나 별도의 내
부 센서로부터 자신의 상태를 감지할 수 있다.

2장에서는 강화학습 알고리듬을 개발하는 데 필요한 환경을 설정하고 첫 번째 알고리듬을 구현한다. 카트폴을 실행하는 강화학습은 간단한 알고리듬이지만 고급 강화학습으로 넘어가기 전에 반드시 마스터해야 하는 'Hello World' 같은 프로그래밍이다. 또한 3장 이후부터 많은 심층신경망을 사용해야 하므로 여기서는 텐서플로우에 대한 간단한 복습과 시각화 툴인 텐서보드를 소개하겠다.

이 책에서 사용되는 환경은 대부분 Gym이라는 OpenAI에서 개발한 오픈소스 인터페이스에 기반한다. 따라서 이 환경을 알아보고 몇 가지 빌트-인 환경을 사용해보겠다. 3장에서는 강화학습 알고리듬을 상세하게 소개하기 전에 여러 오픈소스 환경의 장점과 차이점을 알아보겠다.

2장에서는 다음 내용을 다룬다.

- 환경 설정
- OpenAI Gym과 강화학습 사이클
- 텐서플로우
- 텐서보드
- 강화학습 환경의 유형

▌ 환경 설정하기

딥 강화학습 알고리듬을 만드는 데 필요한 세 가지 주요 툴은 다음과 같다.

- **프로그래밍 언어**: 파이썬은 간결한 명령과 서드-파티 라이브러리가 많으므로 기계학습 알고리듬을 개발하는 데 적합한 언어다.
- **딥 러닝 프레임워크**: 텐서플로우는 확장 가능하고 유연하며 표현력이 뛰어나 이 책에서는 텐서플로우를 사용한다. 하지만 파이토치^{Pytorch}와 까페^{Caffe}를 포함해 다른 많은 프레임워크도 사용할 수 있다.

- **환경**: 책 전반에 걸쳐 다양한 환경을 사용해 여러 유형의 문제를 해결하고 강화학습의 장점을 설명하는 데 사용하겠다.

이 책에서는 파이썬 3.7을 이용하지만 3.5 이상 모든 버전에서도 잘 작동한다. 또한 numpy와 matplotlib를 이미 설치했다고 가정한다.

텐서플로우를 아직 설치하지 않았다면 해당 웹사이트를 통해 설치하거나 터미널 창에서 다음 명령을 입력하길 바란다.

```
$pip install tensorflow
```

GPU를 사용한다면 다음 명령을 실행해야 한다.

```
$pip install tensorflow-gpu
```

2장의 모든 설치 명령과 연습 예제는 깃허브를 참조하길 바란다. https://github.com/PacktPublishing/Reinforcement-learning-Algorithms-with-Python

이제 환경을 설치하는 방법을 살펴보자.

OpenAI Gym 설치하기

OpenAI Gym은 일반 인터페이스와 다양한 종류의 환경을 제공한다. 이를 설치하려면 다음 명령을 사용한다.

OSX에서는 다음 명령을 실행한다.

```
$brew install cmake boost boost-python sdl2 swig wget
```

Ubuntu 16.04에서는 다음 명령을 사용한다.

```
$ apt-get install -y python-pyglet python3-opengl zlib1g-dev libjpeg-devpatchelf cmake
swig libboost-all-dev libsdl2-dev libosmesa6-dev xvfb ffmpeg
```

Ubuntu 18.04에서는 다음 명령을 사용한다.

```
$ sudo apt install -y python3-dev zlib1g-dev libjpeg-dev cmake swig pythonpygletpython3-
opengl libboost-all-dev libsdl2-dev libosmesa6-dev patchelfffmpeg xvfb
```

개별 OS에 대해 앞의 명령을 실행한 후 다음 명령을 실행한다.

```
$ git clone https://github.com/openai/gym.git
$ cd gym
$ pip install -e '.[all]'
```

일부 Gym 환경의 경우 pybox2d를 설치해야 한다.

```
$ git clone https://github.com/pybox2d/pybox2d
$ cd pybox2d
$ pip install -e.
```

로보스쿨 설치하기

이 책에서 관심 있는 최종 환경은 로봇 시뮬레이터 roboschool이다. 설치하기는 쉽지만
오류가 발생할 경우 깃허브를 참조하길 바란다. 또한 현재 roboschool은 더 이상 업데이
트되지 않고 pybullet에 포함돼 관리되고 있으므로 이를 이용하는 것이 좋다.

```
$pip install roboschool
$pip install pybullet
```

▌ OpenAI Gym과 강화학습 사이클

강화학습이 에이전트와 환경이 서로 상호작용해 실행되는 방법으로 고려해야 할 첫 번째 사례는 우리가 사는 현실세계에 적용 가능한지 여부다. 안타깝게도 강화학습은 아직 몇 가지 경우에 한해 사용되고 있다. 현재 강화학습 알고리듬의 문제는 에이전트가 좋은 행동을 학습하려면 환경과 수많은 상호작용을 해야 한다는 것이다. 강화학습은 수백, 수천, 수백만 번의 액션이 필요할 수도 있어 실행이 불가능한 경우도 있다. 따라서 한 가지 해결책은 시뮬레이션 환경에서 학습을 시작하고 마지막 단계에서만 실제 환경에서 미세하게 조정하는 것이다. 이 방법은 현실에서 학습하는 것보다 자원 소모가 적지만 여전히 느린 현실세계와 상호작용을 해야 한다. 하지만 대부분의 경우 해당 작업을 완벽하게 시뮬레이션할 수 있다. 강화학습 알고리듬을 연구해 구현하려면 계획, 전략, 장기 메모리 같은 기능 구현이 필요하므로 게임, 비디오게임, 로봇 시뮬레이터는 완벽한 테스트 베드다. 또한 게임에는 명확한 보상 시스템이 있으며 인공적인 환경(컴퓨터)에서 완벽하게 시뮬레이션할 수 있어 학습 과정을 가속화하는 빠른 상호작용이 가능하다. 이러한 이유로 이 책에서는 대부분 비디오 게임과 로봇 시뮬레이터를 사용하겠다.

강화학습 알고리듬 개발 및 연구를 위한 오픈소스 툴킷인 OpenAI Gym은 환경에 공통적이고 공유 가능한 인터페이스를 제공하는 동시에 다양한 환경 컬렉션을 제공한다. OpenAI Gym에는 Atari 2600 게임, 연속형 제어작업, 고전적인 제어이론 문제, 시뮬레이션 로봇 목표 기반 작업, 간단한 텍스트 게임 등이 있다. 일반적으로 서드 파티에서 만든 많은 환경이 Gym 인터페이스를 사용하고 있다.

강화학습 사이클 개발하기

기본 강화학습 사이클은 다음 코드와 같다. 이 코드는 매 스텝마다 게임을 렌더링하는 동안 기본적으로 강화학습 모델을 10개 동작으로 실행한다.

```python
import gym

# 환경을 생성하고 초기화
env = gym.make("CartPole-v1")
# 시작 전 환경을 재설정
env.reset()

# 게임을 10회 실행
for i in range(10):
    # 랜덤 액션을 선택
    env.step(env.action_space.sample())
    # 게임을 렌더링
    env.render()
# 환경을 닫기
env.close()
```

실행 결과는 다음과 같다.

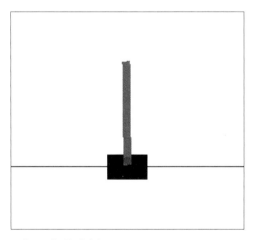

그림 2.1 카트폴 렌더링

코드를 상세하게 살펴보겠다. 우선 제어 이론 문제에 사용되는 고전게임인 cartPole-v1 이라는 새로운 환경을 만드는 것으로 시작한다. 이 환경을 사용하기 전에 reset()을 호출해 환경을 초기화하고 사이클을 10회 반복한다. 각 이터레이션에서 env.action_space. sample()을 이용해 랜덤 액션을 샘플링하고 환경에서 env_step()을 실행하며 render() 메서드를 이용해 결과를 표시한다. 현재 게임의 상태는 이전 스크린샷에서와 같다. 최종 단계에서 env.close()를 호출해 환경을 닫는다.

 다음 코드가 지원 중단 경고(deprecation)를 출력하더라도 걱정하지 않아도 된다. 일부 함수가 변경됐음을 알려주는 내용이다. 코드는 잘 작동한다.

이 사이클은 Gym 인터페이스를 사용하는 모든 환경에서 동일하지만 현재 에이전트는 랜덤 액션을 플레이만 할 수 있고 강화학습 문제에 필수적인 피드백은 전혀 주지 않는다.

 강화학습에서 상태(state)와 관측(observation)은 상호 교환하며 사용할 수 있지만 의미상 차이가 있다. 환경 관련 모든 정보가 인코드된 경우를 상태라고 한다. 반면 로봇의 인식 같이 에이전트가 실제 환경 상태의 일부만 볼 수 있는 경우를 관측이라고 정의한다. 정리하면 OpenAI Gym은 항상 관측이라는 용어를 사용한다.

다음 그림은 사이클의 흐름이다.

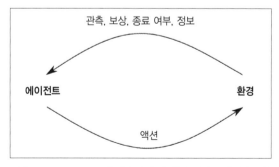

그림 2.2 OpenAI Gym에 따른 기본 강화학습 사이클. 환경은 다음 상태, 보상, 종료 여부 플래그, 몇 가지 추가 정보를 리턴한다.

실제로 step() 메서드는 환경과의 상호작용 정보를 제공하는 4개 변수를 리턴한다. 위 그림은 에이전트와 환경 사이의 반복과 교환 변수인 관측Observation, 보상Reward, 완료 여부Done, 정보Info를 보여준다.

관측은 환경에 대한 새로운 관측(또는 상태)을 나타내는 객체다. 보상은 마지막 액션에서 얻은 값을 실수float number로 나타낸 값이다. 완료 여부는 불boolean 값으로 에피소드 형태episodic로 운영하는 작업에 사용한다. 즉 상호작용 횟수 면에서 제한된 작업에 사용되는 불 값이다. Done이 True일 때마다 에피소드를 종료하고 환경을 재설정해야 한다. 예를 들어 작업이 완료되거나 에이전트가 작동을 멈추면 완료 여부Done는 True가 된다. 반면 정보는 환경에 대한 추가 정보를 제공하는 딕셔너리 형태의 정보이지만 일반적으로 사용하지 않는다.

카트폴이란 수평 카트에서 움직이는 진자pendulum의 균형을 잡는 게임이다. 진자가 똑바로 서있으면 모든 타임스텝마다 +1의 보상을 획득한다. 에피소드가 너무 불균형적이거나 200회 이상의 타임스텝(최대 누적 보상은 200이다) 동안 균형을 유지하면 에피소드가 종료된다.

다음 코드를 사용하면 10회 게임을 하고 각 게임의 누적 보상을 출력하는 알고리듬을 만들어볼 수 있다.

```python
import gym

# 환경을 생성하고 초기화
env = gym.make("CartPole-v1")
env.reset()

# 게임을 10회 실행
for i in range(10):
    # 변수를 초기화
    done = False
    game_rew = 0

    while not done:
        # 랜덤 액션을 선택
```

```
action = env.action_space.sample()
# 환경 내에서 한 개의 스텝을 취함
new_obs, rew, done, info = env.step(action)
game_rew += rew

# 실행 완료 시 게임의 누적 보상을 출력하고 환경을 재설정
if done:
    print('Episode %d finished, reward:%d' % (i, game_rew))
    env.reset()
```

출력 결과는 다음과 같다.

```
Episode: 0, Reward:13
Episode: 1, Reward:16
Episode: 2, Reward:23
Episode: 3, Reward:17
Episode: 4, Reward:30
Episode: 5, Reward:18
Episode: 6, Reward:14
Episode: 7, Reward:28
Episode: 8, Reward:22
Episode: 9, Reward:16
```

다음 테이블은 게임에서 실행한 마지막 4개 액션에 대한 **step()** 메서드 출력이다.

관측 값	보상	완료 여부	정보
[−0.05356921, −0.38150626, 0.12529277, 0.9449761]	1.0	False	{}
[−0.06119933, −0.57807287, 0.14419229, 1.27425449]	1.0	False	{}
[−0.07276079, −0.38505429, 0.16967738, 1.02997704]	1.0	False	{}
[−0.08046188, −0.58197758, 0.19027692, 1.37076617]	1.0	False	{}
[−0.09210143, −0.3896757, 0.21769224, 1.14312384]	1.0	True	{}

환경 관측 값은 1×4 행렬로 인코딩한다. 보상은 기대한 대로 항상 1이다. 완료 여부는 게임이 종료되는 마지막 행에서만 True다. 이 경우 정보는 값이 없는 공백이다.

3장에서는 막대pole의 현재 상태에 따라 더 지능적인 액션을 취해 카트폴CartPole을 수행하는 에이전트를 만들 것이다.

공간에 익숙해지기

OpenAI Gym에서 액션과 관측은 대부분 Discrete나 Box 클래스의 인스턴스다. 두 클래스는 서로 다른 공간을 나타낸다. Box는 n차원 배열을 나타내며 Discrete는 고정된 범위의 양수를 허용하는 공간을 나타낸다. 앞에서 제시한 테이블에서 카트폴 관측 값이 4개의 부동 소수점으로 인코딩된 것을 이미 봤다. 이는 Box 클래스의 인스턴스라는 것을 의미한다. env.observation_space 변수를 출력하면 관측 공간의 유형과 차원을 확인할 수 있다.

```
import gym

env = gym.make('CartPole-v1')
print(env.observation_space)
```

예상한 대로 실제 출력 결과는 다음과 같다.

```
>> Box(4,)
```

 이 책에서는 print()의 결과를 >> 다음에 표시했다.

같은 방식으로 액션 공간의 차원을 확인할 수 있다.

```
print(env.action_space)
```

출력 결과는 다음과 같다.

```
>> Discrete(2)
```

특히 Discrete(2)는 액션이 값으로 0이나 1을 가질 수 있다는 것을 의미한다. 실제로 앞 예에서 사용한 샘플링 함수를 사용하면 0이나 1 값을 얻게 된다. 카트폴에서 이 값은 왼쪽 이나 오른쪽을 의미한다.

```
print(env.action_space.sample())
>> 0
print(env.action_space.sample())
>> 1
```

low와 high 인스턴스 속성은 Box 공간에서 허용하는 최소값과 최대값을 반환한다.

```
print(env.observation_space.low)
>> [-4.8000002e+00 -3.4028235e+38 -4.1887903e-01 -3.4028235e+38]
print(env.observation_space.high)
>> [4.8000002e+00 3.4028235e+38 4.1887903e-01 3.4028235e+38]
```

텐서플로우 2.X

텐서플로우 2.X는 사용자의 생산성을 높이기 위해 많은 부분이 변경됐다. 불필요한 API 를 제거하는 한편 API의 일관성을 높였고 파이썬 런타임runtime과 즉시 실행eager execution을 통합했다.

내부적으로 연산을 상세하게 제어할 필요가 없는 경우 텐서플로우 2.X에서는 텐서플로 우 1.X의 저수준 API를 사용하는 것보다 고수준의 API(예를 들어 tf.keras)를 사용하는 것 이 좋다.

즉시 실행

텐서플로우 2.X는 보통의 파이썬 같이 즉시 실행할 수 있다. 또한 그래프Graphs와 세션 Sessions은 구현 상세 내용과 함께 고려돼야 한다. 즉시 실행으로 인해 모든 코드는 라인 순서대로 실행된다.

텐서플로우 2.X는 즉시 실행을 지원하므로 계산 그래프를 정적으로 정의한 다음 실행할 필요가 더 이상 없다. 모든 모델은 동적으로 정의하고 즉시 실행할 수 있다.

오토그래프

텐서플로우 2.X는 파이썬과 텐서플로우 코드를 자유롭게 섞어 쓸 수 있어 파이썬의 장점을 최대한 활용할 수 있게 했다. 예를 들어 if-while, print() 등과 같은 파이썬 코드를 텐서플로우 그래프 코드TensorFlow Graph Code로 변경해준다. 이를 위해 @tf.function을 추가하면 오토그래프Auto Graph가 파이썬 코드를 동일한 텐서플로우 코드로 변경한다. 실제로 Auto Graph를 적용한 경우 해당 함수의 실행 시간이 많이 줄어드는 장점이 있다.

텐서플로우 2.X에서는 tf.function() 데코레이터decorator로 파이썬 코드에 주석을 달면 annotate 된다. 이렇게 하면 텐서플로우가 해당 함수를 하나의 그래프로 실행하기 위해 JITJust In Time 컴파일한다.

```
import tensorflow as tf
import timeit

cell = tf.keras.layers.LSTMCell(100)

@tf.function
def fn(input, state):
    return cell(input, state)

input = tf.zeros([100, 100])
state = [tf.zeros([100, 100])] * 2

cell(input, state)
```

```
fn(input, state)

graph_time = timeit.timeit(lambda: cell(input, state), number = 100)
auto_graph_time = timeit.timeit(lambda: fn(input, state), number = 100)
print('graph_time:', graph_time)
print('auto_graph_time:', auto_graph_time)

>> graph_time: 0.8515449000005901
>> auto_graph_time: 0.1299356000017724
```

텐서플로우 기반 기계학습 모델 개발

텐서플로우는 고성능 수치 연산을 수행할 수 있는 기계학습 프레임워크다. 텐서플로우는 방대한 양의 고품질 문서를 쉽게 구할 수 있고 개발 환경에서 확장성 있는 모델 개발이 쉬우며 GPU와 TPU에 친숙한 인터페이스를 제공해 인기가 높다.

텐서플로우는 기계학습 모델 개발과 배포를 쉽게 하기 위해 Keras, Eager Execution, Estimators를 포함한 많은 고급 API를 갖고 있다. 이러한 API는 많은 상황에서 매우 유용하지만 강화학습 알고리듬을 개발하려면 저수준 API도 사용해야 한다.

이제 텐서플로우를 사용해 코드를 개발해보겠다. 다음은 tf.constant()로 생성한 상수 a와 b의 합을 계산하는 코드다.

```
import tensorflow as tf

# 두 상수 a와 b를 생성한다.
a = tf.constant(4)
b = tf.constant(3)

# 연산을 실행한다.
c = a + b
```

```
# 데코레이터 설정
@tf.function
def return_c(x):
    return x

# 합을 계산한 후 출력
print(return_c(c))
```

앞에서도 언급했듯이 텐서플로우 2.0에서는 tf.function 데코레이터인 @tf.function을 함수에 붙여주면 다른 일반 함수를 그대로 사용할 수 있다. 해당 함수를 하나의 그래프로 실행하기 위해 JIT 컴파일한다. 일단 그래프 내에서 컴파일하면 더 빨리 실행할 수 있고 GPU나 TPU를 사용해 작동시킬 수 있다. 또한 세이브드모델SavedModel로 내보내는 것도 가능해진다. 데코레이터를 붙인 결과를 확인해보면 다음과 같이 텐서플로우 런타임될 때의 모든 상호작용을 다룰 수 있다.

```
>> tf.Tensor(7, shape=(), dtype=int32)
```

텐서

텐서플로우의 변수는 여러 차원의 배열인 텐서로 표시한다. 텐서 2.0의 두 가지 주요 유형은 tf.Variable과 tf.constant다. tf.Variable를 제외하면 다른 모든 텐서는 변경할 수 없다.

텐서의 형태shape를 확인하려면 다음 코드를 사용한다.

```
# 상수
a = tf.constant(1)
print(a.shape)
>> ()

# 5개 요소의 행렬
```

```
b = tf.constant([1,2,3,4,5])
print(b.shape)
>> (5,)
```

텐서의 요소는 쉽게 접근할 수 있고 메커니즘이 파이썬과 유사하다.

```
a = tf.constant([1,2,3,4,5])
first_three_elem = a[:3]
fourth_elem = a[3]

@tf.function
def return_var(x):
    return(x)

print(return_var(first_three_elem))
>> tf.Tensor([1 2 3], shape=(3,), dtype=int32)

print(return_var(fourth_elem))
>> tf.Tensor(4, shape=(), dtype=int32)
```

상수

이미 봤듯이 상수는 **tf.constant**를 이용해 쉽게 생성할 수 있으며 널null 값이 가능한 immutable 유형의 텐서다.

```
a = tf.constant([1.0, 1.1, 2.1, 3.1], dtype=tf.float32, name='a_const') print(a)

>> tf.Tensor([1.  1.1 2.1 3.1], shape=(4,), dtype=float32)
```

변수

변수Variables는 옵티마이저optimizer를 사용해 학습시킬 수 있는 널null 값 설정이 가능한mutable 텐서다. 예를 들어 신경망의 가중치와 바이어스는 값을 설정하지 않은 변수다.

변수는 tf.Variable 클래스를 사용해 생성한다. 변수는 초기화해 사용하며 상수나 랜덤 값으로 초기화할 수 있다. 아래 예제는 uniform 분포에 근거해 랜덤 변수를 추출하고 초기화한 변수를 만들고 상수 값으로 초기화한 변수를 만드는 코드다.

```python
import tensorflow as tf
import numpy as np

# 랜덤 변수는 tf.random.uniform을 사용해 생성
# 0부터 1 사이 범위를 갖는 랜덤 변수 3개를 생성한 후 변수 var에 설정
var = tf.random.uniform([1,3], 0, 1, seed=0)

# 상수 값으로 초기화한 변수 int_val에 설정
int_val = np.array([4, 5])
var2 = tf.Variable(int_val, dtype=tf.int32, name="second_variable")

print(var)
>> tf.Tensor([[0.3451631  0.78816414 0.9248085 ]], shape=(1, 3), dtype=float32)

print(var2)
>> <tf.Variable 'second_variable:0' shape=(2,) dtype=int32, numpy=array([4, 5])>
```

그래프 생성하기

그래프는 연산작업 간 종속성 측면에서 저수준 연산[1]을 표현한다. 텐서플로우 1.X 버전에서는 먼저 그래프를 정의한 후 그래프에서 연산을 실행하는 세션을 만들어 실행한다. 이러한 내용은 텐서플로우 2.X 버전에서 개선됐다.

텐서플로우에서 그래프를 작성, 계산, 최적화하는 방법을 통해 기계학습 모델을 구축할 때 매우 중요한 특성인 병렬화parallelism, 분산 실행distributed execution, 이식성portability을 실행할 수 있다.

---

[1] 고수준의 텐서 조작 연산 또는 미분 같은 연산을 의미한다. – 옮긴이

텐서플로우에서 내부적으로 생성한 그래프 구조를 시각화해 보려면 다음 코드를 실행하고 그림 2.3 같은 계산 그래프를 만들어 텐서보드에서 참조할 수 있다.

텐서플로우 1.X 버전의 코드를 수정하지 않고 텐서플로우 2.X에서 실행할 수 있는데 이를 위해서는 다음과 같이 설정해야 한다.

```
import tensorflow.compat.v1 as tf
tf.disable_v2_behavior()
```

하지만 이렇게 하면 텐서플로우 2.X에서 제공하는 많은 장점을 활용할 수 없으므로 텐서플로우 2.X 방식으로 코드를 개발하면 다음과 같다.

```
import tensorflow as tf
import numpy as np

tf.keras.backend.clear_session()

const1 = tf.constant(3.0, name='constant1')
var1 = tf.Variable(tf.ones([1,2]), dtype=tf.float32, name='variable1')
var2 = tf.Variable(tf.ones([1,2]), dtype=tf.float32, name='variable2', trainable=False)

@tf.function
def my_func(c1, x1, y1):
    op1 = c1 * x1
    op2 = op1 + y1
    return(tf.reduce_mean(op2))

# 연산 그래프를 저장할 폴더를 설정
logdir = 'd:\\tmp'
writer = tf.summary.create_file_writer(logdir)
tf.summary.trace_on(graph=True, profiler=True)

op3 = my_func(const1, var1, var2)

with writer.as_default():
    tf.summary.trace_export(name="my_func", step=0, profiler_outdir=logdir)
```

코드가 만든 그래프는 다음과 같다.

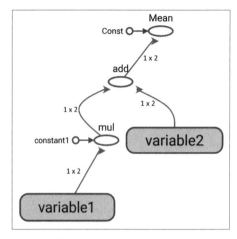

그림 2.3 계산 그래프의 예제

간단한 선형회귀 예제

텐서플로우 개념을 더 잘 이해하기 위해 간단한 선형회귀 모델을 구현해보자. 먼저 필요한 라이브러리를 import한 후 NumPy와 TensorFlow에 대한 랜덤 시드를 설정한다.

```
# 필요한 라이브러리를 임포트한다.
import tensorflow as tf
import numpy as np
import matplotlib.pyplot as plt
from datetime import datetime

# 기존에 생성된 Graph를 모두 삭제하고 Reset한다.
tf.keras.backend.clear_session()

# 랜덤 시드를 설정한다.
np.random.seed(10)
tf.random.set_seed(10)
```

```
# 모델 클래스를 생성
class Model(object):
    def __init__(self):
        # 변수를 (5.0, 0.0)으로 초기화
        self.W = tf.Variable(5.0)
        self.b = tf.Variable(0.0)

    def __call__(self, x):
        return self.W * x + self.b

model = Model()

# 손실함수: (예측 값 - 목표 값)²를 정의
def loss(predicted_y, desired_y):
    return tf.reduce_mean(tf.square(predicted_y - desired_y))
```

생성하려는 가중치와 바이어스를 설정해 100개의 랜덤한 데이터 집합을 생성한다. 생성한 100개 데이터를 산점도로 표시한다. 분석 대상 모델은 선형회귀이므로 $y = W * X + b$ 형태를 갖는다. 여기서 W와 b는 임의의 값이다. 예제에서는 TRUE_W=0.5으로 TRUE_b=1.4로 설정했다. 또한 정규분포하는 랜덤 노이즈를 추가한다.

```
# True Weight와 Bias를 설정
TRUE_W = 0.5
TRUE_b = 1.4
NUM_EXAMPLES = 100

# 랜덤 데이터를 생성해 Inputs와 Noise로 설정한 후 Outputs 값을 생성
inputs  = tf.random.normal(shape=[NUM_EXAMPLES])
noise   = tf.random.normal(shape=[NUM_EXAMPLES])
outputs = inputs * TRUE_W + TRUE_b + noise

# 생성한 데이터 분포를 표시(scatter plot)
# 노이즈가 포함된 모델링 값: 파란색
plt.scatter(inputs, outputs, c = 'b')
# 노이즈가 포함되지 않은 모델링 값: 빨간색
```

```
plt.scatter(inputs, model(inputs), c = 'r')
plt.show()
```

다음으로 선형 연산의 실측 값과 예측 값 간 평균제곱오차MSE, Mean Squared Error 손실을 계산하는 함수를 실행한다.

```
# 현재 손실을 표시
print('현재 손실: '),
print(loss(model(inputs), outputs).numpy())
```

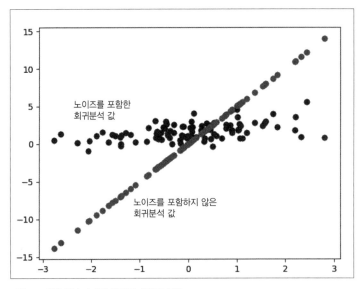

그림 2.4 선형회귀 예제에 사용된 데이터 집합

다음으로 입력 데이터와 목표 데이터를 이용해 원하는 회귀 모델링에 가깝게 만들기 위한 훈련 루프를 정의한다.

```
# 훈련 루프를 정의
def train(model, inputs, outputs, learning_rate):
  with tf.GradientTape() as t:
    current_loss = loss(model(inputs), outputs)

  dW, db = t.gradient(current_loss, [model.W, model.b])
  model.W.assign_sub(learning_rate * dW)
  model.b.assign_sub(learning_rate * db)
```

텐서보드 정보를 저장할 폴더(d:/tmp)를 설정한 후 해당 폴더에 관련 내용으로 가중치 weight, 바이어스bias, 손실함수 값loss을 출력한다. 동일한 항목을 히스토그램으로도 출력하기 위한 설정을 한다.

```
# 텐서보드 정보를 저장할 폴더를 설정
logdir = 'd:/tmp'
writer = tf.summary.create_file_writer(logdir)
tf.summary.trace_on(graph=True, profiler=True)

@tf.function
def my_func(step, tmpval1, tmpval2, tmpval3):
  with writer.as_default():
    tf.summary.scalar('weight', tmpval1, step=step)
    tf.summary.scalar('bias', tmpval2, step=step)
    tf.summary.scalar('loss', tmpval3, step=step)
    tf.summary.histogram('model_weight', tmpval1, step=step)
    tf.summary.histogram('model_bias', tmpval2, step=step)
    tf.summary.histogram('model_loss', tmpval3, step=step)
```

matplotlib를 이용해 훈련 결과를 출력하기 위해 에포크epoch마다 관련 정보를 어레이에 저장한다. 저장한 어레이 정보(에포크, 가중치, 바이어스, 손실 값)를 print문을 이용해 화면에 출력한다. 또한 에포크마다 관련 항목을 TensorBoard에 출력한다. 마지막으로 matplotlib를 이용해 해당 정보를 그래프에 출력한다.

```
model = Model()
# 도식화를 위해 W 값과 b 값의 변화를 저장
Ws, bs = [], []
epochs = range(100)
for epoch in epochs:
  Ws.append(model.W.numpy())
  bs.append(model.b.numpy())
  current_loss = loss(model(inputs), outputs)

  train(model, inputs, outputs, learning_rate=0.1)
  print('에포크 %2d: W=%1.2f b=%1.2f, 손실=%2.5f' %
        (epoch+1, Ws[-1], bs[-1], current_loss))

  # TensorBoard 출력
  my_func(epoch, Ws[-1], bs[-1], current_loss)
  writer.flush()

# 저장된 값을 도식화
plt.plot(epochs, Ws, 'r',
         epochs, bs, 'b')
plt.plot([TRUE_W] * len(epochs), 'r--',
         [TRUE_b] * len(epochs), 'b--')
plt.legend(['W', 'b', 'true W', 'true_b'])
plt.show()
```

코드를 실행한 결과는 다음과 같다. 에포크 29 정도 훈련하면 True 가중치^{W}와 바이어스^b

해당 값(가중치: 0.5, 바이어스: 1.4)에 근사한 결과를 얻는다는 것을 알 수 있다.

```
에포크  1: W=5.00, b=0.00, 손실=28.17496
에포크  2: W=3.89, b=0.28, 손실=16.67354
에포크  3: W=3.05, b=0.51, 손실=10.06163
에포크  4: W=2.43, b=0.70, 손실=6.25002
에포크  5: W=1.95, b=0.86, 손실=4.04607
...
에포크 25: W=0.50, b=1.58, 손실=0.96210
에포크 26: W=0.50, b=1.58, 손실=0.96204
```

```
에포크 27: W=0.50, b=1.58, 손실=0.96201
에포크 28: W=0.50, b=1.58, 손실=0.96199
에포크 29: W=0.49, b=1.58, 손실=0.96197
...
에포크 95: W=0.49, b=1.59, 손실=0.96195
에포크 96: W=0.49, b=1.59, 손실=0.96195
에포크 97: W=0.49, b=1.59, 손실=0.96195
에포크 98: W=0.49, b=1.59, 손실=0.96195
에포크 99: W=0.49, b=1.59, 손실=0.96195
에포크 100: W=0.49, b=1.59, 손실=0.96195
```

다음 그림에서 실선은 가중치와 바이어스에 대한 학습 이력 데이터를 표시한 결과이고 점선은 목표로 한 가중치와 바이어스에 대한 값을 표시한 결과다. 에포크가 30 정도를 지나면 참값$^{True\ Value}$에 수렴하는 경향을 보인다는 것을 알 수 있다.

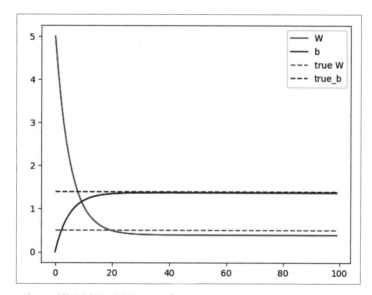

그림 2.5 선형회귀 학습 이력 및 모델 예측

2장의 컬러 이미지 자료는 다음 사이트를 참조하길 바란다.

http://www.packtpub.com/sites/default/files/downloads/9781789131116_ColorImages.
pdf

텐서보드 도입하기

모델 훈련 도중 변수가 어떻게 변하는지 추적하는 것은 지루한 작업이다. 예를 들어 선형
회귀 예제에서 모델 파라미터와 MSE 손실을 에포크마다 출력해 훈련 이력을 분석한다고
가정해보자. 알고리듬 복잡도가 증가함에 따라 모니터링할 변수와 측정 항목metric 수가 증
가한다. 이러한 문제에 대응하려면 텐서보드를 사용해야 한다.

텐서보드는 평가 항목을 표시하고 텐서플로우 그래프와 추가 정보를 표시하는 데 사용하
는 시각화 툴이다.

그림 2.6 스칼라 텐서보드 페이지

텐서보드와 텐서플로우 코드의 통합은 코드를 약간만 조정하면 되므로 무척 쉽다. 특히 텐서보드를 사용해 시간에 따른 MSE 손실을 시각화하고 선형회귀 모델의 가중치와 바이어스를 모니터링하려면 먼저 손실 텐서를 tf.summary.scalar()에 부착attach하고 모델 파라미터를 tf.summary.histogram()에 부착한다. 예제 코드에서는 @tf.function을 선언한 후 my_func를 다음과 같이 정의해 텐서보드에 관련 정보를 표시했다.

```
@tf.function
def my_func(step, tmpval1, tmpval2, tmpval3):
    with writer.as_default():
        tf.summary.scalar('weight', tmpval1, step=step)
        tf.summary.scalar(bias, tmpval2, step=step)
        tf.summary.scalar(loss, tmpval3, step=step)
        tf.summary.histogram('model_weight', tmpval1, step=step)
        tf.summary.histogram('model_bias', tmpval2, step=step)
        tf.summary.histogram('model_loss', tmpval3, step=step)
```

이제 for문에서 에포크를 진행하면서 발생하는 이력 정보를 my_func에 전달한다.

```
my_func(epoch, Ws[-1], bs[01], current_loss)
```

메모리에 있는 이력 정보를 디스크에 기록하는 명령을 실행한다.

```
writer.flush()
```

코드를 실행해 오류 없이 종료되면 해당 결과를 텐서보드상에서 조회할 수 있다. 이를 위해서는 작업 디렉터리로 이동한 후 터미널에 다음을 입력한다.

```
$tensorboard --logdir=log_dir
```

이 명령은 포트가 6006인 웹서버를 생성한다. 텐서보드를 시작하려면 텐서보드를 볼 수 있는 해당 링크로 이동해야 한다.

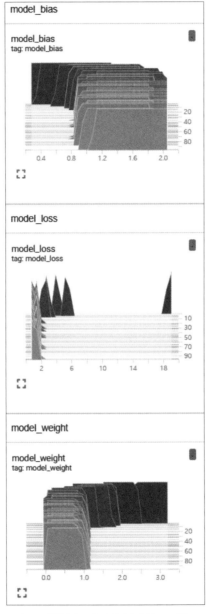

그림 2.7 선형회귀 모델 파라미터의 히스토그램

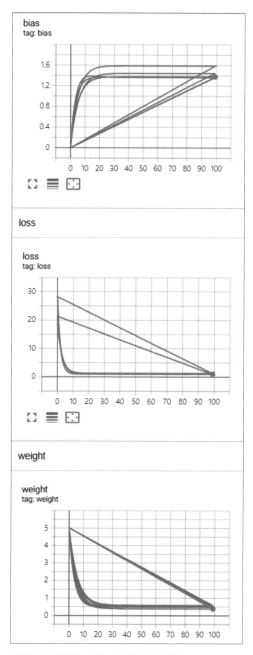

그림 2.8 바이어스, 손실, 가중치 스칼라 플롯

이제 페이지 상단의 탭을 클릭해 플롯, 히스토그램, 그래프에 접근해 텐서보드를 살펴본다. 앞은 물론 뒤 화면에서 일부 결과가 해당 페이지에 표시되는 것을 볼 수 있다. 플롯과 그래프는 대화식이므로 사용법을 익히기 위해 시간을 내 살펴보길 바란다. 또한 텐서보드의 공식 문서(https://www.tensorflow.org/guide/summaries_and_tensorboard)를 확인해 상세 기능을 확인하길 바란다.

▌ 강화학습 환경의 유형

지도 학습에서 레이블이 설정된 데이터 집합과 환경은 학습해야 할 정보와 알고리듬의 선택을 알려주므로 강화학습의 필수 부분이다. 이번 절에서는 환경 유형 간 주요 차이점을 살펴보고 가장 중요한 몇 가지 오픈소스 환경을 알아보겠다.

왜 다른 환경인가?

실제 애플리케이션의 경우 환경 선택은 학습해야 할 작업task으로 결정되는 반면 연구 애플리케이션은 대부분 환경의 본질적 특징에 의해 결정된다. 연구 애플리케이션의 경우 최종 목표는 특정 작업에 대해 에이전트를 훈련시키는 것이 아니라 업무 관련 몇 가지 능력capability을 보여주는 것이다.

예를 들어 멀티-에이전트 강화학습Multi-Agent Reinforcement Learning 알고리듬을 만드는 것이 목표라면 환경에는 최종 작업과 상관 없이 서로 통신할 수 있는 수단을 갖는 에이전트가 두 개 이상 있어야 한다. 그 대신 평생학습자lifelong learner(이전 쉬운 작업에서 습득한 지식을 이용해 더 어려운 작업을 지속적으로 만들어 배우는 에이전트)를 만들기 위해 환경이 갖춰야 할 1차 자질은 새로운 상황과 현실 영역에 적응하는 능력이다.

환경은 작업 외에도 복잡성Complexity, 관측 공간Observation Space, 액션 공간Action Space, 보상 함수Reward Function 같은 다른 특성에 따라 구분할 수 있다.

- **복잡성**: 막대의 균형잡기에서 로봇 손을 이용한 대상 객체의 조정까지 다양한 형태의 환경이 가능하다. 현실세계를 흉내내기 위해 거대한 상태 공간을 다루는 알고리듬을 보여줄 목적으로 복잡한 환경을 사용할 수 있다. 반면 몇 가지 특성만 보여줄 목적으로 간단한 환경을 사용할 수 있다.
- **관측 공간**: 이미 살펴봤듯이 관측 공간은 전체 환경 상태에서부터 행 이미지row images 같은 지각 시스템이 인식하는 부분적 관측에 이르기까지 다양하다.
- **액션 공간**: 연속 액션 공간이 큰 환경에서는 에이전트가 실제 값 벡터를 처리하도록 요구하는 반면 이산형 액션은 사용 가능한 액션 수가 제한돼 있어 학습하기가 더 쉽다.
- **보상 함수**: 몬테주마의 복수 같은 어려운 탐색과 지연된 보상을 갖는 환경은 해결하기 무척 어렵다. 놀랍게도 소수의 알고리듬만 인간 수준에 이를 수 있다. 이러한 이유로 몬테주마의 복수 같은 환경은 탐색 문제를 해결하기 위해 제안하는 알고리듬의 테스트 베드로 사용한다.

오픈소스 환경

요구 사항을 충족시키는 환경을 어떻게 설계할 수 있을까? 다행히 특정하거나 더 광범위한 문제를 해결하기 위해 구현된 오픈소스 환경이 많다. 예를 들어 다음 스크린샷에 표시된 코인런CoinRun은 알고리듬의 일반화 기능을 측정하기 위해 만든 것이다.

그림 2.9 코인런 환경

이제 사용 가능한 주요 오픈소스 환경을 나열할 것이다. 해당 환경은 서로 다른 팀과 회사가 만들었지만 대부분 OpenAI Gym 인터페이스를 사용한다.

그림 2.10 로보스쿨 환경

- Gym Atari(https://gym.openai.com/envs/#atari): 스크린 이미지를 입력으로 하는 아타리 2600 게임을 갖는다. 이 게임은 동일한 관측 공간을 갖는 다양한 게임에서 강화학습 알고리듬의 성능을 측정하는 데 좋다.

- Gym Class Control(https://gym.openai.com/envs/#classic_control): 알고리듬의 평가와 디버깅에 사용할 수 있는 고전 게임이다.

- Gym MuJoCo(https://gym.openai.com/envs/#mujoco): 라이선스가 필요한 물리 엔진인 MuJoCo에 기반한 연속적인 제어작업(앤트Ant와 하프치타HalfCheetah)을 포함한다.

- MalmoEnv(https://github.com/Microsoft/malmo): 마인크래프트에 기반한 환경이다.

- Pommerman(https://github.com/MultiAgentLearning/playground): 멀티-에이전트 알고리듬을 훈련시키는 데 필요한 환경이다. 폼머맨Pommerman은 유명한 바머맨 Bomberman이 변경된 버전이다.

- Roboschool(https://github.com/openai/roboschool): OpenAI Gym과 통합된 로봇 시뮬레이션 환경이다. 앞의 스크린샷 같이 MuJoCo의 환경 복제품, 에이전트의 견고성을 향상시키기 위한 두 개의 대화형 환경과 한 개의 멀티플레이어 환경을 포함하고 있다. 현재는 더 이상 지원하지 않으며 pybullet에 포함돼 관리되고 있다.

- Duckietown(https://github.com/duckietown/gym-duckietown): 여러 가지 지도와 장애물이 있는 자율주행차 시뮬레이터다.

- PLE(https://github.com/ntasfi/PyGame-Learning-Environment): Monster Kong, Flappy Bird, Snake 같은 다양한 아케이드 게임이 있다.

- Unity ML-Agent(https://github.com/Unity-Technologies/ml-agents): 실제 물리적 로직을 갖는 Unity 기반 환경이다. ML-agents는 상당한 자유도가 있고 Unity를 이용한 자체 환경을 만들 수 있다.

- CoinRun(https://github.com/openai/coinrun): 강화학습에서 과적합 문제를 해결하는 환경이다. 이 환경을 이용해 훈련과 테스트를 위한 다양한 환경을 만들 수 있다.

- DeepMind lab(https://github.com/deepmind/lab): 내비게이션과 퍼즐작업을 위한 3D 환경을 제공한다.
- DeepMind PySC2(https://github.com/deepmind/pysc2): 스타크래프트 II 같은 복잡한 게임을 학습하기 위한 환경이다.

▌ 요약

2장에서는 강화학습 알고리듬을 구현하는 데 필요한 모든 도구와 구성 요소를 알아봤다. 여러분은 강화학습 알고리듬 개발에 필요한 Python 환경을 설정하고 OpenAI Gym 환경을 사용해 첫 번째 알고리듬을 개발해봤다. 대부분의 최신 강화학습 알고리듬은 딥 러닝과 관련 있으므로 책 전반에 걸쳐 사용할 딥 러닝 프레임워크인 텐서플로우를 살펴봤다. 텐서플로우를 사용하면 역전파$^{back\ propagation}$ 같은 심층신경망의 복잡한 부분을 처리할 때 딥 강화학습 알고리듬의 개발 속도를 높여준다. 또한 TensorFlow는 알고리듬 디버깅 과정을 모니터링하고 지원하는 TensorBoard를 제공한다.

3장부터는 다양한 환경을 사용할 것이므로 개별 환경의 차이점을 명확하게 알아야 한다. 이제 여러분 자신의 프로젝트에 가장 적합한 환경도 선택할 수 있어야 한다. 매우 다양한 환경을 제시했지만 해당 문제에 더 적합한 또 다른 환경이 있을 수 있다는 것을 알아두길 바란다.

3장에서는 강화학습 알고리듬을 개발하는 방법을 배울 것이다. 구체적으로 환경을 완전하게 알고 있는 문제에서 사용 가능한 알고리듬을 설명하겠다. 이후에는 더 복잡한 사건을 처리할 수 있는 더 정교한 알고리듬을 개발해보겠다.

▌ 질문

1. Gym에서 step()함수의 출력은 무엇인가?
2. OpenAI Gym 인터페이스를 이용한 액션을 어떻게 샘플링할 수 있는가?
3. Box와 Discrete 클래스 간 주요 차이점은 무엇인가?
4. 강화학습에서 딥 러닝 프레임워크를 사용하는 이유는 무엇인가?
5. 텐서란 무엇인가?
6. 텐서보드에 표시되는 항목은 무엇인가?
7. 자율주행차를 만들려면 2장에서 언급한 환경 중 무엇을 사용해야 하는가?

▌ 심화학습 자료

- 텐서플로우의 공식 가이드는 다음 링크를 참조한다.
  https://www.tensorflow.org/guide
- 텐서보드의 공식 가이드는 다음 링크를 참조한다.
  https://www.tensorflow.org/tensorboard

동적 프로그래밍으로
문제 해결하기

3장의 목표는 강화학습 문제를 해결하는 데 필요한 알고리듬을 설명하는 것이다. 1, 2장에서는 기술적인 내용을 배제하고 강화학습을 설명했다. 3장에서는 간단한 게임문제를 해결하는 데 필요한 알고리듬을 수식으로 표현해보겠다.

강화학습 문제는 가치함수와 기대보상으로 이뤄진 MDP^Markov Decision Process로 모델링할 수 있다. 즉 강화학습 알고리듬은 수학적으로 표현하고 구현할 수 있다.

강화학습 알고리듬은 설계 과정에서 만들어진 전제 조건하에서 구성 요소를 결합하는 방법에 따라 다르다. 이러한 이유로 강화학습 알고리듬은 서로 교차하는 영역이 있는 세 가지 범주로 구분할 수 있다. 일부 알고리듬은 두 개 이상의 범주에 대한 장점만 사용한다. 먼저 환경에 대한 완전한 정보가 제공돼야만 문제를 해결할 수 있는 동적 프로그래밍^Dynamic Programming을 설명하겠다.

3장에서는 다음 내용을 다룬다.

- 마코브 의사결정 과정^{Markov Decision Process}
- 강화학습^{Reinforcement Learning} 알고리듬 구분
- 동적 프로그래밍^{Dynamic Programming}

MDP

MDP는 현재 행동이 다음 상태와 결과에 영향을 미치는 순차적 의사결정 문제를 수식으로 표현하는 방법이다. MDP는 강화학습 같이 상호작용을 통해 목표를 학습하는 문제를 수식으로 표현할 수 있을 정도로 일반성과 유연성이 있다. 따라서 MDP 측면에서 강화학습 문제를 표현하고 추론할 수 있다.

MDP는 4개 요소로 구성된 튜플(S, A, P, R)이다.

- S는 상태집합으로 구성된 유한 개의 상태 공간이다.
- A는 행동집합으로 구성된 유한 개의 행동 공간이다.
- P는 전이함수^{transition function}로서 행동 a를 통해 상태 s에서 상태 s'로 변환될 확률이다. $P(s', s, a) = P(s'|s, a)$에서 전이함수는 s와 a가 주어졌을 때 s'가 발생할 조건부 확률이다.
- R은 보상함수^{reward function}로서 상태 s에서 행동 a를 수행한 후 상태 s'로 변환되는 과정에서 얻는 가치를 결정하는 함수다.

MDP는 다음 그림과 같다. 화살표는 두 상태 사이의 전이^{transitions}를 나타내며 전이 확률은 화살표의 시작 위치에 붙어 있으며 화살표에 대한 보상^{reward}이다. 확률 특성상 전체 전이 확률의 합은 1.0이어야 한다. 이 예제에서 최종 상태는 정사각형(상태 S_5)으로 표시했고 한 개의 행동을 MDP로 간단하게 표현했다.

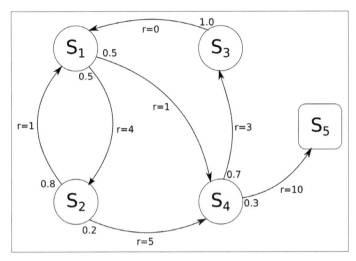

그림 3.1 상태 5개와 행동 1개로 이뤄진 MDP 예제

MDP는 상태와 행동의 궤도(s_0, a_0, s_1, a_1, …)를 생성하는 일련의 이산형 스텝 시퀀스로 제어한다. 이 경우 상태는 MDP의 역학 관계^{dynamics}인 상태 전이함수 $p(s'|s, a)$를 따르며 전이함수는 환경의 역학 관계를 완벽하게 표현할 수 있다.

MDP 정의에 의하면 전이함수와 보상함수$^{reward \ function}$는 현재 상태에 의해서만 결정되며 이전에 방문한 상태의 시퀀스의 영향을 받지 않는다. 이 특성을 마코브 특성$^{Markov \ Property}$이라고 한다. 즉 '프로세스에 메모리가 없다^{memoryless}'라고 하며 미래 상태는 과거 이력과 상관 없이 오직 현재 상태에 의해서만 결정된다고 한다. 마코브 특성상 현재 상태가 미래 상태를 결정하는 데 필요한 모든 정보를 갖고 있으며 이러한 특성을 갖는 시스템을 '완전하게 관측 가능하다$^{fully \ observable}$'라고 한다.

많은 강화학습에서 마코브 특성은 지켜지지 않으며 실제로는 유한 개의 이전 상태(s_t, s_{t-1}, s_{t-2}, …, s_{t-k})를 대상으로 MDP라고 가정하고 문제를 해결한다. 이러한 시스템을 '부분적으로 관측 가능하다$^{partially \ observable}$'라고 하며 상태는 관측^{observation}이라고 한다. 아타리^{Atari} 게임에서는 이러한 전략을 사용한다. 이 전략에서는 이미지 픽셀 정보를 에이전트의 입력으로 사용한다. 한 개의 프레임은 정적^{static} 정보만 갖고 있으므로 객체의 속도나 방향 정보는 보유하고 있지 않다. 따라서 현재 시점 기준 이전에 발생한 3~4개 프레임을 이용해 근사치를 수집해야 한다.

MDP의 최종 목표는 누적 보상 $\sum_{t=0}^{\infty} R_{\pi}(s_t, s_{t+1})$을 최대화하는 폴리시 π를 찾는 것이다. R_{π}는 각 스텝에서 폴리시 π로 인해 얻은 보상이다. 폴리시가 MDP의 각 상태에서 최상의 행동을 취할 때 MDP의 해가 된다. 이 폴리시를 최적의 폴리시라고 한다.

폴리시

폴리시Policy는 주어진 상태에서 취해야 할 행동을 선택하며 결정론적deterministic[1] 또는 확률적stochastic 폴리시로 구분할 수 있다. 물결 부호(~)는 데이터가 특정 분포를 따른다는 것을 의미하므로 결정론적 폴리시는 $a_t = \mu(s_t)$라고 하고 확률적 폴리시는 $a_t \sim \pi(.\,|s_t)$라고 한다.

확률적 폴리시는 행동 분포를 고려해야 할 때 사용한다. 예를 들어 노이즈가 반영된 행동을 시스템에 반영하는 것이 바람직한 경우에 사용한다.

일반적으로 확률적 폴리시는 범주형 또는 가우시안 형태를 갖는다. 범주형의 경우 분류문제와 유사하며 소프트맥스softmax 함수를 이용해 개별 범주로 분류될 확률을 계산한다. 가우시안의 경우 평균과 표준편차(분산)를 모수parameter로 하는 가우시안 분포에서 행동을 샘플링할 수 있다. 또한 해당 모수(평균, 표준편차)는 상태 함수states functions의 파라미터가 될 수도 있다.

파라미터로 이뤄진 폴리시는 문자 θ로 정의한다. 예를 들어 결정론적 폴리시는 $\mu_{\theta}(s_t)$로 표시한다.

 폴리시, 의사결정자(decision-maker), 에이전트(agent)는 동일한 개념을 나타내는 용어이며 이 책에서는 용어를 혼용할 것이다.

---

1 가능한 모든 행동의 확률을 표현하는 것이 아니라 한 가지 행동만 확정적으로 출력하는 것을 의미한다. – 옮긴이

감가율과 리턴

MDP에서 폴리시를 실행할 때 발생하는 상태와 행동의 순서(S_0, A_0, S_1, A_1, ...)를 궤도trajectory 또는 롤아웃rollout이라고 하며 $\boldsymbol{\tau}$(타우)로 표시한다. 각 궤도에서 행동의 결과로 일련의 보상이 수집된다. 이러한 보상함수를 리턴return이라고 하며 가장 단순화한 결과는 다음 식과 같다.

$$G(\tau) = r_0 + r_1 + r_2 + .. = \sum_{t=0}^{\infty} r_t \qquad (3.1)$$

이 시점에서 무한 및 유한 시평time horizons을 갖는 궤도에 대해 리턴 값return을 개별적으로 분석할 수 있다. 종료되지 않는 환경에서의 상호작용의 경우 이전에 제공된 합계가 항상 무한한 값을 가지므로 무한과 유한을 구분해야 한다. 이와 같은 상황을 연속진행 과제continuing tasks라고 하며 정보를 제공하지 않아 위험한 측면이 있고 다른 측면의 보상 공식이 필요하다. 최선의 해결책은 단기 보상에 많은 가중치를 설정하고 장기 보상에 적은 가중치를 설정해 계산하는 것이다. 가중치는 감가율discount factor이라고 하며 기호 λ로 표시하고 0과 1 사이의 값을 사용한다. 따라서 리턴 G는 다음과 같이 재구성할 수 있다.

$$G(\tau) = r_0 + \lambda r_1 + \lambda^2 r_2 + .. = \sum_{t=0}^{\infty} \lambda^t r_t \qquad (3.2)$$

(3.2) 식은 먼 미래에 일어날 행동 대비 상대적으로 가까운 시기에 일어날 행동을 선호하는 방법이라고 할 수 있다. 복권에 당첨돼 상금을 받을 시기를 결정한다고 가정하자. 아마도 몇 년이 아닌 며칠 안에 받는 것을 선호할 것이다. 감가율 λ는 상금을 받기 위해 얼마나 기다려야 하는지를 정의한 값이다. λ 값이 1에 가까울수록 미래 보상에 상대적으로 많은 가중치를 두는 것을 의미한다. $\lambda = 1$이라면 상금을 받는 시점이 길어지더라도 큰 문제가 안 되며 $\lambda = 0$이라면 지금 즉시 상금을 받아야 한다는 의미다.

유한 시평^{finite horizon}이 있는 궤도^{trajectories}는 자연스럽게 종료하는 궤도를 의미하며 이를 '에피소드가 있다^{episodic}'라고 한다. 이 용어는 궤도를 의미하는 또 다른 용어 에피소드에서 유래했다. 에피소드 작업^{episodic tasks}에서 초기 (3.1) 공식을 사용할 수 있지만 감가율 λ을 감안해 변형하는 것이 좋다.

$$G(\tau) = r_0 + \lambda r_1 + \lambda^2 r_2 + .. = \sum_{t=0}^{k} \lambda^t r_t \qquad (3.3)$$

유한하지만 길이가 긴 시평에서 감가율을 사용하면 먼 미래의 보상이 부분적으로만 반영되게 해 알고리듬의 안정성을 향상시킬 수 있다. 실제로 감가율은 0.9~0.999의 값을 사용하지만 반드시 그러한 것은 아니다.

(3.3) 식은 타임스텝^{timestep} t+1에서의 리턴을 이용해 간단하게 정의할 수 있다.

$$G_t(\tau) = r_t + \lambda G_{t+1}(\tau) \qquad (3.4)$$

명칭을 더 간단하게 하면 다음과 같다.

$$G_t = r_t + \lambda G_{t+1} \qquad (3.5)$$

다음으로 리턴 표기법을 사용해 최적의 폴리시 π를 찾기 위한 강화학습의 목표는 $argmax_\pi E_\pi[G(\tau)]$ 같이 예상 리턴을 최대화하는 것으로 정의할 수 있다. 이 경우 $E_\pi[\cdot]$는 랜덤 변수의 기대값이다.

가치함수

리턴 $G(\tau)$는 궤도가치^{trajectory's value}에 대한 좋은 정보를 제공하지만 방문했던 단일 상태^{single states}의 품질에 대한 어떠한 지표^{indication}도 여전히 제공하지 않는다. 이 품질지표^{quality indicator}는 폴리시가 최상의 다음 행동을 선택하는 데 사용될 수 있다. 즉 폴리시는 다음 상태가 최고의 품질지표를 갖게 하는 행동을 선택해야 하므로 이 품질지표는 매우 중요하다.

가치함수에는 상태가치함수^{State Value Function}와 행동가치함수^{Action Value Function}가 있다. 상태 가치함수는 가치함수^{Value Function}라고도 하며 V로 표기한다. 또한 행동가치함수는 큐 함수 ^{Q Function}라고도 하며 Q로 표기한다.

상태-가치함수^{state-value function}는 상태에 대한 가치를 출력하는 함수다. 이 함수는 상태^{state} 를 입력으로 받고 해당 상태의 가치^{value}를 출력한다. 폴리시를 적용해 얻어낸 상태^{state}에 서 예상되는 리턴 값으로 다음과 같이 정의한다.

$$V_\pi(s) = E_\pi[G|s_0 = s] = E_\pi[\sum_{t=0}^{k} \lambda^t r_t | s_0 = s]$$

행동-가치함수^{action-value function}는 상태에서 특정 행동에 대한 가치를 출력하는 함수다. 이 함수는 상태와 행동을 입력으로 받고 해당 상태에서 행동에 대한 가치를 출력한다. 폴리시 를 적용해 얻어낸 상태와 행동에서 예상되는 리턴 값으로 다음과 같이 정의한다.

$$Q_\pi(s,a) = E_\pi[G|s_0 = s, a_0 = a] = E_\pi[\sum_{t=0}^{k} \lambda^t r_t | s_0 = s, a_0 = a]$$

상태-가치함수와 행동-가치함수는 각각 V-함수와 Q-함수라고도 하며 상태-가치함수 는 행동-가치함수의 관점에서도 정의할 수 있을 정도로 밀접한 관계다.

$$V_\pi(s) = E_\pi[Q_\pi(s,a)]$$

최적 Q^*를 알고 있다면 최적 가치함수는 다음과 같다.

$$V^*(s) = max_a Q^*(s,a)$$

위 식이 성립하는 이유는 최적 행동이 $a^*(s) = argmax_a Q^*(s,a)$이기 때문이다.

벨만 방정식

상태-가치 V와 행동-가치 Q는 폴리시 π를 따르는 궤도를 실행한 다음 얻은 값의 평균을 계산해 추정한다. 이 방법은 많은 상황에서 사용될 만큼 효과적이지만 해당 리턴을 얻기 위해 전체 궤도full trajectory에 대한 보상이 필요하다는 점을 고려하면 많은 자원 소모가 발생한다는 문제가 있다.

다행히 벨만Bellman 방정식은 행동-가치 함수와 상태-가치 함수를 반복적으로 정의해 후속 상태로부터 추정이 가능하다.

벨만 방정식Bellman Equation은 리처드 어니스트 벨만Richard Ernest Bellman이 제안한 식으로 현재 상태에서 획득한 보상reward과 다음 상태의 가치value를 사용해 현재 상태의 행동-가치함수와 상태-가치함수를 정의한 것이다. (3.5) 식에서 리턴return 값의 재귀 공식recursive formulation을 이용해 상태 가치state value에 적용하면 (3.6) 식과 같다.

$$
\begin{aligned}
V_\pi(s) &= E_\pi[G_t|s_0 = s] = E_\pi[r_t + \gamma G_{t+1}|s_0 = s] \\
&= E_\pi[r_t + \gamma V_\pi(s_{t+1})]|s_t = s, a_t \sim \pi(s_t)]
\end{aligned} \qquad (3.6)
$$

상태-가치 함수와 비슷한 방법으로 행동-가치 함수에 대한 벨만 방정식은 다음과 같이 정의할 수 있다.

$$
\begin{aligned}
Q_\pi(s, a) &= E_\pi[G_t|s_t = s, a_t = a] \\
&= E_\pi[r_t + \gamma G_{t+1}|s_t = s, a_t = a] \\
&= E_\pi[r_t + \gamma Q_\pi(s_{t+1}, a_{t+1})|s_t = s, a_t = a]
\end{aligned} \qquad (3.7)
$$

이제 (3.6) 식과 (3.7) 식을 사용하면 해당 궤도를 끝까지 운영할 필요 없이 현재 시점에 획득한 보상과 다음 시점의 가치만으로 현재 시점의 가치인 상태-가치(V_π)와 행동-가치(Q_π)를 업데이트할 수 있다.

강화학습 알고리즘 분류

최적 벨만 방정식을 해결한 최초의 강화학습 알고리듬을 알아보기 전에 강화학습 알고리듬을 분류한 맵을 통해 개별 알고리듬의 위치와 용도를 알아두자. 실제로 강화학습 알고리듬의 차이는 구분하기 무척 어렵다. 또한 적용 대상 분야에 가장 적합한 알고리듬을 선정하려면 해당 알고리듬에 대한 주요 이론과 사용 분야를 알고 있어야 하며 이를 위해 전체 강화학습 알고리듬 맵을 통해 개별 알고리듬의 위치와 목표를 파악해둬야 한다.

첫 번째 구분은 모델-기반model-based과 모델-프리model-free 알고리듬이다. 이름에서도 알 수 있듯이 모델-기반은 환경 모델이 필요하고 모델-프리는 환경 모델이 필요 없다. 환경 모델은 원하는 폴리시를 찾는 데 사용할 수 있는 소중한 정보를 제공해 매우 중요하지만 대부분 해당 모델을 얻기 어렵다. 예를 들어 틱-택-토tic-tac-toe 게임을 모델링하는 것은 무척 쉽지만 파도를 모델링하는 것은 매우 어렵다. 따라서 환경에 대한 가정 없이 정보를 학습할 수 있는 모델-프리model-free 알고리듬이 필요하다.

강화학습 알고리듬을 구분한 결과는 그림 3.2와 같다. 그림에서 모델-기반model-based과 모델-프리model-free 그리고 널리 알려진 모델-프리 접근법인 폴리시 그래디언트policy gradient 와 가치-기반value-based 방법이 있다는 것을 알 수 있다. 두 가지 방법을 조합한 알고리듬이 무엇인지 4장에서 알아보겠다.

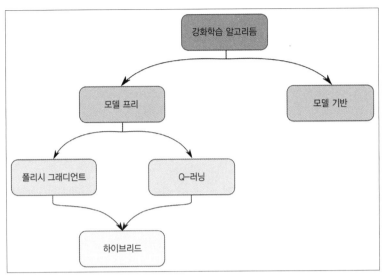

그림 3.2 RL 알고리듬의 분류

첫 번째 구분은 모델–프리와 모델–기반이다. 모델–프리 강화학습 알고리듬은 폴리시 그래디언트와 가치–기반 알고리듬으로 구분할 수 있다. 하이브리드는 두 가지 방법의 중요한 특성을 결합한 방법이다.

모델–프리 알고리듬

모델이 없는 모델–프리MF, Model-Free 알고리듬은 주어진 폴리시 내에서 궤도를 실행해 경험을 얻고 에이전트를 개선하는 것이다. MF 알고리듬은 올바른 폴리시가 만들어질 때까지 세 가지 주요 단계를 반복 수행한다.

1. 환경에서 폴리시를 실행해 신규 샘플을 생성한다. 궤도는 최종 상태에 도달하거나 사전에 설정한 스텝 횟수에 도달할 때까지 실행된다.
2. 리턴 함수를 추정한다.
3. 수집한 샘플을 이용해 폴리시를 개선한 후 2단계에서 수행한 추정을 한다.

세 가지 구성 요소는 이러한 알고리듬의 핵심 사항이지만 각 단계의 수행 방식에 따라 서로 다른 알고리듬이 생성된다. 가치-기반 알고리듬과 폴리시 그래디언트 알고리듬이 그두 가지 예다. 이 알고리듬은 전혀 달라 보이지만 비슷한 원리에 기초하고 있으며 모두 3단계 접근법을 사용한다.

가치-기반 알고리듬

가치함수 알고리듬이라고도 하는 가치-기반 알고리듬Value-based Algorithms은 앞 절에서 본것과 유사하게 Q-함수를 학습해 최적의 Q-함수를 얻고 이를 기반으로 의사결정을 하는방법이다. 즉 가치-기반 알고리듬은 벨만 방정식을 사용해 Q-함수를 학습하고 이는 다시 폴리시를 학습하는 데 사용된다. 일반적으로 높은 분산과 일반적인 불안정성을 다루기위해 신경망 같은 함수 근사기Approximator와 다른 트릭을 사용한다. 가치-기반 알고리듬은지도회귀 알고리듬Supervised Regression Algorithms에 어느 정도 가깝다고 할 수 있다.

일반적으로 이 알고리듬은 오프 폴리시off-policy이므로 데이터 생성에 사용된 것과 동일한폴리시를 최적화할 필요가 없다. 즉 이 방법은 샘플링한 데이터를 리플레이 버퍼Replay Buffer에 저장할 수 있으므로 이전 경험을 이용해 학습할 수 있다. 이전 샘플을 사용할 수 있어다른 모델-프리 알고리듬보다 학습에 필요한 데이터가 상대적으로 적어도 되며 샘플-효율적sample-efficient이라고 한다.

폴리시 그래디언트 알고리듬

모델-프리MF 알고리듬의 다른 유형은 폴리시 그래디언트 메서드 또는 폴리시 최적화 메서드Policy Optimization Methods다. 이 방법은 가치함수가 아닌 폴리시를 바로 학습해 해당 폴리시에 근거한 행동을 취한다. 즉 폴리시를 구성하는 파라미터를 목적함수가 점점 커지는 방향으로 업데이트함으로써 폴리시를 직접 학습한다. 따라서 강화학습 문제를 더 직접적이고 명확하게 해석할 수 있다. 폴리시 그래디언트 알고리듬은 좋은 행동의 경우 그래디언트를 상승시켜 권장하고 반대로 나쁜 행동의 경우에는 억제하는 강화학습 원칙에 근거한다.

가치-기반 알고리듬과 달리 폴리시 최적화는 온-폴리시 데이터on-policy data가 필요하므로 학습에 필요한 데이터가 상대적으로 많아야 한다. 따라서 샘플효율성이 떨어진다. 폴리시 최적화 방법은 곡률이 높은 표면에서 가장 가파른 경사도를 선택해 해당 방향으로 너무 멀리 움직이면 나쁜 영역으로 떨어진다. 이 문제를 해결하기 위해 신뢰 영역Trust Region 내에서만 폴리시를 최적화하는 방법TRPO과 정리한clipped 써로게이트 목적함수를 최적화해 폴리시 변경을 제한하는 방법PPO 등 많은 알고리듬이 제안됐다.

폴리시 그래디언트 메서드의 주요 장점은 연속행동 공간이 있는 환경을 더 쉽게 처리할 수 있다는 것이다. 반면 가치-기반 알고리듬의 경우 이산형으로 돼 있는 상태와 행동 쌍에 대한 Q-값을 학습해야 하므로 연속 공간이 있는 환경을 학습하기가 어렵다.

액터-크리틱 알고리듬

액터-크리틱AC 알고리듬은 폴리시에 대한 피드백을 제공하는 크리틱이라는 가치함수(일반적으로 Q-함수)를 학습하는 온-폴리시 그래디언트 알고리듬이다. 액터에 해당하는 여러분이 새로운 경로로 수퍼마켓에 간다고 상상해보자. 그런데 운이 없게도 목적지에 도착하기 전 상사가 사무실로 복귀하라고 했다고 가정해보자. 수퍼마켓에 도착하지 않았기 때문에 새로운 경로가 이전 경로보다 더 빠른지 알 수가 없다. 하지만 익숙한 위치에 다다랐다면 해당 위치에서 수퍼마켓까지 가는 데 걸리는 시간을 추정해 새로운 경로가 바람직한지 여부를 계산할 수 있다. 크리틱critic은 이러한 평가를 수행한다. 이렇게 하면 최종 목적지에 도달하지 않아도 액터actor를 개선할 수 있다.

액터actor와 크리틱critic을 결합하는 방법은 매우 효과적인 방법으로 폴리시 그래디언트 알고리듬에서 일반적으로 사용된다. 이 기술은 신뢰-영역 알고리듬Trust-region Algorithms 같은 폴리시 최적화에 사용된 다른 아이디어와 결합해 사용할 수도 있다.

하이브리드 알고리즘

가치함수와 폴리시 그래디언트 알고리듬의 장점을 통합하면 상대적으로 샘플효율적이고 견고한 하이브리드 알고리듬을 만들 수 있다. 하이브리드 접근법은 Q-함수와 폴리시 그래디언트를 결합해 서로를 향상시킨다. 이 방법은 폴리시를 직접 개선하기 위해 결정론적 행동에 대한 예상 Q-함수를 추정한다.

 AC 알고리듬은 가치함수를 학습하고 사용하기 때문에 하이브리드 알고리듬이 아니라 폴리시 그래디언트로 분류할 수 있다. 이 사실은 기본 목표가 폴리시 그래디언트 메서드의 목표이기 때문이다. 가치함수는 추가 정보를 제공하기 위한 업그레이드일 뿐이다.

모델-기반 강화학습

환경 모델이 있다는 것은 실제 환경과의 상호작용 없이 각각의 상태-행동 튜플에 대한 상태 전이transitions와 보상rewards을 추정할 수 있다는 의미다. 이미 언급했듯이 모델은 한정된 경우에 한해서만 알려져 있다. 하지만 모델이 알려져 있다면 여러 가지 방법으로 사용할 수 있다. 가장 명확한 적용 사례는 해당 모델을 사용해 미래의 행동을 계획하는 것이다. 계획이란 다음 행동의 결과를 미리 아는 상태에서 미래의 움직임을 표현하기 위해 사용하는 개념이다. 예를 들어 적이 어떠한 움직임을 보일지 정확하게 알고 있다면 첫 번째 행동을 실행하기 전에 미리 생각하고 모든 행동을 계획할 수 있다. 이 경우 단점은 계획에 매우 많은 비용이 소모되고 간단한 프로세스가 아니라는 것이다.

또한 모델은 환경과의 상호작용을 통해 학습할 수 있으며 행동 결과를 상태와 보상 측면에서 현실과 최대한 같게 만들 수 있다. 하지만 실제 현실에서 모델을 훈련시키는 것은 상당한 비용이 필요하므로 이와 같은 방법이 항상 최선책인 것은 아니다. 게다가 모델을 이용해 환경에 대한 대략적인 근사Rough Approximation만 할 수 있다면 상당히 나쁜 결과를 초래할 수 있다.

이미 알려진 것이든 학습된 것이든 모델은 폴리시를 계획하고 개선하는 데 모두 사용할 수 있으며 강화학습 알고리듬의 여러 단계에 통합될 수 있다. 잘 알려진 모델-기반 강화학습 사례로는 순수한 계획pure planning, 폴리시 개선을 위한 내장된 계획embedded planning, 근사모 델에서의 샘플 생성 등이 있다.

가치함수를 추정하기 위해 모델을 사용하는 알고리듬을 동적 프로그래밍DP, Dynamic Programming이라고 하는데 3장 후반부에서 설명한다.

알고리듬 다양화

왜 많은 강화학습 알고리듬이 존재할까? 모든 상황에서 최고의 성능을 보여주는 알고리듬 이 없기 때문이다. 각각은 다양한 요구에 맞게 설계돼 다양한 측면을 관리한다. 가장 눈에 띄는 차이점은 안정성, 샘플효율성, 훈련시간이다. 이러한 사실은 책을 읽어가면서 점점 명확해지겠지만 경험상 폴리시 그래디언트 알고리듬은 가치함수 알고리듬보다 안정적이 고 신뢰할 수 있다. 반면 가치함수 메서드는 오프 폴리시로 이전 경험을 사용할 수 있으므 로 샘플효율성이 우수하다. 결과적으로 모델-기반 알고리듬은 Q-러닝 알고리듬보다 샘 플효율성이 높지만 계산 비용이 많이 든다.

방금 제시한 것 외에도 알고리듬을 설계하고 배포하면서 고려할 중요한 절충점(사용 용이 성, 견고성 등)이 있다.

▌ DP

DP는 일반적인 알고리듬 패러다임으로 한 개의 문제를 겹치는 여러 하위 문제로 나눈 후 하위 문제의 솔루션을 결합해 원래 문제의 해결책을 찾아낸다.

DP는 강화학습에 사용될 수 있으며 가장 간단한 접근법 중 하나다. 이 알고리듬은 완벽한 환경 모델을 제공받아 최적의 폴리시를 산출하는 데 적합하다.

DP는 강화학습 알고리듬 발전에서 중요한 역할을 했고 차세대 알고리듬의 기반이 됐다. 하지만 DP는 계산에 많은 자원이 필요하다. DP는 가능하면 모든 상태를 고려해 각각의 상태가치 또는 행동가치를 업데이트해야 하므로 제한적인 수의 상태나 행동이 있는 MDP 에서만 실행 가능하다. 또한 DP 알고리듬은 가치함수를 배열이나 테이블에 저장한다. 이렇게 정보를 저장하는 방법은 정보가 손실되지 않기 때문에 효과적이고 빠르지만 상당한 크기의 테이블 저장소가 필요하다. DP 알고리듬은 테이블을 사용해 가치함수를 저장하므로 테이블 형태의 학습Tabular Learning이라고 한다. 이 방법은 해당 가치를 인공신경망 같은 고정된 크기의 함수(근사 가치함수)에 저장해 사용하는 근사 학습Approximated Learning의 반대 개념이다.

DP는 다음 상태의 기대가치를 사용해 현재 상태의 가치를 추정하고 개선하는 부트스트래핑Bootstrapping을 사용한다. 이미 살펴봤듯이 부트스트래핑은 벨만 방정식에 사용한다. 실제로 DP는 벨만 방정식 (3-6)과 (3-7)을 이용해 V^*와 Q^*를 추정했다. 이 추정은 다음 식으로 실행할 수 있다.

$$V^*(s) = max_a E[r_t + \gamma V^*(s_{t+1})|s_t = s, a_t = a]$$

또는 Q-함수를 이용해 추정한다.

$$Q^*(s, a) = E[r_t + \gamma max_{a_{t+1}} Q^*(s_{t+1}, a_{t+1})|s_t = s, a_t = a]$$

최적 상태-가치함수와 행동-가치함수를 찾아냈다면 최적 폴리시는 해당 기대 값을 최대화하는 행동을 가져오기만 하면 된다.

폴리시 평가와 폴리시 개선

최적 폴리시를 찾아내려면 우선 최적 가치함수를 찾아내야 한다. 이러한 작업을 반복 수행하는 과정을 폴리시 평가Policy Evaluation라고 한다. 폴리시 평가는 모델의 상태 가치 전이

State Value Transition, 시간 t에서 취한 행동의 보상 값Immediate Reward, 감가율 γ을 적용한 후 상태의 가치함수 값을 이용해 폴리시 π에 대한 가치함수를 시간 순으로 반복적으로 개선한 $\{V_0, \cdots V_k\}$를 만들어낸다. 따라서 폴리시 평가는 벨만 방정식을 이용해 가치함수를 개선하는 시퀀스를 (3.8) 식과 같이 만들어낼 수 있다.

$$V_{k+1}(s) = E_\pi[r_t + \gamma V_k(s_{t+1})|s_t = s]$$

$$= \sum_a \pi(s,a) \sum_{s',r} p(s'|s,a)[r + \gamma V_k(s')]$$

(3.8)

이 시퀀스는 $k \to \infty$에 도달할수록 최적 값에 수렴한다. 그림 3.3은 전후 관계의 상태 가치Successive State Values를 이용한 $V_{k+1}(s_t)$의 업데이트 방법이다.

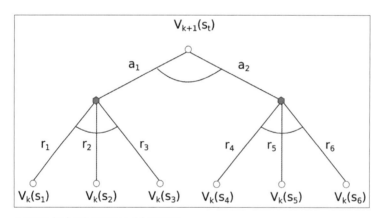

그림 3.3 (3.8) 식을 이용한 $V_{k+1}(s_t)$ 업데이트

모든 상태와 행동에 대한 상태 전이함수 p와 보상함수 r을 아는 경우에만 가치함수(3.8)를 업데이트할 수 있다.

폴리시는 각각의 행동 확률을 출력하므로 (3.8) 식에서 행동에 대한 첫 번째 합이 확률적 폴리시에 필요하다. 이제 간략화하기 위해 결정론적 폴리시만 고려하겠다.

가치함수가 개선되면 더 좋은 폴리시를 찾아내는 데 사용할 수 있다. 이 가정은 폴리시 개선Policy Improvement이라고 하고 다음과 같이 폴리시 π를 찾아낸다.

$$\pi' = argmax_a Q_\pi(s, a) = argmax_a \sum_{s', r} p(s'|s, a)[r + \gamma V_\pi(s')] \qquad (3.9)$$

가치함수 V_π로부터 원래 폴리시 π의 다음 폴리시 π'를 만든다. 식에서 볼 수 있듯이 새로운 폴리시 π'는 π보다 항상 좋으며 V가 최적인 경우에만 폴리시가 최적이 된다. 폴리시 평가와 폴리시 개선의 결합은 최적 폴리시를 계산하는 두 가지 알고리듬을 만들어낸다. 하나는 폴리시 이터레이션Policy Iteration이고 또 하나는 가치 이터레이션Value Iteration이다. 둘 다 폴리시 평가Policy Evaluation를 사용해 가치함수를 단조롭게 개선하고 새로운 폴리시를 추정하기 위해 폴리시 개선Policy Improvement을 사용한다. 유일한 차이는 폴리시 이터레이션은 평가와 개선 두 단계를 반복적으로 실행하는 반면 가치 이터레이션은 한 번의 업데이트로 두 단계를 처리한다는 것이다.

폴리시 이터레이션

현재 폴리시 π하에서 (8) 식을 이용해 V_π를 업데이트하는 폴리시 평가와 개선된 가치함수 V_π를 이용해 π'를 계산하는 폴리시 개선 (9) 사이에서 폴리시 이터레이션이 반복된다. 결국 n회 사이클 후 해당 알고리듬은 최적 폴리시 π^*가 된다.

```
Initialize Vπ(s) and π(s) for every state s
while π is not stable:
    > policy evaluation
    while Vπ is not stable:
        for each state s:
```
$$V_\pi(s) = \sum_{s', r} p(s'|s, \pi(a))[r + \gamma V_\pi(s')]$$
```
    > policy improvement
```

```
for each state s:
```

$$\pi = argmax_a \sum_{s',r} p(s'|s,a)[r + \gamma V_\pi(s')]$$

초기화 단계 후 외부 루프는 안정적인 폴리시를 찾을 때까지 폴리시 평가와 이터레이션을 반복한다. 각각의 이터레이션에서 폴리시 평가는 이전 폴리시 개선 단계에서 발견한 폴리시를 평가하며 이 폴리시는 차례대로 추정 가치함수Estimated Value Function를 사용한다.

프로즌레이크에 적용된 폴리시 이터레이션

폴리시 이터레이션의 기본 개념을 통합하기 위해 프로즌레이크Frozenlake 게임에 적용해보겠다. 여기서 환경은 4×4 그리드로 이뤄졌다. 에이전트는 방향에 대한 4개 행동(0은 왼쪽, 1은 아래쪽, 2는 오른쪽, 3은 위쪽)을 사용해 구멍에 빠지지 않고 그리드 반대쪽으로 이동해야 한다. 또한 에이전트는 움직임이 불확실하며 다른 방향으로 움직일 가능성이 있다. 따라서 이러한 상황에서는 의도한 방향으로 움직이지 않는 것이 유리할 수도 있다. 최종 목표에 도달하면 +1의 보상을 받는다. 게임 맵은 그림 3.4와 같다. S는 시작 위치이고 별은 종료 위치이고 나선 형태는 함정이다.

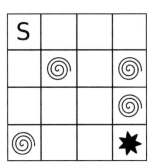

그림 3.4 프로즌레이크 게임

필요한 모든 툴로 어떻게 해결해야 할지 살펴보자.

 3장에서 설명한 모든 코드는 깃허브에서 다운로드할 수 있다. https://github.com/Packt
Publishing/Reinforcement-Learning-Algorithms-with-Python

우선 환경을 만들고 가치함수와 폴리시를 초기화한다.

```
env = gym.make('FrozenLake-v0')
env = env.unwrapped
nA = env.action_space.n
nS = env.observation_space.n
V = np.zeros(nS)
policy = np.zeros(nS)
```

다음으로 폴리시 평가와 개선을 실행하는 메인 사이클을 만들어야 한다. 이 사이클은 폴
리시가 안정화되면 종료한다. 이를 위해 다음 코드를 사용한다.

```
policy_stable = False
it = 0
while not policy_stable:
    policy_evaluation(V, policy)
    policy_stable = policy_improvement(V, policy)
    it += 1
```

결국 완료한 이터레이션 횟수, 가치함수, 폴리시 및 일부 테스트 게임을 실행해 도달한다.

```
print('Converged after %i policy iterations'%(it))
run_episodes(env, V, policy)
print(V.reshape((4,4)))
print(policy.reshape((4,4)))
```

이제 코드 policy_evaluation을 정의하기 전에 policy-improvement에서 사용한 기대 행동-가치를 계산하는 함수를 만들 수 있다.

```
def eval_state_action(V, s, a, gamma=0.99):
    return np.sum([p * (rew + gamma*V[next_s]) for p, next_s, rew, _ in
env.P[s][a]])
```

여기서 env.P는 환경의 역학 구조^{dynamics}의 모든 정보를 포함하는 딕셔너리형 데이터다.

gamma는 감가율^{Discount Factor}이며 0.99는 난이도가 중간인 간단한 문제에 사용되는 표준 값이다. 이 값이 클수록 미래에 발생할 가치를 더 고려해야 하므로 에이전트가 상태 가치를 예측하기 어렵다.

다음으로 policy_evaluation 함수를 정의할 수 있다. policy_evaluation은 안정적인 가치에 도달할 때까지 현재의 폴리시하에서 모든 상태에 대해 (3.8) 식을 계산해야 한다. 폴리시는 결정론적^{deterministic}이므로 한 개의 행동만 평가한다.

```
def policy_evaluation(V, policy, eps=0.0001):
    while True:
        delta = 0
        for s in range(nS):
            old_v = V[s]
            V[s] = eval_state_action(V, s, policy[s])
            delta = max(delta, np.abs(old_v - V[s]))
        if delta < eps:
            break
```

delta가 임계 값 eps보다 작아지면 가치함수가 안정적인 것으로 간주한다. 따라서 이 조건을 만족하면 while 루프 명령은 멈추게 된다.

policy_improvement는 가치함수와 폴리시를 인수로 취한다. 그리고 신규 가치함수에 근거해 폴리시를 업데이트하기 위해 모든 상태에 대해 반복 수행한다.

```
def policy_improvement(V, policy):
    policy_stable = True
    for s in range(nS):
        old_a = policy[s]
        policy[s] = np.argmax([eval_state_action(V, s, a) for a in range(nA)])
        if old_a != policy[s]:
            policy_stable = False
    return policy_stable
```

policy_improvement(V, policy)는 해당 폴리시가 변경될 때까지 False를 리턴한다. 이렇게 하는 이유는 해당 폴리시가 아직 안정화되지 않았다는 것을 의미한다.

마지막 코드는 신규 폴리시를 테스트하기 위해 일부 게임을 실행하고 승리한 게임의 횟수를 출력한다.

```
def run_episodes(env, V, policy, num_games=100):
    tot_rew = 0
    state = env.reset()
    for _ in range(num_games):
        done = False
        while not done:
            next_state, reward, done, _ = env.step(policy[state])
            state = next_state
            tot_rew += reward
            if done:
                state = env.reset()
    print('Won %i of %i games!'%(tot_rew, num_games))
```

여기까지가 전체 내용이다.

약 7번의 이터레이션 내에 수렴하고 게임에서 85%가량 승리를 거뒀다.

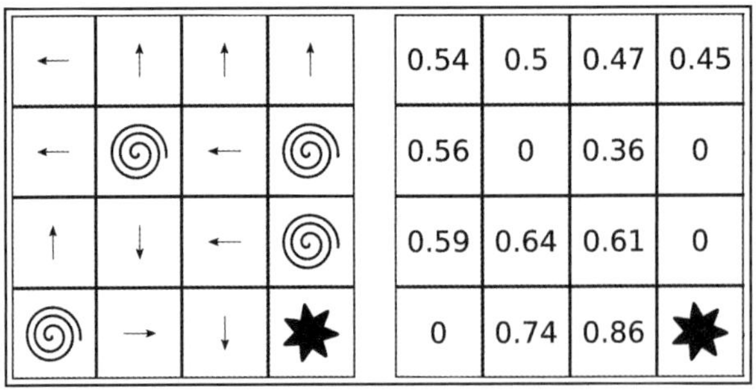

그림 3.5 프로즌레이크 게임 결과. 최적 폴리시는 왼쪽 그림이고 최적 상태 값은 오른쪽 그림이다.

코드를 실행한 결과 폴리시는 그림 3.5의 왼쪽과 같다. 환경의 역학 관계[dynamics]를 따르기 때문에 결과가 이상한 방향을 선택한 것을 볼 수 있다. 그림 3.5의 오른쪽은 최종 상태 가치다.

가치 이터레이션

가치 이터레이션은 MDP에서 최적의 가치를 찾는 다른 동적 프로그래밍 알고리듬이다.

하지만 폴리시 평가와 폴리시 이터레이션을 반복해 실행하는 폴리시 이터레이션과 달리 가치 이터레이션은 두 가지 방법을 한 번에 업데이트한다. 특히 가치 이터레이션은 최상의 행동을 즉시 선택해 상태 가치를 업데이트한다.

$$V_{k+1}(s) = max_a \sum_{s',r} p(s'|s,a)[r + \gamma V_k(s')] \qquad (3.10)$$

가치 이터레이션의 코드는 폴리시 이터레이션 코드보다 간단하며 다음 의사코드로 요약할 수 있다.

```
Initialize V(s) for every state s
while V is not stable:
    > value iteration
```

```
for each state s:
```

$$V(s) = max_a \sum_{s',r} p(s'|s,a)[r + \gamma V(s')]$$

```
> compute the optimal policy:
pi=argmax_a summation_s', r p(s'| s, a)[r+gamma V(s)]
```

$$\pi = argmax_a \sum_{s',r} p(s'|s,a)[r + \gamma V(s)]$$

유일한 차이점은 새로운 가치평가 업데이트를 이용했고 적절한 폴리시 이터레이션 모듈이 없다는 점이다. 결과적으로 최적 폴리시는 다음과 같다.

$$\pi^* = argmax_a \sum_{s',r} p(s'|s,a)[r + \gamma V^*(s)] \tag{3.11}$$

프로즌레이크에 적용한 가치 이터레이션

이제 두 개의 DP 알고리듬을 비교하고 동일한 폴리시와 가치함수에 수렴하는지 살펴보기 위해 프로즌레이크에 가치 이터레이션을 적용해볼 수 있다.

상태–행동 쌍에 대한 행동 상태가치Action State Value를 추정하기 위해 eval_state_action을 이전과 같이 정의한다.

```
def eval_state_action(V, s, a, gamma=0.99):
    return np.sum([p * (rew + gamma*V[next_s]) for p, next_s, rew, _ in
env.P[s][a]])
```

다음으로 가치 이터레이션 알고리듬의 메인 부분을 만든다.

```
def value_iteration(eps=0.0001):
    V=np.zeros(nS)
    it=0
    while True:
```

```
        delta=0
        # 각 상태의 가치를 업데이트한다.
        for s in range(nS):
            old_v = V[s]
            V[s]=np.max([eval_state_action(V, s, a) for a in range(nA)])
# 3.10 식
            delta=max(delta, np.abs(old_v - V[s]))
        # 안정화될 경우 사이클을 끝낸다.
        if delta < eps:
            break
        else:
            print('Iter:', it, ' delta:', np.round(delta,5))
        it+=1
    return V
```

가치함수가 임계 값 eps로 결정되는 안정 상태^{steady value} 함수에 도달할 때까지 반복하며 각 이터레이션에 대해 수식 (3.10)으로 각각의 상태가치를 업데이트한다.

폴리시 이터레이션과 관련해 run_episodes는 일부 게임을 실행해 폴리시를 테스트한다. 유일한 차이점은 이 경우 run_episodes가 실행되는 동시에 폴리시가 결정된다는 점이다 (폴리시 이터레이션을 위해 사전에 모든 상태에 대한 행동을 정의했다).

```
def run_episodes(env, V, num_games=100):
    tot_rew=0
    state=env.reset()

    for _ in range(num_games):
        done=False

        while not done:
            # 가치함수를 이용해 최고의 행동을 선택한다.
            action=np.argmax([eval_state_action(V, state, a) for a in range(nA)])
# (3.11) 식
            next_state, reward, done, _ = env.step(action)

            state=next_state
            tot_rew+=reward
```

```
            if done:
                state=env.reset()
    print('Won %i of %i games!'%(tot_rew, num_games))
```

마지막으로 환경을 만든 후 가치 이터레이션을 실행하고 일부 테스트 게임을 실행한다.

```
env=gym.make('FrozenLake-v0')
env=env.unwrapped

nA=env.action_space.n
nS=env.observation_space.n

V=value_iteration(eps=0.0001)
run_episodes(env, V, 100)
print(V.reshape((4,4)))
```

출력 결과는 다음과 비슷할 것이다.

```
Iter: 0 delta: 0.33333
Iter: 1 delta: 0.1463
Iter: 2 delta: 0.10854
...
Iter: 128 delta: 0.00011
Iter: 129 delta: 0.00011
Iter: 130 delta: 0.0001
Won 86 of 100 games!
[[0.54083394 0.49722378 0.46884941 0.45487071]
 [0.55739213 0.          0.35755091 0.        ]
 [0.5909355  0.64245898 0.61466487 0.        ]
 [0.          0.74129273 0.86262154 0.        ]]
```

가치 이터레이션 알고리듬은 130회 반복 후 수렴한다. 결과 가치함수와 폴리시는 폴리시
이터레이션 알고리듬과 같다.

▌ 요약

강화학습 문제는 MDP로 공식화해 목표-기반 문제를 학습하기 위한 추상 프레임워크를 제공한다. MDP는 상태, 행동, 보상, 전이 확률로 정의할 수 있다. MDP를 해결한다는 것은 각각의 상태에서 예상되는 보상을 최대화하는 폴리시를 찾는다는 의미다. 마코브^{Markov} 특성은 MDP에 내재돼 있으며 미래의 상태는 과거의 이력이 아닌 현재 상태로부터만 영향을 받는다.

MDP 정의를 사용해 폴리시, 리턴함수, 예상 리턴^{expected return}, 행동-가치함수, 가치함수의 개념을 정의했다. 행동-가치함수와 가치함수는 모두 후속 상태의 가치로 정의할 수 있으며 이를 벨만 방정식이라고 한다. 이 방정식은 가치함수를 반복해 계산하는 방법을 제공해 도움이 된다. 최적의 가치함수를 사용하면 최적의 폴리시를 찾아낼 수 있다.

강화학습 알고리듬은 모델-기반과 모델-프리 방법으로 구분할 수 있다. 모델-기반은 다음 행동을 계획하기 위해 환경 모델이 필요하며 모델-프리는 모델과는 독립적이며 환경과 직접 상호작용해 학습할 수 있다. 폴리시 그래디언트 알고리듬은 그래디언트 상승을 통해 폴리시에서 직접 학습하므로 온-폴리시^{on-policy}라고 한다. 가치함수 알고리듬은 오프-폴리시^{off-policy}이며 폴리시를 만들기 위해 행동-가치함수나 가치함수를 학습한다. 이러한 두 가지 메서드를 결합해 두 가지 방법의 장점을 결합할 수 있다.

DP는 상세하게 살펴본 첫 번째 모델 기반 알고리듬이다. 제한된 수의 상태와 행동으로 구성된 환경의 전체 모델을 알고 있으면 DP를 사용할 수 있다. DP 알고리듬은 부트스트래핑을 사용해 상태 가치^{State Value}를 추정하고 폴리시 평가와 개선이라는 두 가지 프로세스를 통해 최적의 폴리시를 학습한다. 폴리시 평가는 임의의 폴리시에 대한 상태 가치함수를 계산하는 반면 폴리시 개선은 폴리시 평가 프로세스에서 얻은 가치함수를 사용해 폴리시를 개선한다.

폴리시 개선과 평가를 결합해 폴리시 이터레이션 알고리듬과 가치 이터레이션 알고리듬을 만들 수 있다. 두 알고리듬의 차이를 알아보면 폴리시 이터레이션은 폴리시 평가와 개선을 반복적으로 실행하는 반면 가치 이터레이션은 두 프로세스를 단 한 번의 폴리시 개선 업데이트로 결합한다는 점이다.

DP는 차원의 저주(상태의 수에 따라 복잡성이 기하급수적으로 증가) 때문에 실행하기 어렵지만 폴리시 평가와 이터레이션 아이디어는 일반화된generalized 방법을 사용하므로 대부분의 강화학습 알고리듬의 핵심이다.

DP의 또 다른 단점은 정확한 환경 모델이 필요하고 그로 인해 다양한 문제에 적용하기 어렵다는 것이다.

4장에서는 환경에서 직접 샘플링해 대상 모델을 모르는 문제에 대해 V-함수와 Q-함수를 사용해 폴리시를 학습하는 방법을 알아보겠다.

▌ 질문

1. MDP란 무엇인가?
2. 확률적 폴리시란 무엇인가?
3. 다음 타임스텝에서 리턴을 이용해 현재 타임스텝의 리턴을 어떻게 정의할 수 있는가?
4. 벨만 방정식은 왜 그렇게 중요한가?
5. DP 알고리듬의 적용을 어렵게 만드는 요인은 무엇인가?
6. 폴리시 평가란 무엇인가?
7. 폴리시 이터레이션과 가치 이터레이션은 어떻게 다른가?

▌ 심화학습 자료

서튼Sutton과 바토Barto의 강화학습 3장과 4장

모델-프리 강화학습 알고리듬

2부에서는 모델-프리 강화학습 알고리듬, 가치-기반 메서드 및 폴리시 그래디언트 메서드를 설명한다. 여러분은 많은 강화학습 알고리듬을 개발해볼 것이다.

2부에서는 다음 내용을 다룬다.

- 4장, Q-러닝과 SARSA 애플리케이션
- 5장, 딥 Q-네트워크
- 6장, 확률적 PG 최적화 학습
- 7장, TRPO와 PPO 구현
- 8장, DDPG와 TD3 애플리케이션

04

Q-러닝과 SARSA 애플리케이션

동적 프로그래밍DP, Dynamic Programming 알고리듬은 강화학습 문제를 해결하는 데 효과적이지만 두 가지 중요한 가정이 필요하다. 첫째, 환경 모델을 알아야 하고 둘째, 상태 공간이 충분하게 작아 차원의 저주 문제The Curse of Dimensionality Problem로부터 자유로워야 한다.

4장에서는 환경 모델을 모르더라도 실행 가능한 알고리듬을 개발한다. 이 방법은 동적 프로그래밍에서 문제가 되는 차원의 저주 영향을 받지 않는다. 즉 환경과 경험으로부터 직접 학습하고 많은 리턴 값에 기반해 가치함수Value Function를 추정하며 DP 알고리듬과 달리 모델 없이model-free 상태 가치의 기대 값을 계산한다. 이 새로운 설정에서는 가치함수를 학습하는 방법으로 경험Experience을 알아보겠다. 단순하게 환경과의 상호작용Interactions을 통해 폴리시를 학습하는 과정에서 발생하는 문제와 이를 해결하는 데 사용할 수 있는 기술을 살펴볼 것이다. 새로운 접근법을 소개한 후 경험에서 최적 폴리시를 학습할 수 있는 시간차 학습TD Learning, Temporal Difference Learning을 알아보겠다. TD 학습은 DP 알고리듬의 아이디어를 사용하면서 환경과의 상호작용에서 얻은 정보만 사용한다. 두 시간차 학습 방법은 SARSA와 Q-러닝이다. 이 방법은 매우 유사하고 두 가지 경우 모두 테이블 형태의 수렴을 보장하지만 SARSA는 온-폴리시이고 Q-러닝은 오프-폴리시 학습을 한다는 차이가 있다. Q-러닝은 핵심 알고리듬이며 다른 많은 기법과 결합된 최신 강화학습 알고리듬이 이 방법을 사용한다.

TD 학습을 더 잘 이해하고 실습하기 위해 새로운 게임에서 Q-러닝과 SARSA를 구현해보겠다. 다음으로 성능과 사용 측면에서 두 알고리듬의 차이를 자세하게 설명하겠다.

4장에서는 다음 내용을 다룬다.

- 모델 프리 러닝Learning without a model
- 시간차 학습TD Learning
- SARSA
- SARSA를 Taxi-v2에 적용해보기
- Q-러닝
- Q-러닝을 Taxi-v2에 적용해보기

▍모델 없이 학습하기

정의에 따르면 폴리시의 가치함수는 주어진 상태에서 시작하는 해당 폴리시의 기대 리턴 값(감가율Discount Factor이 적용된 보상의 합)이다.

$$V_\pi(s) = E_\pi[G|s_0 = s]$$

3장, '동적 프로그래밍으로 문제 해결하기'에서 설명한 DP 알고리듬은 다음 상태의 모든 가치에 대한 기대 값을 계산해 상태 가치를 업데이트한다.

$$V_{k+1}(s) = E_\pi[r_t + \gamma V_k(s_{t+1})|s_t = s] = \sum_a \pi(s, a) \sum_{s', r} p(s'|s, a)[r + \gamma V_k(s')]$$

불행하게도 가치함수를 계산하려면 상태 전이 확률State Transition Probabilities을 알아야 한다. 실제로 DP 알고리듬은 이러한 확률을 얻기 위해 환경 모델을 사용한다. 하지만 주요 관심사는 사용 가능한 환경 모델이 없을 때 어떻게 할 것인가다. 최상의 대응 방안은 환경과 상호작용해 모든 정보를 얻는 것이다. 잘하면 환경으로부터 상당한 횟수만큼 샘플링해 기대치를 근사할 수 있고 가치함수를 잘 추정할 수 있어 효과가 있다.

사용자 경험

이제 환경에서 샘플링하는 방법과 환경과의 역학 관계Dynamics 정보를 얻기 위해 환경과 상호작용하는 방법을 알아보자.

그림 4.1 상태 s_t에서 시작하는 궤도

이를 수행하는 간단한 방법은 에피소드가 끝날 때까지 현재의 폴리시를 그대로 실행하는 것이다. 그림 4.1에서와 같이 궤도Trajectory로 끝낼 수 있다. 일단 에피소드가 종료되면 보상 $r_t, \dots r_{t+n}$의 합을 상위로 역전파해 각 상태에 대한 리턴 값을 계산할 수 있다.

모든 상태에 대해 이 과정을 여러 번 반복(여러 궤도를 실행)하면 다수의 리턴 값을 갖게 된다. 다음으로 각 상태에 대한 리턴 값을 평균하면 예상 리턴 값을 계산할 수 있다. 이러한 방법으로 계산한 예상 리턴 값은 근사한 가치함수Approximated Value Function가 된다. 터미널 상태까지 폴리시를 실행한 결과를 궤도Trajectories 또는 에피소드Episode라고 한다. 실행한 궤도가 많아질수록 더 많은 리턴 값을 얻게 되고 대수의 법칙Law of Large Numbers[1]에 의해 이러한 추정 값의 평균은 기대 값Expected Value으로 수렴하게 된다.

DP와 마찬가지로 환경과 직접 상호작용해 폴리시를 학습하는 알고리듬은 폴리시 평가 Evaluation와 폴리시 개선Improvement으로 이뤄져 있다. 폴리시 평가는 폴리시의 가치함수를 추정하는 활동이며 폴리시 개선은 이전 단계에서 얻은 추정치를 사용해 폴리시를 개선하는 활동을 말한다.

폴리시 평가

실제 경험을 사용해 가치함수를 추정하는 방법은 쉬운 과정이라는 것을 알게 됐다. 이 과정은 최종 상태에 도달할 때까지 환경에서 폴리시를 실행한 아래 (1) 식에서와 같이 리턴 값을 계산하고 샘플링한 리턴의 평균값을 계산하는 것이다.

$$V(s_t) = \frac{1}{N} \sum_{i=0}^{N} (G_t^i) \qquad (1)$$

---

1 모집단에서 랜덤하게 추출한 표본의 평균이 표본의 크기가 커질수록 전체 모집단의 평균에 수렴하는 현상을 말한다. – 옮긴이

따라서 어떠한 상태에 대한 기대 리턴 값은 해당 상태의 샘플링 에피소드에 대한 평균값을 계산해 근사할 수 있다. (1) 식을 사용해 리턴함수를 추정하는 메서드를 몬테카를로 메서드Monte Carlo Methods라고 한다. 모든 상태–행동 쌍State-Action Pairs을 방문해 충분한 궤도를 샘플링할 때까지 몬테카를로 메서드는 최적 폴리시에 대한 수렴Convergence을 보장한다.

탐색 문제

각 상태의 모든 행동이 선택되는 것을 어떻게 보장할 수 있을까? 또한 왜 그렇게 중요할까? 먼저 중요한 이유를 알아보고 적어도 이론적으로 가능한 모든 상태에 도달하기 위해 환경을 탐색하는 방법을 알아보자.

왜 탐색해야 하는가?

궤도는 확률적stochastic이거나 결정론적deterministic인 폴리시Policy에 근거해 샘플링한다. 결정론적 폴리시의 경우 궤도를 샘플링할 때마다 방문 상태는 항상 동일하며 제한된 상태셋만 고려해 가치함수를 업데이트한다. 이로 인해 환경에 대한 지식 습득을 상당히 제한하는 문제가 발생한다. 마치 어떠한 주제에 대한 의견을 전혀 바꾸지 않는 지도자로부터 교육을 받아 다른 내용에 대한 학습 없이 편향된 아이디어에 고정돼 있는 것과 같다.

따라서 좋은 결과를 얻으려면 환경을 탐색하는 것이 중요하며 이를 통해 더 나은 폴리시를 찾을 수 있는지 확인해야 한다.

반면 이미 배운 것을 고려하지 않고 지속적으로 환경을 탐색할 수 있는 방식으로 폴리시를 설계하면 좋은 폴리시를 달성하기 매우 어려울 수 있으며 심지어 불가능할 수도 있다. 이러한 탐색과 발견(현재 이용 가능한 최선의 정책에 따라 행동하는 것) 사이의 균형을 탐색–활용 딜레마Exploration-Exploitation Dilemma라고 하며 12장, 'ESBAS 알고리듬 개발하기'에서 더 자세하게 소개하겠다.

탐색 방법

탐색-발견 딜레마를 다룰 때 사용할 수 있는 매우 효과적인 방법은 ϵ-탐욕 탐색Greedy Exploration이다. 이 방법은 확률 ϵ에 의해 랜덤하게 행동을 선택Exploration하고 확률 $1-\epsilon$에 근거해 탐욕적으로 행동을 선택(최고의 행동을 선택Exploitation)하는 기술이다. 예를 들어 ϵ이 0.8이면 10번의 행동에 대해 평균 8번은 랜덤하게 행동하는 것을 의미한다.

학습을 통해 행동에 대한 지식을 갖추는 시점인 강화학습 후반부에는 초반부 같이 많이 탐색할 필요가 없다. 이러한 문제점을 방지하기 위해 시간이 경과하면서 ϵ을 서서히 감소시켜야 하는데 이를 엡실론-소멸Epsilon-Decay이라고 한다. 이 전략은 학습이 진행될수록 엡실론Epsilon 값을 변화시켜 초기 확률적 폴리시Stochastic Policy가 결정론적이고 최적인 폴리시에 점점 수렴하는 효과를 가져온다.

볼츠만 탐색 같은 더 정교하고 다양한 탐색 기술이 있지만 해당 로직은 복잡하므로 4장에서는 ϵ-탐욕 전략만 설명하겠다.

▌ 시간차 학습

몬테카를로 메서드Monte Carlo Method는 환경에서 샘플링해 직접 학습할 수 있는 강력한 방법이지만 전체 궤도Full Trajectory를 이용해 학습해야 하는 단점이 있다. 즉 이 방법은 에피소드가 끝날 때까지 진행해야만 상태 값을 업데이트할 수 있다. 따라서 궤도가 종료되지 않았거나 길어질 때 어떠한 일이 발생하는지 아는 것이 중요하다. 이 문제에 대응하기 위해 DP 알고리듬에서는 궤도가 종료될 때까지 기다리지 않고 매 단계마다 상태 가치를 업데이트하는 방식을 취했다. 이 방법은 궤도 진행 과정 동안 누적된 전체 리턴 값을 사용하는 대신 즉각적인 보상과 다음 상태 가치의 추정 값을 사용한다. 그림 4.2는 이 과정을 참조해 한 단계 학습에 포함된 일부를 표현한 결과다. 이 기술을 부트스트래핑Bootstrapping이라고 하며 길이가 길거나 잠재적으로 무한대인 에피소드뿐만 아니라 모든 길이의 에피소드에 사용 가능하다. 이와 같이 사용이 가능한 첫 번째 이유는 부트스트래핑이 기대 리턴 값의 분산을 줄이는 데 도움이 되기 때문이다. 상태 가치State Value는 해당 궤도의 모든 보상이 아니라 바로 다음 보상Immediate Next Reward에 의해서만 영향을 받으므로 분산Variance이 감소한다. 두 번째 이유는 학습 프로세스가 모든 스텝에서 발생해 이러한 알고리듬을 온라인으로 학습하기 때문이다. 이러한 이유로 이를 원-스텝 학습이라고 한다. 반대로 몬테카를로 메서드는 에피소드가 끝난 후에만 정보를 사용하므로 오프라인 학습이다. 부트스트래핑을 사용해 온라인으로 학습하는 방법을 시간차 학습이라고 한다.

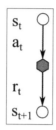

그림 4.2 부트스트래핑을 이용한 원-스텝 학습 업데이트

시간차Time Difference 학습은 몬테카를로 메서드와 동적 프로그래밍DP의 조합으로 볼 수 있다. 시간차 학습은 몬테카를로 메서드에서 샘플링 아이디어를 도입했고 DP에서 부트스트래핑 아이디어를 도입했기 때문이다. 시간차 학습은 모든 강화학습 알고리듬에서 널리 사용 중이며 많은 알고리듬의 핵심 부분을 이루고 있다. 이 알고리듬은 4장 후반부에서 설명할 SARSA와 Q-러닝으로 모두 원-스텝이며 테이블 구조Tabular이고 모델-프리(환경 모델을 사용하지 않는다는 의미다)인 시간차TD 메서드다.

시간차 업데이트

3장, '동적 프로그래밍으로 문제 해결하기'를 통해 다음 내용을 알고 있다.

$$V_\pi(s) = E_\pi[G_t|s_t = s] \qquad (2)$$

경험적으로 몬테카를로$^\text{Monte Carlo}$ 업데이트는 여러 개의 완전 궤도$^\text{Multiple Full Trajectories}$에서 발생한 리턴 값을 평균화해 이 값을 추정한다. 방정식을 더 전개하면 다음과 같다.

$$
\begin{aligned}
&E_\pi[G_t|s_t = s] \\
&= E_\pi[r_t + \gamma G_{t+1}|s_t = s] \\
&= E_\pi[r_t + \gamma V_\pi(s_{t+1})]|s_t = s]
\end{aligned} \quad\quad (3)
$$

앞의 식은 DP 알고리듬으로 근사한다. TD 알고리듬은 이 값을 계산하는 대신 기대 가치를 추정한다는 점이 다르다. 해당 추정은 다음을 평균화해 몬테카를로 메서드와 동일한 방식으로 실행한다.

$$
E_\pi[r_t + \gamma V_\pi(s_{t+1})]|s_t = s] \approx \frac{1}{N}\sum_{i=0}^{N} \pi[r_t^i + \gamma V_\pi(s_{t+1}^i)]|s_t = s]
$$

실제로 TD 업데이트는 평균을 계산하는 대신 상태 가치를 최적의 가치로 소량 개선해 실행한다.

$$
V(s_t) \leftarrow V(s_t) + \alpha[r + \gamma V(s_{t+1}) - V(s_t)] \quad\quad (4)
$$

α는 각 업데이트에서 상태 가치가 얼마나 변경돼야 하는지를 설정하는 상수다. α가 0이면 해당 상태 가치는 전혀 변경되지 않는다. 그 대신 α가 1이면 상태 가치는 $r + \gamma V(s_{t+1})$이 되며(시간차 목표$^\text{TD Target}$라고 한다) 이전 가치를 완전하게 잊어버린다. 실제로 α 값으로는 0 또는 1 같은 극단적인 값을 사용하지 않으며 일반적으로 0.5~0.001 값을 사용한다.

폴리시 개선

모든 상태의 각 행동이 선택될 확률이 0보다 큰 확률을 갖는다면 시간차 학습$^\text{TD Learning}$은 최적의 조건으로 수렴한다. 이 요구 사항을 충족시키기 위해 앞 절에서 본 TD 방법은 환경을 탐색해야 한다. 실제로 탐색은 ϵ-탐욕 정책을 사용해 수행할 수 있다. 이 방법은 환경의 활용Exploitation과 탐색Exploration을 모두 보장하기 위해 탐욕 행동Greedy Actions과 랜덤 행동Random Action이 모두 선택되도록 한다.

몬테카를로와 시간차 비교

몬테카를로와 시간차 메서드TD Method의 중요한 특성은 두 방법이 테이블 형식 사례(상태 값이 테이블 또는 배열에 저장된다는 의미다)를 다루고 탐색 전략을 갖는 한 최적 해에 수렴한다는 점이다. 하지만 두 방법은 가치함수를 업데이트하는 방식이 다르다. 전반적으로 시간차 학습TD Learning은 몬테카를로 학습보다 분산이 상대적으로 낮지만 바이어스가 높다. 또한 시간차 학습은 일반적으로 더 빠르며 몬테카를로 메서드보다 많이 선호되는 방법이다.

▐ SARSA

지금까지 가치함수를 추정하는 일반적인 방법으로 TD 학습을 제안해왔다. TD는 폴리시를 실제로 개선할 수 있는 기본 구성 요소가 부족하므로 그대로 사용할 수 없다. SARSA와 Q-러닝은 모두 원-스텝One-Step, 테이블 구조의 TD 알고리듬으로 가치함수를 추정하고 폴리시를 최적화하며 실제로 다양한 강화학습 문제에 사용할 수 있다. 이번 절에서는 SARSA를 사용해 지정된 MDP에 대한 최적의 폴리시를 학습한다. 다음으로 Q-러닝을 소개하겠다.

TD 학습에서의 애로사항은 상태 가치를 추정해야 한다는 것이다. 지정된 상태에서 다음 상태의 가치가 가장 높은 행동을 어떻게 선택할 수 있을까? 지금까지 설명한 내용에 의하면 가장 높은 가치를 갖는 상태로 에이전트를 이동시키는 행동을 선택해야 한다. 하지만 가능한 다음 상태 목록을 제공하는 환경 모델이 없으면 해당 상태로 에이전트를 이동시킬 수 있는 행동을 알아낼 수가 없다. SARSA는 가치함수를 배우는 대신 상태-행동함수State-Action Function인 Q를 학습해 적용한다. $Q(s, a)$는 행동 a를 취하는 경우의 상태 s의 가치를 알려준다.

알고리듬

기본적으로 TD 업데이트를 위해 수행한 모든 관측Observations은 SARSA에도 유효하다. 일단 이를 Q-함수 정의에 적용하면 SARSA 업데이트를 얻게 된다.

$$Q(s_t, a_t) \leftarrow Q(s_t, a_t) + \alpha[r_t + \gamma Q(s_{t+1}, a_{t+1}) - Q(s_t, a_t)] \qquad (5)$$

α는 행동 밸류를 얼마나 업데이트해야 하는지를 결정하는 계수다. γ는 감가율Discount Factor로 먼 미래의 의사결정으로부터 발생할 가치에 적용하는 값으로 0~1 사이의 계수다(장기 행동보다 단기 행동을 선호한다). SARSA 업데이트의 시각적 해석은 그림 4.3과 같다.

SARSA라는 이름은 상태 s_t, 행동 a_t, 보상 r_t, 다음 상태 s_{t+1}, 다음 행동 a_{t+1}으로 업데이트한다는 사실에 근거한다. 즉 구성 요소의 이니셜을 모두 합치면 그림 4.3과 같이 s, a, r, s, a가 된다.

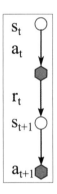

그림 4.3 SARSA 업데이트

SARSA는 온-폴리시on-policy 알고리듬이다. 온-폴리시란 환경과의 상호작용을 통해 경험을 수집하는 데 사용되는 폴리시(행동 폴리시Behavior Policy라고 한다)와 업데이트되는 폴리시가 동일하다는 것을 의미한다. 이 방법의 온 폴리시의 특성은 다음 행동인 a_{t+1}를 선택하고 $Q(s_{t+1}, a_{t+1})$ 함수 값을 추정하기 위해 현재의 폴리시를 사용하며 다음 행동인 a_{t+1}에서 사용한 현재의 폴리시를 다시 사용한다는 전제 조건 때문이다(즉 행동 a_{t+1}을 따라 행동한다).

온-폴리시 알고리듬은 오프-폴리시^{off-policy} 알고리듬보다 쉽지만 일반적으로 학습에 더 많은 데이터가 필요하다. 이러한 단점에도 불구하고 TD 학습과 관련해 SARSA는 모든 상태-행동을 무한 횟수 방문해 시간이 지나면서 안정화돼 폴리시가 결정론적^{deterministic} 상태가 되면 최적의 폴리시로 수렴할 것이다. 실제 알고리듬에서는 0으로 소멸하거나 0에 가까운 값을 갖는 ϵ-탐욕 폴리시를 사용한다. SARSA의 의사코드는 다음과 같다. 이 의사코드에서는 ϵ-탐욕 전략을 사용했지만 탐색^{Exploration}을 장려하는 전략이면 모두 사용할 수 있다.

Initialize $Q(s,a)$ for every state-action pair
$\alpha \in (0,1], \gamma \in (0,1]$

for N episodes:
    $s_t = env\_start()$
    $a_t = \epsilon greedy(Q, s_t)$

    while s_t is not a final state:
        $r_t, s_{t+1} = env(a_t)$ # env() take a step in the environment
        $a_{t+1} = \epsilon greedy(Q, s_{t+1}).$
        $Q(s_t, a_t) \leftarrow Q(s_t, a_t) + \alpha[r_t + \gamma Q(s_{t+1}, a_{t+1}) - Q(s_t, a_t)]$
        $s_t = s_{t+1}$
        $a_t = a_{t+1}$

εgreedy()는 ϵ-탐욕 전략을 구현하는 함수다. SARSA는 상태-행동 밸류를 업데이트하기 위해 이전 단계에서 선택해 사용한 것과 동일한 행동을 실행한다.

▌ Taxi-v2에 SARSA 적용하기

TD 학습, 특히 SARSA에 대한 이론적 관점을 바탕으로 SARSA를 구현해 관심 있는 문제를 해결할 수 있다. 앞에서 봤듯이 SARSA는 모델과 역학 관계^{dynamics}를 모르는 환경에 적용할 수 있다. 하지만 SARSA는 확장에 한계가 있는 테이블 구조의 알고리듬이므로 소규모이고 이산형인 행동과 상태 공간이 있는 환경에만 적용할 수 있다. 따라서 이러한 유형의 알고리듬에 적합한 테스트 베드이자 모든 요구 사항을 충족시키는 Taxi-v2라는 gym 환경에 SARSA를 적용할 수 있다.

Taxi-v2는 계층적 강화학습Hierarchical Reinforcement Learning을 연구하기 위해 도입된 게임이다 (계층 구조의 폴리시를 생성하는 강화학습 알고리듬 유형으로 각각의 폴리시는 서브 과제 해결이라는 목표가 있다). Taxi-v2의 목표는 정확한 위치에서 고객을 태우고 내려주는 것이다. 택시가 승객을 태우고 정확한 위치에 하차시키면 +20의 보상을 획득하지만 불법 픽업이나 하차에 대해서는 −10의 페널티가 발생한다. 또한 모든 타임스텝Timestep마다 포인트가 손실된다. 이 게임 환경은 그림 4.4와 같다. 이 게임은 네 가지 방향에 대한 여섯 가지 합법적 이동Legal Moves, 픽업Pickup, 하차Drop-off 행동이 가능하다.

그림 4.4에서 기호 ':'는 빈 위치를 나타낸다. 기호 '|'는 택시가 통과할 수 없는 벽을 나타낸다. R, G, Y, B는 4개의 위치다. 그림에서 노란색 직사각형 택시는 하늘색으로 식별된 위치에서 승객을 태워 보라색 불빛으로 식별된 위치에 하차시켜야 한다.

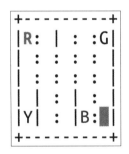

그림 4.4 Taxi-v2 환경의 시작 상태

구현은 매우 간단하며 앞 절에서 제공된 의사코드를 따른다. 이 책에서는 코드의 일부만 설명하고 표시하므로 전체 코드는 이 책의 깃허브 사이트를 참조하길 바란다.

먼저 대부분의 작업을 수행하는 SARSA 알고리듬의 메인 함수인 SARSA(..)를 구현해보자. 개발한 후에는 간단하지만 필수적인 작업을 수행하는 몇 가지 보조함수를 구현할 것이다.

여러 설정에 대해 SARSA를 실행해야 하므로 몇 가지 하이퍼 파라미터를 인자로 설정해야 한다.

- 학습률 lr 이전에 호출한 α를 이용해 업데이트할 때마다 학습량을 제어한다.
- num_episodes는 SARSA가 종료되기 전에 실행할 에피소드 개수다.
- eps는 ϵ-탐욕 정책의 랜덤 초기 값이다.
- gamma는 감가율Discount Factor로 미래에 발생할 행동에 대해 상대적으로 적은 중요도를 설정하기 위해 사용된다.
- eps_decay는 에피소드가 진행되면서 감소하는 eps 비율이다.

코드의 첫 번째 부분은 다음과 같다.

```
def SARSA(env, lr=0.01, num_episodes=10000, eps=0.3, gamma=0.95,
eps_decay=0.00005):
    nA = env.action_space.n
    nS = env.observation_space.n
    test_rewards = []
    Q = np.zeros((nS, nA))
    games_reward = []
```

여기서 일부 변수를 초기화했다. nA와 nS는 각각의 환경에 대한 행동actions 수와 관측 observations 수이며 Q는 각 상태-행동 쌍의 Q-값을 포함하는 행렬이다. test_rewards와 game_rewards는 게임 스코어 정보를 보유하기 위해 나중에 사용할 리스트다.

다음으로 Q-값을 학습하는 메인 루프를 구현할 수 있다.

```
for ep in range(num_episodes):
    state = env.reset()
    done = False
    tot_rew = 0

    if eps > 0.01:
```

```
        eps -= eps_decay

    action = eps_greedy(Q, state, eps)
```

앞 코드에서 2행은 각 에피소드마다 환경을 재설정하고 환경의 현재 상태를 저장한다. 3행은 환경이 종료 상태에 도달할 때 True로 설정될 불 변수Boolean Variable를 초기화한다. 다음 2개 행은 값이 0.01보다 클 때까지 eps 변수를 계속 업데이트한다. 학습 후반에 안정되더라도 환경에 대한 탐색 비율을 최소한 유지하기 위해 eps의 임계 값을 0.01로 유지한다. 마지막 행은 현재의 상태와 Q-행렬Matrix에 따라 ϵ-탐욕 행동을 선택한다. 나중에 이 함수를 정의한다.

각각의 에피소드를 시작할 때 필요한 초기화를 처리하고 첫 번째 행동을 선택했으므로 에피소드(게임)가 끝날 때까지 반복할 수 있다. 다음 코드는 환경에서 샘플을 추출한 다음 (5)식에 따라 Q-함수를 업데이트한다.

```
    while not done:
        next_state, rew, done, _ = env.step(action)  # 환경에서 하나의 스텝을 취한다.
        next_action = eps_greedy(Q, next_state, eps)
        Q[state][action] = Q[state][action] + lr*(rew +
gamma*Q[next_state][next_action] - Q[state][action]) # (4.5)

        state = next_state
        action = next_action
        tot_rew += rew
        if done:
            games_reward.append(tot_rew)
```

done은 2행에서 볼 수 있듯이 대상 에이전트가 환경과 여전히 상호작용하고 있는지 여부를 나타내는 불 값Boolean Value을 보유한다. 따라서 1행에서 done 값이 False면 전체 에피소드를 반복한다. 다음으로 env.step은 다음 상태, 보상, 완료 여부 플래그, 정보문자열을 리턴한다. 다음 행에서 eps_greedy는 next_state와 Q 값에 따라 다음 행동action을 선택한다. SARSA 알고리듬의 핵심은 다음 행에 포함돼 있으며 (5) 식에 따라 업데이트를 수행한다. 학습률과 감마계수(감가율) 외에도 마지막 단계에서 획득한 보상과 Q 배열Array에 보유하고 있는 값을 사용한다.

마지막 행은 상태와 행동을 직전 값Previous One으로 설정하고 해당 보상을 게임의 총 보상에 더한다. 환경이 최종 상태인 경우 보상 합계가 games_reward에 추가되고 내부 사이클을 종료한다.

SARSA 함수의 마지막 행은 3000 에포크마다 1,000회 테스트 게임을 실행하고 에포크, eps 값, 테스트 보상의 평균 같은 정보를 출력한다. 또한 Q 배열을 리턴한다.

```python
if (ep % 300) == 0:
    test_rew = run_episodes(env, Q, 1000)
    print("Episode:{:5d} Eps:{:2.4f} Rew:{:2.4f}".format(ep, eps, test_rew))
    test_rewards.append(test_rew)
return Q
```

이제 확률 eps 값으로 랜덤 행동을 허용하는 eps_greedy 함수를 구현할 수 있다. 이를 위해 0~1 사이의 숫자를 랜덤 샘플링하고 해당 값이 eps보다 작으면 랜덤 행동을 선택한다. 그렇지 않으면 탐욕 행동을 선택한다.

```python
def eps_greedy(Q, s, eps=0.1):
    if np.random.uniform(0,1) < eps:
        # 랜덤 행동을 선택한다.
        return np.random.randint(Q.shape[1])
    else:
    # 탐욕 행동을 선택한다.
    return greedy(Q, s)
```

탐욕 정책은 상태 s에서 최대 Q 값에 해당하는 인덱스를 반환해 구현한다.

```python
def greedy(Q, s):
    return np.argmax(Q[s])
```

마지막으로 구현할 함수는 run_episodes이며 몇 가지 에피소드를 실행해 폴리시를 테스트한다. 행동을 선택하는 데 사용되는 폴리시는 탐욕 폴리시^{Greedy Policy}다. 그 이유는 테스트하는 동안 탐색을 원하지 않기 때문이다. 전반적으로 해당 함수는 3장에서 구현한 동적 프로그래밍 알고리듬과 거의 동일하다.

```python
def run_episodes(env, Q, num_episodes=100, to_print=False):
    tot_rew = []
    state = env.reset()
    for _ in range(num_episodes):
        done = False
        game_rew = 0
        while not done:
            next_state, rew, done, _ = env.step(greedy(Q, state))
            state = next_state
            game_rew += rew
            if done:
                state = env.reset()
                tot_rew.append(game_rew)
    if to_print:
        print('Mean score: %.3f of %i games!'%(np.mean(tot_rew), num_episodes))
    else:
        return np.mean(tot_rew)
```

이제 거의 끝났다. 마지막 부분은 환경을 만든 후 재설정하며 모든 하이퍼 파라미터와 함께 환경을 전달하는 SARSA 함수를 호출하는 부분이다.

```python
if __name__ == '__main__':
    env = gym.make('Taxi-v2')
```

```
    env.reset()
    Q = SARSA(env, lr=.1, num_episodes=5000, eps=0.4, gamma=0.95,
eps_decay=0.001)
```

코드에 설정한 것과 같이 eps 값을 **0.4**로 시작한다. 즉 첫 번째 행동은 확률(eps) 0.4로 랜덤한 값을 가지며 소멸 비율(eps_decay)을 0.001로 설정했기 때문에 코드에서 설정한 임계값인 0.01(eps>0.01)에 도달할 때까지 감소한다.

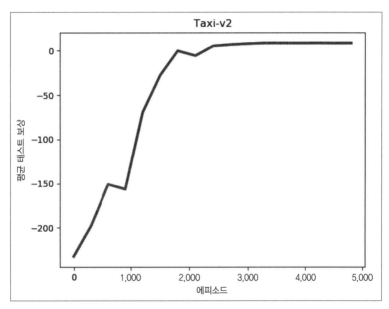

그림 4.5 Taxi-v2에 대한 SARSA 알고리듬의 결과

테스트 게임의 누적 보상 성능 그래프는 그림 4.5와 같다. 또한 그림 4.6은 최종 폴리시로 실행된 전체 에피소드다. 읽는 순서는 왼쪽에서 오른쪽으로, 위에서 아래쪽이다. 택시(먼저 노란색으로 표시되고 나중에 녹색으로 표시된다)가 양방향으로 최적 경로로 주행했다는 것을 알 수 있다.

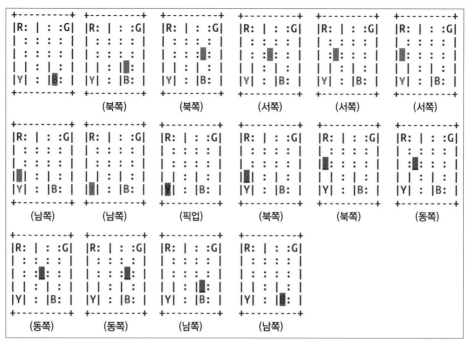

그림 4.6 택시 게임. 폴리시는 SARSA로 훈련한 Q-값에서 유도한다.

4장에서 설명한 모든 컬러 자료는 다음 파일을 참조하길 바란다.

http://www.packtpub.com/sites/default/files/downloads/9781789131116_ColorImages.
pdf.

알고리듬과 모든 하이퍼 파라미터에 대한 좋은 결과를 얻으려면 하이퍼 파라미터 설정
값으로 강화학습을 실행하고 값을 변경해 다시 실행하는 반복작업을 수행하고 실행 결과
를 분석해봐야 한다. 또한 ϵ 값을 선형으로 감소시키기보다 지수 형태로 소멸하게 하는
지수-ϵ 감소율을 사용해볼 수 있다. 하이퍼 파라미터는 강화학습 알고리듬과 마찬가지로
여러 번의 시행착오를 통해 올바른 방법을 알아낼 수 있다.

Q-러닝

Q-러닝은 SARSA의 매우 유용하고 뛰어난 특징이 있는 TD 알고리듬이다. Q-러닝은 TD 학습에서 원-스텝 러닝의 모든 특성(즉 TD 학습에서 스텝마다 학습하는 능력)과 적합한 환경 모델 없이 경험으로부터 학습하는 특성을 상속받았다.

SARSA와 비교해 Q-러닝의 가장 두드러진 특징은 오프-폴리시 알고리듬이라는 것이다. 오프-폴리시는 환경과 상호작용해 경험 데이터를 수집하는 폴리시와 상관 없이 업데이트를 수행할 수 있다는 의미다. 즉 오프-폴리시 알고리듬은 이전 경험을 사용해 폴리시를 개선할 수 있다는 의미다. 환경과 상호작용하는 폴리시와 실제로 개선되는 폴리시를 구분하기 위해 전자를 행동 폴리시^{Behavior Policy}라고 하고 후자를 타깃 폴리시^{Target Policy}라고 한다.

여기서는 테이블 형식의 사례에 대처하는 더 원시적인 알고리듬 버전을 설명하겠다. 하지만 이 방법은 인공신경망 같은 함수 근사를 사용해 쉽게 변경할 수 있다. 실제로 5장에서는 심층신경망을 사용할 수 있고 이전 경험을 사용해 오프-폴리시 알고리듬의 모든 기능을 활용하는 이 알고리듬의 더 정교한 버전을 구현해볼 것이다.

하지만 먼저 Q-러닝의 작동 방법을 살펴보고 업데이트 규칙 공식을 만들고 모든 구성 요소를 통합하기 위해 Q-러닝의 의사코드를 만들어보겠다.

이론

Q-러닝은 현재의 최적 행동가치를 이용해 Q-함수를 근사하는 방법이다. Q-러닝 업데이트는 SARSA에서 수행한 업데이트와 매우 유사하지만 최대 상태-행동 값을 사용한다는 점이 다르다.

$$Q(s_t, a_t) \leftarrow Q(s_t, a_t) + \alpha[r_t + \gamma max_a Q(s_{t+1}, a) - Q(s_t, a_t)] \qquad (6)$$

수식에서 α는 학습률이고 γ는 감가율이다.

SARSA의 업데이트는 ϵ-탐욕 정책 같이 행동 폴리시에 근거하는 반면 Q-업데이트는 최대 행동가치에서 결정되는 탐욕 타깃 폴리시$^{\text{Greedy Target Policy}}$에 근거해 실행한다. 이 개념이 아직 명확하지 않다면 그림 4.7을 살펴보길 바란다.

SARSA의 경우 그림 4.3에서와 같이 행동 a_t와 a_{t+1}이 동일한 폴리시로부터 발생하지만 Q-러닝의 경우 행동 a_{t+1}은 다음 최대 상태-행동 가치에 의해 선정한다. Q-러닝의 업데이트는 행동 폴리시(환경에서 샘플링하는 데만 사용한다)에 더 이상 의존하지 않으므로 오프-폴리시 알고리듬이 된다.

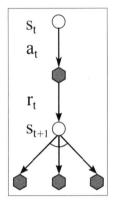

그림 4.7 Q-러닝 업데이트

알고리듬

Q-러닝은 TD 메서드로 시간이 지나면서 결정론적 폴리시에 수렴하는 행동 폴리시가 필요하다. 따라서 SARSA와 마찬가지로 선형 또는 지수로 소멸하는 ϵ-탐욕 폴리시를 사용하는 것이 좋다.

요약하면 Q-러닝 알고리듬은 다음 폴리시를 사용해야 한다.

- 지속적으로 개선되는 목표 탐욕 폴리시[Target Greedy Policy]
- 환경과 상호작용하고 탐색하는 행동 ϵ-탐욕 폴리시

따라서 Q-러닝 알고리듬에 대한 의사코드는 다음과 같다.

Initialize $Q(s, a)$ for every state-action pair
$\alpha \in (0, 1], \gamma \in (0, 1]$

for N episode:
    $s_t = env\_start()$
    while s_t is not a final state:
        $a_t = \epsilon greedy(Q, s_t)$
        $r_t, s_{t+1} = env(a_t)$ # env() take a step in the environment
        $Q(s_t, a_t) \leftarrow Q(s_t, a_t) + \alpha[r_t + \gamma max_a Q(s_{t+1}, a) - Q(s_t, a_t)]$
        $s_t = s_{t+1}$

실제로 α는 0.5~0.0001 사이의 값을 가지며 γ는 0.9~0.999 사이의 값을 갖는다.

▌ Taxi-v2에 Q-러닝 적용하기

일반적으로 Q-러닝은 SARSA가 해결한 동일한 종류의 문제에 사용할 수 있으며 두 방법 모두 TD 학습에 속하므로 일반적으로 유사한 성능을 갖는다. 하지만 일부 분야에서는 한 가지 방법이 다른 방법보다 좋다. 따라서 Q-러닝을 구현하는 방법을 알아둬야 한다.

여기서는 SARSA에 사용된 것과 동일한 환경인 Taxi-v2를 해결하기 위해 Q-러닝을 구현해볼 것이다. 하지만 몇 가지 조정[Adaptations]만 하면 유사한 특성을 갖는 다른 모든 환경에도 사용할 수 있다는 점을 알아두길 바란다. Q-러닝과 SARSA를 동일한 환경에 적용한 결과를 이용하면 해당 알고리듬의 성능을 비교해볼 수 있을 것이다.

일관성을 유지하기 위해 SARSA 구현과 일부 기능을 변경하지 않았으며 다음과 같다.

- eps_greedy (Q, s, eps): Q 행렬, 상태 s, eps 값을 갖는 ϵ-탐욕 폴리시로 행동 값을 반환한다.
- greedy (Q,s): Q 행렬, 상태 s를 갖는 탐욕 폴리시로 상태 s에서 최대 Q 값과 연관된 행동 값을 반환한다.
- run_episodes (env, Q, num_episodes, to_print): Q 행렬과 연관된 탐욕 폴리시를 테스트하기 위해 num_episodes 횟수만큼 게임을 실행하는 함수다. 만약 to_print 가 True면 결과를 출력한다. False면 보상 평균만 리턴한다.

이 함수의 구현 내용을 보려면 Taxi-v2 섹션에 적용된 SARSA 또는 깃허브(https://github.com/PacktPublishing/Reinforcement-Learning-Algorithms-with-Python)를 참조하길 바란다.

Q-러닝 알고리듬을 실행하는 주요 함수는 환경 env, 학습률 lr((4-6) 식에서 사용한 α), 알고리듬 훈련을 위한 에피소드 개수 num_episodes, ϵ-탐욕 정책에 사용하는 초기 ϵ 값, 소멸 비율 eps_decay, 감가율 gamma를 인자로 갖는다.

```
def Q_learning(env, lr=0.01, num_episodes=10000, eps=0.3, gamma=0.95,
eps_decay=0.00005):
    nA=env.action_space.n
    nS=env.observation_space.n

    # Q(s, a) -> 각 행은 다른 상태이며 각 열은 다른 행동을 표시한다.
    Q=np.zeros((nS, nA))

    games_reward=[]
    test_rewards=[]
```

함수의 첫 번째 행은 행동과 관측 공간의 차원으로 변수를 초기화하고 각 상태−행동 쌍의 Q−값을 포함하는 배열 Q를 초기화하고 알고리듬의 진행 상황을 추적하는 데 사용되는 비어 있는 리스트를 만든다.

다음으로 num-episodes 횟수만큼 반복하는 반복문을 구현할 수 있다.

```
for ep in range(num_episodes):
    state=env.reset()
    done=False
    tot_rew=0
    if eps > 0.01:
        eps -=eps_decay
```

각 이터레이션(에피소드)마다 환경을 재설정하고 done과 tot_rew 변수를 초기화하며 eps를 선형으로 감소시키는 기능을 실행한다.

다음으로 에피소드마다 Q−러닝 업데이트가 발생하므로 환경 재설정과 변수 초기화 작업을 에피소드의 모든 타임스텝에 대해 반복해 실행해야 한다.

```
while not done:
    action=eps_greedy(Q, state, eps)
    next_state, rew, done, _=env.step(action)
    # 환경에서 스텝 하나를 실행한다.
    # 다음 상태에 대한 최대 Q 값을 얻는다.

    Q[state][action]=Q[state][action]+lr*(rew+gamma*np.max(Q[next_state]) -
Q[state][action]) # (4.6)
    state=next_state
    tot_rew+=rew

    if done:
        games_reward.append(tot_rew)
```

위 코드가 알고리듬의 주요 부분이다. 실행 프로세스는 상당히 표준화돼 있다.

1. ϵ-탐욕 폴리시(행동 폴리시)에 따라 행동을 선택한다.
2. 해당 환경에서 행동을 실행해 다음 상태, 보상, 완료 여부 플래그를 반환한다.
3. (4-6) 식에 기초해 행동—상태 값을 업데이트한다.
4. next-state를 state 변수에 배정한다.
5. 마지막 스텝의 보상은 에피소드의 누적 보상에 추가한다.
6. 최종 스텝일 경우 보상은 games_reward에 저장하고 사이클을 종료한다.

결국 외부 사이클을 300회 반복할 때마다 1,000회 게임을 실행해 에이전트를 테스트하고 유용한 정보를 출력하며 Q 배열을 반환한다.

```
        if (ep % 300) == 0:
            test_rew=run_episodes(env, Q, 1000)
            print("Episode:{:5d} Eps:{:2.4f} Rew:{:2.4f}".format(ep, eps, test_
rew))
            test_rewards.append(test_rew)
    return Q
```

마지막으로 main 함수에서 환경을 만들고 해당 알고리듬을 실행해볼 수 있다.

```
if __name__ == '__main__':
    env = gym.make('Taxi-v2')
    Q = Q_learning(env, lr=.1, num_episodes=5000, eps=0.4, gamma=0.95, eps_decay=0.001)
```

알고리듬은 그림 4.8에서 추론할 수 있듯이 약 3,000 에피소드 후에 안정적인 결과에 도달한다. 이 그래프는 test_rewards를 표시한 결과다.

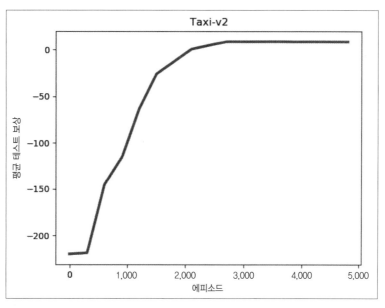

그림 4.8 Q-러닝 Taxi-v2의 결과

일반적으로 알고리듬을 더 잘 파악하려면 하이퍼 파라미터를 조정하고 구현 내용을 실행해보는 것이 좋다.

전반적으로 Q-러닝 알고리듬은 SARSA 알고리듬에서 찾은 것과 유사한 폴리시를 찾아냈다. 이 사실은 일부 에피소드를 렌더링하거나 Q 배열에서 탐욕 행동을 출력해 알아낼 수 있다.

SARSA와 Q-러닝 비교

이제 두 알고리듬을 간단하게 비교해보겠다. 그림 4.9는 Taxi-v2 환경에서 Q-러닝과 SARSA의 성능을 에피소드가 진행함에 따라 표시한 결과다. 둘 다 비슷한 속도로 같은 값(동일한 폴리시)으로 수렴하고 있다는 것을 알 수 있다. 이러한 비교를 할 경우 환경과 알고리듬은 확률적이므로 아래와 약간 다른 결과가 나올 수도 있다. 그림 4.9를 보면 Q-러닝은 더 규칙적인 모양Regular Shape을 갖고 있다는 것을 알 수 있다. 이러한 현상이 발생하는 것은 변경에 덜 민감하기 때문이다.

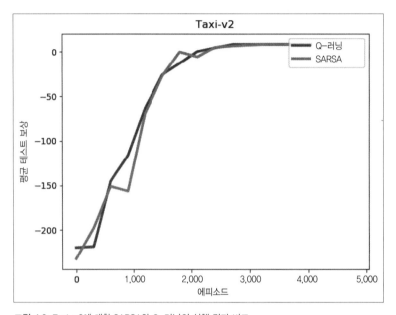

그림 4.9 Taxi-v2에 대한 SARSA와 Q-러닝의 실행 결과 비교

결국 Q-러닝을 사용하는 것이 더 좋을까? 전반적으로 그렇다. 대부분 Q-러닝이 다른 알고리듬보다 우수한 성능이지만 SARSA가 상대적으로 잘 작동하는 환경이 있다. 환경과 작업 특성에 따라 둘 중 더 적합한 방법을 선택하면 된다.

▌ 요약

4장에서는 환경과 상호작용해 경험을 통해 학습하는 새로운 강화학습 알고리듬을 소개했다. 이 방법은 환경 모델에 의존하지 않고 폴리시와 가치함수를 학습한다는 점에서 동적 프로그래밍과는 다르다. 4장 전반부에서는 몬테카를로 방법이 환경에서 간단하게 샘플링하는 방법이지만 학습하기 위해서는 완전한 궤도가 필요하므로 많은 실제 환경에 적용할 수 없다는 것을 알게 됐다. 이러한 단점을 극복하기 위해 부트스트래핑을 몬테카를로 방법과 결합한 TD 학습 방법을 소개했다. 이 알고리듬은 부트스트래핑 기술을 이용해 온라인으로 학습(원-스텝 러닝)하고 분산을 줄이면서 최적의 폴리시에 수렴하게 하는 방법이다. 다음으로 원-스텝이고 테이블 형태이며 모델-프리 시간차 방법인 SARSA와 Q-러닝을 알아봤다. SARSA는 현재의 폴리시(행동 폴리시)에 근거해 행동을 선택하고 상태 가치를 업데이트하므로 온-폴리시 방법이다. 반면 Q-러닝은 행동 폴리시를 이용해 경험을 수집하는 동안 탐욕 폴리시에 근거해 상태 가치를 추정하므로 오프-폴리시라고 한다. 이와 같은 SARSA와 Q-러닝의 차이 때문에 SARSA보다 Q-러닝이 강건하고 효율적인 학습을 할 수 있다.

모든 TD 메서드는 환경을 잘 알고 최적의 폴리시를 찾기 위해 환경을 탐색해야 한다. 환경 탐색은 행동 폴리시에 달려 있으며 때때로 폴리시는 ϵ-탐욕 정책에 의해 비탐욕 행동Non-Greedy Action인 랜덤 행동Random Action을 실행해야 한다.

SARSA와 Q-러닝을 모두 구현한 후 Taxi라는 테이블 게임에 적용해봤다. 두 가지 방법은 비슷한 결과를 보여주며 최적 폴리시에 수렴하는 것을 봤다.

Q-러닝 알고리듬은 우수한 성능 때문에 강화학습에서 중요한 위치를 차지한다. 또한 면밀한 설계를 통해 매우 복잡한 고차원 게임을 할 수 있도록 학습시킬 수도 있다. 이 모든 것은 심층신경망 같은 함수 근사를 사용해 가능해졌다. 5장에서는 이를 자세하게 설명하고 픽셀 화면 데이터를 이용해 직접 아타리Atari 게임을 하는 방법을 학습하는 딥 Q-네트워크를 소개하겠다.

▌ 질문

- 강화학습에 사용되는 몬테카를로 메서드의 주요 특징은?

- 몬테카를로 메서드가 오프라인인 이유는?

- TD 학습의 두 가지 주요 아이디어는?

- 몬테카를로와 TD 학습의 차이는?

- TD 학습에서 탐색이 중요한 이유는?

- Q-러닝이 오프-폴리시인 이유는?

Deep Q-Network

지금까지 각 상태에 대한 가치함수value function V 또는 개별 행동—상태 쌍에 대한 행동—가치함수action-value function Q를 학습하는 강화학습 알고리듬을 설명하고 구현해봤다. 이 방법은 개별 가치value를 테이블이나 배열에 저장하고 업데이트하는 작업을 통해 학습한다. 하지만 테이블 기반 접근법은 많은 상태state와 행동action을 처리해야 할 경우 테이블 크기가 기하급수적으로 증가해 사용 가능한 메모리 용량을 초과하므로 규모를 확장시키기 어렵다.

5장에서는 규모 확장scale-up 문제를 해결하기 위해 강화학습 알고리듬에서 함수 근사function approximation 사용법을 소개한다. 특히 Q—러닝에 적용한 심층신경망에 중점을 두고 설명하겠다. 5장 전반부에서는 Q 값을 저장하기 위해 함수 근사를 사용해 Q—러닝 규모를 확장하는 방법을 설명하고 발생 가능한 문제를 알아보겠다. 후반부에서는 신경망을 이용해 Q-러닝의 바닐라 버전[1]에 대한 문제점을 해결한 Deep Q-Network를 설명하겠다. 이 알고리듬이 픽셀 정보만 학습해 여러 게임 환경에서 뛰어난 성과를 어떻게 달성했는지 알아보고 DQN을 퐁Pong 게임에 적용해 장·단점도 알아보겠다.

DQN이 소개된 이후 여러 전문가가 알고리듬을 더 안정적, 효율적으로 만들기 위해 개선했다. 5장에서는 DQN 기본 버전의 약점을 더 잘 이해하도록 제안된 개선안을 살펴보고 실제로 구현해보겠다.

5장에서는 다음 내용을 다룬다.

- 심층신경망과 Q-러닝
- DQN
- 퐁Pong에 적용한 DQN
- DQN 변형

심층신경망과 Q-러닝

4장, 'Q-러닝과 SARSA 애플리케이션'에서 봤듯이 Q-러닝 알고리듬은 현실적인 많은 문제에 적용할 수 있을 만큼 성능이 우수하다. 이 알고리듬의 핵심은 Q-함수를 학습하기 위해 벨만 방정식Bellman equation을 사용한다는 것이다. Q-러닝 알고리듬에서는 벨만 방정식을 이용해 후속 상태-행동가치로부터 Q-값을 업데이트할 수 있다. 따라서 벨만 방정식을 이용하면 궤도가 완료될 때까지 기다리지 않고 개별 스텝마다 알고리듬을 학습시킬 수 있다. 또한 Q-러닝에서는 모든 상태state나 행동-상태 쌍action-state을 검색 테이블lookup table 형태로 관련 가치 정보를 저장하고 검색해 사용한다. 이 방식으로 설계된 Q-러닝에서는 모든 상태-행동 쌍을 반복적으로 샘플링한다면 최적 가치optimal values에 수렴한다. 또한 이

---

1 아이스크림에서 가장 기본적인 맛은 바닐라 맛이다. 따라서 Q-러닝의 바닐라 버전이란 여러 Q-러닝 중 가장 기본적인 오리지널 상태의 모델을 의미한다. – 옮긴이

방법은 환경에서 경험을 수집하는 비-탐욕 행동 폴리시non-greedy behavior policy(예: ϵ-탐욕)와 최대 Q-값을 따르는 타깃 탐욕 폴리시target greedy policy 두 가지 정책을 사용한다.

대부분의 문제는 수많은 상태와 행동을 갖고 있어 테이블 구조로 정보를 표현하고 관리하는 것은 바람직한 방법이 아니며 문제 해결에도 도움이 안 된다. 예를 들어 이미지(여러 개의 작은 이미지 포함)는 우주 내 원자보다 많은 상태를 갖고 있어 테이블 구조로 표현하고 관리하기가 거의 불가능하다. 대량의 상태와 행동을 갖는 문제를 테이블 구조로 다루려면 무한 개의 메모리가 필요하지만 실제로 각 상태를 한 번 이상 방문하는 경우는 드물기 때문에 Q-함수나 V-함수를 학습시키기가 어렵다. 따라서 여러 상태의 일반화generalization가 필요하다. 일반화란 어떠한 상태의 정확한 가치 $V(s)$뿐만 아니라 유사한 상태의 가치도 근사할 수 있다는 것을 의미한다. 이러한 기능이 있다면 어떠한 상태에 대해 사전에 방문하지 않았더라도 가까운 상태 값을 이용해 근사할 수 있다. 이와 같이 일반화 개념은 강화학습을 포함해 모든 기계학습에서 매우 중요하다.

일반화 개념은 에이전트가 환경 정보를 완전하게 파악할 수 없는 상황에서 기본적으로 필요한 요건이다. 환경의 모든 상태를 완전하게 알 수 없다면 에이전트는 제한된 환경 정보만으로 의사결정을 내려야 한다. 이러한 제한된 환경 정보를 관측observation이라고 한다. 예를 들어 현실이라는 환경과 기본적인 상호작용을 하는 휴머노이드 에이전트를 생각해보자. 이 에이전트는 분명하게 현실의 모든 정보를 갖고 있지 않다. 센서(예: 비디오 카메라)로 감지할 수 있는 제한된 정보만 관측할 수 있을 뿐이다. 따라서 휴머노이드 에이전트는 주변에서 일어나는 일을 일반화하고 이에 근거해 행동해야 한다.

함수 근사

지금까지 테이블 형식의 알고리듬의 주요 한계와 강화학습 알고리듬에서 일반화 기능이 필요한 이유를 언급했다. 이번 절에서는 테이블 형식의 한계에서 벗어나 일반화 문제를 해결할 방법을 알아보겠다. 이를 위해 테이블 대신 함수 근사기function approximator로 가치함수를 표현한다. 함수 근사치를 사용하면 고정 메모리 양만 사용해 제약 조건 영역의 가치함수value function를 표현할 수 있다. 자원 배정은 문제의 근사치 계산에 사용하는 함수에 따라 다르다. 항상 그렇듯이 근사함수는 과제에 맞게 선택해야 하며 해당 함수로는 선형함수, 의사결정 나무, 최근접 이웃 알고리듬, 인공신경망 등이 있는데 일반적으로 인공신경망이 성능이 우수해 상대적으로 많이 사용되고 있다. 특히 Deep Neural Networks가 자주 사용된다. 이 알고리듬은 특징features을 스스로 학습하는 능력과 효율성이 우수하며 네트워크 은닉층이 증가함에 따라 계층적 표현을 할 수 있어 인기가 많다. 또한 딥 러닝에서 CNNConvolutional Neural Network은 지도학습supervised learning 측면에서 뛰어난 성능을 보여줄 정도로 이미지 데이터를 잘 다룬다. 심층신경망에 대한 대부분의 연구가 지도학습 분야에서 이뤄져왔지만 강화학습에서도 매우 주목할 결과를 보여주고 있다. 하지만 일반적으로 강화학습에서 심층신경망은 사용하기 어려운 작업이다.

신경망을 이용한 Q-러닝

Q-러닝에서 심층신경망은 Q-값 함수의 근사치를 위해 일련의 가중치를 학습한다. 따라서 Q-값 함수는 파라미터 θ(네트워크의 가중치)를 갖는 식으로 표현할 수 있다.

$$Q_\theta(s, a)$$

심층신경망을 Q-러닝에 적용(딥 Q-러닝)하려면 손실함수(또는 목적함수)를 정의하고 최소화하는 방법을 이용해야 한다. 테이블 구조의 Q-러닝tabular Q-learning에서는 다음과 같은 방법으로 Q-값을 업데이트한다.

$$Q(s, a) \leftarrow Q(s, a) + \alpha[r + \gamma max_{a'} Q(s', a') - Q(s, a)]$$

여기서 s'는 다음 스텝의 상태다. Q-러닝 업데이트는 행동 폴리시behavior policy로 수집한 샘플을 이용해 온라인 학습을 한다.

> 표기법을 단순화하기 위해 s와 a를 현재 단계에서의 상태와 행동으로 하고 s'와 a'를 다음 단계에서의 상태와 행동으로 정의했다.

신경망에서 목표는 Q_θ이 최적 Q-값 함수와 유사해지도록 가중치 θ를 최적화하는 것이다. 하지만 최적의 Q-함수가 없으므로 한 스텝에 대한 벨만 오류^{Bellman error}인 $r + \gamma max_{a'} Q(s', a') - Q(s, a)$를 최소화하는 방향으로 최적 Q-함수를 향해 작은 스텝씩 이동한다. 이러한 스텝은 테이블 형식의 Q-러닝에서 진행한 것과 유사하다. 하지만 딥 Q-러닝에서는 단일 값 $Q(s, a)$를 업데이트하지 않는다. 그 대신 파라미터 θ와 관련해 Q-함수의 그래디언트를 이용한다.

$$\theta \leftarrow \theta - \alpha[r + \gamma max_{a'} Q_\theta(s', a') - Q_\theta(s, a)]\nabla_\theta Q_\theta(s, a) \qquad (5.1)$$

여기서 $\nabla_\theta Q_\theta(s, a)$는 Q를 θ에 대해 편미분한 결과다. α는 그래디언트에 대해 취하는 스텝의 크기로 학습률^{learning rate}이라고 한다.

실제로 테이블 기반 Q-러닝에서 딥 Q-러닝으로 변환한다고 항상 좋은 근사치를 얻는 것은 아니다. Q-러닝 대비 딥 Q-러닝은 두 가지 내용을 변경했다.

첫째, 손실함수로 벨만 오류^{Bellman error} 대신 평균제곱오차^{Mean Square Error}를 이용했고 둘째, 온라인 Q-이터레이션 대신 배치 Q-이터레이션으로 전환했다. 이렇게 하면 한 번에 여러 개의 전환을 사용해 신경망 파라미터를 업데이트할 수 있다(예: 지도학습 설정에서 1보다 큰 미니 배치 사이즈를 사용하는 것과 같다). 이러한 변경을 이용하면 다음과 같은 손실함수를 구할 수 있다.

$$L(\theta) = E_{(s,a,r,s')}[(y_i - Q_\theta(s_i, a_i))^2] \qquad (5.2)$$

(5.2) 식에서 y는 실제 행동-가치함수^{action-value function}가 아니며 Q-목표 값^{target value}이다.

$$y_i = r_i + \gamma max_{a'_i} Q_\theta(s'_i, a'_i) \qquad (5.3)$$

다음으로 네트워크 파라미터 θ는 MSE 손실함수 $L(\theta)$의 그래디언트 하강gradient descent으로 업데이트한다.

$$\theta = \theta - \alpha \nabla_\theta L(\theta)$$

y_i는 상수로 처리되며 손실함수의 그래디언트는 더 이상 전파되지 않는다는 점에 유의해야 한다.

 4장에서 MC(Markov Chain) 알고리듬을 소개했으므로 이 알고리듬을 신경망과 함께 사용할 수 있도록 변경할 수도 있다. 이 경우 y_i는 리턴(return) G가 된다. MC 업데이트는 편향(biased)되지 않기 때문에 데이터가 많아질수록(asymptotically) TD보다 좋아야 하지만 실제로는 TD(Temporal Difference)가 좀 더 나은 결과를 보여준다.

딥 Q-러닝의 불안정성

방금 제시한 손실함수loss function와 최적화optimization 기술을 이용해 딥 Q-러닝 알고리듬을 개발할 수 있다. 하지만 실제로 딥 Q-러닝을 구현하면 잘 작동하지 않는다. 왜 그럴까? Q-러닝에서 신경망을 도입한다고 기존 대비 성능이 좋아진다고 할 수 없다. 테이블 기반 Q-러닝은 수렴 기능이 있지만 신경망 기반 딥 Q-러닝은 그렇지 않기 때문이다.

서튼Sutton과 바토Barto는 '강화학습: 소개'에서 다음 세 가지 요소를 함께 사용할 경우 발생하는 치명적인 문제점을 소개했다.

- 함수 근사function approximation
- 부트스트래핑bootstrapping(다른 추정치를 이용해 업데이트 수행)
- 오프-폴리시 학습off-policy learning(Q-러닝은 사용 중인 폴리시를 이용해 업데이트하지 않기 때문에 오프-폴리시 알고리듬이라고 할 수 있다.)

이 문제점은 딥 Q-러닝 알고리듬의 세 가지 주요 구성 요소이기도 하다. 저자가 지적했듯이 첫째, 계산 비용이나 데이터 효율성에 영향을 미치지 않으면서 부트스트래핑을 사용하지 않을 수 없다.

둘째, 더 지능적이고 강력한 에이전트를 만들기 위해 오프-폴리시 학습이 필요하다.

셋째, 심층신경망을 사용하지 않고 상태와 행동이 많은 문제를 해결하기 어렵다.

따라서 세 가지 구성 요소를 이용해 알고리듬을 설계하는 것이 매우 중요하며 동시에 세 가지 치명적인 문제점을 개선해야 한다.

또한 (5.2), (5.3) 식에서 강화학습 문제는 지도supervised 예측 모델링과 유사해 보일 수 있지만 반드시 그렇지는 않다. 지도학습에서 SGDStochastic Gradient Descent를 실행할 때 미니 배치는 항상 통계적으로 독립이며 동일한 확률분포를 갖도록IID, Independent Identically Distributed 하기 위해 데이터 집합dataset에서 랜덤 샘플링을 한다. 하지만 강화학습에서 폴리시policy는 경험을 수집하며 상태는 순차적sequential이고 서로 강한 상관 관계strong related를 갖기 때문에 독립항등분포i. i. d, independent identically distributed 가정은 성립하지 않는다. 따라서 SGD를 실행할 때 매우 불안정한 현상을 보여준다.

불안정성의 또 다른 원인은 Q-러닝 과정의 비정상성non-stationarity이다. (5.2), (5.3) 식에서 업데이트된 신경망이 타깃 값 y를 계산하는 동일한 신경망이라는 것을 알 수 있다. 훈련 과정에서 타깃 값이 계속 변경되는 점은 학습을 매우 불안정하게 만드는 원인이 된다. 이것은 끊임 없이 움직이는 원형 타깃moving circular target이 한 곳에 고정돼 있다고 생각하고 사격하는 것과 같다. 이와 같이 타깃 변경은 신경망의 일반화 기능generalization capabilities 때문이다. 실제로 테이블 기반 강화학습에서는 문제가 되지 않는다.

딥 Q-러닝에 대해 이론적으로 완벽하게 이해하지 않았지만 데이터의 독립항등분포i. i. d 특성을 늘리고 움직이는 목표 문제moving target problem를 완화시킨 알고리듬을 알아보겠다. 이러한 트릭은 알고리듬을 더 안정적이고 유연하게 만든다.

▌ DQN

DQN은 딥마인드의 Mnih와 동료가 저술한 논문 「Human-level control through deep reinforcement learning」에서 처음 소개했다. DQN은 Q-러닝과 심층신경망을 결합한 최초의 확장 가능한 강화학습 알고리듬이다. 학습의 안정성 문제를 해결하기 위해 DQN은 알고리듬 균형에 필수적인 두 가지 기술을 사용했다.

DQN은 다양한 과제를 학습할 수 있다는 것을 입증한 최초의 인공 에이전트다. 또한 고차원의 행 픽셀만 입력으로 사용하고 엔드-투-엔드[2] 강화학습 방식을 사용해 많은 작업을 제어하는 방법을 학습했다.

해결책

세 가지 문제점을 해결하기 위해 DQN은 첫째, 리플레이 버퍼replay buffer를 이용해 데이터 상관성data correlation 문제를 해결했고 둘째, 비정상성non-stationarity 문제를 극복하기 위해 별도로 타깃 네트워크target network를 이용했다.

리플레이 메모리

SGD 이터레이션 중 더 많은 독립항등분포Independent Identically Distributed를 하는 데이터를 사용하기 위해 DQN은 경험을 수집해 버퍼에 저장하는 리플레이 메모리(경험 리플레이experienced replay)를 도입했다. 이 버퍼는 에이전트가 운영되는 동안 발생한 모든 전이 데이터를 보유하고 있다. SGD를 실행할 때 리플레이 메모리에서 랜덤 미니 배치random mini-batch를 수집해 최적화에 사용한다. 리플레이 메모리 버퍼는 다양한 사례 데이터를 보유하고 있어 샘플링된 미니 배치는 독립적인 샘플을 제공할 수 있다. 경험 리플레이를 사용하는 데 매우 중요한 또 다른 기능은 전이 데이터를 여러 번 샘플링하기 때문에 데이터를 재사용할 수

---

2 자료 처리 및 학습을 하는 시스템에서 여러 단계의 필요한 처리 과정을 한 번에 처리하는 것이다. 즉 데이터만 입력하고 원하는 목적을 학습시키는 것을 의미한다. - 옮긴이

있다는 점이다. 이는 알고리듬의 데이터 사용효율성을 크게 향상시킨다.

타깃 네트워크

타깃이 움직이는 문제[3] $min_\theta \sum_{t=0}^{T} [\hat{Q}(s_t, a_t|\theta) - (r_t + \gamma max_{a'} \hat{Q}(s_{t+1}, a'|\theta))]^2$는 훈련 중에 신경망을 지속적으로 업데이트해 타깃 값을 수정하기 때문에 발생하는 현상이다. 이와 같이 타깃이 움직이는 문제에도 불구하고 최상의 상태–행동state-action 값을 제공하려면 신경망을 업데이트해야 한다. 이 문제를 해결하기 위해 DQN은 두 개의 신경망을 사용했다. 하나는 온라인 네트워크online network로 끊임 없이 업데이트하는 신경망이고 또 하나는 타깃 네트워크target network로 매 N회(보통 1,000과 10,000 사이) 이터레이션마다 업데이트하는 신경망이다. 온라인 네트워크는 환경과 상호작용하는 데 사용하며 타깃 네트워크는 대상 값을 예측하는 데 사용한다. 이러한 방식으로 n회 이터레이션 동안 타깃 네트워크를 이용해 생성된 타깃 값은 고정된 상태로 유지돼 불안정성의 전파propagation를 방지하고 발산divergence 위험을 감소시킨다. 이 경우 발생 가능한 문제점은 타깃 네트워크가 온라인 네트워크의 이전 버전이라는 점이다. 하지만 실제로는 장점이 단점보다 훨씬 많으며 알고리듬의 안정성을 크게 향상시켜 준다.

DQN 알고리듬

딥 Q-러닝 알고리듬에 리플레이 버퍼replay buffer와 별도의 타깃 네트워크separate target network가 도입되면서 이미지, 보상, 종료 신호만으로 아타리Atari 게임(스페이스 인베이더, 퐁, 브레이크 아웃)을 제어할 수 있게 됐다. DQN은 CNN과 완전 연결 신경망의 조합으로 완전한 학습이 가능해졌다.

DQN은 동일한 알고리듬, 네트워크 구조, 하이퍼 파라미터를 사용해 49개 아타리 게임을

---

3 다음 수식에서 보면 현재 상태(s_t)에서의 Q 값과 비교해야 할 타깃 값에서 사용되는 다음 상태(s_{t+1})에서의 Q 값은 같은 θ를 사용한다. 신경망에서 보면 학습하면서 바뀐 신경망이 다음 상태(s_{t+1}) 값에도 영향을 미치면서 예측 값과 비교해야 할 타깃 값도 바뀌는 문제가 발생한다. - 옮긴이

학습할 수 있다. 기존 모든 알고리듬보다 성능이 우수해 많은 게임에서 전문 게이머를 상대할 수 있는 수준을 보여줬다. 아타리 게임은 해결하기 매우 어려우며 대부분 복잡한 전략 계획이 필요하다. 실제로 '몬테주마의 복수Montezuma's Revenge' 같은 게임은 DQN조차 달성하기 어려운 고수준을 요구한다.

이러한 게임은 에이전트에게 특정 이미지만 제공해 일부만 관찰할 수 있다는 특징이 있다. 즉 게임에서 완전한 상태를 알 수 없다. 실제로 이미지 한 개만 갖고 있어 현재 상황을 완벽하게 이해할 수 없다. 예를 들어 다음 게임 이미지만으로 공의 방향을 예측할 수 있겠는가?

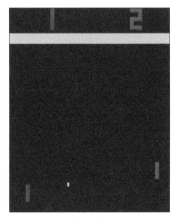

그림 5.1 퐁(Pong) 게임 화면

여러분이나 에이전트 모두 공의 방향을 예측할 수 없다. 이러한 문제점을 극복하기 위해 각 시점에서 이전 관측치 순서를 고려해야 한다. 일반적으로 현재 시점 기준으로 이전 2~5개 프레임을 사용하며 대부분 전체 상태에 매우 정확한 근사를 할 수 있다.

손실함수

딥 Q-네트워크는 이미 제시한 손실함수Loss Function(5.2)를 최소화해 모델을 훈련시킨다. 별도 Q-타깃 네트워크인 $\hat{Q}$와 신경망의 가중치 θ'를 추가로 사용해 모든 것을 재구성하면 손실함수는 다음과 같다.

$$L(\theta) = E_{(s,a,r,s')}[(r + \gamma max_{a'}\hat{Q}_{\theta'}(s',a') - Q_\theta(s,a))^2] \qquad (5.4)$$

(5.4) 식에서 θ는 온라인 네트워크^{online network}의 파라미터다. 또한 (5.4) 식에서 max 값을 업데이트에 사용하므로 오프 폴리시가 되며 max 값을 취하면 되므로 다음 상태 (s')에서의 행동 (a')을 알 필요가 없다. 따라서 업데이트에 사용하는 샘플은 현재 상태(s), 행동(a), 보상(r), 다음 상태(s')다.

미분 가능한 손실함수(5.4)의 최적화는 반복 메서드인 미니 배치 그래디언트 하강을 이용해 실행한다. 즉 경험 버퍼^{experienced buffer}에서 균일하게^{uniformly} 추출한 미니 배치를 이용해 학습을 업데이트한다. 손실함수의 미분은 다음과 같다.

$$\nabla_\theta L(\theta) = E_{(s,a,r,s')}[(r + \gamma max_{a'}\hat{Q}_{\theta'}(s',a') - Q_\theta(s,a))\nabla_\theta Q_\theta(s,a)] \qquad (5.5)$$

딥 Q-러닝의 경우에 발생하는 문제와 달리 DQN에서는 학습 과정이 안정적이다. 더구나 데이터가 더 독립적이고 항등한 분포이고^{Independent Identical Distributed} 목표가 어느 정도 고정돼 있어 회귀 문제와 매우 유사해진다. 하지만 타깃은 여전히 네트워크의 가중치에 따라 달라진다.

 각 스텝에서 한 개 샘플에서만 (5.4) 식의 손실함수를 최적화한 경우 함수 근사치를 갖는 Q-러닝 알고리듬을 얻을 수 있다.

의사코드

이제 DQN의 모든 구성 요소를 설명했으므로 모든 부분을 합쳐 잘 몰랐던 부분을 명확하게 하기 위해 알고리듬의 의사코드를 참조하길 바란다. 이해하기 어렵더라도 걱정할 필요 없다. 다음 절에서 실제 코드를 구현해보면 더 잘 이해될 것이다.

DQN 알고리듬은 세 가지 주요 부분으로 구성돼 있다.

- 데이터 수집과 저장: 데이터는 행동 폴리시^{behavior policy}에 의해 수집한다(예: ϵ-탐욕 폴리시).

- 신경망 최적화(버퍼에서 샘플링한 미니 배치에 대해 SGD를 수행한다)

- 타깃 업데이트

DQN의 의사코드는 다음과 같다.

Initialize Q function with random weight θ'
Initialize $\hat{Q}$hat function with random weight $\theta'=\theta$
Initialize empty replay memory D

for $episode = 1..M$ **do**
    Initialize environment $s \leftarrow env.reset()$
    for $t = 1..T$ **do**
        > Collect observation from the env:
        $a \leftarrow \epsilon greedy(\phi(s))$
        $s', r, d \leftarrow env(a)$
        > Store the transition in the replay buffer:
        $\varphi \leftarrow \phi(s), \; \varphi' \leftarrow \phi(s')$
        $D \leftarrow D \cup (\varphi, a, r, \varphi', d)$
        > Update the model using (5.4):
        Sample a random minibatch from $(\varphi_j, a_j, r_j, \varphi'_j, d_j)$ from D
$$y_j = \begin{cases} r_j & if \; d_{j+1} = True \\ r_j + \gamma max_{a'} \hat{Q}_{\theta'}(\phi_{j+1}, a') & otherwise \end{cases}$$
        Perform a step of GD on $(y_j - Q_\theta(\varphi_j, a_j))^2$ on θ
        > Update target network:
        Every C steps $\theta' \leftarrow \theta \; (i.e. \hat{Q} \leftarrow Q)$
        $s \leftarrow s'$
    end for
end for

여기서 d는 환경이 최종 상태에 있는지 여부를 표시하기 위한 환경의 리턴 플래그다. 에피소드가 종료되면(d=True) 환경을 재설정해야 한다. ϕ는 전 처리 단계로 차원을 줄이기 위해

이미지를 변경하고(이미지를 그레이 스케일로 변환하고 더 작은 이미지로 크기를 조정한다) 마지막 n개 프레임을 현재 프레임에 추가한다. 일반적으로 n은 2~4 사이의 값을 갖는다. 전 처리 부분은 DQN을 구현하는 다음 절에서 자세하게 설명한다.

DQN에서 경험 리플레이 D는 제한된 수의 프레임을 저장하는 동적 버퍼dynamic buffer다. 이 논문에서 버퍼는 최신 전이 정보 100만 개까지만 보유하므로 해당 용량을 초과하면 이전 경험은 버린다.

다른 부분은 이미 모두 설명했다. $d_{j+1} = True$일 때 타깃 값 y_j가 r_j를 갖는 이유는 환경과의 상호작용이 전혀 없기 때문이다. 따라서 r_j는 실제로 불편향unbiased Q-값이다.

모델 아키텍처

지금까지 DQN 알고리듬을 설명했지만 DQN의 아키텍처는 설명하지 않았다. 훈련을 안정시키기 위해 사용한 아이디어 외에도 DQN 아키텍처는 알고리듬의 최종 성능에 중요한 영향을 미친다. DQN 논문에서는 한 개의 모델 아키텍처가 모든 아타리 환경에서 사용된다. 이 아키텍처는 CNN과 FNN을 결합한 모델이다. 특히 관측 이미지가 입력으로 주어지면서 CNN을 사용해 해당 이미지에서 피처 맵을 학습한다. CNN은 다른 심층신경망 유형에 비해 적은 수의 가중치로 네트워크를 학습시킬 수 있는 해석 불편 특성translation invariance characteristics과 가중치 공유 속성으로 인해 이미지와 함께 널리 사용돼왔다.

모델 출력은 상태-행동가치에 해당하며 각 행동에 대해 한 개 값을 갖는다. 따라서 5개 행동으로 에이전트를 제어하기 위해 모델은 5개 행동 각각에 대한 값을 출력한다. 이러한 모델 아키텍처를 통해 포워드 패스 하나만 있으면 모든 Q-값을 계산할 수 있다.

다음 그림은 3개의 컨볼루션 층을 갖는다. 각 레이어에서는 비선형 함수와 차원을 감소시키는 컨볼루션 연산을 실행한다. 마지막 은닉층은 완전 연결층이고 그 다음에 ReLU 활성화 함수와 각 행동에 대한 출력 값을 계산하는 완전 연결층이 있다. 이 아키텍처를 간단하게 표현하면 다음과 같다.

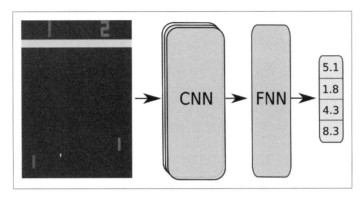

그림 5.2 CNN과 FNN으로 구성된 DQN 아키텍처 그림

▌ DQN을 퐁에 적용하기

Q러닝, 심층신경망, DQN에 대한 모든 기술적 내용을 파악했으므로 실제로 GPU를 사용해 구현해볼 수 있다. 이번 절에서는 DQN을 아타리 환경인 퐁Pong에 적용해볼 것이다. 상대적으로 간단하고 시간, 연산 능력과 메모리가 덜 소모되는 아타리 환경의 퐁Pong을 이미 선택했다. 연산 성능이 우수한 GPU를 사용할 수 있다면 대부분의 다른 아타리 게임에도 동일한 구성을 적용해볼 수 있다. 일부 미세 조정을 할 수 있는데 이를 위해 함수 근사기function approximator의 용량 조정(적은 수의 가중치)과 버퍼 크기 조정(작은 크기) 같은 하이퍼 파라미터 값을 초기 DQN 논문보다 작게 설정했다. 이렇게 하면 퐁의 결과는 손상되지 않지만 다른 게임의 성능은 저하될 수 있다.

DQN을 구현하기 전에 아타리 환경과 파이프라인 전 처리를 간단하게 소개하겠다.

아타리 게임

아타리Atari 게임은 DQN 논문에 소개된 후 딥 강화학습 알고리듬의 표준 테스트 베드가 됐다. 이 게임은 아케이드 러닝 환경ALE, Arcade Learning Environment에 처음 제공됐으며 그 후 표준 인터페이스를 제공하기 위해 Open AI Gym에 포함됐다. ALE(Gym)에는 다음 그림과 같이 몬테주마의 복수, 퐁, 브레이크 아웃, 스페이스 인베이더 같은 가장 인기 있는 아타리 2,600개 비디오 게임 중 57개가 포함돼 있다. 이러한 게임은 강화학습 연구에서 고차원의 상태 공간(210×160 픽셀)과 게임 간 작업 다양성으로 널리 사용됐다.

그림 5.3 몬테주마의 복수, 퐁, 브레이크 아웃, 스페이스 인베이더 환경

아타리 환경에서 매우 중요한 점은 이것이 결정론적deterministic이라는 것이다. 즉 일련의 행동이 일치하는 경우 해당 행동의 결과는 동일하다는 특성을 갖는다. 알고리듬 관점에서 보면 이러한 결정론적 특징determinism은 확률적 폴리시stochastic policy로부터 어떠한 행동을 선택하기 위해 모든 이력을 사용하는 동안 유효하다.

전 처리

아타리의 프레임은 RGB 색상의 210×160 픽셀이므로 전체 크기는 210×160×3이다. 4프레임 기록을 사용한 경우의 입력 크기는 210×160×12다. 이러한 규모의 차원은 상당한 연산력이 필요하며 경험 버퍼에 많은 수의 프레임을 저장하기는 어렵다. 따라서 차원을 감소시키기 위한 전 처리 스텝이 필요하다. 원래 DQN 구현에서는 다음과 같은 전 처리 파이프라인을 사용했다.

- RGB 색상을 회색 스케일로 변환했다.
- 이미지를 110×84로 다운 샘플링한 후 84×84로 만들었다.
- 마지막 3~4개 프레임을 현재 프레임에 연결한다.
- 프레임을 정규화한다.

또한 게임은 높은 프레임 비율로 운영되므로 k개 연속 프레임을 건너뛰기 위한 프레임 스키핑frame-skipping 기술을 사용한다. 이 기술을 통해 에이전트는 알고리듬 성능을 크게 저하시키지 않고 각 게임에 대해 더 적은 수의 프레임을 저장하고 훈련시킬 수 있다. 실제로 프레임-스키핑 기술을 사용하면 에이전트는 k개 프레임마다 행동을 선택하고 건너뛴 프레임에서 행동을 반복한다.

어떠한 환경에서는 해당 게임을 시작할 때 에이전트가 발사 버튼을 눌러야만 게임이 시작된다. 또한 환경이 결정론적이므로 임의의 위치에서 에이전트를 시작하기 위해 환경을 리셋하면 일부 작업이 실행되지 않는 문제가 있다.

다행히 OpenAI는 Gym 인터페이스와 호환되는 전 처리 파이프라인 구현을 공개했다. 이 책 깃허브에 있는 atari_wrappers.py 파일을 참조하길 바란다. 여기서는 구현을 간단하게 설명하겠다.

- Noop Reset Env(n): 에이전트의 시작 위치를 임의로 제공하기 위해 환경을 재설정할 때 n개 no-op를 사용한다.
- FireResetEnv(): 환경을 재설정할 때 실행한다fire(일부 게임에서만 필요하다).
- MaxAndSkipEnv(skip): skip 프레임을 건너뛰면서 행동을 반복하고 보상을 합산한다.
- WarpFrame(): 프레임 크기를 84×84로 조정하고 회색 스케일로 변환한다.
- FrameStack(k): 마지막 k 프레임을 쌓는다stack.

모든 함수는 래퍼wrapper로 구현한다. 래퍼는 그 위에 신규 레이어를 더해 환경을 쉽게 변형시키는 방법이다. 예를 들어 퐁Pong에서 프레임 크기를 조정하려면 다음 코드를 사용한다.

```
env = gym.make('PongNoFrameskip-v4')
env = ScaledFloatFrame(env)
```

래퍼는 gym.Wrapper 클래스를 상속받고 다음 메서드 __init__(self, env), step, reset, lender, close 또는 seed 중 적어도 하나 이상을 오버라이드해야 한다.

여기에 나열된 모든 래퍼의 구현은 이 책에서 설명하지 않겠다. 하지만 FireResetEnv 및 WarpFrame의 예를 들어 구현에 대한 일반적인 가이드를 제공하겠다. 전체 코드는 깃허브를 참조하길 바란다.

```
atari_wrappers.py
class FireResetEnv(gym.Wrapper):
    def __init__(self, env):
        """"firing 전까지 고정된 환경에 대해 reset 작업을 수행"""
        gym.Wrapper.__init__(self, env)
        assert env.unwrapped.get_action_meanings()[1] == 'FIRE'
        assert len(env.unwrapped.get_action_meanings()) >= 3

    def reset(self, **kwargs):
        self.env.reset(**kwargs)
        obs, _, done, _ = self.env.step(1)
        if done:
            self.env.reset(**kwargs)
        obs, _, done, _ = self.env.step(2)
        if done:
            self.env.reset(**kwargs)
        return obs

    def step(self, ac):
        return self.env.step(ac)
```

먼저 FireResetEnv는 Gym의 Wrapper 클래스를 상속받는다. 그 후 초기화 과정에 env. unwrapped를 통해 환경을 언래핑함으로써 fire 행동의 사용 가능 여부를 점검한다. 이 함수는 이전 계층에서 self.env.reset으로 정의한 reset을 호출해 해당 reset 함수를 오 버라이드한 후 self.env.step(1)과 환경—관련 행동인 self.env.step(2)를 호출해 fire 행동을 취한다.

WarpFrame의 정의는 비슷하다.

---

atari_wrappers.py
```python
class WarpFrame(gym.ObservationWrapper):
    def __init__(self, env):
        """네이처 페이퍼 및 이후 작업에서와 같이 프레임을 82*84로 왜곡"""
        gym.ObservationWrapper.__init__(self, env)
        self.width = 84
        self.height = 84
        self.observation_space = spaces.Box(low=0, high=255,
            shape=(self.height, self.width, 1), dtype=np.uint8)

    def observation(self, frame):
        frame = cv2.cvtColor(frame, cv2.COLOR_RGB2GRAY)
        frame = cv2.resize(frame, (self.width, self.height), interpolation=cv2.INTER_
AREA)
        return frame[:, :, None]
```

여기서 WarpFrame은 gym.ObservationWrapper의 속성을 상속받고 0에서 255 사이의 값과 84×84의 형상을 갖는 Box 공간을 만든다. Observation()을 호출하면 이 함수는 RGB 프 레임을 회색 스케일로 변환하고 선택한 형상에 맞게 이미지 크기를 조정한다.

다음으로 make_env 함수를 만들어 모든 래퍼를 환경에 적용할 수 있다.

---

atari_wrappers.py
```python
def make_env(env_name, fire=True, frames_num=2, noop_num=30, skip_frames=True):
    env = gym.make(env_name)
```

```
if skip_frames:
    env = MaxAndSkipEnv(env) ## Return only every `skip`-th frame
if fire:
    env = FireResetEnv(env) ## Fire at the beginning
env = NoopResetEnv(env, noop_max=noop_num)
env = WarpFrame(env) ## Reshape image
env = FrameStack(env, frames_num) ## Stack last 4 frames
return env
```

생략한 전 처리 단계는 프레임의 스케일링뿐이다. 관측 프레임$^{observation\ frame}$을 신경망에 입력으로 제공하기 직전에 스케일링 처리를 해야 한다. 이는 스케일링이 래퍼로 적용될 때마다 FrameStack이 손실되는 지연 배열$^{lazy\ array}$이라는 특정 메모리효율적인$^{memory-efficient}$ 배열^{array}을 사용하기 때문이다.

DQN 구현

DQN은 매우 단순한 알고리듬이지만 구현과 설계를 할 때 각별한 주의가 필요하다. 이 알고리듬은 다른 모든 딥 강화학습 알고리듬과 마찬가지로 디버깅과 튜닝이 어렵다. 따라서 관련 작업을 실행하는 방법을 설명하겠다.

DQN 코드에는 네 가지 주요 구성 요소가 있다.

- DNN
- 경험 버퍼
- 계산 그래프
- 훈련 및 평가 루프

코드는 파이썬과 텐서플로우^{TensorFlow}로 작성되며 텐서보드를 사용해 알고리듬의 훈련과 성능을 시각화한다.

이 책의 모든 코드는 깃허브에 있다. 코드보다 설명에 중점을 두기 위해 간단한 함수 구현은 설명하지 않는다.

필요한 라이브러리를 임포트해 구현해보겠다.

DQN_Atari.py
```
#  관련 라이브러리를 가져오기
import numpy as np
import tensorflow as tf
from tensorflow.keras import Model, Input, optimizers
from tensorflow.keras.models import Sequential
from tensorflow.keras.layers import Dense, Conv2D, MaxPooling2D, Flatten
import gym
from datetime import datetime
from collections import deque
import time
import sys

# 아타리 게임 관련 정보를 가져오기, 게임 레벨 설정
from atari_wrappers import make_env
```

---

atari_wrappers는 앞에서 정의한 make_env 함수를 포함하고 있다.

DNN

DNN 아키텍처는 다음과 같다(구성 요소는 순차적으로 구현한다).

1. 8×8 차원의 16개 필터와 4 스트라이드 및 RELU 활성화 함수로 구성된 컨볼루션
2. 4×4 차원의 32개 필터와 2 스트라이드 및 RELU 활성화 함수로 구성된 컨볼루션
3. 3×3 차원의 32개 필터와 1 스트라이드 및 RELU 활성화 함수로 구성된 컨볼루션
4. 128개 유닛의 레이어와 ReLU 활성화로 구성된 완전 연결층

5. 환경에서 허용되는 행동 수와 동일한 수의 유닛과 선형 활성화로 구성된 완전 연
결층fully connected layer

qnet은 cnn과 fnn을 구현한 모듈이다. cnn에서는 첫 3개 컨볼루션 레이어를 정의하고 fnn
에서는 마지막 2개 완전 연결층 레이어를 정의한다.

DQN_Atari.py
_____

```python
def cnn(x):
    '''
    CNN(컨볼루션 신경망)
    '''
    inputs = x
    x = Conv2D(filters=16, kernel_size=8, strides=4, padding='valid', activation=tf.
nn.relu)(inputs)
    x = Conv2D(filters=32, kernel_size=4, strides=2, padding='valid', activation=tf.
nn.relu)(x)
    x = Conv2D(filters=32, kernel_size=3, strides=1, padding='valid', activation=tf.
nn.relu)(x)
    return(x)

def fnn(x, hidden_layers, output_layer, activation=tf.nn.relu, last_activation= None):
    '''
    Feed-forward neural network
    '''
    for l in hidden_layers:
        x = Dense(units=l, activation=activation)(x)
    x = Dense(units=output_layer, activation=last_activation)(x)
    return(x)

# qnet으로 함수명을 변경하도록 함
# 함수형 모델(케라스)을 적용한 코드
def qnet(x, hidden_layers, output_size, activation=tf.nn.relu, last_activation=None):
    '''
    DQN: CNN 다음에 FNN을 구현함
    '''
    inputs=x
    x = cnn(inputs)
```

```
    x = Flatten()(x)
    outputs = fnn(x, hidden_layers, output_size, activation, last_activation)
    model = Model(inputs, outputs)
    return model
```

앞 코드에서 hidden_layers는 정수 값 리스트다. 실제 구현에서 hidden_layers=[128]이다. output_layer는 에이전트 행동 수다.

qnet 구현 코드에서 CNN과 FNN 층은 CNN의 2D 출력 형태를 평탄화[flattening]하는 층과 연결된다.

심층신경망 정의를 완료했다. 이제 메인 계산 그래프와 연결만 하면 된다.

경험 버퍼

경험 버퍼[experienced buffer]는 Experience Buffer 유형의 클래스이며 다음 구성 요소(관측, 보상, 행동, 다음 관측, 완료 여부) 각각에 대해 선입선출[FIFO] 유형으로 큐[queue]에 저장한다. FIFO는 maxlen으로 설정한 최대 용량에 도달하면 가장 오래된 요소부터 버리는 방법이다. 구현에서 용량은 buffer_size다.

DQN_Atari.py

```
# ExperienceBuffer 클래스(리플레이 메모리로 사용)
class ExperienceBuffer():
    '''
    Experience Replay Buffer
    '''
    # deque: 양쪽 끝에서 삽입과 삭제가 모두 가능한 자료 구조의 한 형태
    def __init__(self, buffer_size):
        self.obs_buf = deque(maxlen=buffer_size)
        self.rew_buf = deque(maxlen=buffer_size)
        self.act_buf = deque(maxlen=buffer_size)
        self.obs2_buf = deque(maxlen=buffer_size)
        self.done_buf = deque(maxlen=buffer_size)
```

```
def add(self, obs, rew, act, obs2, done):
    # 신규 전이(transition) 데이터를 버퍼에 추가
    self.obs_buf.append(obs)
    self.rew_buf.append(rew)
    self.act_buf.append(act)
    self.obs2_buf.append(obs2)
    self.done_buf.append(done)
```

ExperienceBuffer 클래스는 신경망 훈련에 사용되는 미니 배치의 샘플링도 관리한다. 미니 배치는 버퍼에서 균일하게 샘플링되며 사전 정의한 batch_size 크기를 갖는다.

DQN_Atari.py

```
def sample_minibatch(self, batch_size):
    # batch_size 크기의 미니 배치를 샘플링
    mb_indices = np.random.randint(len(self.obs_buf), size=batch_size)
    mb_obs = scale_frames([self.obs_buf[i] for i in mb_indices])
    mb_rew = [self.rew_buf[i] for i in mb_indices]
    mb_act = [self.act_buf[i] for i in mb_indices]
    mb_obs2 = scale_frames([self.obs2_buf[i] for i in mb_indices])
    mb_done = [self.done_buf[i] for i in mb_indices]
    return mb_obs, mb_rew, mb_act, mb_obs2, mb_done
```

마지막으로 __len 메서드를 오버라이드해 버퍼의 길이를 설정한다. 모든 버퍼는 다른 버퍼와 크기가 같으므로 self.obs_buf의 길이만 리턴한다는 점에 유의하기 바란다.

DQN_Atari.py

```
def __len__(self):
    return len(self.obs_buf)
```

계산 그래프와 훈련 루프

알고리듬의 핵심인 훈련^{training} 및 평가^{evaluation} 루프는 DQN 함수에서 구현한다. 이 함수에서는 환경 이름과 모든 다른 하이퍼 파라미터를 인수로 사용한다.

DQN_Atari.py

```
def DQN(env_name, hidden_sizes=[32], lr=1e-2, num_epochs=2000, buffer_size=100000,
discount=0.99, render_cycle=100, update_target_net=1000,
        batch_size=64, update_freq=4, frames_num=2, min_buffer_size=5000, test_
frequency=20, start_explor=1, end_explor=0.1, explor_steps=100000):
    # 훈련(train)과 테스트(test)를 위한 환경 생성
    env = make_env(env_name, frames_num=frames_num, skip_frames=True, noop_num=20)
    env_test = make_env(env_name, frames_num=frames_num, skip_frames=True, noop_num=20)
    # Add a monitor to the test env to store the videos
    env_test = gym.wrappers.Monitor(env_test, "VIDEOS/TEST_VIDEOS"+env_
name+str(current_milli_time()),force=True, video_callable=lambda x: x%20==0)

    # TF2.0에 대한 tf.reset_default_graph()
    tf.compat.v1.reset_default_graph()

    # 차원 사이즈를 설정
    obs_dim = env.observation_space.shape
    act_dim = env.action_space.n
```

앞 코드의 처음 몇 행으로 2개의 환경을 만든다. 하나는 훈련용^{training}이고 또 하나는 테스트용^{testing}이다. gym.wrappers.Monitor는 Gym 래퍼로 게임 환경을 비디오 포맷으로 저장한다. video_callable은 비디오의 저장 빈도를 설정하는 함수 파라미터로 현재 코드에서는 20회 에피소드마다 저장한다.

이제 기존에 정의했던 qnet 함수를 호출해 타깃과 온라인 네트워크를 만들 수 있다. 타깃 네트워크는 때때로 스스로 업데이트해야 하고 온라인 네트워크의 파라미터를 취해야 하므로 update_target_op라는 작업을 만들어 온라인 네트워크의 모든 변수를 타깃 네트워크에 배정한다. 이 작업은 텐서플로우 assign 메서드를 이용해 실행한다. tf.group은 update_target 리스트의 모든 요소를 단일 연산 operation으로 집계한다. 구현은 다음과 같다.

```
# Train(Online) 모델 생성 -> Target 모델 복사
x = Input([obs_dim[0], obs_dim[1], obs_dim[2]])
# Train 모델 생성
train_model = qnet(x, hidden_sizes, act_dim) #, lr)
# Target 모델 복사
target_model = tf.keras.models.clone_model(train_model)
```

손실함수는 $(y_j - Q_\theta(\varphi_j, a_j))^2$ 또는 (5.4) 식이다. 이 함수는 y_j와 Q 값을 통해 계산해야
한다. Q-값은 행동 a_j에 따라 달라지지만 온라인 네트워크가 각 행동에 대한 값을 출력
하므로 a_j의 Q 값만 추출할 방법을 찾아야 한다. 이 연산은 행동 a_j의 원-핫 인코딩을 사
용한 후 이를 온라인 네트워크 출력에 곱해 실행할 수 있다.

예를 들어 가능한 5개 행동이 있고 $a_j = 3$이면 원-핫 인코딩은 [0,0,0,1,0]이 된다. 다음
으로 네트워크가 [3.4, 3.7, 3.2, 5.4, 2.1]을 출력한다고 가정하면 원-핫 인코딩의 곱 결
과는 [0, 0, 0, 5.4, 0]이 된다. Q-값은 이 벡터를 합해 구한다. 결과는 [5.4]다. 이 기능은
다음 코드로 실행할 수 있다.

```
# 게임 종료 시 reward를 target_value로 설정하고
# 진행 중인 경우에는 gamma * target_value + rewards 값으로 설정함
target_value = (1-dones) * discount * target_value + rewards

states = mb_obs.reshape(batch_size, obs_dim[0], obs_dim[1], obs_dim[2])
main_q = train_model(tf.convert_to_tensor(states, dtype=tf.float32))
main_value = tf.reduce_sum(tf.one_hot(actions, act_dim) * main_q, axis = 1)

# Loss 값 계산: RMSE(Root Mean Square Error)
error = tf.square(main_value - target_value) * 0.5
error = tf.reduce_mean(error)
```

방금 정의한 손실함수를 최소화하기 위해 SGD의 변형인 Adam을 이용하겠다.

DQN_Atari.py

```
# Adam optimize that minimize the loss v_loss
tf.compat.v1.train.AdamOptimizer(lr).minimize(v_loss)
```

이로써 계산 그래프의 생성이 마무리됐다. 메인 DQN 사이클을 실행하기 전에 스칼라와 히스토그램을 저장할 수 있도록 설정해야 한다. 이렇게 하면 나중에 텐서보드에서 해당 내용을 볼 수 있다.

DQN_Atari.py

```
# Time: 시간 정보 설정
now = datetime.now()
clock_time = "{}_{}.{}.{}".format(now.day, now.hour, now.minute, int(now.second))
print('Time:', clock_time)

# 텐서플로우에 실행 정보를 출력하는 코드
LOG_DIR = 'log_dir/'+env_name
hyp_str = "-lr_{}-upTN_{}-upF_{}-frms_{}" .format(lr, update_target_net, update_freq, frames_num)

# 텐서보드 서머리에 관련 데이터 저장을 위한 File Writer를 초기화
file_writer = tf.summary.create_file_writer(LOG_DIR+'/DQN_'+clock_time+'_'+hyp_str)
```

File Writer는 고유한 이름으로 생성되며 디폴트 그래프에 반영된다.

이제 스케일링 관측치에 대해 순방향 패스forward pass를 계산하는 agent_op 함수를 정의할 수 있다. 관측은 이미 전 처리 파이프라인을 통과했지만(래퍼가 있는 환경에서 구축된다) 스케일링은 남겨뒀다.

DQN_Atari.py

```
def agent_op(o):
```

```
    '''
    Forward pass to obtain the Q-values from the online network of a single
observation
    '''
    # Scale the frames
    o = scale_frames(o)
    o = o.reshape(1, obs_dim[0], obs_dim[1], obs_dim[2])
    temp = train_model([o])
    # temp = train_model.predict([o])
    return temp
```

다음으로 변수를 초기화했으며 해당 환경을 재설정한다.

DQN_Atari.py

```
# 하이퍼 파라미터 초기화
render_the_game = False
step_count = 0
last_update_loss = []
ep_time = current_milli_time()
batch_rew = []
old_step_count = 0
opt = optimizers.Adam(lr=lr, )
```

다음은 리플레이 버퍼를 초기화하고 타깃 네트워크가 온라인 네트워크와 동일한 파라미터를 갖도록 업데이트하고 eps_decay를 사용해 소멸 비율을 초기화한다. 엡실론 소멸 폴리시는 DQN 논문에서 채택한 것과 동일하다. 소멸 비율은 eps 변수에 선형으로 적용할 때 explor_steps 스텝에서 터미널 값 end_explor에 도달할 수 있도록 선택했다. 예를 들어 1.0에서 0.1까지 1,000 스텝으로 감소시키려면 각 단계에서 (1−0.1)/1,000 = 0.009 값으로 변수를 동일하게 감소시켜야 한다. 이 기능은 다음 코드로 실행한다.

DQN_Atari.py

```
# 환경 초기화 및 경험 버퍼 초기화(buffer_size)
obs = env.reset()
```

```
buffer = ExperienceBuffer(buffer_size)
# 온라인 모델의 가중치를 이용해 타깃 모델의 가중치 초기화
target_model.set_weights(train_model.get_weights())

########## EXPLORATION INITIALIZATION ######
# 엡실론 초기화 및 소멸 비율 설정
eps = start_explor
eps_decay = (start_explor - end_explor) / explor_steps
```

훈련 루프는 2개의 내부 사이클로 실행한다. 하나는 에포크에 대해 반복하고 또 하나는 에포크의 각 전이transition에 대해 반복한다. 맨 안쪽 사이클의 첫 번째 부분은 매우 표준화 돼 있다. 이 사이클은 온라인 네트워크를 사용하고 환경에서 한 단계 나아가 버퍼에 새로운 전이를 추가한 후 마지막으로 변수를 업데이트하는 ϵ-탐욕 행동 폴리시behavior policy에 따라 행동을 선택한다.

DQN_Atari.py

```
for ep in range(num_epochs):
    g_rew = 0
    done = False

    # 게임 환경이 종료될 때까지 진행
    while not done:
        # 엡실론 소멸 정책을 실행
        if eps > end_explor:
            eps -= eps_decay

        # 탐욕 정책에 의해 액션을 선택함
        act = eps_greedy(np.squeeze(agent_op(obs)), eps=eps)

        # 환경상에서 액션을 실행하고 결과 값을 받아 옴
        obs2, rew, done, _ = env.step(act)

        # 게임을 화면에 출력함(설정 값이 True인 경우)
        if render_the_game:
            env.render()
```

```
# 확보한 결과 데이터를 버퍼에 추가함
# obs: 현재 상태, rew: 리워드, act: 액션, obs2: 신규 상태, done: 종료 여부
buffer.add(obs, rew, act, obs2, done)

obs = obs2
g_rew += rew
step_count += 1
```

앞 코드에서 obs는 다음 관측 값을 취하고 누적 게임 보상을 증가시킨다.

다음으로 같은 주기에서 eps가 소멸되고 일부 조건이 충족되면 온라인 네트워크를 훈련시킨다. 이 조건은 해당 버퍼가 최소 사이즈에 도달하고 그 결과 신경망이 모든 update_freq 스텝마다 한 번씩만 훈련되도록 한다. 온라인 네트워크를 훈련시키기 위해 버퍼에서 미니 배치를 샘플링하고 타깃 값을 계산한다. 그 다음 손실함수 v_loss를 최소화하기 위해 세션을 실행한다. 이 기능은 사전에 타깃 값, 행동, 미니 배치의 관측 값을 제공한다. 세션이 실행되는 동안 통계 목적으로 v_loss와 scalar_summary도 반환한다. 다음으로 scalar_summary를 file_writer에 추가하고 TensorBoard 로깅 파일에 저장한다. 마지막으로 update_target_net 에포크마다 대상 네트워크를 업데이트한다. 평균손실에 대한 요약summary을 실행해 TensorBoard 로깅 파일에 추가한다. 이 모든 기능은 다음 코드로 실행한다.

DQN_Atari.py

```
# 엡실론 소멸 정책을 실행
if eps > end_explor:
    eps -= eps_decay

# 탐욕 정책에 의해 액션을 선택함
act = eps_greedy(np.squeeze(agent_op(obs)), eps=eps)

# 환경상에서 액션을 실행하고 결과 값을 받아옴
obs2, rew, done, _ = env.step(act)
```

```
# 게임을 화면에 출력함(설정 값이 True인 경우)
if render_the_game:
    env.render()


# 확보한 결과 데이터를 버퍼에 추가함
# obs: 현재 상태, rew: 리워드, act: 액션, obs2: 신규 상태, done: 종료 여부
buffer.add(obs, rew, act, obs2, done)


obs = obs2
g_rew += rew
step_count += 1


############### 훈련(training) ###############
# 버퍼 사이즈 초과 & step_count를 update_freq(4)로 나눠 0이 되는 경우
# Train Model을 업데이트함
if (len(buffer) > min_buffer_size) and (step_count % update_freq == 0):

    # replay 버퍼에서 미니 배치 샘플을 추출: off 폴리시
    # mb_obs: state, mb_rew: reward, mb_act: action, mb_obs2: next state, done: mb_done
    mb_obs, mb_rew, mb_act, mb_obs2, mb_done = buffer.sample_minibatch(batch_size)
    # Train 대상 variable을 가져옴
    dqn_variable = train_model.trainable_variables
    with tf.GradientTape() as tape:
        # automatic differentiation에 대한 연산 내용을 기록함
        tape.watch(dqn_variable)

        rewards = tf.convert_to_tensor(mb_rew, dtype=tf.float32)
        actions = tf.convert_to_tensor(mb_act, dtype=tf.int32)
        dones = tf.convert_to_tensor(mb_done, dtype=tf.float32)

        next_states = mb_obs2.reshape(batch_size, obs_dim[0], obs_dim[1], obs_dim[2])
        target_q = target_model(tf.convert_to_tensor(next_states, dtype=tf.float32))
        next_action=tf.argmax(target_q, axis=1)
        target_value = tf.reduce_sum(tf.one_hot(next_action, act_dim) * target_q, axis
= 1)

        # 게임 종료 시 reward를 target_value로 설정하고
        # 진행 중인 경우에는 gamma * target_value + rewards 값으로 설정함
        target_value = (1-dones) * discount * target_value + rewards
```

```python
        states = mb_obs.reshape(batch_size, obs_dim[0], obs_dim[1], obs_dim[2])
        main_q = train_model(tf.convert_to_tensor(states, dtype=tf.float32))
        main_value = tf.reduce_sum(tf.one_hot(actions, act_dim) * main_q, axis = 1)

        # Loss 값 계산: RMSE(Root Mean Square Error)
        error = tf.square(main_value - target_value) * 0.5
        error = tf.reduce_mean(error)

    dqn_grads = tape.gradient(error, dqn_variable)
    opt.apply_gradients(zip(dqn_grads, dqn_variable))

    tf.summary.scalar('loss', np.mean(error), step_count)
    tf.summary.scalar('reward', np.mean(g_rew), step_count)
    file_writer.flush()
# 버퍼 사이즈 초과 & step_count를 update_target_net(1000)으로 나눠 0이 되는 경우
# Target Model의 가중치를 Train Model의 가중치로 업데이트함
if (len(buffer) > min_buffer_size) and (step_count % update_target_net == 0):
    target_model.set_weights(train_model.get_weights())

    tf.summary.scalar('loss', np.mean(error), step_count)
    tf.summary.scalar('reward', np.mean(g_rew), step_count)
    file_writer.flush()
```

에포크가 종료되면 환경을 재설정하고 게임의 총 보상은 batch_rew에 추가하며 해당 값은 0으로 설정한다. 또한 모든 test_frequency 에포크, 에이전트는 10회 게임에 대해 테스트하며 통계 값은 file_writer에 추가한다. 교육이 끝나면 환경과 writer는 close한다. 해당 코드는 다음과 같다.

DQN_Atari.py

```python
    # 환경이 종료된 경우 환경을 초기화(reset)하고 해당 파라미터를 초기화함
    if done:
        obs = env.reset()
        batch_rew.append(g_rew)
        g_rew, render_the_game = 0, False

# 테스트 실행: test_frequency 에피소드별로 에이전트를 테스트하고 해당 결과를 텐서보드에 출력함
```

```
if ep % test_frequency == 0:
    # Test the agent to 10 games
    test_rw = test_agent(env_test, agent_op, num_games=10)

    # Run the test stats and add them to the file_writer
    # 텐서보드에 관련 정보를 출력하기
    tf.summary.scalar('test_rew', np.mean(test_rw), step_count)
    file_writer.flush()

    # 유의미한 통계 값을 출력한다.
    ep_sec_time = int((current_milli_time()-ep_time) / 1000)
    print('Ep:%4d Rew:%4.2f, Eps:%2.2f -- Step:%5d -- Test:%4.2f %4.2f -- Time:%d --
Ep_Steps:%d' %
                (ep, np.mean(batch_rew), eps, step_count, np.mean(test_rw),
np.std(test_rw), ep_sec_time, (step_count-old_step_count)/test_frequency))

    ep_time = current_milli_time()
    batch_rew = []
    old_step_count = step_count

if ep % render_cycle == 0:
    render_the_game = False
env.close()
```

모든 설명이 끝났다. Gym 환경 이름과 모든 하이퍼 파라미터를 이용해 DQN 함수를 호출할 수 있다.

DQN_Atari.py

```
if __name__ == '__main__':
    DQN('PongNoFrameskip-v4', hidden_sizes=[128],
        lr=2e-4, buffer_size=100000,
        update_target_net=1000, batch_size=32,
        update_freq=2, frames_num=2,
        min_buffer_size=10000, render_cycle=10000)
```

결과를 리포트하기 전에 여기서 사용한 환경은 Pong-V0의 디폴트 버전이 아니라 변경한 버전이라는 것을 알아야 한다. 변경 버전을 사용한 이유는 정규 버전에서 각각의 행동이 2, 3, 4회 실행됐기 때문이다. 여기서 이 횟수는 균일하게 샘플링해 실행한다. 하지만 고정 횟수를 생략하기 위해 내장 생략 피처인 NoFrameskip 없이 이 버전에 적합시키고^{fit} MaxAndskipEnv 래퍼를 추가했다.

결과

강화학습 알고리듬의 진행 과정을 평가하는 작업은 매우 어려운 일이다. 이 작업을 실행하는 가장 명확한 방법은 최종 목표 값을 추적하는 것으로 에포크 동안 누적 총 보상을 모니터링하는 것이다. 총 보상은 훌륭한 평가 값이지만 평균보상으로 훈련시킨다면 가중치의 변경 값 때문에 노이즈가 발생할 수 있다. 이 노이즈는 방문한 상태 분포의 큰 변화 값이다.

이러한 이유로 20회 훈련 에포크마다 10회 테스트 게임을 대상으로 알고리듬을 평가했고 게임 전반에 걸쳐 누적한 디스카운트하지 않은 총 보상의 평균을 추적했다. 또한 환경이 결정론적인 것을 고려해 ϵ-탐욕 폴리시($\epsilon=0.05$)에 대해 에이전트를 테스트해 더 강건한 평가를 했다. 스칼라 서머리는 test_rew로 호출한다. 텐서보드에서 test_rew를 보려면 로그를 저장한 폴더에 접근해 다음 명령을 실행하면 된다.

```
tensorboard --logdir
```

결과 그래프는 다음과 같으며 그래프의 x축은 스텝 횟수다. 250,000 스텝에서 선형적으로 증가하기 시작해 300,000 스텝에서 상승을 보이며 스코어 19 근처에 도달한 후 안정되는 경향을 보인다.

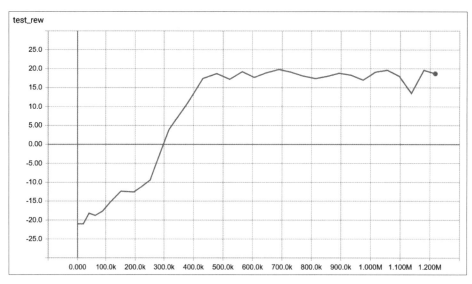

그림 5.4 10회 게임에 대한 평균 총 보상. x축은 스텝 횟수다.

퐁pong은 비교적 간단하게 마스터할 수 있는 게임이다. 실제로 알고리듬을 약 110만 회 훈련시켰으며 DQN 논문에서는 모든 알고리듬을 2억 회 훈련시켰다.

알고리듬을 평가하는 다른 방법은 추정 행동-가치를 이용하는 것이다. 실제로 추정 행동-가치는 상태-행동 쌍의 품질을 측정하므로 매우 중요한 평가 항목이다. 불행하게도 몇 가지 알고리듬은 Q-값을 과대평가overestimate하는 경향이 있어 이 옵션이 최적의 평가 항목인 것은 아니다. 그럼에도 불구하고 훈련 기간 동안 Q-값을 추적해봤고 그래프는 다음과 같다. 예상대로 Q-값은 이전 그래프와 유사하게 훈련 전반에 걸쳐 증가한다.

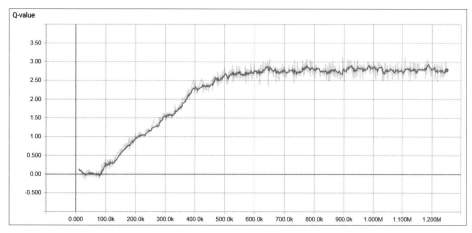

그림 5.5 Q-값 추정 훈련 그래프. x축은 스텝 횟수다.

또 다른 중요한 그래프는 다음과 같이 스텝 횟수에 따른 손실함수다. 즉 훈련 횟수에 대한 손실함수다. 목표 값이 학습하려는 정답Ground Truth은 아니므로 지도학습에서만큼 유용하지는 않다. 하지만 항상 모델 품질에 대한 유의미한 정보를 제공한다.

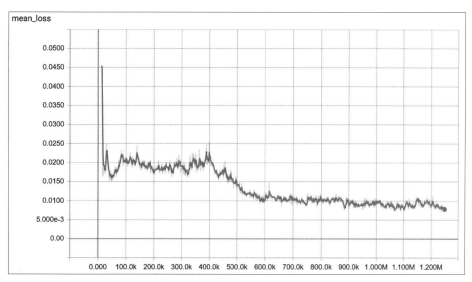

그림 5.6 손실함수 그래프

▌ DQN 개선 알고리듬

DQN의 뛰어난 성능으로 인해 많은 연구원이 DQN을 연구하고 안정성, 효율성, 성능을 향상시키기 위해 통합 사항과 변경 사항을 생각해냈다. 이번 절에서는 이러한 개선 알고리듬 중 세 가지에 대한 아이디어와 솔루션을 설명하고 구현해보겠다.

첫 번째는 DDQNDouble DQN으로 DQN 알고리듬에서 언급한 과대 추정 문제를 해결한 알고리듬이다. 두 번째는 Dueling DQN으로 Q-값 함수Q-value function를 상태 가치함수state value function와 행동-상태 어드밴티지 가치함수action-state advantage value function로 분리하는decouple 알고리듬이다. 세 번째는 n-step DQN으로 시간차temporal difference 알고리듬에서 사용한 아이디어로 원-스텝 러닝과 MC 러닝 사이의 스텝 길이를 구분하는 알고리듬이다.

Double DQN

Q-러닝 알고리듬에서 Q-값의 과대평가는 널리 알려진 문제다. 이 문제의 원인은 실제 최대 추정 값을 과대평가하는 max 연산자다. 이 문제를 이해하기 위해 다음 그림과 같이 평균이 0이지만 분산이 0이 아닌 노이즈가 있는 추정치를 가정해보자. 점근적[4]으로 평균 값은 0이지만 max 함수는 항상 0보다 큰 값을 리턴한다.

---

4 데이터가 많아질수록 – 옮긴이

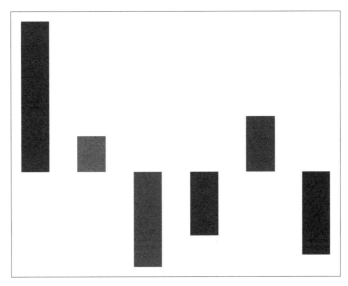

그림 5.7 평균이 0인 정규분포에서 추출한 6개 샘플 값

Q-러닝에서 과대평가^{over-estimation}는 상대적으로 높은 값이 균일하게 분포한다면^{uniformly} ^{distributed} 실제로 큰 문제가 되지는 않는다. 하지만 평가 값의 분포가 균일하지 않고 상태와 행동에 따라 다르다면 과대평가는 DQN 알고리듬에 안 좋은 영향을 미치며 폴리시의 성능을 나쁘게 한다.

이 문제를 해결하기 위해 논문 「Deep Reinforcement Learning with Double Q-learning」에서 저자는 두 가지 추정기(신경망)를 사용할 것을 제안했다. 첫 번째는 ε-탐욕 기반 행동 선택을 위한 신경망이고 두 번째는 ε-탐욕 폴리시 자체를 평가하기 위해 Q-값을 추정하는 신경망이다. 하지만 논문에서는 2개의 다른 신경망을 사용하고 복잡도를 증가시키는 대신 온라인 네트워크^{online network}를 사용해 max 연산에 가장 적합한 행동을 선택하고 타깃 네트워크^{target network}를 사용해 Q-값을 계산할 것을 제안했다. 이 방법을 사용하면 표준 Q-러닝에서 목표 값 y는 다음과 같이 변경된다.

$$y = r + \gamma max_{a'} \hat{Q}_{\theta'}(\phi', a') = r + \gamma \hat{Q}_{\theta'}(\phi', argmax_{a'} \hat{Q}_{\theta'}(s', a'))$$

정리하면 다음과 같다.

$$y = r + \gamma \hat{Q}_{\theta'}(\phi', argmax_{a'} Q_{\theta}(s', a')) \quad (5.7)$$

이렇게 분리한decouple 버전은 과대평가over-estimation 문제를 크게 완화시키고 알고리듬의 안정성을 개선시켜 준다.

DDQN 구현

구현 관점에서 DDQN 구현은 훈련training 단계만 변경하면 된다. DDQN 구현에서 다음 코드만 바꾸면 된다.

DQN_variations_Atari.py

```
next_states = mb_obs2.reshape(batch_size, obs_dim[0], obs_dim[1], obs_dim[2])
target_q = target_model(tf.convert_to_tensor(next_states, dtype=tf.float32))
```

위 코드를 다음 코드로 대체한다.

DQN_variations_Atari.py

```
next_states = mb_obs2.reshape(batch_size, obs_dim[0], obs_dim[1], obs_dim[2])
target_q = target_model(tf.convert_to_tensor(next_states, dtype=tf.float32))
online_q = train_model(tf.convert_to_tensor(next_states, dtype=tf.float32))
```

여기서 double_q_target_values는 미니 배치의 각 전이에 대해 (5.7) 식을 계산하는 함수다.

결과

실제로 DQN이 DDQN과 관련해 Q-값을 과대평가하는지 확인하기 위해 다음 그래프에 Q-값 그래프를 표시해봤다. 두 알고리듬을 직접 비교할 수 있도록 DQN(주황색 선) 결과도 포함했다.

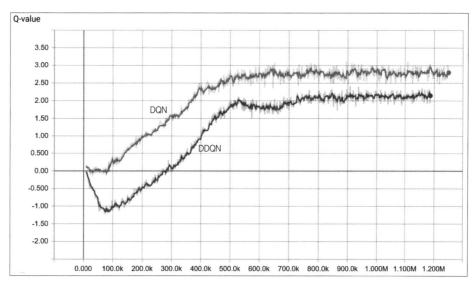

그림 5.8 추정한 훈련 Q 값 그래프. DDQN 값은 파란색이고 DQN 값은 주황색으로 표시했다. x축은 스텝 횟수다.

테스트 게임의 평균보상으로 표시한 DDQN과 DQN의 성능은 다음과 같다.

 5장에서 언급한 모든 컬러 자료는 다음 사이트를 참조하길 바란다.

http://www.packtpub.com/sites/default/files/downloads/97817891311116_ColorImages.pdf

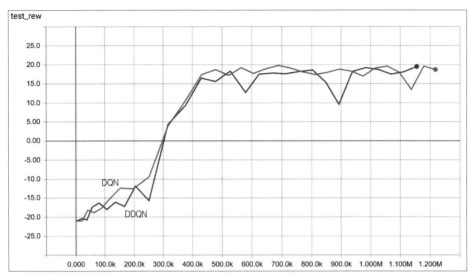

그림 5.9 평균 테스트 보상 그래프. x축은 스텝 횟수다.

예상한 대로 DQN보다 DDQN에서 항상 Q 값이 작다. 즉 DQN은 실제로 해당 가치를 과대평가했다는 것을 알 수 있다. 그럼에도 불구하고 테스트 게임의 성능에는 영향을 미치지 않아 보이며 이러한 사실에 근거하면 과대평가는 알고리듬의 성능을 손상시키지 않는 것으로 보인다. 하지만 위의 결과는 퐁Pong에 한정해 알고리듬을 테스트한 것임을 기억하길 바란다. 단일 환경만으로 알고리듬을 평가하면 안 된다. 실제로 논문에서 저자는 57개 ALE 게임에 적용해본 결과 DDQN이 가치를 정확하게 추정할 뿐만 아니라 여러 게임에서 더 높은 점수를 얻었다고 말했다.

DQN 듀얼링하기

논문 「Dueling Network Architectures for Deep Reinforcement Learning」(https://arxiv.org/abs/1511.06581)에서는 2개의 개별 추정기가 있는 하나의 새로운 신경망 아키텍처를 제안했다. 하나는 상태 가치함수state value function이고 또 하나는 상태−행동 어드밴티지 가치함수state-action advantage value function다.

어드밴티지 함수는 강화학습의 모든 영역에서 사용되며 다음과 같이 정의한다.

$$A(s, a) = Q(s, a) - V(s)$$

어드밴티지 함수는 주어진 상태 s에서 평균행동과 비교해 행동 a의 개선 정도를 알려준다.

따라서 $A(s, a)$가 양의 값을 갖는다면 행동 a는 상태 s에서 평균행동보다 좋다는 것을 의미한다. 반대로 $A(s, a)$가 음의 값을 갖는다면 행동 a는 상태 s에서 평균행동보다 나쁘다는 것을 의미한다.

따라서 가치함수와 어드밴티지 함수를 개별적으로 추정하면 Q-함수를 다음과 같이 재구성할 수 있다.

$$Q(s, a) = V(s) + A(s, a) - \frac{1}{|A|} \sum_{a'} A(s, a') \quad \text{(5.8)}$$

(5.8) 식에서는 DQN의 안정성을 높이기 위해 어드밴티지의 평균을 추가했다.

Dueling DQN의 아키텍처는 두 가지 헤드(스트림)로 구성돼 있다. 하나는 가치함수용이고 또 하나는 어드밴티지 함수용이다. 모두 공통 컨볼루션 모듈을 공유한다. 논문의 저자는 이 아키텍처가 어떠한 상태에서 개별 행동의 절대가치를 학습할 필요 없이 어떠한 상태가 가치가 있는지 학습할 수 있다고 말했다. 저자는 아타리 게임에서 듀얼링 DQN 아키텍처를 테스트한 결과 전반적인 성능 개선효과를 얻었다고 했다.

듀얼링 DQN 구현

이 아키텍처와 (5.8) 식의 장점 중 하나는 기본 강화학습 알고리듬에 아무 변경도 가하지 않았다는 점이다. 유일하게 Q-네트워크 구성만 변경했다. 따라서 `qnet`을 `dueling_qnet` 함수로 대체해 다음과 같이 구현할 수 있다.

```
def dueling_qnet(x, hidden_layers, output_size, activation=tf.nn.relu, last_activation=
None):
    '''
    Dueling neural network
    '''
    inputs = x
    x = cnn(inputs)
    x = Flatten()(x)
    qf = fnn(x, hidden_layers, 1, activation, last_activation)
    aaqf = fnn(x, hidden_layers, output_size, activation, last_activation)
    outputs = qf + aaqf - tf.reduce_mean(aaqf)
    model = Model(inputs, outputs)
    return model
```

2개의 순방향 신경망이 만들어졌다. 하나는 출력 값이 한 개인 신경망이고 또 하나는 출력 값이 에이전트의 행동 수와 같은 신경망이다(상태에 따른 행동 어드밴티지 함수를 위해 출력 값 수가 많다).

마지막 행은 (5.8) 식의 결과를 반환한다.

결과

다음 그림과 같이 테스트 보상의 결과는 양호하며 듀얼링 아키텍처를 사용하는 것이 의미가 있다는 것을 알 수 있다.

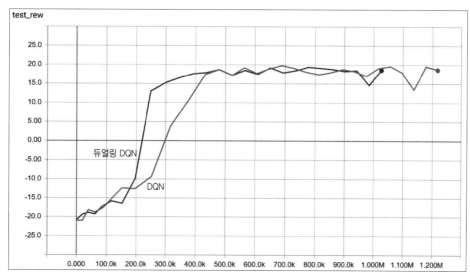

그림 5.10 테스트 보상 그래프. x축은 스텝 횟수다.

N-스텝 DQN

n-스텝 DQN의 기본 개념은 오래됐고 TD^{Temporal Difference} 학습과 몬테카를로 학습 사이의
변경 과정에서 비롯됐다. 4장, 'Q-러닝과 SARSA 애플리케이션'에서 설명한 TD와 몬테
카를로 학습 알고리듬은 학습 특성상 서로 상반된 위치다. 즉 TD 학습은 1개의 스텝^{single}
^{step}부터 배우는 반면 MC는 완전한 궤도^{complete trajectory}를 통해 학습한다. TD 학습은 작은
분산에 비해 높은 편향[5]을 보여주지만 MC는 높은 분산[6]에 비해 작은 편향^{bias}을 보여준다.
이러한 분산-바이어스 문제는 n-스텝 리턴을 사용해 균형을 맞출 수 있다. n-스텝 리턴
은 n 스텝 후 계산된 리턴 값이다. TD 학습은 0-스텝 리턴으로 볼 수 있고 MC는 ∞-스
텝 리턴으로 볼 수 있다.

---

5 실제 값과 예측 값의 차이 – 옮긴이
6 예측 값과 예측 값들 평균의 차이 – 옮긴이

n−스텝 리턴을 통해 목표 값을 다음과 같이 업데이트할 수 있다. (5.3) 식과 비교해보길 바란다.

$$y_t = \sum_{t'=t}^{t'+N-1} r_{t'} + \gamma^N max_{a'_{t+N}} \hat{Q}_{\theta'}(s'_{t+N}, a'_{t+N}) \quad (5.9)$$

N은 스텝 횟수다.

n−스텝 리턴은 n 스텝을 내다보는 것과 같지만 실제로는 미래를 들여다보는 것이 불가능하므로 반대로 n−스텝 이전의 y 값을 계산해 수행한다. 이것은 오직 시간 t+n에만 이용할 수 있는 가치로 이어져 학습 과정을 지연시킨다.

이 접근법의 가장 큰 장점은 목표 값이 덜 편향돼 학습 속도가 빨라질 수 있다는 것이다. 이러한 식으로 계산된 목표 값은 정확하지만 학습이 온−폴리시일 때(DQN은 오프−폴리시다)만 해당한다는 점이 중요하다. (5.9) 식은 다음 n−스텝에 대해 에이전트가 따를 폴리시가 경험을 수집한 폴리시와 동일하다고 가정하기 때문이다. 오프 폴리시인 경우 대응할 몇 가지 방법이 있지만 일반적으로 실행하기 복잡하며 일반적인 최선의 방법은 n 값만 작게 유지하고 문제를 무시하는 것이다.

구현

n−스텝 DQN을 구현하려면 버퍼의 몇 가지만 변경하면 된다. 버퍼에서 샘플링할 때 n−스텝 보상, n−스텝 이후 상태, n−스텝 done 플래그를 반환해야 한다. 이 내용은 간단하고 깃허브에서 코드를 참조할 수 있어 구현 내용을 언급하지는 않겠다. n−스텝 리턴을 지원하는 코드는 `MultiStepExperienceBuffer` 클래스에 있다.

결과

DQN 같은 오프 폴리시 알고리듬의 경우 n−스텝 학습은 n 값이 작을 때 잘 작동한다. DQN에서는 알고리듬이 2~4 사이의 n 값으로 잘 동작하는 것으로 나타나 다양한 아타리 게임에서 성능 향상을 보여준다.

다음 그래프에서 구현 결과를 볼 수 있다. DQN을 3-스텝 리턴으로 테스트했다. 그 결과 보상이 증가하려면 DQN보다 시간이 더 필요하다는 것을 알 수 있다. 이후 학습곡선은 더 가파르지만 DQN과 학습곡선은 전반적으로 유사하다.

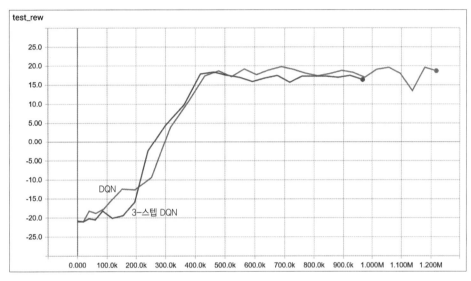

그림 5.11 평균 테스트 총 보상 그래프. x축은 스텝 횟수다.

▌ 요약

5장에서는 강화학습 알고리듬을 더 자세하게 알아봤고 다양한 문제에 강화학습을 적용하기 위해 함수 근사기와 결합하는 방법을 말했다. 구체적으로 Q-러닝에서 함수 근사와 심층신경망을 어떻게 사용하는지와 그로 인해 발생하는 불안정성을 설명했다. 실제로 Q-러닝과 심층신경망을 결합하려면 개선이 필요하다고 설명했다.

Q-러닝과 결합해 심층신경망을 사용할 수 있었던 최초의 알고리듬은 DQN이었다. 이 알고리듬은 두 가지 핵심 요소를 통합해 학습 안정화와 아타리 2600 게임 같은 복잡한 작업을 제어할 수 있었다. 사용한 두 가지 핵심 요소는 기존 경험을 저장하는 데 사용한 리플레이 버퍼replay buffer와 온라인 네트워크online network보다 업데이트 빈도가 낮은 별도의 타깃 네트워크target network다. 리플레이 버퍼는 서로 다른 폴리시(이전 폴리시) 경험에서 배울 수 있도록 Q-러닝의 오프 폴리시 기능을 사용한다. 또한 큰 데이터 풀pool로부터 많은 i.i.d 미니 배치를 샘플링해 확률적 그래디언트 하강SGD, Stochastic Gradient Descent을 실행한다. 타깃 네트워크는 타깃 가치를 안정시키고 비정상 문제non-stationarity problem를 줄이는 데 사용한다.

DQN 이론을 설명한 후 이를 구현하고 아타리 게임인 퐁에서 테스트했다. 또한 전 처리 파이프라인과 래퍼 같은 알고리듬의 더 실용적인 측면을 살펴봤다. DQN이 발표된 후 여러 개선 알고리듬이 발표돼 강화학습의 불안정성을 해결하고자 했다. 여러 개선 알고리듬 중 세 가지 방법인 Double DQN, Dueling DQN, n-step DQN을 알아보고 구현해 봤다. 5장에서는 이 알고리듬을 아타리 게임에만 적용해봤지만 실제로 현실 문제에서 많이 사용되고 있다.

6장에서는 폴리시 그래디언트 알고리듬이라는 다른 유형의 딥 강화학습 알고리듬을 소개한다. 이 알고리듬은 온-폴리시on-policy이며 규모가 더 큰 문제에 대한 적용 가능성을 넓히는 매우 중요하고 고유한 특성이 있다.

▌ 질문

1. 치명적인 세 가지 문제의 원인은 무엇인가?
2. DQN은 불안정성을 어떻게 극복했는가?
3. 움직이는 타깃 문제moving target problem란 무엇인가?
4. DQN에서는 움직이는 타깃 문제를 어떻게 완화시켰는가?

5. DQN에서 사용된 최적화 과정은 무엇인가?

6. 상태-행동 어드밴티지^{state-action advantage} 가치함수란 무엇인가?

▍ 심화학습 자료

- OpenAI Gym 래퍼^{wrapper}에 대한 튜토리얼은 다음 논문을 참조하길 바란다.
  https://hub.packtpub.com/openai-gym-environments-wrappers-and-monitors-tutorial/
- Rainbow 논문 원본은 다음 사이트를 참조한다.
  https://arxiv.org/abs/1710.02298

확률 기반 PG 최적화 학습

지금까지 가치 기반 강화학습 알고리듬을 배우고 구현해봤다. 이 알고리듬은 좋은 폴리시를 찾기 위해 가치함수를 학습한다. 가치 기반 강화학습은 우수한 성능에도 불구하고 연속 행동이 필요한 작업을 학습하기 어렵고 폴리시를 개선하는 스텝에서 행동 공간에 대한 전체 탐색이 필요한데 이러한 경우 '차원의 저주curse of dimensionality'가 발생하므로 현실에 적용하기 어렵다. 6장에서는 가치 기반 강화학습의 한계를 극복하기 위해 새로운 관점에서 강화학습 문제에 접근하는 알고리듬인 폴리시 그래디언트 메서드Policy Gradient Method를 소개하겠다.

폴리시 그래디언트 메서드는 가치함수value function에 의존하는 대신 파라미터화된 폴리시parametrized policy에 기반해 행동을 선택한다. 6장에서는 폴리시 그래디언트 메서드 이론과 아이디어를 자세하게 설명하고 REINFORCE라는 가장 기본적인 폴리시 그래디언트 알고리듬을 개발해보겠다.

REINFORCE는 구조가 간단한 대신 단점이 있다. 하지만 이러한 단점은 적은 노력으로 극복할 수 있다. 이 책에서는 REINFORCE의 두 가지 개선 방법으로 베이스라인baseline이 있는 REINFORCE와 액터-크리틱AC, Actor-Critic 모델을 설명하겠다.

6장에서는 다음 내용을 다룬다.

- 폴리시 그래디언트 메서드
- REINFORCE 알고리듬
- 베이스라인이 있는 REINFORCE
- AC 알고리듬 학습시키기

▌ 폴리시 그래디언트 메서드

지금까지 배우고 개발한 알고리듬은 가치 기반value-based이며 핵심은 상태-가치함수 $V(s)$ 나 행동-가치함수 $Q(s, a)$를 학습하는 알고리듬이다. 가치함수value function는 주어진 상태나 상태-행동 쌍state-action pair으로부터 누적할 수 있는 총 보상을 정의한 함수다. 행동은 추정한 행동(또는 상태) 가치에 따라 선택할 수 있다.

따라서 탐욕 폴리시greedy policy는 다음과 같이 정의한다.

$$\pi(s) = argmax_a Q(s, a)$$

가치-기반 메서드에서 심층신경망을 사용하면 고차원 공간에서 작동하는 에이전트를 제어할 수 있는 수준의 정교한 폴리시를 학습할 수 있다. 이렇게 뛰어난 학습 능력에도 불구하고 가치-기반 메서드는 많은 행동action이 있는 문제나 행동 공간 형태가 연속적인 문제는 학습하기 어렵다.

이러한 경우 연속적인 액션을 최대한 많이 구분해 이산형 형태의 문제로 변경해 해결할 수 있지만 매우 많은 자원이 필요한 문제가 발생해 대응하기가 쉽지 않다. 반면 폴리시 그래디언트PG 알고리듬은 연속 행동 공간에 쉽게 적용할 수 있어 상대적으로 우수한 성능을 보여준다.

PG 메서드는 진화 전략evolution strategies을 포함한 폴리시 기반 메서드 중 하나다. 진화 전략은 11장, '블랙박스 최적화 알고리듬의 이해'에서 설명하겠다. PG 알고리듬은 폴리시의 그래디언트를 사용하므로 폴리시 그래디언트policy gradient라고 한다.

3장, '동적 프로그래밍을 이용해 문제 해결하기'에서 언급한 것과 관련해 더 간결한 강화학습 알고리듬은 다음과 같이 구분할 수 있다.

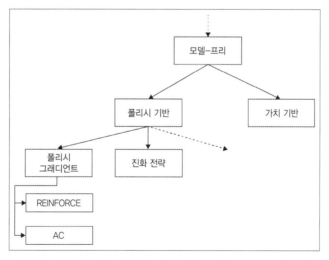

폴리시 그래디언트 메서드의 예제는 다음 절에서 소개할 REINFORCE와 AC다.

폴리시의 그래디언트

강화학습의 목적은 궤도^{trajectory}의 예상 리턴 값(디스카운트 또는 디스카운트하지 않은 총 보상)을 최대화하는 것이다. 목적함수는 다음과 같이 표현할 수 있다.

$$J(\theta) = E_{\tau \sim \pi_\theta}[R(\tau)] \qquad (6.1)$$

(6.1) 식에서 θ는 심층신경망에서 훈련 가능한 변수(가중치)에 해당하는 폴리시 파라미터다.

폴리시 그래디언트^{PG, Policy Gradient} 메서드에서 목적함수를 최대화하려면 목적함수의 그래디언트인 $\nabla_\theta J(\theta)$를 이용한다. 그래디언트 상승^{Gradient ascent}을 이용해 목적함수가 증가하는 방향의 그래디언트^{Gradient}로 파라미터 θ를 변경해 $J(\theta)$를 개선할 수 있다.

 목적함수(6.1)를 최대화하는 것이 목표이므로 그래디언트와 동일한 방향을 취해야 한다.

목적함수의 최대값을 찾으면 이때 해당 폴리시인 π_θ는 가장 큰 리턴 값을 갖는 궤도 trajectories를 만들 것이다. 직관적으로 보면 폴리시 그래디언트는 확률을 이용해 좋은 폴리시는 장려하고 나쁜 폴리시는 억제해 문제를 해결한다.

(6.1) 식을 이용해 목적함수의 그래디언트를 다음과 같이 정의할 수 있다.

$$\nabla_\theta J(\theta) = \nabla_\theta E_{\tau \sim \pi_\theta}[R(\tau)] \qquad (6.2)$$

5장에서 설명한 개념과 관련해 폴리시 그래디언트 메서드에서 폴리시 평가는 리턴 값 R의 추정이고 폴리시 개선은 파라미터 θ의 최적화라고 할 수 있다. 따라서 그래디언트 메서드는 폴리시를 개선하기 위해 폴리시 평가와 폴리시 개선 두 단계를 함께 진행해야 한다.

폴리시 그래디언트 정리

(6.2) 식을 전개한 (6.3) 식에 의하면 폴리시 상태의 분포인 d(s)에 따라 목적함수의 그래디언트가 달라지므로 초기 값 문제[1]가 발생한다.

$$\nabla_\theta J(\theta) = \nabla_\theta E_{\tau \sim \pi_\theta}[R(\tau)] = \nabla_\theta \sum_s d(s) \sum_a \pi_\theta(a|s)R(s,a) \qquad (6.3)$$

(6.3) 식에서 $\sum_s d_\pi(s) \sum_a \pi_\theta(a|s)$는 에이전트가 어떠한 상태(s)에서 행동(a)을 하게 될 확률을 의미한다. 또한 (6.3) 식은 가능한 모든 상태에 대해 각 상태(s)에서 특정 행동(a)을 했을 때 얻게 될 리턴 값(R(s, a))의 기대 값을 θ로 미분한 값을 의미한다. 따라서 에이전트가 에피소드 동안 내릴 선택에 대한 좋고 나쁨의 지표가 된다고 할 수 있다. 이 값을 계산하기 위해 기대 값expectation의 확률적 근사stochastic approximation를 사용하겠지만 상태 분포인 $d(s)$[2]를 계산하려면 아직도 환경에 대한 완전한 모델complete model이 필요하므로 $d(s)$를 알아내기 어렵다. 따라서 이 문제를 해결하기 위해 트릭을 사용해 $d(s)$를 알지 못하더라도 (6.3) 식을 계산할 수 있어야 한다.

이 문제를 해결하려면 '폴리시 그래디언트 정리policy gradient theorem'를 사용해야 한다. 이 정리의 목적은 상태 분포인 $d(s)$의 미분을 포함하지 않고 폴리시 파라미터인 θ에 대한 목적함수의 그래디언트 계산식으로 정리하는 것이다. 폴리시 그래디언트 정리를 이용하면 목적함수의 그래디언트는 다음과 같이 정리할 수 있다.

$$\nabla_\theta J(\theta) = E_{\tau \sim \pi_\theta}[\nabla_\theta log\, \pi_\theta(\tau)\, R(\tau)] = E_{\pi_\theta}[\nabla_\theta log\, \pi_\theta(a|s)\, Q_{\pi_\theta}(s,a)] \qquad (6.4)$$

폴리시 그래디언트 정리의 증명은 이 책에서 설명하지 않겠다. 하지만 상세하게 알고 싶다면 서튼Sutton과 바토Barto의 저서(http://incompleteideas.net/book/the-book-2nd.html)나

---

1 폴리시 확률이 안정적인 분포(Stationary Distribution)에 도달하려면 번인 구간(burn-in period)을 거쳐야 하는데 번인 구간에서 초기 값의 영향을 많이 받는 것을 말한다. – 옮긴이

2 에이전트가 s라는 상태에 있을 확률이다. 상태 분포(state distribution)라고도 한다. d는 distribution의 앞 글자다. 전반적으로 폴리시에 따라 에이전트가 각 상태에 있을 확률이 달라진다. – 옮긴이

인터넷에 올라와 있는 자료를 참조하길 바란다.

폴리시 그래디언트 정리를 이용하면 목적함수 미분식에서 상태 분포의 미분 항을 포함하지 않게 되므로 (6.5) 식과 같이 해당 폴리시를 따르는 샘플을 추출해 기대 값을 계산한 결과를 이용해 목적함수의 그래디언트를 근사할 수 있다. 결국 에이전트가 폴리시 신경망을 업데이트하려면 다음 식을 사용해야 한다.

$$\nabla_\theta J(\theta) \approx \frac{1}{N} \sum_{i=0}^{N} [\nabla_\theta log\, \pi_\theta(a_i|s_i)\, Q_{\pi_\theta}(s_i, a_i)] \qquad (6.5)$$

(6.5) 식을 사용해 그래디언트 상승$^{\text{gradient ascent}}$에 의한 확률적 업데이트 (6.5$a$) 식을 만들 수 있다. 이 식을 사용하면 폴리시 그래디언트로 폴리시를 업데이트할 수 있다.

$$\theta = \theta + \alpha \nabla_\theta J(\theta) \qquad (6.5a)$$

위 식의 목표는 목적함수를 최대화하는 것이므로 그래디언트와 같은 방향으로 파라미터를 움직이기 위해 (6.5a) 식과 같이 그래디언트 상승을 이용한다(그래디언트 하강을 이용하는 경우인 $\theta = \theta - \alpha \nabla_\theta L(\theta)$와 반대 방향이다).

(6.5) 식은 좋은 행동이 미래에 다시 제안될 확률을 높이고 나쁜 행동이 제안될 확률은 줄이는 것이다. 이를 위해 행동에 품질 개념을 도입해 상태(s)–행동(a)을 입력 값으로 하는 스칼라 값인 $Q_{\pi_\theta}(s_i, a_i)$을 계산한다.

그래디언트 계산하기

폴리시가 미분 가능하다면 미분 연산을 실행하는 소프트웨어를 사용해 그래디언트를 계산할 수 있다. 이를 위해 텐서플로우 2.X에서는 자동 미분 연산을 위한 tf.GradientTape API와 오차 역전파 연산을 위한 optimizers.apply_gradients API를 제공한다.

tf.GradientTape는 컨텍스트 안에서 실행된 모든 연산을 테이프tape에 기록한 후 후진 방식 자동 미분reverse mode differentiation을 통해 기록된 연산의 그래디언트를 계산한다. optimizers. apply_gradients API는 오차 역전파를 실행하기 위해 계산된 그래디언트를 이용해 신경망의 가중치weight를 업데이트한다.

실제로 tape.gradient(p_loss, ac_variable)를 호출해 훈련 가능한 파라미터variables에 대한 손실함수loss function의 그래디언트를 계산하며 optimizers.apply_gradients를 이용해 오차 역전파를 실행해 신경망의 가중치를 업데이트하고 목적함수를 최적화한다.

다음 코드는 env.action_space.n 차원의 이산형 행동 공간 폴리시를 사용해 (6.5) 식의 추정 값을 계산하는 데 필요한 예제 코드다.

REINFORCE.py

```python
# 폴리시를 최적화한다.
# 훈련(미분) 대상 파라미터를 선정
ac_variable = p_logits_model.trainable_variables
with tf.GradientTape() as tape:
    # automatic differentiation에 대한 연산 내용을 기록함
    tape.watch(ac_variable)
    # p_loss
    actions_mask = tf.one_hot(act_batch, depth=act_dim)
    tmp_obs = tf.convert_to_tensor(obs_batch, dtype=tf.float32)
    p_logits = p_logits_model(tmp_obs)
    p_log = tf.reduce_sum(actions_mask * tf.nn.log_softmax(p_logits), axis=1)
    # entropy useful to study the algorithms
    entropy = -tf.reduce_mean(softmax_entropy(p_logits))
    p_loss = -tf.reduce_mean(p_log * ret_batch)
    old_p_loss = p_loss

# 대상 파라미터에 대해 p_loss의 그래디언트를 계산한다.
ac_grads = tape.gradient(p_loss, ac_variable)
# Adam을 이용해 가중치 역전파를 실행하고 p_loss를 최적화(최소화)한다.
p_opt.apply_gradients(zip(ac_grads, ac_variable))
```

이를 위해 텐서플로우에서 tape.gradient를 이용해 훈련 가능한 파라미터 ac_variables에 대한 손실함수(p_loss)의 그래디언트를 계산한 후 p_opt.apply_gradients를 이용해 손실함수(p_loss)를 최소화한다.

다음 코드는 env.action_space.n 차원의 이산형 행동 공간 폴리시를 사용해 (6.5) 식의 추정 값을 계산하는 데 필요한 예제 코드다.

REINFORCE.py

```
act_dim = env.action_space.n
...
actions_mask = tf.one_hot(act_batch, depth=act_dim)
tmp_obs = tf.convert_to_tensor(obs_batch, dtype=tf.float32)
p_logits = p_logits_model(tmp_obs)
p_log = tf.reduce_sum(actions_mask * tf.nn.log_softmax(p_logits), axis=1)

# 알고리듬을 연구하는 데 유용한 엔트로피
entropy = -tf.reduce_mean(softmax_entropy(p_logits))
p_loss = -tf.reduce_mean(p_log * ret_batch)
old_p_loss = p_loss

# 대상 파라미터에 대해 p_loss의 그래디언트를 계산한다.
ac_grads = tape.gradient(p_loss, ac_variable)
# Adam을 이용해 가중치 역전파를 실행하고 p_loss를 최적화(최소화)한다.
p_opt.apply_gradients(zip(ac_grads, ac_variable))
```

tf.one_hot은 행동 actions에 대한 원-핫 인코딩 연산을 실행한다. 즉 tf.one_hot은 행동 값을 1로 설정하고 나머지는 0으로 설정한 마스크mask(필터나 윈도우 또는 커널이라고 한다)를 생성한다.

다음으로 코드의 세 번째 행에서 행동 actions의 로그 확률 값을 계산하기 위해 원-핫 인코딩을 적용한 마스크에 행동 확률의 로그 값을 곱한다. 네 번째 행에서는 다음 손실함수 값을 계산한다.

$$\frac{1}{N} \sum_{i=0}^{N} [log\ \pi_\theta(a_i|s_i)\ Q_{\pi_\theta}(s_i, a_i)]$$

마지막으로 tape.gradient는 (6.5) 식에서와 같이 variables 파라미터에 대한 p_loss의 그래디언트를 계산했다.

폴리시

행동이 이산형이고 수적으로 제한된 경우 가장 일반적인 접근법은 각 행동에 대한 가치 값을 계산하는 파라미터화된 폴리시parametrized policy를 만드는 것이다.

 딥 Q-네트워크(Deep Q-Network) 알고리듬과 달리 여기서 폴리시의 출력 가치는 Q(s, a) 행동 가치(action values)가 아니다.

다음으로 각 출력 값을 확률로 변환한다. 확률 변환 작업은 다음과 같은 소프트맥스 함수를 이용해 실행한다.

$$\pi_\theta(a|s) = \frac{e^{z(s,a)}}{\sum_i e^{z(s,a_i)}}$$

소프트맥스softmax 값은 합이 1이 되도록 정규화하며 개별 값은 주어진 상태에서 특정 행동을 선택할 확률에 해당하는 확률분포를 만든다.

다음 2개 그래프는 5개의 행동-가치를 예측한 실행 예제다. 왼쪽 그래프가 소프트맥스 함수를 적용하기 전이고 오른쪽 그래프가 소프트맥스 함수를 적용한 후다. 실제로 오른쪽 그래프에 표시한 값의 합은 1이며 모든 값이 0보다 크다는 사실을 알 수 있다.

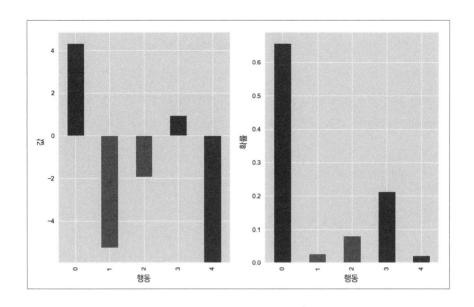

오른쪽 그래프는 행동 0, 1, 2, 3, 4가 약 0.64, 0.02, 0.09, 0.21, 0.02의 확률로 선택되는 것을 표시한 결과다.

파라미터화된 폴리시parametrized policy가 제공하는 행동가치에 대해 소프트맥스 분포를 사용하려면 다음 코드의 볼드체 부분만 변경한 후 그래디언트 계산 절에서 제공한 코드를 사용하면 된다.

REINFORCE.py

```
ac_variable = p_logits_model.trainable_variables
with tf.GradientTape() as tape:
    # automatic differentiation에 대한 연산 내용을 기록함
    tape.watch(ac_variable)
    # p_loss
    actions_mask = tf.one_hot(act_batch, depth=act_dim)
    tmp_obs = tf.convert_to_tensor(obs_batch, dtype=tf.float32)
    p_logits = p_logits_model(tmp_obs)
    p_log = tf.reduce_sum(actions_mask * tf.nn.log_softmax(p_logits), axis=1)
    # 알고리듬을 연구하는 데 유용한 엔트로피
    entropy = -tf.reduce_mean(softmax_entropy(p_logits))
```

```
    p_loss = -tf.reduce_mean(p_log * ret_batch)
    old_p_loss = p_loss

# 대상 파라미터에 대해 p_loss의 그래디언트를 계산한다.
ac_grads = tape.gradient(p_loss, ac_variable)
# Adam을 이용해 가중치 역전파를 실행하고 p_loss를 최적화(최소화)한다.
p_opt.apply_gradients(zip(ac_grads, ac_variable))
```

tf.nn.softmax를 호출한 후 tf.math.log를 호출하는 것보다 tf.nn.log_softmax가 더 안정적이어서 이 함수를 사용했다.

확률분포에 따라 행동을 선택한다면 확률 값에 따라 어느 정도 랜덤하게 행동을 선택할 수 있어 환경에 대한 동적 탐색exploration이 가능하다는 장점이 있다. 물론 결정론적 행동 선택이 아닌 확률론적 행동 선택으로 인한 부작용이 있지만 강화학습을 할 때 스스로 탐색 수준을 조정할 수 있는 폴리시를 만들어주므로 의미가 있다.

가치 기반 강화학습인 DQN의 경우 엡실론(ϵ) 소멸 방법을 이용해 전체 훈련 기간 동안 탐색 비율을 조정했다. 하지만 폴리시 기반 강화학습에서는 탐색 기능이 폴리시에 확률론적 행동 선택으로 내장돼 있으므로 추가로 탐색을 장려하려면 손실함수 관련 항(엔트로피)을 추가해야 한다.

온-폴리시 PG

폴리시 그래디언트 알고리듬의 핵심은 온-폴리시on-policy라는 점이다. 온-폴리시의 특성은 (6.4) 식과 같이 현행 폴리시에 의존한다는 것이다. DQN 같은 오프-폴리시 알고리듬과 달리 온-폴리시 알고리듬은 이전 경험old experiences을 재활용할 수 없다.

즉 폴리시가 바뀌면 이전 폴리시에서 수집한 모든 경험을 사용할 수 없다. 따라서 폴리시 그래디언트 알고리듬은 상대적으로 샘플효율성이 떨어지므로 오프 폴리시와 동일한 성능을 달성하기 위해 더 많은 경험을 축적해야 한다. 게다가 온-폴리시 방법은 오프-폴리시 방법보다 일반화 경향이 약간 떨어진다.

▌ REINFORCE 알고리듬 이해하기

6장 전반부에서 이미 폴리시 그래디언트 알고리듬policy gradient algorithms의 핵심을 다뤘지만 또 다른 중요한 개념인 행동-가치를 계산하는 방법을 알아둬야 한다.

(6.4) 식을 이용하면 π_θ 폴리시로 수집한 경험으로부터 직접 샘플링한 후 평균값을 계산해 목적함수의 그래디언트를 추정할 수 있다는 사실을 알고 있다.

$$\nabla_\theta J(\theta) = E_{\pi_\theta}[\nabla_\theta log\, \pi_\theta(a|s)\, Q_{\pi_\theta}(s,a)] \qquad (6.4)$$

(6.4) 식에 포함된 두 항terms은 폴리시 로그의 미분 값과 $Q_{\pi_\theta}(s,a)$의 값이며 딥 러닝 프레임워크(예: 텐서플로우나 파이토치 등)를 이용해 계산할 수 있다. 폴리시 π_θ는 이미 알아봤지만 행동-가치함수를 추정하는 방법은 아직 설명하지 않았다.

$$\nabla_\theta J(\theta) \approx \frac{1}{N} \sum_{i=0}^{N} [\nabla_\theta log\, \pi_\theta(a_i|s_i)\, Q_{\pi_\theta}(s_i,a_i)] \qquad (6.5)$$

윌리엄스Williams가 REINFORCE 알고리듬에서 처음 사용한 가장 간단한 방법은 몬테카를로Monte Carlo 리턴을 이용해 해당 리턴return 값을 추정하는 것이다. 이러한 이유로 REINFORCE는 MC 알고리듬으로 분류한다. 몬테카를로 리턴은 주어진 폴리시로 실행한 샘플 궤도의 리턴 값이다. 따라서 (6.4) 식에서 행동-가치함수 값(Q)을 MC 리턴 값(G)으로 변경할 수 있다(G는 리턴 값 또는 반환 값이라고 하며 Gain의 첫 글자로 표현한다).

$$\begin{aligned} \nabla_\theta J(\theta) &= E_{\pi_\theta}[\nabla_\theta log\, \pi_\theta(a|s)\, Q_{\pi_\theta}(s,a)] \\ &= E_{\pi_\theta}[\nabla_\theta log\, \pi_\theta(a_t|s_t)\, G_t] \end{aligned} \qquad (6.6)$$

리턴 값(G)은 에피소드 동안 지나온 모든 상태를 각각 계산한다. G_t 리턴은 하나의 완전한 궤도complete trajectory를 이용해 계산하므로 PG 업데이트는 $T-t$ 스텝 이후에만 가능하다. 여기서 T는 1개 궤도에서의 총 스텝 횟수다. 예를 들어 타임스텝 5까지 진행하고 에피소드가 끝났을 경우 $G_1=R_1+\gamma R_2+\gamma^2 R_3+\gamma^3 R_4$로 계산할 수 있다. 따라서 G_1 리턴은 5-1=4 스텝이 끝난 후에만 계산이 가능하다. 또 다른 결과는 MC 리턴이 최대 스텝 횟수에 대한 상한 값 upper bound이 있는 에피소드 문제 episodic problems에서만 잘 정의된다는 점이다. 이 점은 앞에서 배운 다른 MC 알고리듬에 대해서도 동일하다.

좀 더 실용적으로 만들기 위해 시간 t에서 감가율이 반영된 리턴 값 discounted return은 다음과 같이 정의할 수 있다. 이 리턴 값은 미래 보상만 사용하므로 앞으로 발생할 보상, 즉 미래 보상 reward to go이라고 한다.

$$G_t = \sum_{t'=t}^{T} \gamma^{t'-t} r(s_{t'}, a_{t'})$$

수식은 다음과 같이 정리할 수 있다.

$$G(s_t, a_t) = r(s_t, a_t) + \lambda G(s_{t+1}, a_{t+1})$$

이 함수는 다음과 같이 마지막 보상으로부터 역순으로 진행해 구현한다.

REINFORCE.py

```
def discounted_rewards(rews, gamma):
    '''
    디스카운트된 보상(reward)

    파라미터:
    ----------
    rews: 리워드 목록
    gamma: 디스카운트 값
    '''
    rtg = np.zeros_like(rews, dtype=np.float32)
    rtg[-1] = rews[-1]
    for i in reversed(range(len(rews)-1)):
        rtg[i] = rews[i] + gamma*rtg[i+1]
    return rtg
```

여기서는 우선 Numpy 배열인 rtg를 생성하고 마지막 보상 값인 rews[−1]을 rtg에 배정한다. 이 작업은 시간 T에서 $G(s_T, a_T) = r(s_T, a_T)$가 되도록 한다. 다음으로 후속 값^{subsequent value}을 이용해 rtg[i]를 역연산한다.

REINFORCE 알고리듬의 주요 사이클은 충분한 경험을 수집할 때까지 여러 에포크를 실행하고 폴리시 파라미터를 최적화하는 기능을 수행한다. 알고리듬이 더 효과가 있으려면 업데이트 단계를 실행하기 전에 적어도 1개 이상의 에포크를 완료해야 한다. 즉 미래 보상(G_t)을 계산하려면 적어도 1개 이상의 완전 궤도^{full trajectory}가 필요하다. REINFORCE의 의사코드는 다음과 같다.

Initialize π_θ with random weight

for episode 1..M **do**
    Initialize environment $s \leftarrow env.reset()$
    Initialize empty buffer

    › Generate a few episodes
    for step 1..MaxSteps **do**
        › Collect experience by acting on the environment
        $a \leftarrow \pi_\theta(s)$
        $s', r, d \leftarrow env(a)$
        $s \leftarrow s'$
        if $d == True$
            $s \leftarrow env.reset()$
            › Compute the reward to go
            $G(s_t, a_t) = r(s_t, a_t) + \lambda G(s_{t+1}, a_{t+1})$ # 개별 t에 대해 실행
            › Store the episode in the buffer
            $D \leftarrow D \cup (s_{1..T}, a_{1..T}, G_{1..T})$ # T는 에피소드의 길이다.
    › REINFORCE update step using all the experience in following formula (6.5)
$\theta \leftarrow \theta + \alpha \, \dfrac{1}{|D|} \sum_i [\nabla_\theta log \, \pi_\theta(a_i|s_i) \, G_i^{\pi_\theta}]$

REINFORCE 구현하기

이제 REINFORCE를 구현할 차례다. 여기서는 디버깅과 모니터링 절차 없이 알고리듬만 구현해보겠다. 전체 구현 내용은 깃허브를 참조하길 바란다.

코드는 메인 함수 3개와 클래스 1개로 구분할 수 있다.

- REINFORCE(env_name, hidden_sizes, lr, num_epochs, gamma, steps_per_epoch): 알고리듬의 주요 기능을 구현한 함수다.
- Buffer: 궤도trajectories 정보를 일시적으로 저장하는 데 사용하는 클래스다.
- mlp(x, hidden_layer, output_size, activation, last_activation): 텐서플로우에서 다층 퍼셉트론을 구현하는 데 사용하는 함수다.
- discounted_rewards(rews, gamma): 감가율이 반영된 보상을 계산하는 함수다.

우선 주요 REINFORCE 함수를 살펴본 후 보조함수와 클래스를 구현해보겠다.

REINFORCE 함수는 크게 두 부분으로 나눌 수 있다. 계산 그래프를 생성하는 부분과 수렴 기준을 만족할 때까지 환경을 실행하고 폴리시를 주기적으로 최적화하는 부분이다.

REINFORCE 함수는 환경의 이름을 env_name, 은닉층의 사이즈를 hidden_sizes, 학습률을 lr, 훈련 에포크 수를 num_epochs, 감가율을 gamma, 에포크별 스텝의 최소 횟수를 steps_per_epoch로 갖는 리스트를 입력 인자로 갖는다. REINFORCE의 앞부분은 다음과 같다.

REINFORCE.py

```
def REINFORCE(env_name, hidden_sizes=[32], lr=5e-3, num_epochs=50,
gamma=0.99, steps_per_epoch=100):
```

폴리시는 은닉층에 각 행동에 대한 출력과 tanh 활성화 함수를 갖는 완전하게 연결된fully connected 멀티-레이어 퍼셉트론multi-layer perceptron이다. 멀티-레이어 퍼셉트론의 출력은 로짓logit이라는 행동의 비정규화한 값unnormalized values이다. 다음으로 손실함수를 계산하는 기능과 폴리시를 최적화하는 기능을 만들 수 있다. 이 모든 기능은 다음 코드로 실행할 수 있다.

REINFORCE.py

```
def REINFORCE(env_name, hidden_sizes=[32], lr=5e-3, num_epochs=50, gamma=0.99, steps_
per_epoch=100):
    tf.keras.backend.clear_session()

    env = gym.make(env_name)
    obs_dim = env.observation_space.shape
    act_dim = env.action_space.n
    # policy
    x = Input([obs_dim[0]])
    p_logits_model = mlp(x, hidden_sizes, act_dim, activation=tf.tanh)
    p_opt = optimizers.Adam(lr=lr,)
```

다음 코드는 REINFORCE 업데이트의 구현 내용이다.

REINFORCE.py

```
# Optimize the policy
# 훈련(미분) 대상 파라미터를 선정
ac_variable = p_logits_model.trainable_variables
with tf.GradientTape() as tape:
    # automatic differentiation에 대한 연산 내용을 기록함
    tape.watch(ac_variable)
    # p_loss
    actions_mask = tf.one_hot(act_batch, depth=act_dim)
    tmp_obs = tf.convert_to_tensor(obs_batch, dtype=tf.float32)
    p_logits = p_logits_model(tmp_obs)
    p_log = tf.reduce_sum(actions_mask * tf.nn.log_softmax(p_logits), axis=1)
    # 알고듬 연구에 유의미한 엔트로피
    entropy = -tf.reduce_mean(softmax_entropy(p_logits))
    p_loss = -tf.reduce_mean(p_log * ret_batch)
    old_p_loss = p_loss

# 대상 파라미터에 대해 p_loss의 그래디언트를 계산한다.
```

```
ac_grads = tape.gradient(p_loss, ac_variable)
# Adam을 이용해 가중치 역전파를 실행하고 p_loss를 최적화(최소화)한다.
p_opt.apply_gradients(zip(ac_grads, ac_variable))
```

마스크^{mask}는 환경과 상호작용하는 동안 선택된 행동에 대해 생성되며 $log\,\pi_\theta(a|s)$를 얻기 위해 log_softmax와 곱연산을 한다. 다음으로 손실함수^{full loss function}를 계산한다. tf.reduce _sum 앞에 있는 마이너스 부호에 주의하자. 목적함수를 최대화해야 하므로 최소화해야 하는 손실함수 값에 마이너스 부호를 사용했다. 최소화 대상 함수가 필요하므로 손실함수 값(p_loss)을 인자로 전달했다. 마지막 행에서는 AdamOptimizer를 이용해 PG 손실함수를 최소화했다.

이제 전역 변수를 재설정하며 나중에 사용할 몇 가지 추가 변수를 초기화할 준비가 됐다.

```
# 적은 변수
step_count = 0
train_rewards = []
train_ep_len = []
```

다음으로 환경과 상호작용해 경험을 수집하고 폴리시를 최적화하며 몇 가지 통계 값을 출력할 내부 사이클을 만든다.

REINFORCE.py

```
# 메인 사이클
for ep in range(num_epochs):

    # 신규 에포크에 대한 환경을 초기화한다.
    obs = env.reset()

    # 신규 에포크에 대한 버퍼와 다른 변수를 초기화한다.
    buffer = Buffer(gamma)
    env_buf = []
    ep_rews = []
```

```python
while len(buffer) < steps_per_epoch:
    tmp_obs = tf.convert_to_tensor(obs.reshape(-1, obs_dim[0]), dtype=tf.float32)
    p_logits = p_logits_model(tmp_obs)
    act = tf.squeeze(tf.random.categorical(p_logits, 1))

    # 환경에서 1개의 스텝을 실행한다.
    obs2, rew, done, _ = env.step(np.squeeze(act))

    # 신규 트랜지션을 추가한다.
    env_buf.append([obs.copy(), rew, act])

    obs = obs2.copy()

    step_count += 1
    ep_rews.append(rew)

    if done:
        # 방금 완료한 궤도를 저장한다.
        buffer.store(np.array(env_buf))
        env_buf = []
        # 에피소드에 대한 추가 정보를 저장한다.
        train_rewards.append(np.sum(ep_rews))
        train_ep_len.append(len(ep_rews))
        # 환경을 리셋한다.
        obs = env.reset()
        ep_rews = []

# 에피소드의 정보를 수집한다.
obs_batch, act_batch, ret_batch = buffer.get_batch()

# Optimize the policy
# 훈련(미분) 대상 파라미터를 선정
ac_variable = p_logits_model.trainable_variables
with tf.GradientTape() as tape:
    # automatic differentiation에 대한 연산 내용을 기록함
    tape.watch(ac_variable)
    # p_loss
    actions_mask = tf.one_hot(act_batch, depth=act_dim)
```

```
        tmp_obs = tf.convert_to_tensor(obs_batch, dtype=tf.float32)
        p_logits = p_logits_model(tmp_obs)
        p_log = tf.reduce_sum(actions_mask * tf.nn.log_softmax(p_logits), axis=1)
        # entropy useful to study the algorithms
        entropy = -tf.reduce_mean(softmax_entropy(p_logits))
        p_loss = -tf.reduce_mean(p_log * ret_batch)
        old_p_loss = p_loss

    # 대상 파라미터에 대해 p_loss의 그래디언트를 계산한다.
    ac_grads = tape.gradient(p_loss, ac_variable)
    # Adam을 이용해 가중치 역전파를 실행하고 p_loss를 최적화(최소화)한다.
    p_opt.apply_gradients(zip(ac_grads, ac_variable))

    # it's time to print some useful information
    if ep % 10 == 0:
        print('Ep:%d MnRew:%.2f MxRew:%.1f EpLen:%.1f Buffer:%d -- Step:%d --
Time:%d' % (ep, np.mean(train_rewards), np.max(train_rewards), np.mean(train_ep_len),
len(buffer), step_count,time.time()-timer))

        tf.summary.scalar('supplementary/len', np.mean(train_ep_len), step_count)
        tf.summary.scalar('supplementary/train_rew', np.mean(train_rewards), step_
count)
        file_writer.flush()

        timer = time.time()
        train_rewards = []
        train_ep_len = []

env.close()
file_writer.close()
```

궤도가 종료될 때마다 환경과의 상호작용이 중지되고 임시 버퍼에 충분한 전이 정보가 있
는 경우를 제외하면 2개 사이클은 일반적인 흐름을 따른다.

이제 궤도 데이터를 저장하는 Buffer 클래스를 구현하면 다음과 같다.

```
class Buffer():
    '''
    특정 폴리시의 경험을 저장하기 위한 버퍼 클래스
    '''
    def __init__(self, gamma=0.99):
        self.gamma = gamma
        self.obs = []
        self.act = []
        self.ret = []

    def store(self, temp_traj):
        '''
        버퍼에 temp_traj 값을 추가하고 이동 시 어드밴티지와 리워드를 계산한다.

        파라미터:
        ----------
        temp_traj: 각 요소가 observation, reward, action, state-value를 포함하는 리스트로 이
뤄진 리스트다.
        '''
        # temp_traj 리스트가 비어 있지 않은 경우에만 저장한다.
        if len(temp_traj) > 0:
            self.obs.extend(temp_traj[:,0])
            rtg = discounted_rewards(temp_traj[:,1], self.gamma)
            self.ret.extend(rtg)
            self.act.extend(temp_traj[:,2])

    def get_batch(self):
        b_ret = self.ret
        return self.obs, self.act, b_ret

    def __len__(self):
        assert(len(self.obs) == len(self.act) == len(self.ret))
        return len(self.obs)
```

마지막으로 임의의 수만큼 은닉층을 갖는 신경망을 생성하는 함수를 구현하면 다음과 같다.

```
def mlp(x, hidden_layers, output_size, activation=tf.nn.relu, last_activation=None):
    '''
    멀티-레이어 퍼셉트론
    '''
    inputs = x
    for l in hidden_layers:
        x = Dense(units=l, activation=activation)(x)
    outputs = Dense(units=output_size, activation=last_activation)(x)
    model = Model(inputs, outputs)
    return model
```

activation은 은닉층에 적용된 비선형 함수이고 last_activation은 출력층에 적용된 비선형 함수다.

REINFORCE를 이용해 탐사선 착륙시키기

알고리듬 설명은 마쳤지만 가장 흥미로운 부분은 지금부터다. 이번 절에서는 탐사선을 달에 착륙시키는 목표를 갖는 에피소드 형태의 Gym 환경인 LunarLander-v2에 REINFORCE를 적용해보겠다.

다음은 이 게임의 초기 화면과 목표를 달성할 경우의 마지막 화면이다.

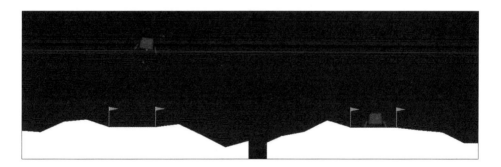

이 게임은 이산형 문제다. 탐사선은 좌표 (0, 0)에 착륙해야 하며 도착 위치가 멀어질수록 많은 벌점을 받는다. 탐사선은 화면 위에서 아래로 이동할 때 점수를 획득하지만 하강 속도를 늦추기 위해 엔진을 가동시키면 각 프레임마다 0.3점을 잃는다.

또한 착륙 조건에 따라 추가로 −100점 또는 100점을 받는다. 이 게임은 총 200점을 받으면 해결된 것으로 간주한다. 각 게임은 최대 1,000 스텝까지 실행한다.

최대 스텝을 1,000으로 설정했으므로 1,000 스텝의 경험을 수집해 적어도 1회 이상 에피소드가 완료됐는지 확인한다(이 값은 steps_per_epoch 하이퍼 파라미터로 설정한다).

REINFORCE는 다음과 같은 하이퍼 파라미터를 이용해 실행한다.

```
REINFORCE('LunarLander-v2', hidden_sizes=[64], lr=8e-3, gamma=0.99, num_epochs=1000,
steps_per_epoch=1000)
```

결과 분석하기

학습 전반에 걸쳐 p_loss(폴리시 손실), old_p_loss(최적화 단계 이전 폴리시 손실), 총 보상, 에피소드 길이 같은 많은 파라미터를 모니터링해 알고리듬을 이해하고 하이퍼 파라미터를 적절하게 조정했다. 또한 몇 가지 히스토그램을 요약해봤다. 텐서보드 요약summary은 이 책 깃허브 코드를 참조하길 바란다.

다음 그림은 훈련 기간 동안 획득한 전체 궤도의 총 보상 평균을 출력한 결과다.

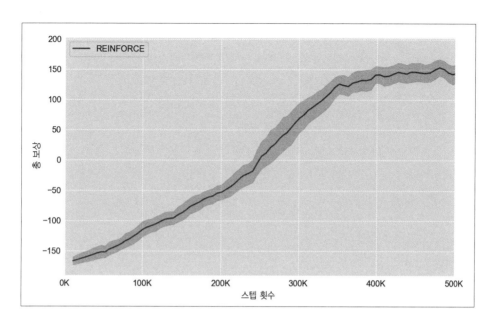

이 그래프에서 500,000 스텝에 도달할 때 총 평균 보상은 약 200보다 작은 값에 도달한다는 것을 알 수 있다. 따라서 게임을 마스터하기 위해 완전하게 종료된 약 1,000회의 궤도가 필요하다고 볼 수 있다.

훈련 성능을 플로팅할 때 대상 알고리듬은 여전히 탐색할 가능성이 있다는 것을 알아두길 바란다. 이것이 사실인지 확인하려면 행동 엔트로피를 모니터링하면 된다. 이 값이 0보다 크면 선택한 행동에 대해 알고리듬이 불확실하며 다른 분포를 따르는 행동을 선택해 계속 탐색해야 한다는 의미다. 다음 그래프의 경우 500,000 스텝 이후에도 엔트로피entropy 값이 0보다 크므로 해당 에이전트는 환경을 더 탐색해야 한다는 것을 알 수 있다.

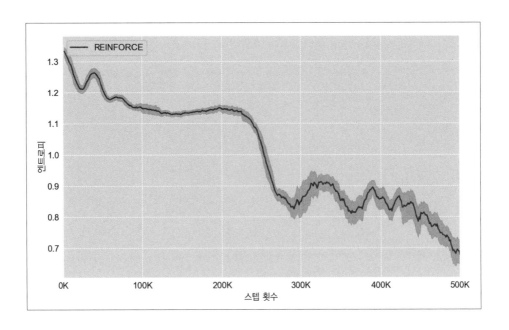

❚ 베이스라인이 있는 REINFORCE

REINFORCE는 완전한 궤도로부터 실제 리턴true return을 계산하는 MC 리턴의 특성으로 인해 편향[3]이 없는unbiased 좋은 특성을 갖고 있다. 하지만 이러한 불편 추정unbiased estimate은 궤도의 길이에 따라 값이 증가하는 특성을 갖는 분산[4]에는 바람직하지 않다. 폴리시의 확률적 특성stochasticity 때문이다. 완전한 궤도를 실행하면 진정한 실제 보상true return을 알 수 있다. 하지만 폴리시가 확률적인 속성을 갖고 있어 각각의 상태−행동 쌍state-action pair에 배정된 가치가 고정돼 있지 않아 해당 상태−행동을 재실행하면 기존과 다른 상태가 될 수 있고 결과적으로 다른 보상을 얻게 된다. 게다가 궤도에서 행동 횟수가 많아지면 시스템의 불확실성이 상대적으로 높아지므로 분산이 커지는 문제가 발생한다.

---

3 예측 값과 정답이 멀리 떨어져 있으면 결과의 편향이 높다고 말하다 − 옮긴이
4 예측 값이 멀리 흩어져 있으면 결과의 분산이 높다고 말한다. − 옮긴이

다행히 리턴 값 추정에서 베이스라인 b를 도입해 분산을 줄이고 알고리듬의 안정성과 성능을 향상시킬 수 있다. 이 전략을 채택한 알고리듬을 '베이스라인이 있는 REINFORCE'라고 하며 목적함수의 그래디언트는 다음과 같다.

$$\nabla_\theta J(\theta) = E_{\pi_\theta}[\nabla_\theta log\, \pi_\theta(a_t|s_t)\,(G_t - b)]$$

그래디언트 추정기gradient estimator는 바이어스를 도입하더라도 값이 변경되지 않으므로 베이스라인을 도입하는 트릭을 사용할 수 있다.

$$E[\nabla_\theta log\pi_\theta(\tau)\,b] = 0$$

이 식이 성립하려면 대상 행동에 대한 베이스라인이 상수여야 한다.

이제 좋은 베이스라인 b를 찾아내야 한다. 가장 간단한 방법은 평균 리턴 값으로 베이스라인 b를 설정하는 것이다.

$$b = \frac{1}{N}\sum_{n=0}^{N} G_n$$

REINFORCE 코드에서 이 기능을 구현하려면 Buffer 클래스의 get_batch() 함수만 변경하면 된다.

```
def get_batch(self):
    b_ret = self.ret - np.mean(self.ret)
    return self.obs, self.act, b_ret
```

이 베이스라인은 분산을 감소시켜주지만 최선의 전략은 아니다. 베이스라인이 상태에 따라 조정될 수 있으므로 가치함수의 추정치를 사용하는 것이 좋다.

$$\nabla_\theta J(\theta) = E_{\pi_\theta}[\nabla_\theta log\, \pi_\theta(a_t|s_t)\,(G_t - V^{\pi_\theta}(s_t))]$$

평균적으로 V^{π_θ} 가치함수는 다음 π_θ 폴리시를 이용해 획득한 리턴 값이다.

이러한 변경은 가치함수의 근사를 설계해야 하므로 상대적으로 시스템을 복잡하게 만든다. 하지만 일반적으로 사용하는 방법으로 알고리듬의 성능을 상당히 개선시켜주는 효과가 있다.

$V^{\pi_\theta}(s)$를 학습하는 최선책은 MC 추정치를 이용해 신경망을 적합하게 만드는 것이다.

$$V_w^{\pi_\theta}(s) = \sum_{t'=t}^{T} \gamma^{t'-t} r(s_{t'}, a_{t'})$$

앞의 방정식에서 w는 학습해야 할 신경망의 파라미터다. 지금부터는 폴리시를 지정해 표시하지 않을 것이다. 따라서 $V_w^{\pi_\theta}(s)$은 $V_w(s)$이 된다. 신경망은 환경과의 추가적인 상호작용 없이 π_θ을 학습하는 데 사용한 동일한 궤도 데이터를 이용해 훈련시킨다.

일단 계산을 마치면 discounted_rewards(rew, gamma)에 의한 MC 추정치는 y의 타깃가치가 되며 신경망은 평균제곱오차MSE, Mean Square Error 손실을 최소화하기 위해 최적화를 수행한다. 이 작업은 지도학습에서 수행한 것과 동일하다.

$$\mathcal{L}(w) = \frac{1}{2} \sum_i \left(V_w(s_i) - y_i \right)^2$$

식에서 w는 가치함수인 신경망의 가중치이며 데이터셋의 각 요소에는 상태 s_i와 타깃가치 $y_i = \sum_{t'=t}^{T} \gamma^{t'-t} r(s_{t'}, a_{t'})$이 포함된다.

베이스라인으로 REINFORCE 구현하기

신경망으로 근사한 베이스라인^{baseline}은 이전 코드에 몇 줄을 추가해 구현할 수 있다.

1. 신경망, MSE 손실함수 계산 작업과 최적화 절차를 추가한다.

REINFORCE_baseline.py

```
# MLP 가치함수
x =Input([obs_dim[0]])
s_value_model = mlp(x, hidden_sizes, 1, activation=tf.tanh)
v_opt = optimizers.Adam(lr=vf_lr, )
...
s_values = tf.squeeze(s_value_model(tmp_obs))

# MSE 손실함수
v_loss = tf.reduce_mean((rtg_batch - s_values)**2)

# 가치함수 최적화
cr_grads = tape.gradient(v_loss, cr_variable)
v_opt.apply_gradients(zip(cr_grads, cr_variable))
 ...
```

2. s_values를 실행한 후 $(G_i - V_w(s_i))$를 계산하는 데 필요한 $V_w(s_i)$ 예측 값을 저장한다. 이 연산은 내부 사이클에서 실행할 수 있다. REINFORCE와의 차이는 볼드체로 표시한 부분이다.

REINFORCE_baseline.py

```
...
# 환경에서 1개의 스텝을 취한다.
obs2, rew, done, _ = env.step(np.squeeze(act))

# 신규 트랜지션을 추가한다.
env_buf.append([obs.copy(), rew, act, np.squeeze(val)])

 ...
```

3. 버퍼에서 '타깃' 가치를 갖는 rtq_batch를 검색하고 가치함수를 최적화한다.

REINFORCE_baseline.py

```
# collect the episodes' information
obs_batch, act_batch, ret_batch, rtg_batch = buffer.get_batch()
```

4. 미래 보상 $\text{go}(G_i)^{\text{reward to go }(G_i)}$와 타깃가치$(G_i - V_w^\pi(s_i))$를 계산한다. 이 변경은 Buffer 클래스에서 실행한다. 해당 클래스의 초기화 메서드에서 비어 있는 self.rtg 리스트를 새로 작성하고 다음과 같이 store와 get_batch 함수를 수정해야 한다.

REINFORCE_baseline.py

```
def store(self, temp_traj):
    '''
    버퍼에 temp_traj 값을 추가하고 이동 시 어드밴티지와 리워드를 계산한다.

    파라미터:
    ----------
    temp_traj: 각 요소가 observation, reward, action, state-value를 포함하는 리스트
로 이뤄진 리스트다.
    '''
    # temp_traj 리스트가 비어 있지 않은 경우에만 저장한다.
    if len(temp_traj) > 0:
        self.obs.extend(temp_traj[:,0])
        rtg = discounted_rewards(temp_traj[:,1], self.gamma)
        # 신규
        self.ret.extend(rtg - temp_traj[:,3])
        self.rtg.extend(rtg)
        self.act.extend(temp_traj[:,2])

def get_batch(self):
    # 변경됨
    return self.obs, self.act, self.ret, self.rtg
```

이제 여러분이 원하는 모든 환경에서 베이스라인이 있는 REINFORCE 알고리듬을 테스트

해 기본 REINFORCE 알고리듬 대비 성능 차이를 비교해볼 수 있다.

▌ AC 알고리듬 학습하기

간단한 REINFORCE는 편향이 없다는^{unbiased} 장점이 있지만 분산^{variance}이 상대적으로 크다는 단점도 있다. 베이스라인을 추가하면 불편 특성을 유지하는 동안(근사적으로 이 알고리듬은 로컬 최소 값에 수렴한다) 분산을 낮출 수 있다. 하지만 베이스라인이 있는 REINFORCE는 수렴이 매우 느리며 환경과 끊임 없이 상호작용해야 하는 문제가 있다.

훈련 속도를 높이는 방법을 부트스트래핑^{bootstrapping}이라고 한다. 이 방법은 여러 번 접해본 기술이며 후속 상태의 가치를 이용해 리턴 가치를 추정하는 방법이다. 부트스트래핑을 이용하는 폴리시 그래디언트 알고리듬을 액터 크리틱^{Actor Critic}이라고 한다. AC 알고리듬에서 액터는 폴리시이고 크리틱은 가치함수(일반적으로 상태-가치함수)다. 크리틱은 액터의 행동을 평가하며 빠르게 학습하도록 돕는다. AC 메서드의 장점은 여러 가지지만 가장 중요한 것은 비 에피소드^{non-episodic} 문제를 학습하는 능력이다.

미래 보상을 계산하려면 궤도가 끝날 때까지 모든 보상을 계산해야 하므로 REINFORCE로 연속작업을 해결할 수는 없다. 예를 들어 궤도가 무한대면 끝없이 진행해야 하기 때문이다. AC 메서드는 부트스트래핑 기술을 따르며 불완전한 궤도에서도 행동가치를 학습할 수 있다.

액터가 학습하도록 돕기 위해 크리틱 사용하기

원-스텝 부트스트래핑을 이용하는 행동-가치함수는 다음과 같다.

$$Q(s, a) = r + \gamma V(s')$$

앞의 수식에서 s'는 다음 상태를 의미한다. 따라서 부트스트래핑을 사용하는 액터 π_θ와 크리틱 V_w을 이용하면 원-스텝 AC 스텝을 계산할 수 있다.

$$\theta = \theta + \alpha\left(r_t + \gamma V_w(s_t') - V_w(s)\right)\nabla_\theta log\,\pi_\theta(a_t|s_t)$$

이 식은 다음과 같이 베이스라인이 있는 REINFORCE 스텝으로 대체할 수 있다.

$$\theta = \theta + \alpha\left(G_t - V_w(s)\right)\nabla_\theta log\,\pi_\theta(a_t|s_t)$$

REINFORCE와 AC에서 상태-가치함수 사용의 차이점에 유의하자. REINFORCE에서는 현재 상태의 가치state value를 베이스라인baseline으로만 사용한다. AC에서 상태-가치함수는 다음 상태의 가치를 추정하는 데 사용하며 $Q(s, a)$를 추정하려면 현재 보상만 필요하다. 따라서 원-스텝one-step AC 모델은 완전 온라인 증분 알고리듬fully online incremental algorithm이라고 할 수 있다.

n-step AC 모델

이미 시간차 학습TD learning에서 봤듯이 완전 온라인 알고리듬은 MC 학습과는 반대로 분산은 작지만 바이어스가 크다. 따라서 완전 온라인과 MC 메서드 사이의 중간middle-ground 전략이 대체로 좋다. 이러한 절충 관계trade-off의 균형을 맞추기 위해 온라인 알고리듬의 원-스텝 리턴을 n-스텝 리턴으로 대체할 수 있다.

DQN 알고리듬에서 n-스텝 학습을 이미 구현해봤다. 유일한 차이점은 DQN이 오프-폴리시 알고리듬이라는 것이다. 이론상 n-스텝은 온-폴리시 알고리듬에서만 구현할 수 있다. 그럼에도 불구하고 N-스텝 DQN에서는 작은 n을 사용하더라도 성능이 향상된다는 것을 알게 됐다.

AC 알고리듬은 온-폴리시이므로 성능이 향상되는 한 임의의 큰 n 값을 사용할 수 있다.

AC에서 n−스텝 통합은 매우 간단하다. 원−스텝 리턴은 $G_{t:t+n}$으로 대체하며 가치함수는 s_{t+1} 상태에서 수행하면 된다.

$$\theta = \theta + \alpha \left(G_{t:t+n} + \gamma^n V_w(s_{t+n}) - V_w(s_t)\right) \nabla_\theta log\, \pi_\theta(a_t|s_t)$$

여기서 $G_{t:t+n} = r_t + \gamma r_{t+1} + .. + \gamma^{n-1} r_{t+n-1}$이다. 만약 s_t가 최종 상태라면 어떻게 $V(s_{t+1}) = 0$이 되는지 주의하기 바란다.

바이어스를 줄이는 것 외에도 n−스텝 리턴은 후속 리턴을 더 빨리 전파해 학습을 훨씬 효율적으로 만든다.

흥미롭게도 $G_{t:t+n} + \gamma^n V_w(s_{t+n}) - V_w(s_t)$ 값은 어드밴티지 함수의 추정치로 볼 수 있다. 실제로 어드밴티지 함수는 다음과 같이 정의한다.

$$A(a_t, s_t) = Q(a_t, s_t) - V(s_t)$$

$G_{t:t+n} + \gamma^n V_w(s_{t+n})$은 $Q_w(s_t, a_t)$의 추정치이므로 어드밴티지 함수의 추정치를 계산할 수 있다. 일반적으로 이 함수는 특정 상태에서 다른 행동 대비 한 가지 특정 행동의 선호도를 표현한 것이므로 학습하기가 상대적으로 쉽다. 대상 상태의 가치를 학습할 필요는 없다.

크리틱critic의 가중치 최적화와 관련해 MSE 손실loss을 최소화하는 SGD 최적화 방법 중 하나를 사용해 최적화한다.

$$\mathcal{L}(w) = \frac{1}{2} \sum_i \left(V_w(s_i) - y_i\right)^2$$

앞의 식에서 목표 값은 다음과 같이 계산한다.

$$y_i = G_{t:t+n} + \gamma^n V_w(s_{t+n})$$

AC 구현

지금까지 살펴봤듯이 AC 알고리듬은 전반적으로 상태가치 함수를 베이스라인으로 하는 REINFORCE 알고리듬과 매우 유사하다. 이 알고리듬은 다음과 같은 코드로 요약할 수 있다.

Initialize π_θ with random weight
Initialize environment $s \leftarrow env.reset()$
for episode 1... M **do**
    Initialize empty buffer

    > *Generate a few episodes*
    for step 1... MaxSteps **do**
        > *Collect experience by acting on the environment*
        $a \leftarrow \pi_\theta(s)$
        $s', r, d \leftarrow env(a)$
        $s \leftarrow s'$
        if $d == True$
            $s \leftarrow env.reset()$
            > *Compute the n-step reward to go*
            $G_t = G_{t:t+n} + \gamma^n V_w(s_{t+n})$ # 개별 t에 대해 계산
            > *Compute the advantage values*
            $A_t = G_t - V_w(s_t)$ # 개별 t에 대해 계산
            > *Store the episode in the buffer*
            $D \leftarrow D \cup (s_{1..T}, a_{1..T}, G_{1..T}, A_{1..T})$ # T는 에피소드의 길이다.

    > *Actor update step using all the experience in D*
    $\theta \leftarrow \theta + \alpha_\theta \dfrac{1}{|D|} \sum_i [\nabla_\theta log\, \pi_\theta(a_i|s_i)\, A_i]$
    > *Critic update using all the experience in D*
    $w \leftarrow w + \alpha_w \nabla_w \dfrac{1}{|D|} \sum_i (V_w(s_i) - G_i)^2$

REINFORCE와의 유일한 차이점은 다음과 같다.

1. n–스텝 미래 보상 계산
2. 어드밴티지 함수 계산
3. 메인 함수의 일부 조정

먼저 감가율이 적용된 보상의 새로운 구현을 살펴보자. 이전과 달리 마지막 last_sv 상태의 추정 가치는 다음 구현에서와 같이 입력 인자로 전달돼 부트스트랩에 사용한다.

AC.py

```
def discounted_rewards(rews, last_sv, gamma):
    '''
    디스카운트한 리워드

    파라미터:
    ----------
    rews: 리워드 리스트
    last_sv: 마지막 상태의 가치
    gamma: 디스카운트 값
    '''
    rtg = np.zeros_like(rews, dtype=np.float32)
    rtg[-1] = rews[-1] + gamma*last_sv
    for i in reversed(range(len(rews)-1)):
        rtg[i] = rews[i] + gamma*rtg[i+1]
    return rtg
```

계산 그래프는 변하지 않는다. 하지만 메인 사이클에서 작지만 매우 중요한 몇 가지 변경을 처리해야 한다.

함수의 이름은 AC로 변경됐고 크리틱의 학습률인 cr_lr이 인자로 추가됐다.

1. 첫 번째 변경은 환경을 재설정하는 방법이다. REINFORCE에서 메인 사이클의 모든 이터레이션마다 환경을 재설정하는 것이 바람직하다면 AC에서는 이전 이터레이션에서 중단한 환경을 다시 시작해 최종 상태에 도달했을 때만 환경을 재설정해야 한다.

2. 두 번째 변경은 행동-가치함수가 부트스트랩되는 방식과 보상이 계산되는 방법이다. 최종 상태인 경우를 제외하면 $V(s')$는 모든 상태-행동 쌍에 대해 $Q(s,a) = r + \gamma V(s')$이 성립된다는 것을 알아두자. 최종 상태인 경우 $Q(s,a) = r$이 성립한다. 따라서 마지막 상태에 있을 때는 0으로 부트스트랩하고 다른 모든 경우에는 $V(s')$으로 부트스트랩한다. 이러한 변경을 반영하면 다음과 같다.

AC.py

```
# Reset the environment at the beginning of the cycle
obs = env.reset()
ep_rews = []


with file_writer.as_default():
    # 메인 사이클
    for ep in range(num_epochs):

        # 신규 에포크에 대한 버퍼와 다른 변수를 초기화한다.
        buffer = Buffer(gamma)
        env_buf = []

        # 항상 일정 횟수에 걸쳐 반복한다.
        for _ in range(steps_per_epoch):
            tmp_obs = tf.convert_to_tensor(obs.reshape(-1, obs_dim[0]),
dtype=tf.float32)
            p_logits = p_logits_model(tmp_obs)
            act = tf.squeeze(tf.random.categorical(p_logits, 1))

            s_values = tf.squeeze(s_value_model(tmp_obs))
```

```python
            val = tf.squeeze(s_values)

            # 환경에서 한 스텝을 취한다.
            obs2, rew, done, _ = env.step(np.squeeze(act))

            # 신규 트랜지션을 추가한다.
            env_buf.append([obs.copy(), rew, act, np.squeeze(val)])

            obs = obs2.copy()

            step_count += 1
            last_print_step += 1
            ep_rews.append(rew)

            if done:
                # 방금 완료한 궤도를 저장한다.
                # REINFORCE에서 변경한다! 두 번째 파라미터는 다음 상태에 대한 추정
가치다. 환경이 완료됐기 때문이다.
                # 세타 값을 전달한다.
                buffer.store(np.array(env_buf), 0)
                env_buf = []
                # 해당 에피소드에 대한 추가 정보를 저장한다.
                train_rewards.append(np.sum(ep_rews))
                train_ep_len.append(len(ep_rews))
                # 환경을 리셋한다.
                obs = env.reset()
                ep_rews = []


        if len(env_buf) > 0:
            tmp_obs = tf.convert_to_tensor(obs.reshape(-1, obs_dim[0]),
dtype=tf.float32)
            last_sv = tf.squeeze(s_value_model(tmp_obs))
            buffer.store(np.array(env_buf), last_sv)

        # 에피소드의 정보를 수집한다.
        obs_batch, act_batch, ret_batch, rtg_batch = buffer.get_batch()

        ac_variable = p_logits_model.trainable_variables
```

```
        with tf.GradientTape() as tape:
            # automatic differentiation에 대한 연산 내용을 기록함
            tape.watch(ac_variable)
            # p_loss
            actions_mask = tf.one_hot(act_batch, depth=act_dim)
            tmp_obs = tf.convert_to_tensor(obs_batch, dtype=tf.float32)
            p_logits = p_logits_model(tmp_obs)
            p_log = tf.reduce_sum(actions_mask * tf.nn.log_softmax(p_
logits), axis=1)
            entropy = -tf.reduce_mean(softmax_entropy(p_logits))
            p_loss = -tf.reduce_mean(p_log * ret_batch)
            old_p_loss = p_loss

        ac_grads = tape.gradient(p_loss, ac_variable)
        p_opt.apply_gradients(zip(ac_grads, ac_variable))

        cr_variable = s_value_model.trainable_variables
        with tf.GradientTape() as tape:
            tape.watch(cr_variable)
            tmp_obs = tf.convert_to_tensor(obs_batch, dtype=tf.float32)
            s_values = tf.squeeze(s_value_model(tmp_obs))

            # v_loss
            v_loss = tf.reduce_mean((rtg_batch - s_values)**2)
            old_v_loss = v_loss

        cr_grads = tape.gradient(v_loss, cr_variable)
        v_opt.apply_gradients(zip(cr_grads, cr_variable))
```

3. 세 번째 변경은 Buffer 클래스의 store 메서드다. 사실 이제는 불완전한 궤도도 처리해야 한다. 이전 코드에서 추정한 상태가치 $V(s')$는 store 함수의 세 번째 인자로 전달한다. 실제로 여러 상태 가치를 이용해 부트스트랩하고 미래 보상을 계산한다. 다음과 같이 store의 신규 버전에서 상태 가치 last_sv와 관련 있는 변수를 호출하고 discounted_reward 함수의 입력 인자로 전달한다.

```
def store(self, temp_traj, last_sv):
    '''
    버퍼에 temp_traj 값을 추가하고 이동 시 어드밴티지와 리워드를 계산한다.

    파라미터:
    -----------
    temp_traj: 각 요소가 observation, reward, action, state-value를 포함하는 리스트
    last_sv: 마지막 상태의 가치(부트스트랩에 사용됨)
    '''
    # temp_traj 리스트가 비어 있을 경우에만 저장한다.
    if len(temp_traj) > 0:
        self.obs.extend(temp_traj[:,0])
        rtg = discounted_rewards(temp_traj[:,1], last_sv, self.gamma)
        self.ret.extend(rtg - temp_traj[:,3])
        self.rtg.extend(rtg)
        self.act.extend(temp_traj[:,2])
```

AC를 사용해 탐사선 착륙시키기

REINFORCE 테스트에 사용한 환경과 동일한 LunarLander-v2에 AC를 적용해봤다. 이 환경은 에피소드 게임으로 비 에피소드non-episodic와 관련 있는 AC 알고리듬의 특징을 제대로 보여주지 못한다. 하지만 이 환경은 좋은 테스트 베드로서 다양한 환경에서 자유롭게 테스트할 수 있다.

다음과 같이 하이퍼 파라미터를 설정해 AC 함수를 호출한다.

```
AC('LunarLander-v2', hidden_sizes=[64], ac_lr=4e-3, cr_lr=1.5e-2, gamma=0.99, steps_
per_epoch=100, steps_to_print=5000, num_epochs=8000)
```

훈련 에포크에서 누적한 총 보상을 그래프로 표시한 결과는 다음과 같다.

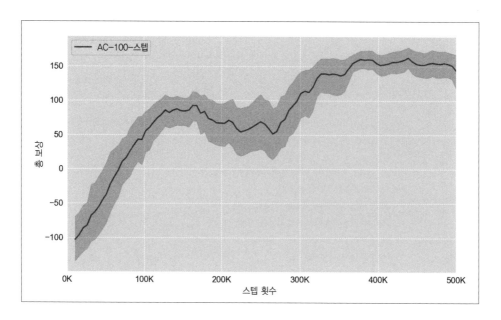

다음 그림과 같이 AC가 REINFORCE보다 학습이 빠르다는 것을 알 수 있다. 하지만 안정성은 상대적으로 낮고 200,000 스텝 이후 성능이 떨어지는 문제가 있어 보인다. 다행히 성능은 계속 증가하는 경향을 보여준다.

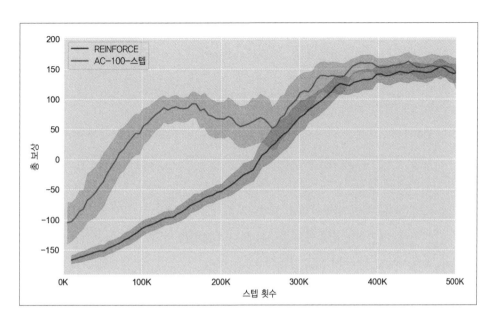

이 구성에서 AC 알고리듬은 100 스텝마다 액터와 크리틱을 업데이트한다. 이론적으로 작은 steps_per_epochs를 사용할 수 있지만 이 값을 작게 설정하면 훈련이 더 불안정해진다. 상대적으로 긴 에포크를 사용하면 훈련을 안정시킬 수 있다는 장점이 있지만 액터는 더 느리게 학습한다. 따라서 좋은 절충 관계와 학습률을 찾아내야 한다.

 6장의 컬러 자료는 다음 사이트를 참조하길 바란다.
http://www.packtpub.com/sites/default/files/downloads/97871789131116_ColorImages.pdf

고급 AC 팁과 트릭

AC 알고리듬에는 몇 가지 심화 기술이 있으며 이러한 알고리듬을 설계하는 과정에서 기억해야 할 많은 팁과 트릭이 있다.

- **아키텍처 설계**: 구현 과정에서 크리틱용 신경망과 액터용 신경망을 구현했다. 또한 헤드를 구별하면서 주요 은닉층을 공유하는 신경망을 설계할 수도 있다. 이 아키텍처는 조정tuning하기가 더 어려울 수도 있지만 전반적으로 알고리듬의 효율성을 높인다.
- **병렬 환경**: 분산을 줄이기 위해 자주 사용하는 기술은 여러 환경에서 경험을 병렬로 수집하는 방법이다. A3CAsynchronous Advantage Actor-Critic 알고리듬은 전역 파라미터를 비 동기적으로 업데이트한다. 반면 A3C의 동기화 버전으로 A2CAdvantage Actor-Critic는 전역 파라미터를 업데이트하기 전에 병렬 액터가 모두 완료되길 기다린다. 에이전트 병렬화는 환경의 여러 부분에서 더 독립적인 경험을 보장한다.
- **배치 사이즈**: 다른 RL 알고리듬(특히 오프-폴리시 알고리듬)과 관련해 폴리시 그래디언트PG와 액터-크리틱AC 메서드는 대규모 배치가 필요하다. 따라서 다른 하이퍼파라미터를 조정한 후에도 해당 알고리듬이 안정되지 않으면 더 큰 배치 사이즈를 사용하는 것이 좋다.
- **학습률**: 학습률을 조정하는 업무는 매우 까다로워 Adam이나 RMSprop 같은 고급 수준의 SGD 최적화 방법을 사용해야 한다.

▌ 요약

6장에서 폴리시 그래디언트라는 새로운 강화학습 알고리듬을 배웠다. 5장에서 학습한 가치함수 메서드와 비교해 다른 방식으로 강화학습 문제를 해결하는 방법이다.

PG 메서드의 더 간단한 버전을 REINFORCE라고 하며 6장 전반에 걸쳐 학습, 구현, 테스트를 실행해봤다. 다음으로 분산을 줄이고 알고리듬의 수렴 특성을 높이기 위해 REINFORCE에 베이스라인을 추가하는 방법을 제안했다. AC 알고리듬은 크리틱을 사용해 완전 궤도full trajectories가 아니더라도 학습할 수 있다. 6장에서는 AC 모델을 이용해 REINFORCE를 적용해본 탐사선 착륙시키기 문제 LunarLander-v2를 해결했다. 6장에서 고전적인 폴리시 그래디언트 알고리듬의 기초를 학습했으므로 이제 고급 알고리듬을 알아봐야 한다. 7장에서는 더 복잡한 최신 폴리시 그래디언트 알고리듬인 TRPO^Trust Region Policy Optimization와 PPO^Proximal Policy Optimization를 살펴볼 것이다. 이 두 알고리듬은 6장에서 설명한 내용에 근거해 구현한 기술이다. 하지만 PG 알고리듬의 안정성과 효율성을 개선하기 위해 새로운 목적함수를 제안한 방법이다.

▌ 질문

1. PG 알고리듬은 목적함수를 어떻게 최대화하는가?
2. 폴리시 그래디언트 알고리듬의 기본 개념은 무엇인가?
3. REINFORCE에 베이스라인을 도입할 때 해당 알고리듬이 편향되지 않는 이유는 무엇인가?
4. REINFORCE는 어떠한 유형의 알고리듬인가?
5. AC 메서드에서 크리틱은 REINFORCE의 베이스라인으로 사용되는 가치함수와 어떻게 다른가?
6. 에이전트가 이동하는 방법을 학습해야 하는 알고리듬을 개발해야 한다면 REINFORCE와 AC 중 어느 것이 바람직한가?
7. n-스텝 AC 알고리듬을 REINFORCE 알고리듬으로 사용할 수 있는가?

▌ 심화학습 자료

액터-크리틱 알고리듬의 비동기 버전을 학습하려면 https://arxiv.org/pdf/1602.01783. pdf를 읽어보길 바란다.

TRPO와 PPO 구현

6장에서 폴리시 그래디언트^{Policy Gradient} 알고리듬을 알아봤다. 폴리시 그래디언트 알고리듬의 특성은 강화학습 문제를 해결하는 순서다. 폴리시 그래디언트 알고리듬은 보상이 가장 높은 방향을 선택한다. 이 알고리듬의 간단한 버전^{REINFORCE}은 좋은 결과만 실행하는 직관적인 방법이다. 하지만 이 방법은 실행 속도가 느리고 분산이 크다는 문제가 있다. 이를 해결하기 위해 액터를 평가하고 베이스라인^{baseline}이 있는 목표를 갖는 가치함수를 도입했다. 하지만 액터-크리틱 알고리듬은 방문 상태에 따라 급격한 변화를 초래할 수 있는 행동분포 때문에 학습하기가 어렵고 그로 인해 회복할 수 없을 만큼 성능이 급격하게 떨어질 수도 있다.

7장에서는 신뢰 영역^{Trust-Region}이나 정리된 목적함수^{clipped objective}를 사용해 성능 저하 문제를 개선하는 방법을 설명하겠다. 이를 위해 두 가지 알고리듬으로 TRPO와 PPO를 소개한다. 7장에서는 연속 제어를 위한 새로운 환경셋을 다루고 연속 행동 공간에서 실행 가능한 폴리시 그래디언트 알고리듬을 설명하겠다. 이 방법은 시뮬레이션 기반 보행, 뜀박질 및 수영로봇 제어, 아타리 게임 문제 해결에 사용할 수 있다. 이와 같은 새로운 환경에 TRPO와 PPO를 적용하면 에이전트가 달리기, 점프, 걷기를 학습할 수 있다.

7장에서는 다음 내용을 다룬다.

- 로보스쿨Roboschool
- NPGNatural Policy Gradient
- TRPOTrust Region Policy Optimization
- PPOProximal Policy Optimization

▎ 로보스쿨

지금까지 5장, '딥 Q-네트워크의 아타리 게임'과 6장, '확률적 PG 최적화 학습의 달 착륙' 같은 이산형 제어 작업을 수행했다. 이 게임을 하려면 몇 가지 이산형 행동(2~5개 행동)만 제어하면 된다. 6장, '확률적 PG 최적화 학습'에서 배운 대로 폴리시 그래디언트 알고리듬을 연속형 행동으로 쉽게 변경할 수 있다. 이러한 연속형 제어의 특징을 설명하기 위해 로봇 제어가 목표인 로보스쿨 환경에 몇 가지 폴리시 그래디언트 알고리듬을 적용해보겠다. OpenAI가 개발한 로보스쿨은 6장에서 설명한 OpenAI Gym 인터페이스를 사용한다. 이 환경은 강체 역학body dynamics을 시뮬레이션하는 불릿 물리 엔진Bullet Physics Engine을 기반으로 하며 유명한 무조코 물리 엔진Mujoco physical engine과 유사한 환경이다. 여기서는 로보스쿨이 오픈소스(Mujoco는 라이선스가 필요하다)이고 좀 더 까다로운 환경이 포함돼 있어 사용하기로 했다.

특히 로보스쿨은 다음 그림의 좌측에 표시한 세 가지 연속 행동으로 제어하는 간단한 로보스쿨 호퍼Roboschool Hopper부터 우측에 표시한 17가지 연속 행동으로 제어하는 더 복잡한 휴머노이드^{RoboschoolHumanoidFlagrun}까지 12개 환경을 통합한 환경이다.

그림 7.1 왼쪽은 RoboschoolHopper-v1이고 오른쪽은 RoboschoolHumanoidFlagrun-v1을 렌더링한 결과다.

이러한 환경 중 일부는 100m 목표 지점에 도달하기 위해 최대한 빨리 달리기, 점프하기, 걷기를 목표로 한다. 또 다른 경우 떨어지는 물체와 같은 외부 요인에 주의하면서 3차원 영역의 목표 지점까지 이동하는 것을 목표로 한다. 또한 12개 환경셋에는 멀티 플레이어 탁구 게임 환경과 모든 방향으로 자유롭게 움직일 수 있는 3D 휴머노이드가 연속 동작으로 깃발을 향해 움직여야 하는 대화식 환경도 있다. 이외에도 로봇을 큐브에 충돌시켜 로봇을 불안정하게 만드는 환경이 있으며 이 경우 로봇의 균형 유지를 위해 더 강력한 제어 알고리듬을 개발해야 하는 경우도 있다.

환경은 완전하게 관찰 가능하다. 즉 에이전트는 10~40까지 다양한 크기의 Box 클래스로 인코딩된 상태를 완전하게 사용할 수 있다. 앞에서 언급했듯이 작업 공간은 연속적이며 환경에 따라 크기가 변화하는 Box 클래스로 표현할 수 있다.

연속 시스템 제어

7장에서 구현할 PPO와 TRPO 외에도 REINFORCE와 AC 같은 폴리시 그래디언트 알고리듬은 이산형과 연속형 행동 공간을 갖는 작업에 사용할 수 있다. 한 가지 유형의 작업에서 다른 유형의 작업으로의 변경^{migration}은 매우 간단하다. 연속 제어에서는 개별 행동의 확률을 계산하는 대신 확률분포의 파라미터를 이용해 행동을 결정할 수 있다. 가장 일반적인 방법은 정규 가우시안 분포의 파라미터인 평균 μ와 표준편차 σ를 학습하는 것이다. 관련 파라미터에 따른 가우시안 분포의 예는 다음 그림과 같다.

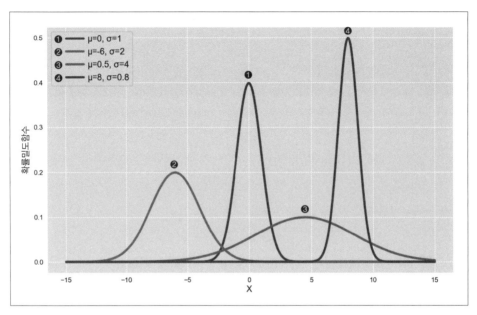

그림 7.2 서로 다른 평균과 표준편차를 갖는 네 가지 가우시안 분포 그래프

 7장 자료의 컬러 버전은 http://www.packtpub.com/sites/default/files/downloads/ 9781789131116_ColorImages.pdf를 참조하길 바란다.

예를 들어 심층신경망 같이 파라미터로 구성된 표준편차는 상태state와 무관하다. 이 경우 파라미터로 구성된 평균은 $\mu_\theta(s)$을 이용한 상태함수로 표시하고 표준편차는 σ 고정 값으로 표시한다. 또한 표준편차 대신 표준편차의 로그 값을 사용하는 것이 좋다.

정리하면 이산형 제어를 위해서는 다음 코드와 같이 파라미터로 구성된 폴리시를 정의할 수 있다.

```
p_logits = mlp(obs_ph, hidden_sizes, act_dim, activation=tf.nn.relu,
last_activation=None)
```

mlp는 사이즈가 hidden_sizes인 은닉층, act_dim 차원의 출력, activation 및 last_activation 인자를 갖는 활성화 함수로 구성된 다층-퍼셉트론(완전 연결 신경망)이다. 이 모델은 연속 제어를 실행하기 위한 파라미터로 구성된 폴리시의 일부이며 다음과 같이 변경한다.

```
x=Input([obs_dim[0]])
p_means_model = mlp(x, hidden_sizes, act_dim, activation=tf.tanh, last_activation=tf.
tanh)
log_std = tf.compat.v1.get_variable(name='log_std', initializer=np.zeros(act_dim,
dtype=np.float32)-0.5)
```

코드에서 p_means_model은 $\mu_\theta(s)$이고 log_std는 $log(\sigma)$이다.

또한 모든 행동 값이 0과 1 사이에 있는 경우 최종 활성화 함수로서 tanh 함수를 사용하는 것이 좋다.

```
p_means_model = mlp(x, hidden_sizes, act_dim, activation=tf.tanh, last_activation=tf.
tanh)
```

다음으로 가우시안 분포에서 샘플을 추출하고 행동을 결정하려면 표준편차(σ)에 평균이 0이고 표준편차가 1인 정규분포를 따르는 노이즈 벡터를 곱해야 한다.

$$a = \mu_\theta(s) + \sigma * z$$

위 식에서 z는 가우시안 노이즈 벡터로 $z \sim N(0, 1)$ 분포를 하며 $\mu_\theta(s)$의 분포 형태와 동일하다. 이 기능은 다음과 같은 코드로 구현할 수 있다.

```
p_noisy = p_means + tf.random.normal(shape = tf.shape(p_means), mean=0.0, stddev=1.0) *
tf.exp(log_std)
```

노이즈가 발생하므로 해당 값이 여전히 행동 제한 범위 내에 위치하는지 확신할 수 없다. 따라서 p_noisy를 정리해clip 행동action 값이 허용 범위 내에 있게 해야 한다. 정리 기능clip 은 다음 코드를 이용해 구현한다.

```
a_sampl = tf.clip_by_value(p_noisy, low_action_space, high_action_space)
```

로그 확률은 다음과 같이 계산한다.

$$log\, \pi_\theta(a|s) = -\frac{1}{2}\left(|a|\, log\, 2\pi + \frac{(a - \mu_\theta(s))^2}{\sigma^2} + 2log\, \sigma\right)$$

이 식은 gaussian_log_likelihood 함수로 계산하며 log 확률 값을 리턴한다. 따라서 다음 코드와 같이 로그 확률을 계산할 수 있다.

```
p_log = gaussian_log_likelihood(act_ph, p_means, log_std)
```

이 코드에서 gaussian_log_likelihood는 다음과 같이 정의한다.

```
def gaussian_log_likelihood(ac, mean, log_std):
    '''
    Gaussian Log Likelihood
    '''
    log_p - ((ac-mean)**2 / (tf.exp(log_std)**2+1e-9) + 2*log_std) + np.log(2*np.pi)
    return -0.5 * tf.reduce_sum(log_p, axis=-1)
```

여기까지가 설명이 필요한 모든 내용이다. 이제 모든 PG 알고리듬에서 사용해 연속 행동 공간으로 구성된 다양한 종류의 환경에 시도할 수 있다. 6장에서는 달 착륙^{LunarLander}을 위해 REINFORCE와 AC를 구현해봤다. 연속 제어로 해결하기 위한 동일한 게임 환경에는 `LunarLanderContinuous-v2`가 있다.

연속 행동 공간으로 문제를 해결하는 데 필요한 지식을 바탕으로 다양한 작업을 처리할 수 있다. 하지만 이 방법으로 모든 문제를 해결하기는 어렵고 지금까지 배운 PG 알고리듬은 견고함이 떨어져 어려운 문제를 해결하는 데 부적합하다. 따라서 추가로 NPG^{Natural Policy Gradient}에서 고급 PG 알고리듬까지 살펴보겠다.

▌ Natural Policy Gradient

REINFORCE와 액터-크리틱은 중소 규모 강화학습에서 매우 잘 작동하는 직관적인 방법이다. 하지만 REINFORCE와 액터-크리틱 알고리듬을 복잡한 대규모 작업에서 실행하려면 다음과 같은 문제가 있다.

- **최적의 스텝 사이즈를 선택하기 어려움**: 이 문제는 RL의 비정상성^{non-stationary} 때문에 발생한다. 비정상성이란 데이터 분포가 시간에 따라 지속적으로 변화하고 에이전트가 새로운 것을 학습하면 다른 상태 공간을 탐색하는 현상을 말한다. 전반적으로 안정적인^{stationary} 학습률을 찾기가 매우 어렵다.
- **불안정성**: REINFORCE와 액터-크리틱 알고리듬은 폴리시의 변경 정도를 인식하지 못한다. 이 문제는 앞에서 언급한 문제와 관련 있다. 한 번이라도 제어가 안된 업데이트가 발생하면 행동 분포를 대폭 변경시켜 에이전트를 나쁜 상태 공간으로 이동시켜 폴리시의 실질적인 변경을 유발한다. 특히 신규 상태 공간이 이전 상태 공간과 전혀 다르면 복구하는 데 매우 오래 걸린다.

- **샘플효율성이 낮음**: 이 문제는 거의 모든 온−폴리시 알고리듬에서 발생하는 문제다. 따라서 경험한 폴리시를 폐기하기 전에 온−폴리시 데이터에서 최대한 많은 정보를 추출해야 한다.

7장에서 소개할 TRPO와 PPO 알고리듬은 서로 다른 접근법을 이용하지만 앞에서 언급한 세 가지 문제의 해결을 시도하며 공통점이 있다. TRPO와 PPO는 다음 강화학습 맵에 표시한 것과 같이 모델−프리 유형에 속하는 온−폴리시 그래디언트 알고리듬이다.

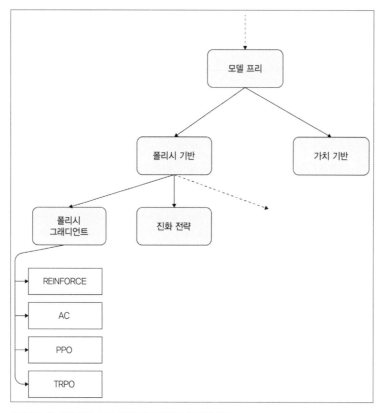

그림 7.3 RL 알고리듬 분류 맵에서의 TRPO와 PPO의 위치

Natural Policy Gradient는 폴리시 그래디언트 메서드의 불안정성을 해결하기 위해 제안된 알고리듬 중 하나다. 이 방법은 폴리시를 더 통제된 방식으로 가이드하기 위해 폴리시 스텝을 변형한다. 불행하게도 NPG는 선형함수를 근사하는 용도로만 설계돼 심층신경망에는 적용할 수 없지만 TRPO와 PPO 같은 알고리듬을 개발하기 위한 기본 아이디어를 제공했다.

NPG에 대한 아이디어

PG 메서드의 불안정성의 잠재적 해결 방안을 살펴보기 전에 이러한 현상이 발생하는 원인을 알아보자. 다음 그림과 같이 정상에 분화구가 있는 가파른 화산을 올라간다고 상상해보자. 유일한 감각은 발의 경사도(그래디언트)뿐이고 눈으로 주변을 전혀 볼 수 없으며 보폭은 1m로 고정돼 있다고 가정하자. 출발점에서 정상까지 도달하기 위해 첫 발을 내딛고 보폭의 기울기를 인식한 후 가장 가파른 오르막 방향으로 1m를 움직여야 한다. 이 과정을 반복한 끝에 분화구가 있는 정상 부근에 도착했지만 앞을 볼 수 없어 정상 근처라는 사실을 인지하지 못한다. 이 시점에서 경사가 여전히 분화구 쪽을 가리킨다는 것만 알 뿐이다. 하지만 1m 보폭보다 짧은 길이만 현재 위치보다 높다면 한 걸음 움직이자마자 분화구 속으로 깊이 떨어질 것이다. 이쯤 되면 여러분 주변 공간은 기존과 완전하게 다른 새로운 것이다. 다음 그림은 간단한 함수이므로 금방 회복할 수도 있겠지만 일반적으로 최적화 대상 함수는 매우 복잡하다. 물론 분화구 속으로 떨어지지 않으려고 더 작은 보폭으로 천천히 올라갈 수도 있지만 여전히 최정상에 도달할 수 있다는 보장은 없다. 이 문제는 강화학습만의 문제가 아니다. 데이터가 정상적^{stationary}이지 않은 지도 학습 상황에서도 큰 피해가 발생할 수 있어 더 심각한 문제가 된다. 다음 그림을 살펴보자.

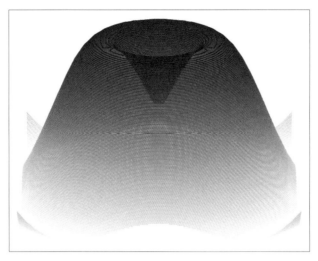

그림 7.4 그림상에서 최대값에 도달하려고 시도하는 과정에서 잘못하면 상대적으로 나쁜 공간인 분화구 속으로 떨어진다.

이러한 문제에 대응하기 위해 NPG에서 제안한 해결 방법은 그래디언트 외에 함수 곡률을 사용하는 것이다. 곡률 정보는 2차 미분을 계산해 구할 수 있다. 곡률 값이 클수록 두 점 사이의 그래디언트가 급격하게 변화한다는 뜻이며 예방책으로 상대적으로 작고 신중한 보폭을 취해 발생 가능한 절벽을 피할 수 있게 한다. 이 새로운 접근법을 취하기 위해 2차 미분 값으로 행동 분포 공간 정보를 더 많이 얻을 수 있고 급격한 변화가 있는 경우 행동 공간 분포가 너무 많이 변화하지 않게 할 수 있다. 다음 절에서 NPG에서 이러한 작업을 수행하는 방법을 살펴보겠다.

수학적 개념

NPG^{Natural Policy Gradient} 알고리듬의 특징은 1차, 2차 미분을 이용해 파라미터를 업데이트하는 것이다. NPG 단계를 이해하려면 다음 두 가지 개념을 알아야 한다.

1. FIM^{Fisher Information Matrix}
2. KL^{Kullback-Leibler} 발산

두 가지 주요 개념을 설명하기 전에 업데이트 공식을 살펴보겠다.

$$\theta \leftarrow \theta + \alpha F^{-1} \nabla_\theta J(\theta) \text{ (7.1)}$$

이 업데이트는 바닐라 폴리시 그래디언트$^{vanilla\ policy\ gradient}$ 대비 그래디언트 항을 개선하는 enhance 데 F^{-1}를 사용한 점이 다르다.

이 식에서 F는 FIM이고 $J(\theta)$는 목적함수다.

앞에서 언급했듯이 그래디언트가 무엇이든 분포 공간$^{distribution\ space}$에서 모든 스텝의 길이를 같게 하는 작업이 필요하다. 같은 길이의 스텝은 FIM의 역수^{inverse}를 이용해 계산할 수 있다.

FIM과 KL 발산

FIM은 목적함수의 공분산으로 정의한다. FIM이 어떠한 도움을 줄 수 있는지 살펴보자. 모델 분포 간 거리차를 제한하려면 새로운 분포와 이전 분포 사이의 거리를 계산하기 위한 측정지표^{metric}를 정의해야 한다. 가장 인기 있는 방법은 KLD$^{Kullback\ Leibler\ Divergence}$를 사용하는 것이다. 이 방법은 강화학습과 기계학습에서 두 분포가 얼마나 다른지 측정하는 데 사용한다. KL 발산은 대칭이 아니므로[1] 적절한 측정지표는 아니지만 두 확률분포 간 차이를 측정하는 훌륭한 근사 값이라고 할 수 있다. 두 분포가 서로 다를수록 KL 발산 값은 크다. 다음 그래프를 보자. 이 예제에서 KLD 값은 ❸번 분포함수를 기준으로 계산했다. 실제로 ❷번 분포함수는 ❸번 분포함수와 비슷하므로 KLD 값은 1.11로 0에 가깝다. 반면 ❶번 분포함수와 ❸번 분포함수는 사뭇 다르다는 것을 쉽게 알 수 있다. 즉 ❶번 분포함수는 ❸번 분포함수와 달라 KLD 값은 매우 큰 45.8이 된다. 동일한 함수 사이의 KL 발산은 항상 0이 된다는 점에 유의하길 바란다.

---

1 KL(p|q)≠KL(q|p)이 성립하므로 KL 발산은 대칭이 아니라고 한다. – 옮긴이

이산 확률분포에 대한 KLD는 다음과 같이 계산한다.

$$D_{KL}(P||Q) = -\sum_{x \in X} P(x)log\left(\frac{Q(x)}{P(x)}\right)$$

다음 그림을 살펴보자.

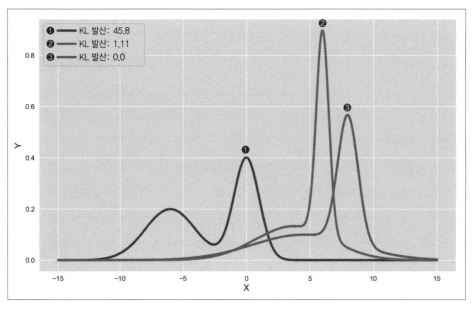

그림 7.5 박스에 표시된 KL 발산은 ❸번 분포함수와 다른·함수를 계산한다. 해당 값이 클수록 대상 함수 간 차이가 크다.

따라서 KL 발산을 이용하면 두 분포를 비교해 어떠한 관계인지 파악할 수 있다. 그렇다면 강화학습 문제에 이러한 측정 기준을 어떻게 사용하고 현재 폴리시와 후속 폴리시 분포의 차이를 어떻게 제한할 수 있을까?

FIM은 분포 공간의 국소 곡률local curvature을 측정하기 위한 지표metric로 KL 발산을 이용한다. 따라서 KL 발산으로 계산한 곡률(2차 미분)과 목적함수((7.1) 식)의 그래디언트(1차 미분)를 결합해 KL 발산 거리를 일정하게 유지하기 위한 스텝 방향과 길이를 계산할 수 있다.

따라서 (7.1) 식을 따르는 업데이트에서 FIM 값이 클 때는(행동 분포 사이에 큰 차이가 있다는 의미다) 가장 가파른 방향을 따라 작은 보폭step만 취하고 FIM 값이 작을 때는(행동 분포 사이에 큰 차이가 없다는 의미다) 큰 보폭을 취해 더 신중하게 진행한다.

NG 문제

강화학습 프레임워크에서 NG의 유용성을 아는 데도 불구하고 사용하기 어려운 이유는 FIM 계산에 많은 자원computational cost이 필요하기 때문이다. 그래디언트 계산 비용은 $O(n)$이지만 NG 계산 비용이 $O(n^2)$이다(여기서 n은 파라미터 개수다). 즉 파라미터 수가 증가할수록 NG 계산 비용이 기하급수적으로 증가하는 문제가 있다. 실제로 2003년 NPG 논문에서 폴리시가 선형인 작은 작업에 NG를 적용했다. 하지만 수십만 개 파라미터를 갖는 심층신경망에서 F^{-1}을 계산하려면 매우 많은 자원이 필요해 적용하기가 어렵다. 그럼에도 불구하고 약간의 근사approximations와 트릭tricks을 이용하면 심층신경망에서도 NG를 사용할 수 있다.

 지도 학습에서는 2차-그래디언트를 Adam과 RMSProp 같은 최적화 알고리듬을 이용해 경험적으로 근사하므로 강화학습과 달리 NG를 사용할 필요가 없다.

▌ TRPO

TRPOTrust Region Policy Optimization는 심층신경망 폴리시를 통제된 상태에서 안정적으로 훈련시키는 것을 목표로 몇 가지 근사치를 이용해 NGNatural Gradient를 처음 계산한 알고리듬이다. 이미 알고 있듯이 NPG로부터 비선형 함수가 많은 파라미터를 갖는다면 FIM의 역함수를 계산하기 어렵다. TRPO는 NPG를 이용해 이러한 어려움을 해결했다. TRPO는 써로게이트surrogate 목적함수를 도입해 일련의 근사치approximations를 만들어 사용하고 원시 픽셀 정보를 이용해 걷기, 뛰기, 아타리 게임을 하는 복잡한 폴리시를 성공적으로 학습했다.

TRPO는 가장 복잡한 모델-프리model-free 알고리듬 중 하나다. NG의 기본 원리를 이미 배웠지만 여전히 이해하기 어려운 부분이 있다. 7장에서는 TRPO를 직관적으로 이해할 수 있을 만큼만 설명하고 주요 방정식 위주로 소개하겠다. TRPO 알고리듬을 더 상세하게 알아보려면 논문(https://arxiv.org/abs/1502.05477)에 언급된 이론과 증명을 참조하길 바란다.

이제 TRPO를 구현해 Roboschool 환경에 적용해볼 것이다. 하지만 7장에서 모든 구현 내용을 설명하지는 않을 것이다. 전체 내용은 깃허브를 참조하길 바란다.

TRPO 알고리듬

넓은 관점에서 TRPO는 비선형 함수 근사nonlinear function approximation를 위한 NPGNatural Policy Gradient 알고리듬의 연속으로 볼 수 있다. TRPO에서 도입한 가장 큰 개선은 신뢰 영역trust region을 형성하기 위해 신규 폴리시와 이전 폴리시의 분포차인 KLDKullback-Leibler Divergence 를 제약 조건으로 사용했다는 점이다. 이를 통해 네트워크는 항상 신뢰 영역 내에서 가능한 최대 스텝을 취할 수 있다. TRPO는 다음과 같은 제약 조건이 포함된 (7.2) 식으로 표현할 수 있다.

$$\text{최대화}_\theta \ J_{\theta_{old}}(\theta)$$
$$\text{제약 조건 } to \ D_{KL}(\theta_{old}, \theta) \leq \delta \quad (7.2)$$

(7.2) 식에서 $J_{\theta_{old}}$는 목적함수를 추정한 써로게이트 함수surrogate function다. $D_{KL}(\theta_{old}, \theta)$은 θ_{old} 파라미터를 갖는 이전 폴리시와 θ 파라미터를 갖는 신규 폴리시 사이의 차이를 KL 발산으로 계산한 값이다. 또한 D_{KL}은 제약 조건의 계수coefficient of the constraint다.

이전 폴리시old policy의 상태 분포를 이용해 신규 폴리시의 파라미터에 대한 목적함수 값이 최대가 되도록 써로게이트objective surrogate 함수를 설계해야 한다. 이를 위해 이전 폴리시

(이미 알고 있는 분포)의 분포만 갖는 상태에서 신규 폴리시(원하는 폴리시) 분포를 추정하는 방법인 중요도 샘플링[2]을 사용한다. 중요도 샘플링은 이전 폴리시로 궤도를 샘플링했지만 실제로 계산하려는 것은 새로운 폴리시의 분포이기 때문에 필요하다. 중요도 샘플링을 사용하면 써로게이트 목적함수는 (7.3) 식과 같이 정의할 수 있다.

$$J_{\theta_{old}}(\theta) = E_{s \sim p_{old}, a \sim \pi_{old}} \left[\frac{\pi_\theta(a|s)}{\pi_{\theta_{old}}(a|s)} A_{\theta_{old}}(s, a) \right] \quad (7.3)$$

$A_{\theta_{old}}$은 이전 폴리시의 어드밴티지 함수advantage function다. 따라서 제약 조건이 있는 최적화 문제constraint optimization problem는 다음과 같다.

$$\text{최대화}_\theta \ E_{s \sim p_{old}, a \sim \pi_{old}} \left[\frac{\pi_\theta(a|s)}{\pi_{\theta_{old}}(a|s)} A_{\theta_{old}}(s, a) \right] \quad (7.4)$$
$$\text{제약 조건 } to \ E_{s \sim p_{old}} \left[D_{KL} \left(\pi_{\theta_{old}}(\cdot|s) \ || \ \pi_\theta(\cdot|s) \right) \right] \leq \delta$$

(7.4) 식에서 $\pi(\cdot|s)$는 상태 s에 대한 조건부 행동 분포를 의미한다.

(7.4) 식은 기대 값expectation을 배치 샘플에 대한 경험적 평균empirical average으로 대체하고 $A_{\theta_{old}}$를 경험적 추정empirical estimate으로 대체해 계산할 수 있다. 따라서 first sampling scheme은 single path가 있고 두 번째는 vine이 있다.

일반적으로 제약 조건Constraint이 있는 문제는 해결하기 어렵다. TRPO에서 (7.4) 식 같은 최적화 문제는 목적함수의 선형 근사linear approximation와 제약 조건에 대한 2차 근사quadratic approximation를 사용해 처리하면 최적 해가 다음 수식과 같은 NPG 업데이트와 유사해진다.

$$\theta \leftarrow \theta + \beta F^{-1} g$$

이 식에서 $g = \nabla_\theta J(\theta)$이다.

---

2 기대 값을 효율적으로 추정하는 방법이다. 기대 값을 계산하려는 확률분포 p(x)의 확률밀도함수(PDF, Probability Density Function)를 알고 있지만 p에서 샘플을 생성하기 어려울 때 샘플을 생성하기 비교적 쉬운 q(x)에서 샘플을 생성해 p의 기대 값을 계산하는 것이다. – 옮긴이

원래 최적화 문제의 근사는 선형 시스템 문제를 해결하는 방법인 컨주게이트 그래디언트 Conjugate Gradient로 해결할 수 있다. NPG에서 F^{-1} 계산을 하려면 많은 파라미터 때문에 처리 시간이 많이 소요된다. 하지만 CG를 이용하면 완전 행렬 F를 만들지 않고 선형 시스템 문제를 근사적으로 해결할 수 있다. 따라서 (7.5) 식과 같이 CG를 사용해 s를 계산할 수 있다.

$$s \approx F^{-1}g \quad (7.5)$$

TRPO는 스텝 사이즈를 추정하는 방법도 제공하며 (7.6) 식과 같다.

$$\beta = \sqrt{\frac{2\delta}{s^T F s}} \quad (7.6)$$

따라서 업데이트는 (7.7) 식과 같다.

$$\theta \leftarrow \theta + \sqrt{\frac{2\delta}{s^T F s}} s \quad (7.7)$$

지금까지 NPG 스텝의 특별한 사례를 설명했다. 이제 TRPO 업데이트에 필요한 핵심 요소를 설명하겠다. 선형 목적함수와 2차 제약 조건quadratic constraint의 해를 갖는 문제를 근사시켜 추정했다는 점을 알아두자. 즉 기대 리턴 값expected return에 대한 지역적 근사치local approximation만 해결하고 있는 것이다. 이러한 근사치 도입으로 인해 KL 발산 제약 조건이 여전히 충족되고 있는지 확신할 수 없다. 비선형 목표를 개선하면서 비선형 제약 조건을 보장하려면 TRPO는 라인 서치line search를 실행하고 제약 조건을 만족시키는 더 높은 α 값을 찾아내야 한다. 라인 서치를 사용한 TRPO 업데이트는 (7.8) 식과 같다.

$$\theta \leftarrow \theta + \alpha\sqrt{\frac{2\delta}{s^T F s}} s \quad (7.8)$$

라인 서치는 알고리듬에서 무시해도 될 만큼 미미한 역할을 한다고 볼 수 있지만 논문에서 설명했듯이 매우 중요한 역할을 한다. 라인 서치 알고리듬이 없으면 TRPO 알고리듬이 큰 스텝large steps을 계속 진행해 성능 저하를 초래할 수 있기 때문이다.

TRPO 알고리듬의 관점에서 라인 서치는 근사 목적함수approximated objective function와 제약 조건constraint을 고려한 해를 찾기 위해 컨주게이트 그래디언트conjugate gradient 알고리듬으로 검색 방향search direction을 계산한다. 다음으로 최대 스텝 길이인 β에 대한 라인 서치를 실행해 KL 발산에 대한 제약 조건을 만족시킨 상태에서 목적함수를 개선한다. 알고리듬의 속도를 더 높이기 위해 컨주게이트 그래디언트 알고리듬도 효율적인 피셔−벡터 행렬 곱Fisher-Vector product을 사용한다. 피셔−벡터 곱의 상세한 내용은 논문(https://arxiv.org/abs/1502.05477paper)을 참조하길 바란다.

TRPO는 알고리듬에 크리틱critic이 포함된 AC^Actor-Critic 아키텍처 형태를 띠며 대상 작업을 학습할 때 폴리시(액터)를 지원하는 구조다. 의사코드로 작성된 상위 수준의 알고리듬 구현(크리틱과 결합된 TRPO) 결과는 다음과 같다.

```
Initialize π_θ with random weight
Initialize environment s ← env.reset()

for episode 1... M do
    Initialize empty buffer

    > Generate few trajectories
    for step 1... TimeHorizon do
        > Collect experience by acting on the environment
        a ← π_θ(s)
        s′,r,d ← env(a)
        s ← s′
        if d == True
            s ← env.reset()
            > Store the episode in the buffer
            D ← D ∪ (s_{1..T}, a_{1..T}, r_{1..T}, d_{1..T})   # T는 에피소드의 길이다.
```

어드밴티지 값 A_i와 n-step 보상을 계산한다.

> *Estimate the gradient of the objective function*

$$g = \nabla_\theta \widetilde{E} \left[\frac{\pi_\theta(a|s)}{\pi_{\theta_{old}}(a|s)} A_{\theta_{old}}(s,a) \right] \ (1)$$

> *Compute s using conjugate gradient*

$$s \approx F^{-1}g \ (2)$$

> *Compute the step length*

$$\beta = \sqrt{\frac{2\delta}{s^T F s}} \ (3)$$

> *Update the policy using all the experience in D*

제약 조건을 만족하는 최대 α 값을 찾아내기 위해 라인 서치를 한다.

$$\theta \leftarrow \theta + \alpha\beta s \ (4)$$

> *Critic update using all the experience in D*

$$w \leftarrow w + \alpha_w \nabla_w \frac{1}{|D|} \sum_i (V_w(s_i) - G_i)^2$$

TRPO의 로직을 살펴봤으니 구현해보자.

TRPO 알고리듬 구현

TRPO 알고리듬 구현 절에서는 폴리시를 최적화하는 데 필요한 스텝을 중점적으로 설명하겠다. 이미 살펴본 기능(환경에서 궤도 정보를 수집하는 사이클, 컨주게이트 그래디언트 알고리듬, 라인 서치 알고리듬 관련 부분 등) 구현은 생략한다. 전체 코드는 깃허브를 참조하길 바란다. 이 구현은 연속 형태의 제어를 목적으로 한다.

우선 폴리시actor와 가치함수critic를 위한 심층신경망 2개를 만들어보자.

```
# 액터(actor) 신경망
# p means_model에 대하 입력
```

```
# log_std에 대한 생성
x=Input([obs_dim[0]])
p_means_model = mlp(x, hidden_sizes, act_dim, activation=tf.tanh, last_activation=tf.
tanh)
log_std = tf.compat.v1.get_variable(name='log_std', initializer=np.zeros(act_dim,
dtype=np.float32)-0.5)
# 가치함수를 표현하기 위한 신경망
# 크리틱(critic) 신경망
x=Input([obs_dim[0]]) # osb_ph를 x 값으로 사용함(s_values: 결과 값, s_values_model: 모델)
s_values_model = mlp(x, hidden_sizes, 1, activation=tf.tanh, last_activation=None)
```

여기서 주목할 사항은 다음과 같다.

1. 액터와 크리틱은 파라미터를 별도로 선택해야 하므로 서로 다른 두 가지 변수 범위로 정의한다.

2. 행동 공간은 공분산 행렬을 갖는 가우시안 분포로 대각 형태이며 상태와 무관하다. 대각 행렬은 각 행동에 대해 1개의 요소를 갖는 벡터로 사이즈를 조정할 수 있다. 또한 이 벡터에 로그를 적용해 작업한다.

이제 다음과 같이 예측 평균에 정규 분포하는 노이즈normal noise를 추가하고 행동을 정리하며clip 가우시안 로그우도Gaussian log likelihood를 계산한다.

```
# Add "noise" to the predicted mean following the Gaussian distribution with standard
deviation e^(log_std)
p_noisy = p_means + tf.random.normal(shape = tf.shape(p_means), mean=0.0, stddev=1.0) *
tf.exp(log_std)
# Clip the noisy actions
a_sampl = tf.clip_by_value(p_noisy, low_action_space, high_action_space)
p_log = gaussian_log_likelihood(act_ph, p_means, log_std)
```

다음으로 목적함수 $\tilde{E}\left[\frac{\pi_\theta(a|s)}{\pi_{\theta_{old}}(a|s)}A_{\theta_{old}}(s,a)\right]$ 크리틱의 MSE 손실함수를 계산하고 크리틱에 대한 옵티마이저optimizer를 만든다.

```
# TRPO 손실함수
ratio_new_old = tf.exp(p_log - old_p_log_ph)

# TRPO surrogate loss function
p_loss = - tf.reduce_mean(ratio_new_old * adv_ph)

# MSE 손실함수
v_loss = tf.reduce_mean((rtg_batch[minib] - tmp_s_values)**2)

# 크리틱 최적화
grads = tape.gradient(v_loss, s_values_model.trainable_variables)
# Processing aggregated gradients.
v_opt.apply_gradients(zip(grads, s_values_model.trainable_variables))
```

다음 단계로 앞의 의사코드에 제시한 포인트 (2), (3), (4)의 그래프를 작성한다. 실제로 (2)와 (3)은 텐서플로우에서 실행되지 않으므로 계산 그래프의 일부가 아니다. 하지만 계산 그래프에서 몇 가지 관련 내용을 살펴봐야 한다. 그 단계는 다음과 같다.

1. 폴리시 손실함수의 그래디언트를 추정한다.
2. 폴리시 파라미터를 복원하는^{restore} 절차를 정의한다. 라인 서치 알고리듬에서는 폴리시를 최적화하고 제약 조건을 테스트하며 새 폴리시가 이를 만족시키지 못하면 폴리시 파라미터를 복원해 더 작은 n 계수로 시도해야 하므로 폴리시 파라미터 복원 절차가 필요하다.
3. 피셔-벡터 곱^{product}을 계산한다. 이 방법은 완전한 F를 형성하지^{forming} 않고 Fx를 계산하는 효율적인 방법이다.
4. TRPO 스텝을 계산한다.
5. 폴리시를 업데이트한다.

1단계로 폴리시 손실함수^{loss function}의 그래디언트를 추정하자.

```
# 액터 파라미터 수집
p_variables = p_means_model.trainable_variables
p_variables.append(log_std)

# 액터 파라미터에 대한 폴리시 손실 그래디언트
# p_grads 계산 후 flatten을 실행함
def p_grads_flatten(obs_ph, act_ph, adv_ph, old_p_log_ph, step_count):
    with tf.GradientTape() as tape:
        # Compute the gaussian log likelihood
        p_means = p_means_model(tf.convert_to_tensor(obs_ph, tf.dtypes.float32))
        p_log = gaussian_log_likelihood(act_ph, p_means, log_std)
        # Measure the divergence
        # diverg = tf.reduce_mean(tf.exp(old_p_log_ph - p_log))
        # ratio
        ratio_new_old = tf.exp(p_log - old_p_log_ph)
        # TRPO surrogate loss function
        p_loss = - tf.reduce_mean(ratio_new_old * adv_ph)
    p_grads = tape.gradient(p_loss, p_variables)
    p_grads_flatten = flatten_list(p_grads)

    with file_writer.as_default():
        tf.summary.scalar('ratio_new_old', tf.reduce_mean(ratio_new_old).numpy(), step_
count)

    return(p_grads_flatten)
```

p_means_model.trainable_variables를 이용해 액터의 변수를 확보한다.

2단계로 액터actor 파라미터를 복원한다.

```
# Actor Parameters를 Restore함
def get_restore_params(p_old_variables):
    # 액터의 파라미터를 저장하기 위한 인덱스로 사용되는 변수
    it_v1 = tf.Variable(0, trainable=False)
    restore_params = []

    for p_v in p_variables:
```

```
        upd_rsh = tf.reshape(p_old_variables[it_v1 : it_v1+tf.reduce_prod(p_v.shape)],
shape=p_v.shape)
        restore_params.append(p_v.assign(upd_rsh))
        it_v1 = it_v1 + tf.reduce_prod(p_v.shape)

    restore_params = tf.group(*restore_params)
```

각 층의 변수에 대해 반복하고 이전 변수 값을 현재 변수에 배정한다.

3단계로 피셔-벡터 곱은 폴리시 변수에 대한 KL 발산의 2차 미분을 계산해 실행한다.

```
# dkl_diverg를 계산함
def get_dkl_diverg(old_mu_ph, old_log_std_ph, obs_batch):
    p_means = p_means_model(tf.convert_to_tensor(obs_batch, tf.dtypes.float32))
    temp = gaussian_DKL(old_mu_ph, old_log_std_ph, p_means, log_std)
    return(temp)

# 피셔-벡터 Product를 계산함
def get_Fx(old_mu_ph, old_log_std_ph, p_ph, obs_ph):
    with tf.GradientTape() as t2:
        with tf.GradientTape() as t1:
            # gaussian KL divergence of the two policies
            dkl_diverg = get_dkl_diverg(old_mu_ph, old_log_std_ph, obs_ph)
        # Jacobian of the KL divergence (Needed for the Fisher matrix-vector product)
        dkl_diverg_grad = t1.gradient(dkl_diverg, p_variables)
        dkl_matrix_product = tf.reduce_sum(flatten_list(dkl_diverg_grad) * p_ph)
        # print('dkl_matrix_product', dkl_matrix_product.shape)
        # Fisher vector product
        # The Fisher-vector product is a way to compute the A matrix without the need
of the full A
    Fx = flatten_list(t2.gradient(dkl_matrix_product, p_variables))
    return(Fx)
```

4단계와 5단계로 폴리시에 대한 업데이트를 적용한다. 여기서 beta_ph는 β이고 (7.6) 식을 이용해 계산하며 alpha는 라인 서치를 이용해 찾아내야 하는 재조정 값이다.

```python
# Policy를 업데이트함
def do_p_opt(beta_ph, alpha, cg_ph):
    # 폴리시 업데이트를 한다.
    npg_update = beta_ph * cg_ph
    alpha = tf.Variable(1., trainable=False)
    trpo_update = alpha * npg_update

    #################### POLICY UPDATE ####################
    # 인덱스로 사용된 변수
    it_v = tf.Variable(0, trainable=False)
    p_opt = []

    for p_v in p_variables:
        upd_rsh = tf.reshape(trpo_update[it_v : it_v+tf.reduce_prod(p_v.shape)],
shape=p_v.shape)
        p_opt.append(p_v.assign_sub(upd_rsh))
        it_v = it_v + tf.reduce_prod(p_v.shape)
```

α가 없으면 업데이트는 NPG 업데이트로 볼 수 있다.

폴리시의 각 변수를 대상으로 업데이트를 수행한다. 이 작업은 다음 수식을 이용해 p_v-upd_rsh 값을 p_v에 할당하는^{assign} p_v.assign_sub(upd_rsh)을 이용한다.

$$\theta \leftarrow \theta - \alpha\beta\,s$$

식에서 마이너스 부호는 목적함수를 손실함수로 사용했기 때문이다.

이제 알고리듬의 모든 이터레이션에서 폴리시를 업데이트할 때 구현한 모든 코드가 어떻게 합쳐지는지 간단하게 살펴보겠다. 여기서 설명할 코드는 궤도를 샘플링하는 맨 안쪽 사이클 다음에 추가해야 한다. 코드를 상세하게 살펴보기 전에 할 일은 다음과 같다.

1. 궤도[3]를 샘플링하는 데 사용한 폴리시의 출력, 로그 확률, 표준편차, 파라미터를 가져온다. 이 폴리시는 이전 폴리시[old policy]다.

2. 컨주게이트 그래디언트를 계산한다.

3. 스텝의 길이 β를 계산한다.

4. 백트래킹 라인 서치[backtracking line search]해 α를 계산한다.

5. 폴리시 업데이트를 실행한다.

첫 번째 포인트는 몇 가지 작업을 실행해 달성한다.

```
...
# "old" 폴리시는 최적화하기 위한 폴리시와 환경에서 샘플링을 위해 사용된 폴리시를 참조한다.
old_p_means = p_means_model(tf.convert_to_tensor(obs_batch, tf.dtypes.float32))
old_log_std = log_std
old_p_log = gaussian_log_likelihood(act_batch, old_p_means, old_log_std)

# 액터 파라미터를 모아 평활화 처리한다.
old_actor_params = flatten_list(p_variables)
...
old_p_loss = get_ploss(old_p_means, old_log_std, obs_batch, act_batch, adv_batch, old_
p_log, step_count)
```

컨주게이트 그래디언트 알고리듬은 추정한 FIM, 목적함수의 그래디언트, 이터레이션 수
(TRPO에서는 5와 15 사이 값)를 리턴하는 입력함수가 필요하다.

```
def H_f(p):
    '''
    DKL의 헤시안을 추정하기 위해 p에 대한 Fisher-Vector 곱을 실행한다.
    '''
    temp = get_Fx(old_p_means, old_log_std, p, obs_batch)
    return(temp)
```

---

3 강화학습에서 에피소드를 진행하면서 지나가는 경로 – 옮긴이

```
# p_var_flatten
g_f = p_grads_flatten(obs_batch, act_batch, adv_batch, old_p_log, step_count)
# H^(-1)*g의 근사치를 구하기 위해 결합구배(conjugate gradient)를 계산한다.
# 여기서 H는 실제 KL 발산의 헤시안이 아니고 추정치다. of it computed via Fisher-Vector Product
(F)
conj_grad = conjugate_gradient(H_f, g_f, iters=conj_iters)
```

다음으로 스텝의 길이 β, beta_np, 최대 계수 α와 백트래킹 라인 서치 알고리듬을 사용해 제약 조건을 만족시키는 best_alpha를 계산하고 모든 값을 계산 그래프에 제공해[feeding] 최적화를 실행한다.

```
# 스텝 길이를 계산한다.
beta_np = np.sqrt(2*delta / np.sum(conj_grad * H_f(conj_grad)))

def DKL(alpha_v):
    '''
    Compute the KL divergence.
    It optimize the function to compute the DKL. Afterwards it restore the old
parameters.
    '''
    # dkl_diverg
    temp1 = get_dkl_diverg(old_p_means, old_log_std, obs_batch)
    # p_loss
    temp2 = get_ploss(old_p_means, old_log_std, obs_batch, act_batch, adv_batch, old_p_
log, step_count)
    a_res = [temp1, temp2]
    get_restore_params(old_actor_params)



    ....
```

보다시피 backtracking_line_search는 DKL이라는 함수를 사용한다. 함수 DKL은 이전 폴리시와 신규 폴리시 사이의 KL 발산 값, δ 계수(제약 조건 값), 이전 폴리시의 손실 값[loss]을 리턴한다. backtracking_line_search는 $\alpha = 1$부터 시작해 해당 조건(KL 발산이 δ보다 작고 새로운 손실함수가 감소)을 만족시킬 때까지 값을 점진적으로 감소시키는 방법이다.

이를 위해 TRPO에만 해당하는 하이퍼 파라미터는 다음과 같다.

- delta(δ): 기존 폴리시와 새로운 폴리시 사이의 최대 KLD 허용 값이다.
- conj_iters: 컨주게이트conjugate 이터레이션 횟수다. 보통 5~15 사이 값으로 설정한다.

TRPO 애플리케이션

TRPO의 효율성과 안정성을 통해 새롭고 더 복잡한 환경에서 테스트할 수 있었다. 실제로 Roboschool 환경에 TRPO를 적용해봤다. Roboschool과 Mujoco는 TRPO 같이 연속 행동으로 복잡한 에이전트를 제어할 수 있는 알고리듬의 테스트 대상으로 사용된다. 구체적으로 RoboschoolWalker2d에서 TRPO를 테스트했는데 여기서 에이전트의 임무는 최대한 빨리 걷는 방법을 학습하는 것이다. 이 환경은 다음 그림과 같으며 에이전트가 중단되거나 시작 이후 1,000회 이상의 타임스텝이 경과할 때마다 환경을 종료한다. 상태 state는 사이즈가 22인 Box 클래스로 인코딩하며 에이전트는 범위가 [-1, 1]인 6개 실수 값 float values으로 제어한다.

그림 7.6 Roboschool Walker2d 환경 렌더링 결과

각 에피소드 환경에서 수집할 스텝 횟수the number of steps를 TRPO에서는 시평time horizon이라고 한다. 이 값은 배치batch 사이즈를 결정하는 데 사용한다. 또한 환경을 대표하는 데이터를 더 많이 수집하기 위해 여러 에이전트를 병렬로 실행하는 것이 좋다. 이 경우 배치 사이즈는 에이전트 수를 시평에 곱한 결과와 같다. 구현 코드상에는 복수 개 에이전트multiple agents를 병렬로 실행하기 위한 내용은 없지만 각 에피소드에서 허용되는 최대 스텝 수보다 긴 시평을 사용해 달성할 수 있다. 예를 들어 Roboschoolwalker2d에서 에이전트가 6,000 시평을 사용하고 목표에 도달하는 데 최대 1,000 스텝을 진행한다면 최소 6개의 완전한 궤도full trajectories를 확보할 수 있다.

다음 표의 하이퍼 파라미터를 이용해 TRPO를 실행한다. 세 번째 열은 각 하이퍼 파라미터의 표준 범위다.

하이퍼 파라미터	Roboschoolwalker2	범위
컨주게이트 이터레이션	10	[7-10]
델타(δ)	0.01	[0.005-0.03]
배치 사이즈(시평X에이전트 수)	6000	[500-20000]

TRPO(다음 절의 PPO도 마찬가지다)의 진행 내용은 게임별로 축적한 총 보상과 크리틱이 예측한 상태 값을 살펴보고 모니터링할 수 있다.

600만 스텝을 훈련한 후의 성능 결과는 다음 그림과 같다. 200만 스텝까지 진행한 결과 1,300점에 도달해 적당한 속도로 걸을 수 있게 됐다. 훈련 시작 단계에서 점수가 약간 감소하는 변곡점이 발생했는데 아마도 지역 최적 지점local optimum point 때문인 것으로 판단된다. 해당 지점 이후 에이전트는 회복해 1,250점에 도달할 때까지 꾸준하게 상승했다는 것을 알 수 있다.

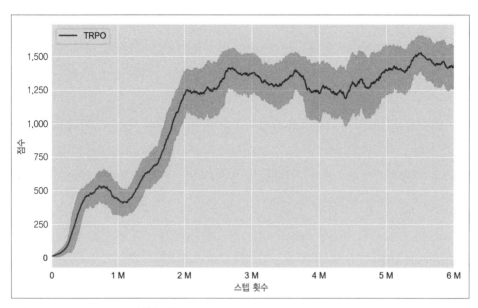

그림 7.7 RoboschoolWalker2d의 학습곡선

예측 상태 값$^{\text{predicted state}}$은 결과를 연구할 수 있는 중요한 지표를 제공한다. 일반적으로 예측 상태 값은 총 보상보다 안정적이고 분석하기 쉬우며 다음 다이어그램과 같다. 실제로 예측 상태 값은 매끄러운 함수를 보여주므로 약 400만 스텝과 450만 스텝에서 일부 급등하는 이상치에도 불구하고 가설이 타당하다고 확신할 수 있다.

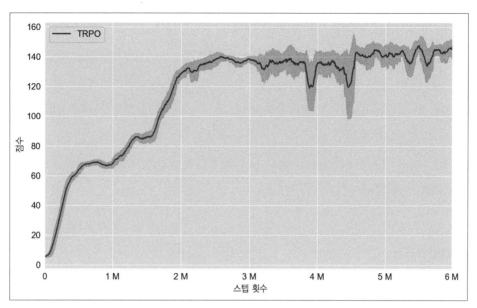

그림 7.8 RoboschoolWalker2d의 TRPO 크리틱으로 예측한 상태 값

그래프에 근거하면 에이전트는 300만 스텝 후에도 매우 느린 속도로도 학습을 계속 진행한다는 것을 쉽게 알 수 있다.

TRPO는 고려해야 할 부분이 매우 많은 복잡한 알고리듬이다. TRPO는 현재 분포에서 폴리시가 너무 많이 벗어나지 않도록 신뢰 영역^{Trust Region} 내에서 폴리시를 제한하는 기능이 있다.

TRPO와 동일한 접근법을 사용하지만 더 단순하고 일반적인 알고리듬을 설계할 수 있을지 알아보자.

▌ Proximal Policy Optimization

슐만schulman과 그의 동료는 TRPO보다 간단하고 일반화된 알고리듬을 개발할 수 있다는 것을 보여줬다. 실제로 이 방법은 TRPO와 유사한 아이디어를 사용하지만 상대적으로 간단하다. 이 방법을 PPO Proximal Policy Optimization라고 하는데 이 방법의 장점은 TRPO 대비 신뢰도를 떨어뜨리지 않고 1차 미분만 이용해 최적화 first-order optimization를 한다는 것이다. PPO는 TRPO보다 일반적이고 상대적으로 적은 샘플을 사용하며(높은 샘플효율성) 미니 배치로 다중 업데이트가 가능하다.

PPO의 개요

PPO는 TRPO에서와 같이 목적함수를 구속하기 위해 제약 조건constraints((7.4) 식 참조)을 이용하지 않고 목적함수가 사전에 설정한 범위를 벗어나지 않도록 정리한 써로게이트 목적함수Clipped Surrogate Objective Function를 이용한다. 이렇게 하면 대상 폴리시에 대해 너무 큰 업데이트를 방지할 수 있다. 목적함수($\mathcal{L}^{CLIP}(\theta)$)는 다음과 같다.

$$\mathcal{L}^{CLIP}(\theta) = E_{s \sim p_{old}, a \sim \pi_{old}}[min(r_t(\theta)A_t, clip(r_t(\theta), 1 - \epsilon, 1 + \epsilon)A_t] \quad (7.9)$$

(7.9) 식에서 $r_t(\theta) A_t$를 오리지날 손실Original Loss이라고 하고 $clip(r_t(\theta), 1 - \epsilon, 1 + \epsilon)A_t$를 정리한 손실Clipped Loss이라고 한다. 또한 $r_t(\theta)$는 다음과 같다.

$$r_t(\theta) = \frac{\pi_\theta(a_t|s_t)}{\pi_{\theta_{old}}(a_t|s_t)} \quad (7.10)$$

목적함수($\mathcal{L}^{CLIP}(\theta)$)는 신규 폴리시와 이전 폴리시 사이의 확률 비율probability ratio인 $r_t(\theta)$를 이용해 다음과 같은 값을 갖게 한다.

1. A_t가 0보다 큰 경우 $r_t(\theta) A_t$가 $(1 + \epsilon) A_t$ 이상의 값을 가지면 $(1 + \epsilon) A_t$ 값을 갖게 하고

2. A_t가 0보다 작은 경우 $r_t(\theta)\,A_t$가 $(1-\epsilon)\,A_t$ 이하의 값을 가지면 $(1-\epsilon)\,A_t$의 값을 갖게 한다.

이와 같이 clip 함수를 사용하면 r_t가 구간 $[1-\epsilon, 1+\epsilon]$을 벗어나는 것을 방지할 수 있다. 예를 들어 ϵ가 0.1인 경우 clip 함수는 clip(r_t(θ), 0.9, 1.1)이 되고 $r_t(\theta)$이 0.9보다 작으면 0.9를 반환하고 1.1보다 크면 1.1을 반환한다. 값 1은 기준점 $r_t(\theta_{old}) = 1$로 사용했다.

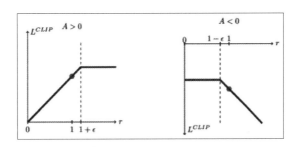

PPO 알고리듬

PPO 논문에 사용한 실용적인 알고리듬은 GAE^Generalized Advantage Estimation의 정리 버전 ^truncated version을 사용한다. 이 내용은 논문 「High−Dimensional continuous Control using Generalized Advantage Estimation」에서 처음 소개했다. GAE는 다음과 같은 방법으로 어드밴티지^advantage를 계산한다.

$$A_t = \delta_t + (\gamma\lambda)\delta_{t+1} + .. + (\gamma\lambda)^{T-t+1}\delta_{t-1}$$
$$where \ \ \delta_t = r_t + \gamma V(s_{t+1}) - V(s_t) \tag{7.11}$$

공통 어드밴티지 추정기 대신 이 식을 사용한다.

$$A_t = r_t + \gamma t_{t+1} + .. + \gamma^{T-t+1} r_{T-1} V(s_T) \tag{7.12}$$

PPO 알고리듬을 계속 반복할 때마다 여러 병렬 액터에서 발생한 N개 궤도trajectories가 시평 T로 수집되고 폴리시는 미니 배치로 k회 업데이트된다. 이 추세에 따라 미니 배치를 사용해 크리틱을 여러 번 업데이트할 수도 있다.

다음 표는 모든 PPO 하이퍼 파라미터와 계수의 표준 값이다. 모든 문제에 하이퍼 파라미터가 필요하므로 분석할 때 해당 파라미터의 범위에 대한 가이드를 얻을 수 있다면 도움이 된다(표에서 세 번째 열에 위치).

하이퍼 파라미터	부호	범위
폴리시 학습률	–	$[1e^{-5}, 1e^{-3}]$
폴리시 이터레이션 횟수	K	$[3, 15]$
궤도 횟수(병렬 액터의 개수와 동일함)	N	$[1, 20]$
시평(time horizon)	T	$[64, 5120]$
미니 배치 사이즈	–	$[64, 5120]$
클리핑(clipping) 상수	$\in$	0.1 or 0.2
델타(GAE용)	δ	$[0.9, 0.97]$
감마(GAE용)	γ	$[0.8, 0.995]$

PPO의 구현

이제 PPO의 기본 요소를 갖췄으므로 파이썬과 텐서플로우를 사용해 PPO를 구현할 수 있다.

PPO의 구조와 구현은 액터–크리틱 알고리듬과 매우 유사하므로 여기서는 몇 가지만 추가로 설명하겠다.

이러한 추가 기능 중 하나는 (7.12) 식을 계산하기 위해 discounted_rewards 함수를 사용해 일반화한 어드밴티지 추정advantage estimation (7.11) 기능이다.

```
def GAE(rews, v, v_last, gamma=0.99, lam=0.95):
    '''
    Generalized Advantage Estimation
    '''
    assert len(rews) == len(v)
    vs = np.append(v, v_last)
    delta = np.array(rews) + gamma*vs[1:] - vs[:-1]
    gae_advantage = discounted_rewards(delta, 0, gamma*lam)
    return gae_advantage
```

GAE 함수는 궤도가 저장될 때 Buffer 클래스의 store 메서드에서 사용된다.

```
class Buffer():
    '''
    Class to store the experience from a unique policy
    '''
    def __init__(self, gamma=0.99, lam=0.95):
        self.gamma = gamma
        self.lam = lam
        self.adv = []
        self.ob = []
        self.ac = []
        self.rtg = []

    def store(self, temp_traj, last_sv):
        '''
        Add temp_traj values to the buffers and compute the advantage and reward to go

        Parameters:
        -----------
        temp_traj: list where each element is a list that contains: observation,
reward, action, state-value
        last_sv: value of the last state (Used to Bootstrap)
        '''
        # 임시 궤도인 경우에만 저장한다.
        if len(temp_traj) > 0:
            self.ob.extend(temp_traj[:,0])
```

```
            rtg = discounted_rewards(temp_traj[:,1], last_sv, self.gamma)
            self.adv.extend(GAE(temp_traj[:,1], temp_traj[:,3], last_sv, self.gamma,
self.lam))
            self.rtg.extend(rtg)
            self.ac.extend(temp_traj[:,2])

    def get_batch(self):
        # standardize the advantage values
        norm_adv = (self.adv - np.mean(self.adv)) / (np.std(self.adv) + 1e-10)
        return np.array(self.ob), np.array(self.ac), np.array(norm_adv), np.array(self.
rtg)

    def __len__(self):
        assert(len(self.adv) == len(self.ob) == len(self.ac) == len(self.rtg))
        return len(self.ob)
```

이제 정리한 써로게이트 손실함수clipped surrogate loss function(7.9)를 정의할 수 있다.

```
def clipped_surrogate_obj(new_p, old_p, adv, eps):
    '''
    Clipped surrogate objective function
    '''
    rt = tf.exp(new_p - old_p) # i.e. pi / old_pi
    return -tf.reduce_mean(tf.minimum(rt*adv, tf.clip_by_value(rt, 1-eps, 1+eps)*adv))
```

이 부분은 매우 직관적이므로 추가 설명이 필요 없다.

다음은 새로운 내용이 없으므로 빨리 살펴보겠다.

```
# 액터
# Computational graph for the policy in case of a continuous action space
if action_type == 'Discrete':
    with tf.compat.v1.variable_scope('actor_nn'):
        x=Input([obs_dim[0]])
        p_logits_model = mlp(x, hidden_sizes, act_dim, activation=tf.nn.relu, last_
activation=tf.tanh)
```

```
else:
    with tf.compat.v1.variable_scope('actor_nn'):
        x=Input([obs_dim[0]])
        p_logits_model = mlp(x, hidden_sizes, act_dim, activation=tf.tanh, last_
activation=tf.tanh)
        log_std = tf.compat.v1.get_variable(name='log_std', initializer=np.zeros(act_
dim, dtype=np.float32)-0.5)

    log_std = tf.compat.v1.get_variable(name='log_std', initializer=np.zeros(act_dim,
dtype=np.float32)-0.5)
...
    def get_act_smp(p_logits_model, act_ph=[]):
        p_log=0
        if action_type == 'Discrete':
            act_smp = tf.squeeze(tf.random.multinomial(p_logits_model, 1))
            if len(act_ph)>0:
                act_onehot = tf.one_hot(act_ph, depth=act_dim)
                p_log = tf.reduce_sum(act_onehot * tf.nn.log_softmax(p_logits_model),
axis=-1)
        else:
            # Add noise to the mean values predicted
            # The noise is proportional to the standard deviation
            p_noisy = p_logits_model + tf.compat.v1.random_normal(tf.shape(p_logits_
model), 0, 1) * tf.exp(log_std)
            # Clip the noisy actions
            act_smp = tf.clip_by_value(p_noisy, low_action_space, high_action_space)
            # Compute the gaussian log likelihood
            if len(act_ph)>0:
                p_log = gaussian_log_likelihood(act_ph, p_logits_model, log_std)
        return act_smp, p_log


# 크리틱
# Neural network value function approximizer
    with tf.compat.v1.variable_scope('critic_nn'):
        x=Input([obs_dim[0]])
        s_values_model = mlp(x, hidden_sizes, 1, activation = tf.tanh, last_
activation=None)


...
```

```
# 액터 손실함수
p_loss = clipped_surrogate_obj(p_log, old_p_batch[minib], adv_batch[minib], eps)

# 액터 손실함수 최소화
train_grads = tape.gradient(p_loss, p_logits_model.trainable_variables)
v_opt.apply_gradients(zip(train_grads, p_logits_model.trainable_variables))


...

# 크리틱 손실함수
v_loss = tf.reduce_mean((rtg_batch[minib] - tmp_s_values)**2)

# 크리틱 손실함수 최소화
train_grads = tape.gradient(v_loss, s_values_model.trainable_variables)
v_opt.apply_gradients(zip(train_grads, s_values_model.trainable_variables))
```

환경과 상호작용해 경험을 수집하기 위한 코드는 AC 및 TRPO와 같다. 깃허브의 PPO 구현에 여러 에이전트를 사용하는 간단한 구현 내용이 있으니 참조하길 바란다.

$N*T$ 트랜지션(N은 실행할 궤도 수, T는 각 궤도의 시간 지평)을 수집했으면 폴리시와 크리틱을 업데이트할 수 있다. 두 경우 모두 여러 번 미니 배치를 사용해 최적화했다. 하지만 최적화 실행 전에 정리한^{clipped} 목적함수는 이전 폴리시의 행동 로그 확률이 필요하므로 완전 배치^{full batch}로 p_log를 실행해야 한다.

```
...
obs_batch, act_batch, adv_batch, rtg_batch = buffer.get_batch()

_, old_p_log = get_act_smp(p_logits_model(tf.convert_to_tensor(obs_batch, tf.dtypes.
float32)), act_ph=act_batch)
# old_p_log = sess.run(p_log, feed_dict={obs_ph:obs_batch, act_ph:act_batch, adv_
ph:adv_batch, ret_ph:rtg_batch})
old_p_batch = np.array(old_p_log)
lb = len(buffer)
shuffled_batch = np.arange(lb)
```

```
# 폴리시 최적화 스텝
for _ in range(actor_iter):
    # shuffle the batch on every iteration
    np.random.shuffle(shuffled_batch)
    for idx in range(0, lb, minibatch_size):
        minib = shuffled_batch[idx:min(idx+minibatch_size,lb)]

# PPO 손실함수
        with tf.GradientTape() as tape:
            _, p_log = get_act_smp(p_logits_model(tf.convert_to_tensor(obs_
batch[minib], tf.dtypes.float32)), act_ph=act_batch[minib])
            p_loss = clipped_surrogate_obj(p_log, old_p_batch[minib], adv_batch[minib],
eps)


        train_grads = tape.gradient(p_loss, p_logits_model.trainable_variables)
        v_opt.apply_gradients(zip(train_grads, p_logits_model.trainable_variables))

# 가치함수 최적화 스텝
for _ in range(critic_iter):
    # shuffle the batch on every iteration
    np.random.shuffle(shuffled_batch)
    for idx in range(0, lb, minibatch_size):
        minib = shuffled_batch[idx:min(idx+minibatch_size,lb)]

# MSE 손실함수
        with tf.GradientTape() as tape:
            tmp_s_values = s_values_model(tf.convert_to_tensor(obs_batch[minib],
tf.dtypes.float32))
            v_loss = tf.reduce_mean((rtg_batch[minib] - tmp_s_values)**2)

        train_grads = tape.gradient(v_loss, s_values_model.trainable_variables)
        v_opt.apply_gradients(zip(train_grads, s_values_model.trainable_variables))
...
```

개별 최적화 이터레이션마다 모든 미니 배치가 다르게 실행되도록 배치를 섞는다shuffle.

여기까지가 PPO 구현 내용이다. 하지만 모든 이터레이션의 전후에 결과를 분석하고 알고리듬을 디버깅하기 위해 나중에 텐서보드에서 사용할 요약summary을 실행한다. 전체 코드는 매우 길기 때문에 깃허브를 참조하길 바란다. 강화학습 알고리듬을 마스터하고 싶다면 개별 항목별 모니터링 그래프의 내용을 이해할 수 있어야 한다.

PPO 애플리케이션

PPO와 TRPO는 매우 유사한 알고리듬이며 TRPO와 동일한 환경인 RoboschoolWalker2d에서 PPO를 테스트해 실행 결과를 비교할 수 있다. 정확한 비교를 위해 두 알고리듬을 동일한 계산 리소스 상태에서 실행하고 튜닝해봤다. PPO의 하이퍼 파라미터는 다음 표와 같다.

하이퍼 파라미터	값
신경망	64, tanh, 64, tanh
폴리시 학습률	3e-4
액터 이터레이션 수	10
에이전트 수	1
시평	5,000
미니 배치 사이즈	256
정리 계수	0.2
델타(GAE용)	0.95
감마(GAE용)	0.99

PPO와 TRPO 비교는 다음 도표와 같다. PPO는 안정화시키는 데 더 많은 경험이 필요하지만 일단 이 상태에 도달하면 TRPO를 능가하는 빠른 개선이 가능하다. 따라서 PPO는 최종 성능면에서 TRPO보다 우수하다고 할 수 있다. 하이퍼 파라미터를 튜닝하면 더 좋은 결과를 얻을 수 있다.

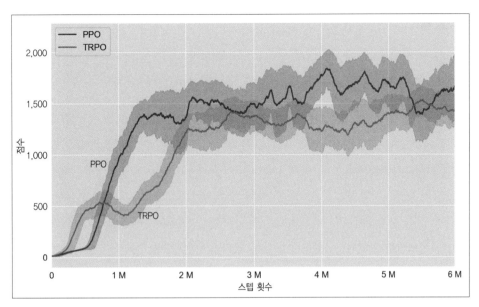

그림 7.9 PPO와 TRPO 성능 비교

ⓘ 개인적인 몇 가지 관찰: PPO가 TRPO보다 튜닝하기가 어렵다는 것을 알게 됐다. 그 이유 중 하나는 PPO가 상대적으로 많은 수의 하이퍼 파라미터를 갖고 있기 때문이다. 특히 액터 학습률은 튜닝해야 할 가장 중요한 계수 중 하나이며 제대로 튜닝되지 않으면 최종 결과에 큰 영향을 미칠 수 있다. TRPO의 장점은 학습률이 필요 없고 상대적으로 튜닝하기 쉬운 하이퍼 파라미터 몇 개만으로 폴리시를 조정할 수 있다는 것이다. 반면 PPO는 더 빠르고 다양한 환경에 적용할 수 있는 것이 장점이다.

▌ 요약

7장에서는 연속 행동으로 에이전트를 제어하기 위해 폴리시 그래디언트 알고리듬을 로보스쿨Roboschool이라는 새로운 환경에 적용하는 방법을 배웠다.

또한 두 가지 폴리시 그래디언트 알고리듬인 TRPO와 PPO를 배우고 구현해봤다. 이 알고리듬은 환경에서 샘플링한 데이터를 더 잘 활용하고 2개의 순차적 폴리시 분포의 차이를 제한하는 기술을 사용한다. 특히 TRPO는 이름에서도 알 수 있듯이 2차 미분, KLD에 근거한 기존 폴리시와 새로운 폴리시 사이의 제약 조건을 설정해 목적함수에 대한 신뢰 영역trust region을 구축한다. PPO는 TRPO와 유사하지만 1차 최적화 메서드만 사용해 목적함수를 최적화한다. PPO는 목표함수가 너무 커지면 목적함수를 정리clipping해 폴리시가 너무 큰 스텝을 취하지 않게 한다.

다른 폴리시 그래디언트 알고리듬과 마찬가지로 PPO와 TRPO도 온-폴리시on-policy지만 AC와 REINFORCE보다 상대적으로 샘플효율성이 높아 적은 데이터로도 학습이 가능하다는 장점이 있다. 즉 TRPO는 2차 미분을 사용해 데이터에서 고차 정보를 추출해 사용하므로 샘플효율성이 좋고 PPO는 동일한 온-폴리시 데이터에 대해 여러 폴리시 업데이트를 수행할 수 있어 샘플효율성이 좋다.

샘플효율성, 견고함robustness, 신뢰성 덕분에 TRPO와 PPO는 Dota(https://openai.com/blog/openai-five/) 같은 매우 복잡한 환경에도 사용할 수 있다.

AC와 REINFORCE뿐만 아니라 PPO와 TRPO는 확률적 그래디언트 알고리듬stochastic gradient algorithms이다.

8장에서는 결정론적deterministic 폴리시 그래디언트 알고리듬 2개를 살펴보겠다. 결정론적 알고리듬은 지금까지 설명한 알고리듬이 따라할 수 없는 유용한 속성이 있기 때문에 관심을 갖고 살펴봐야 한다.

▌ 질문

1. 폴리시 신경망은 연속형 에이전트를 어떻게 제어하는가?
2. KL 발산이란 무엇인가?
3. TRPO의 기본적인 아이디어는 무엇인가?
4. KL 발산은 TRPO에서 어떻게 사용되는가?
5. PPO의 주요 장점은 무엇인가?
6. PPO가 좋은 샘플효율성을 달성하는 방법은 무엇인가?

▌ 심화학습 자료

- NPG를 처음 소개한 논문에 관심이 있다면 「A Natural Policy Gradient」 https://papers.nips.cc/paper/2073-a-natural-policy-gradient.pdf를 읽어보길 바란다.
- 일반화한 어드밴티지 함수를 소개한 논문에 관심이 있다면 「High-Dimensional Continuous Control Using Generalized Advantage Estimation」 https://arxiv.org/pdf/1506.02438.pdf를 읽어보길 바란다.
- Trust Region Policy Optimization을 처음 소개한 논문에 관심이 있다면 「Trust Region Policy Optimization」 https://arxiv.org/pdf/1502.05477.pdf를 읽어보길 바란다.
- PPO 알고리듬을 처음 소개한 논문에 관심이 있다면 「Proximal Policy Optimization Algorithms」 https://arxiv.org/pdf/1707.06347.pdf를 읽어보길 바란다.
- PPO를 더 상세하게 설명한 내용을 보려면 https://openai.com/blog/openai-baselines-ppo/를 읽어보길 바란다.

- Dota2에서 PPO가 어떻게 적용됐는지 알고 싶다면 OpenAI 블로그 게시물을 확인하길 바란다. https://openai.com/blog/openai-five/

## 08

DDPG와 TD3 애플리케이션

7장에서는 주요 폴리시 그래디언트 알고리듬을 살펴봤다. 이 알고리듬은 연속형 행동 공간을 다룰 수 있어 매우 복잡하고 정교한 제어 시스템에 사용할 수 있다. 폴리시 그래디언트 메서드는 예상하지 못한 나쁜 행동을 방지하고 폴리시 업데이트를 제한하기 위해 TRPO 같은 2차 미분을 사용하거나 PPO 같은 다른 전략(Clipped Surrogate Objective, KL divergence 등)을 사용한다. 하지만 훈련에 필요한 데이터 양을 고려하면 이러한 유형의 알고리듬은 학습효율이 떨어진다는 단점이 있다. 온−폴리시^{on-policy} 특성상 폴리시가 업데이트될 때마다 새로운 경험이 필요하기 때문이다. 8장에서는 확률적 폴리시로 환경을 탐색하는 동안 목표로 하는 결정론적 폴리시^{deterministic policy}를 학습하는 새로운 유형의 오프−폴리시 액터−크리틱 알고리듬을 설명하겠다. 오프−폴리시 액터−크리틱 알고리듬은 결정론적 폴리시를 학습하는 특성 때문에 결정론적 폴리시 그래디언트 메서드라고 한다. 우선

이 알고리듬이 작동하는 방법을 설명하고 Q-러닝 메서드와의 가까운 관계를 설명하겠다. 다음으로 두 가지 결정론적 폴리시 그래디언트 알고리듬인 DDPG^Deep Deterministic Policy Gradient와 DDPG의 다음 버전인 TD3^Twin Delayed Deep Deterministic Policy Gradient를 알아보겠다. 여러분은 DDPG와 TD3를 구현하고 새로운 환경에 적용해보는 과정을 통해 알고리듬의 기능을 이해할 수 있을 것이다.

8장에서는 다음 주제를 다룬다.

- 폴리시 그래디언트 최적화와 Q-러닝 결합하기
- DDPG
- TD3

▌폴리시 그래디언트 최적화와 Q-러닝 결합하기

지금까지 두 가지 주요 모델-프리 알고리듬을 알아봤다. 첫 번째는 폴리시 그래디언트 기반 방식인 REINFORCE, 액터-크리틱, PPO, TRPO이고 두 번째는 가치 기반 방식인 Q-러닝, SARSA, DQN이다. 대상 알고리듬을 다른 알고리듬보다 선호하는 이유로 다음과 같이 두 가지 유형의 알고리듬이 폴리시를 배우는 방법 외에 또 다른 주요 차이가 있다.

- **폴리시 그래디언트 알고리듬**^Policy Gradient Algorithm: 평가 리턴 값 증가가 가장 가파른 확률적 그래디언트를 사용한다.
- **가치-기반 알고리듬**^Value-based Algorithm: 각 상태-행동에 대한 행동 가치를 학습한 후 폴리시를 결정한다.

두 유형의 주요 차이는 알고리듬 측면에서 온-폴리시 또는 오프-폴리시의 특성과 대규모 행동 공간에 대응하는 특성이다. 7장에서 온-폴리시와 오프-폴리시의 차이를 이미 알아봤다. 하지만 8장에서 소개할 알고리듬을 이해하려면 이를 더 잘 이해하고 있어야 한다.

첫째, 오프–폴리시off-policy 학습은 경험이 다른 분포에서 발생하더라도 현재의 폴리시를 개선하기 위해 이전 경험을 사용할 수 있다. DQN은 에이전트가 경험한 모든 기억을 리플레이 버퍼replay buffer에 저장한 후 미니 배치mini-batches로 샘플링해 타깃 폴리시를 업데이트하는 방법이다. 이와 반대인 온–폴리시on-policy 학습은 현재 폴리시에서 얻은 경험을 사용한다. 즉 폴리시가 업데이트될 때마다 이전 데이터를 버리므로 이전 경험을 사용하지 않는다. 결과적으로 오프–폴리시 학습은 데이터를 여러 번 재사용할 수 있어 대상 작업task을 학습하는 데 필요한 환경과의 상호작용이 상대적으로 적다. 새로운 샘플을 수집하는 데 많은 비용이 필요하다면 오프–폴리시 알고리듬을 선택하는 것이 좋다.

둘째, 행동 공간의 문제다. 7장, 'TRPO와 PPO 구현'에서 봤듯이 폴리시 그래디언트 알고리듬은 행동 공간이 매우 크고 연속적인 문제를 다룰 수 있다는 장점이 있다. 하지만 Q–러닝은 그렇지 않다. Q–러닝에서 행동을 선택하려면 모든 행동 공간을 대상으로 최적화 분석을 해야 한다. 하지만 대부분의 행동 공간은 매우 크거나 연속형이므로 최적화 실행이 불가능하다. 따라서 Q–러닝 알고리듬은 상태 공간이 매우 크지만 행동 공간이 제한된 복잡한 문제에는 사용할 수 없다.

결론적으로 모든 경우에서 최상의 성능을 보여주는 알고리듬은 없으므로 대상 작업에 맞게 분석 모델을 선택해야 한다. 여러 모델의 장·단점은 상호보완적인 면이 있어 궁금증이 하나 생긴다. 두 종류의 장점을 결합해 하나의 알고리듬으로 만들 수는 없을까?

결정론적 폴리시 그래디언트

오프–폴리시 방법인 TRPO나 PPO를 설계하고 고차원high-dimensional 행동 공간에서 폴리시를 안정적으로 학습시키기는 무척 어렵다. 반면 DQN은 오프–폴리시 방식으로 심층신경망 폴리시를 안정적으로 학습시킬 수 있다. DQN을 연속 작업에도 사용하려면 행동 공간action space을 상세하게 분리discretize해야 한다. 예를 들어 어떠한 행동이 0과 1 사이 값을 갖는 경우 11개 값(0, 0.1, 0.2, … 0.9, 1.0)으로 이산화discretize할 수 있으며 DQN을 사용해 확률을 예측하고 해결할 수 있다. 하지만 에이전트의 자유도에 따라 가능한 개별 행동 수가 기하급수적으로 증가하므로 이러한 방법은 많은 개별 행동을 관리할 수 없고 더 세밀한 제어가 필요한 작업에 사용할 수 없다. 따라서 대안이 필요하다.

대안으로 결정론적 액터-크리틱deterministic actor-critic이 있다. 이 방법은 Q-러닝과 밀접한 관계가 있다. Q-러닝에서 최고의 행동best action은 모든 가능한 행동 중 근사 Q-함수approximated Q-function를 최대화하는 최고의 행동이다.

$$max_a Q_\phi(s, a) = Q_\phi(s, argmax_a \ Q_\phi(s, a))$$

이 방법은 $argmax_a \ Q_\phi(s, a)$를 근사하는 결정론적 $\mu_\theta(s)$ 폴리시를 학습하는 것이다. 이 방법은 매 스텝마다 전역 최적화를 계산하는 문제를 해결하고 고차원의 연속적인 행동을 다룰 수 있는 가능성을 보여줬다.

DPGDeterministic Policy Gradient는 산악용 자동차Mountain Car, 시계 추Pendulum, 옥토퍼스 암Octopus Arm 같은 간단한 문제를 성공적으로 학습할 수 있다는 것을 보여줬다. DDPGDeep Deterministic Policy Gradient는 DPG를 확장한 기술로 폴리시로 심층신경망을 사용하고 몇 가지 중요한 설계 옵션을 도입해 알고리듬을 더 안정화했다.

또 다른 알고리듬인 TD3는 높은 분산 문제와 DPG 및 DDPG에서 일반적으로 발생하는 과추정 바이어스overestimation bias를 해결한 방법이다. 다음 절에서는 DDPG와 TD3을 설명하고 구현해보겠다.

강화학습 알고리듬을 분류한 맵에서 DPG, DDPG, TD3는 폴리시 그래디언트와 Q-러닝 알고리듬이 교차하는 영역에 있다. 이제 DPG의 기본 로직과 작동 방식을 소개하겠다.

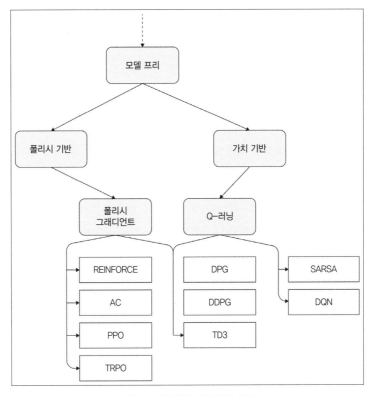

모델–프리 강화학습 알고리듬 분류

DPG 알고리듬은 Q–러닝과 폴리시 그래디언트 방법을 결합한 방법이다. 파라미터화한 결정론적 폴리시parametrized deterministic policy는 결정론적 가치만 출력한다. 학습 대상이 연속형인 경우 결정론적 가치 값은 행동의 평균이 된다. 폴리시 파라미터는 다음 식을 이용해 업데이트한다.

$$\theta \leftarrow argmax_\theta \, Q_\phi(s, \mu_\theta(s)) \qquad (8.1)$$

Q_ϕ는 파라미터화한 행동–가치parametrized action-value 함수다. 결정론적 접근deterministic approaches 방법은 행동에 추가된 노이즈가 없다는 점에서 확률적 접근법과 다르다. PPO와 TRPO에서는 평균과 표준편차를 갖는 정규분포에서 샘플링한다. 여기서 폴리시는 결정

론적 평균값deterministic mean만 갖는다. 폴리시 업데이트는 (8.1) 식을 이용하며 확률적 그래디언트 상승stochastic gradient ascent으로 점진적인 개선을 실행한다. 목적함수의 그래디언트는 (8.2) 식을 이용해 계산한다.

$$\nabla_\theta J(\mu_\theta) = E_{s \sim p^\mu} \left[\nabla_\theta \mu_\theta(s) \, \nabla_a Q_\phi(s, a) \, \big|_{a=\mu_\theta} \right] \qquad (8.2)$$

p^μ는 μ 폴리시를 따르는 상태 분포다. 이 식은 결정론적 폴리시 그래디언트deterministic policy gradient 이론에 근거한 것이다. 목적함수의 그래디언트는 Q-함수에 연쇄 규칙chain rule을 적용해 계산한다. 여기서 Q-함수는 폴리시 파라미터 θ에 대해 연쇄 규칙을 실행한다. 텐서플로우 같은 미분 계산 소프트웨어를 이용하면 해당 값을 쉽게 계산할 수 있다. 실제로 그래디언트는 Q-값에서 폴리시까지 그래디언트를 계산해 추정한다. 하지만 그림에서와 같이 폴리시의 파라미터만 업데이트한다.

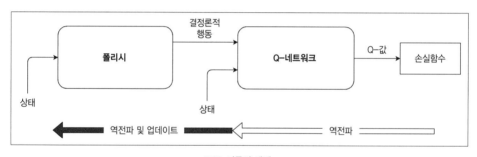

DPG 이론의 예제

 Q-값부터 시작해 그래디언트를 계산하지만 폴리시만 업데이트한다.

이 내용은 이론적 결과다. 알고 있겠지만 결정론적 폴리시는 환경을 탐색하지 않는다. 따라서 좋은 해를 찾아낼 수 없다. DPG를 오프-폴리시로 만들기 위해서는 단계를 더 취하고 확률적 탐색 폴리시 분포를 따르는 방법으로 목적함수의 그래디언트를 정의해야 한다.

$$\nabla_\theta J_\beta(\mu_\theta) \approx E_{s \sim p^\beta} \left[\nabla_\theta \mu_\theta(s) \, \nabla_a Q_\phi(s, a) \, |_{a = \mu_\theta} \right] \qquad (8.3)$$

β는 행동 폴리시라는 탐색 폴리시다. 이 식은 오프−폴리시 DPG[off-policy Deterministic Policy Gradient]의 계산 결과를 제공하고 결정론적 폴리시 μ를 추정한 그래디언트를 제공하면서 행동 폴리시 β를 따르는 궤도를 생성한다. 실제로 행동 폴리시는 노이즈가 반영된 결정론적 폴리시일 뿐이다.

앞에서 결정론적 액터−크리틱을 언급했음에도 불구하고 지금까지 폴리시 학습이 일어나는 방법만 설명했다. 이와 같은 폴리시 학습 대신 결정론적 폴리시 μ_θ로 표현한 액터[actor]와 Q 함수 Q_ϕ로 표현한 크리틱[critic]을 학습한다. 미분 가능한 행동−가치함수 Q_ϕ는 벨만 오류($\delta_t = r_t + \gamma Q_\phi(s_{t+1}, a_{t+1}) - Q_\phi(s_t, a_t)$)를 최소화하는 벨만 업데이트[Bellman updates]로 쉽게 학습시킬 수 있다. 벨만 오류를 최소화하는 벨만 업데이트는 Q−러닝 알고리듬에서와 같다.

Deep Deterministic Policy Gradient

앞 절에서 소개한 심층신경망으로 DPG를 구현했다면 해당 알고리듬은 매우 불안정해 아무 것도 학습할 수 없을 것이다. Q−러닝을 심층신경망으로 확장할 때도 유사한 문제가 발생했다. 5장에서 설명했듯이 실제로 DQN 알고리듬에서는 학습 안정화를 위해 몇 가지 트릭을 사용했다. DPG 알고리듬의 경우에도 동일하다. 이 방법은 Q−러닝과 마찬가지로 오프−폴리시이며 DNN으로 결정론적 폴리시를 계산하므로 DQN에 사용된 방법과 유사한 대응이 필요하다.

DDPG(Lilicrap 외 몇 명의 저자가 발표한 논문 「Continuous Control with Deep Reinforcement Learning」 https://arxiv.org/pdf/1509.02971.pdf)는 첫 번째 결정론적 액터−크리틱으로 액터와 크리틱을 모두 학습시키기 위해 심층신경망을 사용했다. DQN에서 리플레이 버퍼[replay buffer] 및 타깃 네트워크[target network] 트릭을 사용했다는 점을 고려하면 모델−프리 오프−폴리시 액터−크리틱 알고리듬은 DQN과 DPG를 모두 확장한 기술이다.

DDPG 알고리듬

DDPG는 DQN에서 사용한 두 가지 주요 아이디어를 사용했지만 액터-크리틱 사례에 맞게 변경했다.

- **리플레이 버퍼**: 에이전트가 운영되는 동안 습득한 모든 전이transitions는 경험 리플레이라는 리플레이 버퍼replay buffer에 저장한 후 해당 버퍼에서 미니 배치 샘플링을 해 액터와 크리틱을 훈련시킨다.
- **타깃 네트워크**: Q-러닝은 업데이트에 사용하는 네트워크를 이용해 타깃 값을 계산하므로 불안정하다. 책에서 소개했듯이 DQN은 N번 이터레이션마다 타깃 네트워크를 업데이트(타깃 네트워크에 있는 온라인 네트워크의 파라미터를 복사)해 학습이 불안정해지는 문제를 완화시킨다. DDQN 논문에서는 소프트 타깃 업데이트soft target update가 더 잘 작동한다는 것을 입증했다. 소프트 업데이트soft update를 사용하면 타깃 네트워크의 파라미터 θ는 각 단계에서 온라인 네트워크의 파라미터 θ을 이용해 부분적으로 업데이트된다. θ는 다음 조건을 만족한다.

$$\theta' \leftarrow \tau\theta + (1 - \tau)\theta'$$

수식에서 제약 조건은 $\tau \ll 1$이다.

타깃 네트워크는 부분적으로 업데이트되므로 학습 속도가 느려지는 문제가 있다. 하지만 학습 안정성을 확보하는 것이 더 중요하므로 타깃 네트워크를 사용하는 것이 좋다. 타깃 네트워크를 사용하는 트릭은 액터와 크리틱에서 모두 사용한다. 따라서 타깃 크리틱의 파라미터는 소프트 업데이트soft update 수식인 $\phi' \leftarrow \tau\phi + (1 - \tau)\phi'$을 이용해 업데이트한다.

지금부터 온라인 액터와 크리틱의 파라미터를 θ와 ϕ라고 하고 타깃 액터와 타깃 크리틱의 파라미터를 θ'과 ϕ'으로 표시해 설명하겠다.

DDPG는 DQN과 같이 각 스텝마다 환경에서 취한 액터와 크리틱을 업데이트할 수 있다.

DDPG는 오프–폴리시 메서드와 같이 리플레이 버퍼에서 샘플링한 미니 배치를 이용해 폴리시를 학습한다. 따라서 DDPG는 온–폴리시 확률 기반 폴리시 그래디언트 메서드와 달리 환경에서 충분하게 큰 배치가 수집될 때까지 기다릴 필요가 없다.

앞에서 결정론적 폴리시를 학습했는데도 불구하고 탐색적 행동 폴리시에 따라 DPG가 어떻게 작동하는지 살펴봤다. 탐색적 폴리시는 어떻게 구축할까? DDPG에서 β_θ 폴리시는 노이즈 프로세스(N)에서 샘플링한 노이즈를 더해 구성한다.

$$\beta_\theta(s_t) = \mu_\theta(s_t) + N$$

노이즈 프로세스(N)는 환경을 충분하게 탐색하도록 해주는 역할을 한다.

정리하면 DDPG는 수렴이 일어날 때까지 다음 세 가지 스텝을 반복해 학습한다.

- β_θ 행동 폴리시는 환경과 상호작용해 얻은 관측 값과 보상을 버퍼에 저장하며 해당 버퍼에 축적된 관측 값과 보상은 폴리시 학습에 사용한다.
- 매 스텝마다 버퍼에서 샘플링한 미니 배치 데이터를 이용해 액터와 크리틱을 업데이트한다. 특히 크리틱은 온라인 크리틱(Q_ϕ)을 이용해 예측한 값과 타깃 폴리시($\mu_{\theta'}$)와 타깃 크리틱($Q_{\phi'}$)을 이용해 계산한 타깃 값 사이의 평균제곱오차^MSE 손실을 최소화해 업데이트한다. 액터는 다음 (8.3) 식으로 업데이트한다.
- 타깃 네트워크 파라미터는 소프트 업데이트를 이용해 업데이트한다.

전체 알고리듬의 의사코드는 다음과 같다.

```
--------------------------------------------------------------------------
DDPG Algorithm
--------------------------------------------------------------------------


Initialize online networks Q_φ and μ_θ
Initialize target networks Q_φ' and μ_θ' with the same weights as the online
networks
```

```
Initialize empty replay buffer D
Initialize environment s ← env.reset()
```

for $episode = 1..M$ **do**
    > *Run an episode*
    while not d:
        $a \leftarrow \mu_\beta(s)$
        $s', r, d \leftarrow env(a)$
        > Store the transition in the buffer
        $D \leftarrow D \cup (s, a, r, s', d)$
        $s \leftarrow s'$

        > Sample a minibatch
        $b \sim D$
        > Calculate the target value for every i in b

$$y_i \leftarrow r_i + \gamma(1 - d_i)Q_{\phi'}(s_i', \mu_{\theta'}(s_i')) \qquad (8.4)$$

        > Update the critic

$$\phi_1 \leftarrow \phi_1 - \alpha_\phi \nabla_{\phi_1} \frac{1}{|b|} \sum_i (Q_{\phi_1}(s_i, a_i) - y_i)^2 \qquad (8.5)$$

        > Update the policy

$$\theta \leftarrow \theta - \alpha_\theta \frac{1}{|b|} \sum_i \nabla_\theta \mu_\theta(s_i) \nabla_a Q_\phi(s_i, a_i)|_{a=\mu(s_i)} \qquad (8.6)$$

        > Targets update
        $\theta' \leftarrow \tau\theta + (1 - \tau)\theta'$
        $\phi' \leftarrow \tau\phi + (1 - \tau)\phi'$

        if $d == True$:
            $s \leftarrow env.reset()$

의사코드를 이용해 알고리듬을 살펴봤으니 이를 구현해보자.

DDPG 구현

앞 절에서 설명한 의사코드로 DDPG의 핵심 내용을 모두 설명했다. 하지만 구현 관점에서 몇 가지 더 살펴봐야 한다. 다른 알고리듬에서도 발생할 수 있는 흥미로운 특징을 살펴보자. 전체 코드는 이 책의 깃허브를 참조하길 바란다. https://github.com/PacktPublishing/Reinforcement-Learning-Algorithms-with-Python

구현 관점에서 다음과 같은 주요 항목 위주로 살펴보겠다.

- 결정론적 액터-크리틱actor-critic을 구축하는 방법
- 소프트 업데이트soft updates 방법
- 일부 파라미터와 관련해 손실함수를 최적화하는 방법
- 타깃 밸류 계산 방법

결정론적 액터-크리틱은 코드상에서 deterministic_actor_critic 함수로 정의했다. 온라인과 타깃 액터-크리틱을 모두 생성해야 하므로 이 함수는 두 번 호출한다. 해당 코드는 다음과 같다.

```
with tf.compat.v1.variable_scope('online'):
    with tf.compat.v1.variable_scope('p_mlp'):
        p_onl_model = mlp(tmp_obs_ph11, hidden_sizes, act_dim[0], activation=tf.
nn.relu, last_activation=tf.tanh)

    with tf.compat.v1.variable_scope('q_mlp'):
        qd_onl_model = mlp(tmp_obs_ph12, hidden_sizes, 1, activation=tf.nn.relu, last_
activation=None)
        qa_onl_model = mlp(tmp_obs_ph13, hidden_sizes, 1, activation=tf.nn.relu, last_
activation=None)

with tf.compat.v1.variable_scope('target'):
    qd_tar_model = mlp(tmp_obs_ph12, hidden_sizes, 1, activation=tf.nn.relu, last_
activation=None)
```

이 함수는 세 가지 주목할 점이 있다. 첫째, 동일한 크리틱critic에 대해 두 가지 유형의 입력을 구분한다. 하나는 상태state를 입력으로 취하고 폴리시policy에 의해 p_means를 결정론적 행동으로 리턴한다. 나머지 하나는 상태와 임의의 행동arbitrary action을 입력으로 취한다. 이러한 구분이 필요한 것은 하나의 크리틱은 액터를 최적화하는 데 사용하고 나머지 하나의 크리틱은 해당 크리틱을 최적화하는 데 사용하기 때문이다. 크리틱 2개가 2개의 다른 입력 값을 갖고 있지만 동일한 신경망이며 동일한 파라미터를 갖는다. 이렇게 서로 다른 사용 사례는 두 크리틱 인스턴스 모두에 대해 동일한 변수 범위scope를 정의하고 두 번째 인스턴스에서 reuse=True를 설정해 실행한다. 이렇게 하면 해당 파라미터는 두 가지 정의에 대해 모두 동일하며 실제로 크리틱 1개만 생성한다.

둘째, p_mlp라는 변수 범위 내에서 액터를 정의한다는 점이다. 이러한 점 때문에 나중에 크리틱 파라미터가 아닌 액터의 파라미터만 검색해야 한다.

셋째, 폴리시는 값의 범위를 −1과 1 사이로 제한하는 tanh 함수를 최종 활성화 층으로 사용하므로 액터는 해당 범위 밖의 값이 필요할 수 있으며 출력 값을 max_act 팩터로 곱해야 한다. 즉 최소값과 최대값은 서로 반대라고 가정한다. 예를 들어 최대값이 3이면 최소값은 −3이 된다.

이제 연산 그래프의 나머지 부분을 살펴보자. 온라인 타깃 액터online target actors와 온라인 타깃 크리틱online target critics을 생성하며 손실함수losses를 정의하고 옵티마이저optimizer를 구현해 타깃 네트워크의 업데이트 기능을 구현한 부분을 살펴보자.

우선 관측 값observations, 행동actions, 목표 값target values에 필요한 변수를 생성하자.

```
obs_dim = env.observation_space.shape
act_dim = env.action_space.shape
print('-- Observation space:', obs_dim, ' Action space:', act_dim, '--')

tmp_obs_ph11=Input([obs_dim[0]])
tmp_obs_ph12=Input([obs_dim[0]+act_dim[0]])
tmp_act_ph=Input([act_dim[0]])
```

```
tmp_obs_ph13=Input([obs_dim[0]+act_dim[0]])
```

obs_ph를 포함한 변수는 관측 값에 대한 변수이며 act_ph를 포함한 변수는 행동에 대한
변수다.

다음으로 4개 mlp 함수를 이용해 critic 모델링(qd_on_model)과 actor 모델링(qa_onl_model)
및 target 모델링(qd_tar_model)을 생성한다.

```
# 결정론적 온라인 액터-크리틱을 만든다.
with tf.compat.v1.variable_scope('online'):
    with tf.compat.v1.variable_scope('p_mlp'):
        p_onl_model = mlp(tmp_obs_ph11, hidden_sizes, act_dim[0], activation=tf.
nn.relu, last_activation=tf.tanh)

    with tf.compat.v1.variable_scope('q_mlp'):
        qd_onl_model = mlp(tmp_obs_ph12, hidden_sizes, 1, activation=tf.nn.relu, last_
activation=None)
        qa_onl_model = mlp(tmp_obs_ph13, hidden_sizes, 1, activation=tf.nn.relu, last_
activation=None)

with tf.compat.v1.variable_scope('target'):
    qd_tar_model = mlp(tmp_obs_ph12, hidden_sizes, 1, activation=tf.nn.relu, last_
activation=None)
```

크리틱의 손실^{loss}은 qa_onl 온라인 네트워크의 Q-밸류와 y_r 타깃 행동 밸류 사이의 MSE
손실함수다. Adam을 이용해 해당 손실함수를 최소화한다.

```
tmp_qd_tar = qd_tar_model(tf.concat([tmp_mb_obs, q_target_mb], axis=-1))
tmp_qd_tar = tf.squeeze(tmp_qd_tar)
y_r = np.array(mb_rew) + discount*(1-np.array(mb_done))*tmp_qd_tar

...

# 크리틱 손실함수 최소화
```

```
with tf.GradientTape() as tape:
    # Critic loss (MSE)
    tmp_mb_obs = tf.convert_to_tensor(mb_obs,dtype=tf.float32)
    tmp_qa_onl = qa_onl_model(tf.concat([tmp_mb_obs, mb_act], axis=-1))
    tmp_qa_onl = tf.squeeze(tmp_qa_onl)
    q_train_loss = tf.reduce_mean((tmp_qa_onl - y_r)**2)

# optimize the actor
# gradients 계산 및 update
train2_grads = tape.gradient(q_train_loss, qa_onl_model.trainable_variables)
q_opt.apply_gradients(zip(train2_grads, qa_onl_model.trainable_variables))
```

액터 손실함수는 온라인 Q-네트워크의 반대 부호 값이다. 이 경우 온라인 Q-네트워크
는 DDPG 알고리듬 절의 의사코드에서 정의한 (8.6) 식과 같이 온라인 결정론적 액터가 선
택한 행동을 입력으로 받는다. Q-values는 qd_onl으로 표현하며 폴리시 손실함수의 최
소화는 다음과 같이 계산한다.

```
with tf.GradientTape() as tape:
    # Actor loss
    tmp_qd_onl = qd_onl_model(tf.concat([tmp_mb_obs, q_target_mb], axis=-1))
    tmp_qd_onl = tf.squeeze(tmp_qd_onl)
    p_train_loss = -tf.reduce_mean(tmp_qd_onl)

train1_grads = tape.gradient(p_train_loss, qd_onl_model.trainable_variables)
p_opt.apply_gradients(zip(train1_grads, qd_onl_model.trainable_variables))
```

옵티마이저는 손실함수를 최소화해야 하므로 목적함수를 손실함수로 변환하기 위해 반
대 부호를 사용했다.

여기서 가장 중요한 것은 크리틱과 액터 모두에 의존하는 **p_loss** 손실함수loss function의 그
래디언트gradient를 계산하더라도 액터만 업데이트하면 된다는 점이다. 실제로 DPG로부
터 다음 사실이 성립한다.

$$\nabla_\theta J_\beta(\mu_\theta) \approx E_{s \sim p^\beta} \left[\nabla_\theta \mu_\theta(s) \, \nabla_a Q_\phi(s, a) \big|_{a=\mu_\theta} \right]$$

이는 p_train_loss를 옵티마이저의 minimize 메서드에 전달해 업데이트를 해야 하는 변수를 지정해 실행한다. 이 경우 온라인 액터의 변수만 업데이트할 필요가 있다.

```python
with tf.GradientTape() as tape:
    # Actor loss
    tmp_qd_onl = qd_onl_model(tf.concat([tmp_mb_obs, q_target_mb], axis=-1))
    tmp_qd_onl = tf.squeeze(tmp_qd_onl)
    p_train_loss = -tf.reduce_mean(tmp_qd_onl)

train1_grads = tape.gradient(p_train_loss, qd_onl_model.trainable_variables)
p_opt.apply_gradients(zip(train1_grads, qd_onl_model.trainable_variables))
```

이러한 방식으로 그래디언트 계산은 p_train_loss에서 시작해 크리틱 네트워크를 거친 후 액터의 네트워크로 이동한다. 결국 액터의 파라미터만 최적화한다.

이제 scope의 변수를 리턴하는 variables_in_scope(scope) 함수를 정의해야 한다.

```python
def variables_in_scope(scope):
    '''
    Retrieve all the variables in the scope 'scope'
    '''
    return tf.compat.v1.get_collection(tf.compat.v1.GraphKeys.GLOBAL_VARIABLES, scope)
```

다음으로 타깃 네트워크가 업데이트되는 방법을 살펴볼 차례다. variables_in_scope를 사용해 액터와 크리틱의 타깃 온라인 변수를 가져온다. 그리고 소프트 업데이트 공식에 따라 대상 변수에서 텐서플로우 assign 함수를 사용해 업데이트한다.

$$\theta' \leftarrow \tau\theta + (1 - \tau)\theta'$$

이 기능은 다음 코드로 실행한다.

```
# Soft update
def get_update_target_op():
    update_target = [target_var.assign(tau*online_var + (1-tau)*target_var) for target_
var, online_var in zip(variables_in_scope('target'), variables_in_scope('online'))]
    update_target_op = tf.group(*update_target)
```

계산 그래프는 이게 전부다. 이제 유한한 샘플 배치에서 추정한 그래디언트를 이용해 파라미터를 업데이트하는 메인 사이클을 간단하게 살펴보겠다. 현재 폴리시가 반환하는 행동은 결정론적deterministic이며 환경을 적절하게 탐색하기 위해 일정량의 노이즈를 추가해야 한다는 예외를 제외하고 폴리시와 환경의 상호작용은 표준적인 형태다. 여기서는 모든 코드를 설명하지 않는다. 깃허브에서 전체 코드를 참조하길 바란다.

필요한 경험이 확보되고 버퍼가 특정 임계 값에 도달하면 폴리시와 크리틱의 최적화를 시작한다. DDPG 알고리듬 절에서 설명한 의사코드를 이용해 최적화 과정을 요약하면 다음과 같다.

1. 버퍼에서 미니 배치를 샘플링한다.
2. 목표 행동 값을 계산한다.
3. 크리틱을 최적화한다.
4. 액터를 최적화한다.
5. 타깃 네트워크를 업데이트한다.

다음 코드로 이 모든 작업을 구현할 수 있다.

```
...
# 버퍼에서 미니 배치를 샘플링한다.
mb_obs, mb_rew, mb_act, mb_obs2, mb_done = buffer.sample_minibatch(batch_size)
```

```python
tmp_mb_obs2 = tf.convert_to_tensor(mb_obs2,dtype=tf.float32)
tmp_q_target_mb = p_onl_model(tmp_mb_obs2)

# qd_tar_model을 실행한 후 결과 값에 대해 tf.squeeze 실행
tmp_mb_obs = tf.convert_to_tensor(mb_obs,dtype=tf.float32)
q_target_mb = np.max(env.action_space.high) * tmp_q_target_mb

tmp_qd_tar = qd_tar_model(tf.concat([tmp_mb_obs, q_target_mb], axis=-1))
tmp_qd_tar = tf.squeeze(tmp_qd_tar)
y_r = np.array(mb_rew) + discount*(1-np.array(mb_done))*tmp_qd_tar

with tf.GradientTape() as tape:
    # 액터 손실
    tmp_qd_onl = qd_onl_model(tf.concat([tmp_mb_obs, q_target_mb], axis=-1))
    tmp_qd_onl = tf.squeeze(tmp_qd_onl)
    p_train_loss = -tf.reduce_mean(tmp_qd_onl)

    # 액터를 최적화한다.
    # gradients를 계산, gradients를 update
train1_grads = tape.gradient(p_train_loss, qd_onl_model.trainable_variables)
p_opt.apply_gradients(zip(train1_grads, qd_onl_model.trainable_variables))

with tf.GradientTape() as tape:
    # 크리틱 손실(MSE)
    tmp_mb_obs = tf.convert_to_tensor(mb_obs,dtype=tf.float32)
    tmp_qa_onl = qa_onl_model(tf.concat([tmp_mb_obs, mb_act], axis=-1))
    tmp_qa_onl = tf.squeeze(tmp_qa_onl)
    q_train_loss = tf.reduce_mean((tmp_qa_onl - y_r)**2)

    # 크리틱을 최적화한다.
    # gradients를 계산 및 update
train2_grads = tape.gradient(q_train_loss, qa_onl_model.trainable_variables)
q_opt.apply_gradients(zip(train2_grads, qa_onl_model.trainable_variables))

# 타깃 네트워크의 소프트 업데이트
get_update_target_op()
...
```

`buffer.sample_minibatch(batch_size)` 명령은 크기가 `batch_size`인 미니 배치를 샘플링한다.

`tmp_q_target_mb = p_onl_model(tmp_mb_obs2)` 명령과 `tmp_qd_tar = qd_tar_model(tf.concat([tmp_mb_obs, q_target_mb], axis = -1))` 명령은 크리틱과 타깃 네트워크를 실행해 (8.4) 식에서 정의한 대로 대상 행동 값을 계산한다.

`p_opt.apply_gradients(zip(train1_grads, qd_onl_model.trainable_variables))` 명령은 액터를 최적화한다.

`q_opt.apply_gradients(zip(train2_grads,qa_onl_model.trainable_variables))` 명령은 크리틱을 최적화한다.

마지막 행은 `get_update_target_op`를 실행해 타깃 네트워크를 업데이트한다.

DDPG를 BipedalWalker-v2에 적용하기

이제 BipedalWalker-v2라는 연속 작업 즉 2D 물리적 엔진인 Box2D를 사용하는 Gym 환경에 DDPG를 적용해보겠다.

이 환경의 스크린샷은 다음과 같다. 이 환경의 목표는 에이전트가 거친 지형에서 최대한 빨리 걷게 하는 것이다. 목표 지점에 도달하면 +300점을 획득하지만 모터를 사용할 때마다 적은 양의 비용이 소모된다. 에이전트가 최적 행동으로 이동할수록 비용이 적게 든다. 또한 에이전트가 넘어지면 −100점 벌점을 받는다. 상태state는 관절과 개체의 속도와 위치를 나타내는 24개 실수 값과 LiDar 거리 측정 값으로 구성된다. 에이전트는 범위가 [−1, 1]인 네 가지 연속 행동으로 제어한다. 다음은 BipedalWalker 2D 환경의 스크린샷이다.

BipedalWalker2d 환경의 스크린샷

다음 표에 나와 있는 하이퍼 파라미터hyperparameters로 DDPG를 실행한다. 첫 번째 행은 DDPG를 실행하는 데 필요한 하이퍼 파라미터 값이며 두 번째 행은 특별한 경우에 필요한 값이다. 다음 표를 참조하길 바란다.

하이퍼 파라미터 값	액터 학습률	크리틱 학습률	DNN 아키텍처	버퍼 사이즈	배치 사이즈	타우(Tau)
Value	3e-4	4e-4	[64,relu,64,relu]	200000	64	0.003

훈련 과정에서 폴리시가 예측한 행동에 노이즈를 추가했지만 알고리듬의 성능을 측정하기 위해 10회 에피소드마다 노이즈를 추가하지 않은 순수한 결정론적 폴리시를 이용해 10개 게임을 시행했다. 타임스텝 함수를 이용해 10개 게임에서 평균적으로 누적한 보상은 다음 그림과 같다.

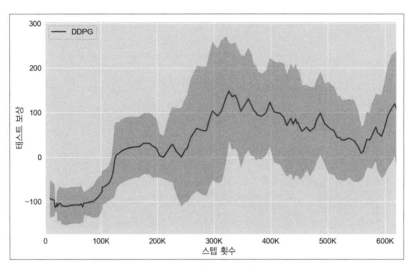

BipedalWalker2d-v2에 대한 DDPG 알고리듬의 성능

결과를 살펴보면 수천 스텝 후에도 250부터 −100 미만 범위까지 성능이 매우 불안정하다는 것을 알 수 있다. DDPG가 불안정하고 하이퍼 파라미터에 매우 민감한 것으로 알려져 있지만 더 세밀한 미세 조정으로 결과가 더 안정화될 수 있다. 그럼에도 불구하고 첫 300k 스텝에서 성능이 향상돼 평균점수가 약 100점에 도달하고 최고점은 최대 300점이된 것을 알 수 있다.

BipedalWalker-v2는 해결하기 어려운 환경이다. 실제로 에이전트가 100회 연속 에피소드에서 평균 300점 이상의 평균보상을 획득하면 게임이 해결된 것으로 간주한다. DDPG를 사용한 결과 이러한 성능에 도달하지는 못했지만 에이전트를 매우 빨리 실행할 수 있는 좋은 폴리시를 얻게 됐다.

 구현 과정에서 설명 팩터로 상수를 사용했다. 더 정교한 함수를 사용하면 몇 번만 반복해도 고성능에 도달할 수 있다. 예를 들어 DDPG 논문에서는 온스타인-울렌벡(Ornstein-Uhlenbeck) 프로세스를 사용했다. 원한다면 이 프로세스에서 시작해볼 수 있다.

DDPG는 결정론적 폴리시가 확률적 폴리시에 대한 반대 포지션에서 어떻게 사용될 수 있는가의 좋은 사례다. 하지만 이 사례는 복잡한 문제를 다루는 첫 번째 시도이므로 추가로 많은 변경을 시도해볼 수 있다. 8장에서 설명할 다음 알고리듬인 TD3은 DDPG를 한 단계 개선한 것이다.

■ TD3 폴리시 그래디언트

DDPG는 가장 효율적인 샘플 액터-크리틱 알고리듬 중 하나지만 하이퍼 파라미터에 취약하고 민감한 것이 단점이다. 이와 같은 문제에 대한 연구와 DDPG의 최상위 다른 알고리듬을 통해 관련 문제의 완화를 시도했다. 최근 DDPG를 대체할 방법이 발표됐다. 이를 TD3라고 하며 관련 논문은 「addressing function approximation error in actor-critic methods」 https://arxiv.org/pdf/1802.09477.pdf다. 실제로 DDPG 알고리듬을 기반으로 하며 더 안정적이고 성능이 좋은 몇 가지 요소가 있어 '대체'라는 용어를 사용했다. TD3는 명칭만 다르고 상대적으로 안정화를 위한 몇 가지 항목이 추가된 것뿐이므로 DDPG 알고리듬의 확장 버전이라고 할 수 있다.

TD3는 다른 오프-폴리시 알고리듬에서도 흔하게 발생하는 몇 가지 문제 해결에 초점을 맞춘다. 해당 문제는 가치 추정치value estimate의 과대 평가overestimation와 추정한 그래디언트의 분산이 크다는high-variance 점이다. 전자의 경우 DQN에서 사용한 것과 유사한 솔루션을 사용하고 후자의 경우 새로운 두 가지 솔루션을 사용해 해결한다. 먼저 과대평가 편향 문제overestimation bias problem를 살펴보자.

과대평가 편향 문제 해결

과대평가 편향overestimation bias이란 근사한 Q 함수로 예측한 행동 값이 예상보다 높다는 의미다. 과대평가 편향은 이산형 행동을 갖는 Q-러닝 알고리듬에서 널리 연구되는 분야로

종종 최종 성능에 영향을 미치고 안 좋은 예측을 하는 원인이 된다. 이 문제는 영향을 덜 받을 뿐 DDPG에서도 발생한다.

행동 가치^{value}의 과대평가를 줄이는 DQN의 변형 알고리듬을 더블 DQN이라고 하며 이 모델은 2개 신경망을 제안한다. 하나는 행동을 선택하는 신경망이고 또 하나는 Q-값을 계산하는 신경망이다. 특히 두 번째 신경망의 기능은 일정 기간 경과 후 업데이트하는 프로즌 타깃 네트워크$^{Frozen\ Target\ Network}$로 실행한다. 이 아이디어는 그럴 듯하지만 TD2 논문에 의하면 액터-크리틱 메서드에서는 폴리시가 너무 천천히 변해 비효과적이다.

이러한 문제를 해결하기 위해 2개의 다른 크리틱(Q_{ϕ_1}, Q_{ϕ_2}) 추정치 중 최소값을 취하는 정리한^{clipped} 더블 Q-러닝이라는 개선 모델을 사용하게 됐다. 타깃 밸류는 다음과 같이 계산할 수 있다.

$$y = r + \gamma\, min_{i=1,2} Q_{\phi_i'}(s', \mu_{\theta'}(s')) \qquad (8.7)$$

다른 관점에서 보면 이 식은 과소평가^{underestimation}를 방지하지는 않는다. 하지만 과소평가는 과대평가와 달리 큰 문제가 되지 않아 괜찮다. 정리한 더블 Q-러닝$^{Clipped\ double\ Q-learning}$은 모든 액터-크리틱에서 사용할 수 있으며 2개의 크리틱이 다른 편향^{bias}을 갖는다는 가정에서 작동한다.

TD3의 구현

이 전략을 코드로 구현하려면 초기화를 다르게 한 크리틱 2개를 만들고 (8.7) 식과 같이 대상 행동 값을 계산한 후 2개의 크리틱을 모두 최적화해야 한다.

 TD3를 앞 절에서 논의한 DDPG 구현 내용에 적용해보겠다. 다음 코드는 TD3를 구현하는 데 필요한 코드의 일부다. 전체 코드는 깃허브를 참조하길 바란다(https://github.com/PacktPublishing/Hangs-On-Reinforcement-Learning-Algorithms-with-Python).

2중^{double} 크리틱과 관련해 DDPG에서와 같이 deterministic_actor_double_critic을 대상 네트워크에 대해 한 번, 온라인 네트워크에 대해 한 번 호출해 작성한다. 해당 코드는 다음과 같다.

```
# 온라인 결정론적 액터와 더블 크리틱을 만든다.
with tf.compat.v1.variable_scope('online'):
    # p_onl, qd1_onl, qa1_onl, qa2_onl 값 계산
    with tf.compat.v1.variable_scope('p_mlp'):
        p_onl_model = mlp(tmp_obs_ph11, hidden_sizes, act_dim[0], activation=tf.
nn.relu, last_activation=tf.tanh)
    with tf.compat.v1.variable_scope('q1_mlp'):
        qd1_onl_model = mlp(tmp_obs_ph12, hidden_sizes, 1, activation=tf.nn.relu, last_
activation=None)
    with tf.compat.v1.variable_scope('q1_mlp', reuse=True):
        qa1_onl_model = mlp(tmp_obs_ph13, hidden_sizes, 1,  activation=tf.nn.relu,
last_activation=None)
    with tf.compat.v1.variable_scope('q2_mlp', reuse=True):
        qa2_onl_model = mlp(tmp_obs_ph13, hidden_sizes, 1,  activation=tf.nn.relu,
last_activation=None)

qa1_onl_var = qa1_onl_model.trainable_variables
qa2_onl_var = qa2_onl_model.trainable_variables
```

정리한 타깃 값^{clipped target value}($y = r + \gamma\, min_{i=1,2} Q_{\phi_i'}(s', \mu_{\theta'}(s'))$ (8.7))은 qa1_tar_model과 qa2_tar_model이라는 2개의 대상 크리틱을 실행한 후 추정된 값 사이의 최소값을 계산하며 마지막으로 이 값을 이용해 타깃 값을 추정한다.

```
        ...
with tf.compat.v1.variable_scope('target'):
    # p_tar, qa_tar, qa2_tar 값 계산
    with tf.compat.v1.variable_scope('p_mlp'):
        p_tar_model = mlp(tmp_obs_ph11, hidden_sizes, act_dim[0], activation=tf.
nn.relu, last_activation=tf.tanh)
    with tf.compat.v1.variable_scope('q1_mlp', reuse=True):
        qa1_tar_model = mlp(tmp_obs_ph13, hidden_sizes, 1,  activation=tf.nn.relu,
```

```
last_activation=None)
    with tf.compat.v1.variable_scope('q2_mlp', reuse=True):
        qa2_tar_model = mlp(tmp_obs_ph13, hidden_sizes, 1,  activation=tf.nn.relu,
last_activation=None)

qd1_onl_var = qd1_onl_model.trainable_variables

            ...
```

다음으로 크리틱을 최적화한다.

```
...
# 타깃 가치를 계산한다.
y_r = np.array(mb_rew) + discount*(1-np.array(mb_done))*q_target_mb
tmp_mb_obs = tf.convert_to_tensor(mb_obs, dtype=tf.float32)
tmp_mb_act = tf.convert_to_tensor(mb_act, dtype=tf.float32)
with tf.GradientTape() as tape:
    # Optimize the critics
    tmp_qa1_onl = qa1_onl_model(tf.concat([tmp_mb_obs, tmp_mb_act], axis=-1))
    tmp_qa1_onl = tf.squeeze(tmp_qa1_onl)
    q1_train_loss = tf.reduce_mean((tmp_qa1_onl - y_r)**2)

train1_grads = tape.gradient(q1_train_loss, qa1_onl_var)
q1_opt.apply_gradients(zip(train1_grads, qa1_onl_var))

tmp_mb_obs = tf.convert_to_tensor(mb_obs, dtype=tf.float32)
tmp_mb_act = tf.convert_to_tensor(mb_act, dtype=tf.float32)
with tf.GradientTape() as tape:
    tmp_qa2_onl = qa2_onl_model(tf.concat([tmp_mb_obs, tmp_mb_act], axis=-1))
    tmp_qa2_onl = tf.squeeze(tmp_qa2_onl)
    q2_train_loss = tf.reduce_mean((tmp_qa2_onl - y_r)**2)

train2_grads = tape.gradient(q2_train_loss, qa2_onl_var)
q2_opt.apply_gradients(zip(train2_grads, qa2_onl_var))
...
```

한 가지 주의할 내용은 해당 폴리시가 오직 1개의 근사 Q-함수$^{approximated Q-function}$인 Q_{ϕ_1}에 대해서만 최적화된다는 것이다. 실제로 전체 코드를 살펴보면 **p_loss**를 다음과 같이 정의한다.

```
...
p_train_loss = -tf.reduce_mean(tmp_qd1_onl)
...
```

분산 감소 해결

두 번째 TD3가 강화학습에 기여한 부분은 분산 감소$^{reduction of the variance}$다. 분산이 크면 왜 문제가 될까? 분산이 크면 그래디언트에 노이즈가 포함되므로 알고리듬 성능에 안 좋은 폴리시 업데이트를 한다. 분산이 큰 문제점^{complication}은 TD3 오류에서 발생하며 이는 후속 상태의 행동 값을 추정하는 데 영향을 미친다.

이 문제를 완화하기 위해 TD3는 지연된^{delayed} 폴리시 업데이트와 정규화^{regularization} 기술을 도입했다. 이 방법과 효과를 알아보자.

지연된 폴리시 업데이트

큰 분산은 부정확한 크리틱 때문에 발생하므로 TD3는 크리틱 오류가 충분하게 작아질 때까지 폴리시 업데이트를 지연시킨다. TD3는 고정된 횟수의 반복 후에만 정책을 업데이트해 경험적으로 업데이트를 지연시킨다. 이와 같이 크리틱은 폴리시 최적화가 이뤄지기 전에 스스로 학습하고 안정화하는 시간을 갖는다. 실제로 폴리시는 1과 6 사이의 반복 횟수만큼 고정된 상태를 유지한다. 1로 설정한 TD3는 DDPG와 동일하다. 지연된 폴리시의 업데이트 기능은 다음과 같다.

```
...
# 딜레이된 폴리시 업데이트
if step_count % policy_update_freq == 0:
    # 폴리시를 최적화한다.
    tmp_mb_obs = tf.convert_to_tensor(mb_obs, dtype=tf.float32)
    with tf.GradientTape() as tape:
        q_target_mb = p_tar_model(tmp_mb_obs)
        tmp_qd1_onl = qd1_onl_model(tf.concat([tmp_mb_obs, q_target_mb], axis=-1))
        tmp_qd1_onl = tf.squeeze(tmp_qd1_onl)
        p_train_loss = -tf.reduce_mean(tmp_qd1_onl)

    train3_grads = tape.gradient(p_train_loss, qd1_onl_var)
    p_opt.apply_gradients(zip(train3_grads, qd1_onl_var))

    # 타깃 네트워크에 대한 소프트 업데이트
    get_update_target_op()

    # file_writer.add_summary(train_summary, step_count)
    last_q1_update_loss.append(q1_train_loss)
    last_q2_update_loss.append(q2_train_loss)
    last_p_update_loss.append(p_train_loss)
...
```

타깃 정규화

결정론적 행동으로 업데이트하는 크리틱은 협소한 최고점narrow peaks에서 과적합되는 경향이 있다. 이로 인해 분산이 증가하는 문제가 발생한다. TD3는 대상 행동 근처의 작은 영역에 정리한clipped 노이즈를 추가하는 평활화 정규 기술smoothing regularization technique을 제공한다.

$$y \leftarrow r + \gamma \, min_{i=1,2} Q_{\phi_i'} \left(s', \mu_{\theta'} \left(s'\right) + \epsilon\right)$$
$$\epsilon \sim clip(N(0, \sigma), -c, c)$$

정규화^{regularization}는 벡터와 스케일을 인자로 갖는 함수로 구현할 수 있다.

```
def add_normal_noise(x, scale, low_lim=-0.5, high_lim=0.5):
    return x + np.clip(np.random.normal(loc=0.0, scale=scale, size=x.shape), low_lim,
high_lim)
```

다음으로 아래 코드와 같이 대상 폴리시를 실행한 후 add_normal_noise를 실행한다. DDPG 구현 관련 변경사항은 볼드체로 표현했다.

```
...
tmp_mb_obs2 = tf.convert_to_tensor(mb_obs2,dtype=tf.float32)
double_actions = p_tar_model(tmp_mb_obs2)

# 타깃 정규화
double_noisy_actions = np.clip(add_normal_noise(double_actions, target_noise), env.
action_space.low, env.action_space.high)

# 클리핑 처리한 더블 Q-러닝
q1_target_mb = qa1_tar_model(tf.concat([tmp_mb_obs2, double_noisy_actions], axis=-1))
q2_target_mb = qa2_tar_model(tf.concat([tmp_mb_obs2, double_noisy_actions], axis=-1))
q1_target_mb = tf.squeeze(q1_target_mb)
q2_target_mb = tf.squeeze(q2_target_mb)

# q1_target_mb, q2_target_mb = sess.run([qa1_tar,qa2_tar], feed_dict={obs_ph:mb_obs2,
act_ph:double_noisy_actions})
q_target_mb = np.min([q1_target_mb, q2_target_mb], axis=0)
assert(len(q1_target_mb) == len(q_target_mb))

# 타깃 가치를 계산한다.
y_r = np.array(mb_rew) + discount*(1-np.array(mb_done))*q_target_mb
        ..
```

추가 노이즈를 더한 후 환경에서 설정한 범위를 초과하지 않도록 행동을 정리했다^{clipped}.

모든 구현 내용을 종합하면 다음 의사코드와 같은 알고리듬이 된다.

```
---------------------------------------------------------------
TD 3 Algorithm
---------------------------------------------------------------
```

Initialize online networks Q_{ϕ_1}, Q_{ϕ_2} and μ_θ

Initialize target networks $Q_{\phi_1'}, Q_{\phi_2'}$ and $\mu_{\theta'}$ with the same weights as the online networks

Initialize empty replay buffer D

Initialize environment $s \leftarrow env.reset()$

for $episode = 1..M$ **do**

    > Run an episode

    while not d:

        $a \leftarrow \mu_\beta(s)$

        $s', r, d \leftarrow env(a)$

        > Store the transition in the buffer

        $D \leftarrow D \cup (s, a, r, s', d)$

        $s \leftarrow s'$

        > Sample a minibatch

        $b \sim D$

        > Calculate the target value for every i in b

        $y \leftarrow r + \gamma \min_{i=1,2} Q_{\phi_i'}(s', \mu_{\theta'}(s') + \epsilon)$

           $\epsilon \sim clip(N(0, \sigma), -c, c)$

        > Update the critics

        $\phi_1 \leftarrow \phi_1 - \alpha_\phi \nabla_{\phi_1} \dfrac{1}{|b|} \sum_i (Q_{\phi_1}(s_i, a_i) - y_i)^2$

        $\phi_2 \leftarrow \phi_2 - \alpha_\phi \nabla_{\phi_2} \dfrac{1}{|b|} \sum_i (Q_{\phi_2}(s_i, a_i) - y_i)^2$

        if iter % policy_update_frequency == 0:

           > Update the policy

$$\theta \leftarrow \theta - \alpha_\theta \frac{1}{|b|} \sum_i \nabla_\theta \mu_\theta(s_i) \nabla_a Q_\phi(s_i, a_i)|_{a=\mu(s_i)}$$

> Targets update
$$\theta' \leftarrow \tau\theta + (1 - \tau)\theta'$$
$$\phi'_1 \leftarrow \tau\phi_1 + (1 - \tau)\phi'_1$$
$$\phi'_2 \leftarrow \tau\phi_2 + (1 - \tau)\phi'_2$$

if $d == True$:
$$s \leftarrow env.reset()$$

여기까지가 TD3 알고리듬 내용의 전부다. 이제 결정론적 폴리시와 비결정론적 폴리시 그래디언트 메서드를 명확하게 이해했다. 거의 모든 모델-프리 알고리듬은 8장에서 설명한 원칙에 기반해 마스터하면 알고리듬을 이해하고 구현할 수 있다.

BipedalWalker에 TD3를 적용하기

TD3와 DDPG를 직접 비교하기 위해 DDPG에 사용한 환경인 BipedalWalker-v2에 TD3를 테스트해봤다.

이 환경에서 TD3에 가장 적합한 하이퍼 파라미터hyperparameter는 다음과 같다.

하이퍼 파라미터	액터 학습률(l.r.)	크리틱 학습률(l.r.)	DNN 아키텍처	버퍼 사이즈	배치 사이즈	타우 (Tau)	폴리시 업데이트 빈도	시그마
값	4e-4	4e-4	[64,relu,64,relu]	200,000	64	0.005	2	0.2

결과는 다음과 같다. 곡선은 부드러운 추세를 보여주며 약 30만(300k) 스텝 후 좋은 결과에 도달했고 45만(450k) 스텝 후 최고점에 도달했다. 곡선은 300점 목표 근처에 도달했지만 실제로 달성하지는 못했다.

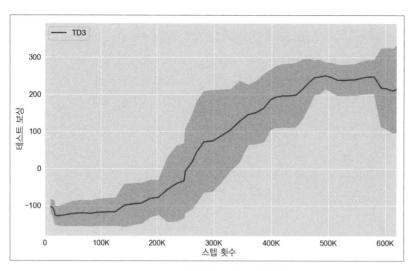

BipedalWalker-v2에서의 TD3 알고리듬의 성능

TD3에 적합한 하이퍼 파라미터를 찾는 데 걸린 시간은 DDPG에 비해 적다. 그리고 1개 게임에서만 두 알고리듬을 비교했지만 안정성과 성능 면에서 두 알고리듬의 차이를 비교 해볼 수 있었다. BipedalWalker-v2에 대한 DDPG와 TD3의 성능은 다음과 같다.

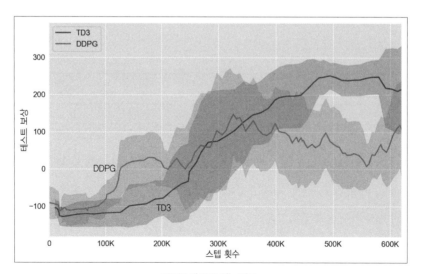

DDPG 대 TD3 성능 비교

좀 더 어려운 환경에서 알고리듬을 훈련시키고 싶다면 BipedalWalkerHardcore-v2를 시도해볼 수 있다. 이 환경은 사다리(ladder), 그루터기 장애물(Stumps), 함정(pitfalls)만 제외하면 BipedalWalker-v2와 매우 유사하다. BipedalWalkerHardcore-v2 게임을 해결한 알고리듬은 거의 없지만 에이전트가 장애물을 통과하지 못한 원인을 분석해보는 것도 의미가 있다.

최종 성능, 개선 속도, 알고리듬의 안정성 면에서 TD3가 DDPG보다 좋다.

8장에서 소개한 내용의 컬러 이미지는 다음 파일을 참조하길 바란다.

http://www.packtpub.com/sites/default/files/downloads/9781789131116_ColorImages.pdf

▌ 요약

8장에서는 두 가지 강화학습 문제 해결 방법의 장점을 결합한 방법을 알아봤다. 첫 번째는 상태-행동 값을 추정해 최고의 다음 행동을 선택하는 Q-러닝 알고리듬이고 두 번째는 그래디언트를 통해 예상 보상 폴리시를 최대화하는 폴리시 그래디언트 알고리듬이다.

두 접근법의 장·단점을 살펴봤고 대부분의 방법이 상호보완적이라는 것을 알게 됐다. 예를 들어 Q-러닝 알고리듬은 샘플을 효율적으로 이용하지만 연속형 행동을 처리할 수 없다는 단점이 있다. 반면 폴리시 그래디언트 알고리듬은 더 많은 데이터가 필요해 샘플을 비효율적으로 이용하지만 연속형 행동을 처리할 수 있다는 장점이 있다.

다음으로 Q-러닝과 폴리시 그래디언트 기술을 결합한 DPG 메서드를 소개했다. 특히 DPG 메서드는 결정론적 폴리시^{deterministic policy}를 예측해 Q-러닝 알고리듬의 전역 최적화보다 좋은 성능을 갖게 됐다는 것을 알게 됐다. 또한 DPG 정리^{theorem}에서 Q 함수의 그래디언트를 통해 결정론적 폴리시를 업데이트하는 방법을 설명했다.

8장에서 두 가지 DPG 알고리듬(DDPG와 TD3)을 학습하고 구현해봤다. 둘 다 오프-폴리시 액터-크리틱 알고리듬으로 연속적인 행동 공간이 있는 환경에서 사용할 수 있다. TD3는 분산 감소를 위한 몇 가지 트릭을 캡슐화하고 Q-러닝 알고리듬에서 일반적으로 나타나는 과대평가 편향overestimation bias을 제한한 DDPG의 개선 기술이다.

8장까지 모델-프리 강화학습 알고리듬을 모두 설명했다. SARSA에서 DQN 그리고 REINFORCE에서 PPO에 이르기까지 지금까지 알려진 주요 알고리듬을 살펴봤고 여러 알고리듬의 장점을 결합한 DDPG 및 TD3 같은 방법도 알아봤다. 이러한 알고리듬만으로도 미세 조정이 가능하고 많은 양의 데이터를 사용해 좋은 성능을 달성할 수 있다(Open AI Five와 AlphaStar 참조).

9장에서는 모델-프리 알고리듬에서 벗어나 학습에 필요한 데이터 양을 줄일 수 있는 방법인 모델-기반 알고리듬을 소개한다. 이 알고리듬은 환경 모델을 학습함으로써 해당 작업을 학습하는 데 필요한 데이터 양을 줄이는 것을 연구하는 분야다. 9장부터는 이미테이션 학습imitation learning, ESBAS 같은 최신 강화학습 알고리듬과 진화 전략 같은 비강화학습 알고리듬을 소개하겠다.

▍ 질문

1. Q-러닝 알고리듬의 주요 한계는 무엇인가?
2. 확률적 그래디언트 알고리듬은 왜 샘플비효율적인가?
3. DPG는 최대화 문제를 어떻게 해결했는가?
4. DPG는 충분한 탐색을 어떻게 보장하는가?
5. DDPG란 무엇인가? 또한 이 알고리듬은 이전 알고리듬의 어떠한 문제를 해결했는가?

6. TD3가 최소화하려는 대상은 무엇인가?

7. TD3가 채택한 새로운 메커니즘은 무엇인가?

▌ 심화학습 자료

8장에서 소개한 내용을 좀 더 상세하게 학습하려면 다음 자료를 참조하길 바란다.

- DPG^{Deterministic Policy Gradient} 알고리듬을 소개한 논문으로 http://proceedings.mlr.press/V32/silver14.pdf를 읽어보길 바란다.

- DDPG^{Deep Deterministic Policy Gradient} 알고리듬을 소개한 논문으로 https://arxiv.org/pdf/1509.02971.pdf를 읽어보길 바란다.

- TD3^{Twin Delayed Deep Deterministic Policy Gradient}를 소개한 알고리듬으로 https://arxiv.org/pdf/1802.09477.pdf를 읽어보길 바란다.

- 모든 메인 폴리시 그래디언트 알고리듬에 대한 짧은 소개로 Lilian Weng의 글 (https://lilianweng.github.io/lil-log/2018/04/08/policy-gradient-algorithms.html) 을 읽어보길 바란다.

모델 프리 알고리듬과 개선

3부에서는 강화학습 알고리듬을 개선하는 방법으로 모델-기반 알고리듬, 이미테이션 학습, 진화 전략을 자세하게 알아보겠다.

3부에서는 다음 내용을 다룬다.

- 9장, 모델-기반 강화학습
- 10장, DAgger 알고리듬을 사용한 이미테이션 학습
- 11장, 블랙-박스 최적화 알고리듬
- 12장, ESBAS 알고리듬
- 13장, 강화학습 문제 해결을 위한 실제 구현

09

모델-기반 강화학습

강화학습 알고리듬은 두 가지(모델-프리 메서드와 모델-기반 메서드)로 구분할 수 있다. 두 가지 강화학습은 환경 모델에 대한 가정에 따라 다르다. 모델-프리 알고리듬은 환경을 모르더라도 환경과의 상호작용을 통해 폴리시를 학습하는 반면 모델-기반 알고리듬은 환경에 대한 깊은 이해를 바탕으로 행동을 결정한다.

9장에서는 모델-기반 접근법을 폭넓게 알아보고 모델-프리 접근법의 장·단점과 모델을 이미 아는 경우와 몰라서 학습해야 하는 경우의 차이점을 알아보겠다. 9장 후반부 내용은 문제 접근법과 문제 해결 도구 선정에 영향을 미치므로 중요하다. 소개 이후 모델-기반 알고리듬이 이미지 같은 고차원 관측 공간을 다뤄야 하는 사례를 설명하겠다.

또한 고차원 공간에서 모델과 폴리시 둘 다 학습하기 위해 모델-기반 메서드와 모델-프리 메서드를 모두 결합한 알고리듬 유형을 살펴보겠다. 대상 메서드의 내부 작동 구조를 학습하고 이러한 메서드를 사용하는 이유를 설명하겠다. 다음으로 모델-기반 알고리듬 특히 모델-기반 접근법과 모델-프리 접근법을 모두 결합한 알고리듬을 상세하게 이해하기 위해 ME-TRPO^{Model-Ensemble Trust Region Policy Optimization} 알고리듬을 개발하고 연속형 역진자^{Continuous Inverted Pendulum} 게임 환경에 적용해보겠다.

9장에서는 다음 내용을 다룬다.

- 모델-기반 메서드
- 모델-프리 학습을 모델-기반 메서드와 결합
- 역진자에 ME-TRPO 적용

▌ 모델-기반 메서드

모델-프리 알고리듬은 매우 복잡한 폴리시를 학습하고 복잡한 환경에서 목표를 달성할 수 있는 알고리듬이다. 최근 OpenAI(https://openai.com/five/)와 DeepMind(https://deepmind.com/blog/article/alphastar_mastering_real_time_strategygame_starcraft_ii) 연구 결과에서 입증됐듯이 이러한 알고리듬은 실제로 스타크래프트^{StarCraft}와 도타2^{Dota2} 같은 게임에서 예상하지 못한 상황에 대한 장기 계획, 팀워크, 대응 능력을 보여줬다.

실제로 훈련된 에이전트는 최고의 프로 게이머를 이길 수 있었다. 하지만 게임을 숙달시키는 데 필요한 에이전트 훈련용 게임 횟수가 너무 많다는 문제가 있다. 사실 이러한 결과를 얻으려면 사람이 수백 년이나 걸릴 게임 양을 에이전트 스스로 소화해야 한다. 이러한 접근법의 문제점을 알아보자.

시뮬레이터용 에이전트를 이용해 가상 환경에서 모델을 훈련시킨다면 원하는 만큼의 경험을 쉽게 확보하고 활용할 수 있다. 하지만 현실 세상 같이 느리고 복잡한 환경에서 에이전트를 운영하고 모델을 훈련시키는 작업은 상대적으로 시간이 많이 걸리고 어렵다. 현실에서는 에이전트가 몇 가지 흥미로운 기능을 보여주기 위해 수백 년이나 학습을 진행해야 한다. 그렇다면 실제 환경과의 상호작용을 적게 사용하는 알고리듬을 개발할 수 있을까? 모델-프리 알고리듬으로 이 문제를 이미 해결했다.

모델-프리 알고리듬에서의 해결 방법은 오프-폴리시 알고리듬을 사용하는 것이었다. 하지만 효과는 미미했고 많은 현실 문제 해결에 충분한 도움이 되지 못했다.

그렇다면 현실 문제를 해결할 방법은 예상한 대로 모델-기반 강화학습이다. 모델-기반 알고리듬을 이미 개발해봤다. 3장, '동적 프로그래밍으로 문제 해결하기'에서 동적 프로그래밍과 함께 환경 모델을 사용해 에이전트를 훈련시켜 함정pitfall이 있는 지역을 피해 이동할 수 있게 했다. 이러한 동적 프로그래밍Dynamic Programming은 환경 모델을 사용하므로 모델-기반 알고리듬이다.

불행하게도 동적 프로그래밍은 복잡한 문제에 사용하기 어렵다. 그래서 더 까다로운 환경에서 유용하고 스케일 확장이 가능한 다른 유형의 모델-기반 알고리듬을 알아봐야 한다.

모델-기반 학습에 대한 폭넓은 관점

먼저 모델이란 무엇인지 기억해보자. 모델은 전이 역학 관계transition dynamics와 환경이 제공하는 보상reward으로 이뤄져 있다. 전이 역학 관계란? 상태 s, 행동 a, 다음 상태 s'의 맵핑 관계를 말한다.

모델이 이러한 정보를 갖고 있고 표현할 수 있다면 환경을 대체할 수 있다. 따라서 이러한 모델을 갖춘 에이전트라면 자신의 미래를 예측할 수 있다.

다음과 같이 이미 모델을 아는 경우 또는 알지 못하는 경우로 구분할 수 있다.

1. 모델을 아는 경우

    해당 모델을 사용해 환경의 역학 관계를 파악할 수 있다. 즉 모델은 환경 정보를 제공하는 형태로 사용한다.

2. 모델을 알지 못하는 경우

    환경의 역학 관계를 파악할 수 없는 경우로 환경과의 직접적인 상호작용을 통해 역학 관계를 학습할 수 있다. 하지만 대부분 환경에 대한 근사치만 학습하므로 이를 사용할 때 추가 요인을 고려해야 한다.

모델이 무엇인지 설명했으므로 모델을 사용하는 방법과 환경과의 상호작용 횟수를 줄이는 데 모델이 어떠한 도움을 주는지 알 수 있다. 모델을 사용하는 방법은 두 가지 중요한 요소(모델, 행동을 선택하는 방법)에 따라 다르다.

실제로 방금 언급했듯이 모델은 이미 알고 있거나 아직 모르는 상태가 될 수 있으며 학습한 폴리시로 행동을 계획하거나 선택할 수 있다. 알고리듬은 각각의 경우에 따라 매우 다양하므로 모델을 이미 아는 경우(전이 역학 관계와 환경의 보상이 이미 있다는 의미다)에 사용하는 접근법을 먼저 자세하게 설명하겠다.

알려진 모델

모델을 이미 아는 경우 완전한 궤도를 시뮬레이션하고 각각의 궤도에 대한 리턴 값을 계산하는 데 사용할 수 있다. 다음으로 가장 높은 보상을 제공하는 행동이 선택된다. 이 과정을 계획planning이라고 하며 환경 모델은 다음 상태state와 보상reward을 생산하는 데 필요한 정보를 제공하므로 필수 요건이 된다.

알고리듬 계획Planning algorithms은 어디서나 사용되지만 눈여겨볼 것은 알고리듬이 작동하는 행동 공간의 유형에 따라 다르다는 것이다. 알고리듬 계획의 일부는 이산형discrete 행동을 대상으로 수행하고 나머지는 연속형continuous 행동을 대상으로 수행한다.

이산형 행동에 대한 알고리듬 계획은 대부분 다음 그림에서와 같이 의사결정 나무를 구성하는 검색 알고리듬$^{search\ algorithms}$이다.

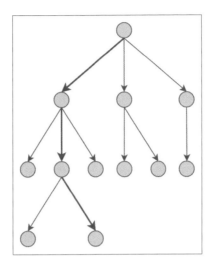

현재 상태는 최상위 노드^{root}이며 가능한 행동은 화살표로 표시했으며 다른 노드는 일련의 행동 뒤에 도달하는 상태가 된다.

가능한 모든 일련의 행동$^{sequence\ of\ actions}$을 시도하면 결국 최적의 행동을 찾을 수 있다는 것을 알 수 있다. 하지만 불행하게도 대부분의 문제에서 가능한 행동 수가 기하급수적으로 증가하므로 이 절차를 실행하기가 어렵다. 복잡한 문제에 사용되는 계획 알고리듬은 제한된 수의 궤도에 의존해 계획을 수립할 수 있는 전략을 채택한다.

알파고^{AlphaGo}에서도 채택된 이 알고리듬을 MCTS$^{Monte\ Carlo\ Tree\ Search}$라고 한다. MCTS는 유한한^{finite} 일련의 시뮬레이션 게임을 만들어 의사결정 트리를 만드는 동시에 아직 방문하지 않은 트리의 일부를 충분하게 탐색한다. 시뮬레이션 게임이나 궤도가 말단 노드인 leaf에 도달해 게임이 종료되면 방문 상태에 대한 결과를 다시 역전파하고 노드가 보유한 보상 정보(수익 또는 손실)를 업데이트한다. 다음으로 수익/손실비율이나 보상이 더 높은 다음 상태로 이어지는 행동을 실행한다.

반대로 연속 행동으로 작동하는 계획 알고리듬은 궤도 최적화 기술을 포함한다. 이 기술은 무한 차원의 최적화 문제를 다루므로 이산형 행동을 갖는 문제보다 해결하기가 더 어렵다.

게다가 그 중 다수는 모델의 그래디언트가 필요하다. 예를 들어 모델 예측 제어MPC, Model Predictive Control는 유한한 시간 범위인 시평time horizon에 맞게 최적화돼 있지만 발견된 궤도를 실행하는 대신 첫 번째 행동만 실행한다. 이렇게 함으로써 MPC는 무한한 시간 범위 계획을 갖는 다른 메서드보다 빠른 반응을 보인다.

미지의 모델

환경 모델을 알 수 없을 때 어떡해야 할지 알아보자! 지금까지 본 대부분의 모델은 학습을 포함하고 있다. 학습 모델이 최상의 방법일까? 실제로 모델-기반 접근법을 사용하는 경우라면 대답은 '예'다. 하지만 모델-기반 접근법을 알아보겠지만 이 방법이 항상 최선책인 것은 아니다.

강화학습의 최종 목표는 주어진 과제에 대한 최적의 폴리시를 배우는 것이다. 9장 전반부에서 모델-기반 접근법이 주로 환경과의 상호작용 횟수를 줄이는 데 사용된다고 말했지만 항상 사실일까? 요리사가 맛있는 오믈렛omelet을 만든다고 생각해보자. 이 경우 계란을 깨는 정확한 위치를 아는 것은 맛있는 오믈렛을 만드는 데 전혀 도움이 안 된다. 오히려 계란을 깨는 방법은 적당하게 알면 된다. 따라서 이러한 상황이라면 계란의 정확한 구조를 다루지 않는 모델-프리 알고리듬이 더 적합하다.

하지만 이 정도로 모델-기반 알고리듬이 가치가 없다고 할 수는 없다. 예를 들어 폴리시보다 모델을 쉽게 학습시킬 수 있는 상황에서는 모델-프리 접근법보다 모델-기반 접근법이 더 바람직하다.

불행하게도 모델을 배우는 유일한 방법은 환경과의 상호작용을 통해서다. 이 과정은 환경에 대한 데이터 집합을 획득하고 만들 수 있게 하므로 필수적인 단계다. 일반적으로 학습 과정은 감독 방식으로 이뤄지며 이 경우 환경에서 획득한 전이 결과 값transitions과 예측 값

prediction 사이의 평균제곱오차mean squared error 손실함수를 최소화하기 위해 심층신경망 같은 함수 근사기function approximator를 훈련시키는 지도 학습 형태로 이뤄진다. 이러한 예제는 다음 그림과 같으며 심층신경망은 현재 상태 s와 행동 a로부터 다음 상태 s'와 보상 r을 예측해 환경을 모델링하는 훈련을 한다.

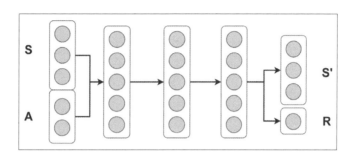

신경망 외에 가우시안 프로세스, 가우시안 혼합 모델 같은 다른 옵션이 있다. 특히 가우시안 프로세스는 모델의 불확실성을 고려하는 특성이 있으며 데이터 효율성이 매우 높다. 사실 심층신경망이 등장하기 전까지는 가우시안 프로세스를 가장 많이 사용했다.

하지만 가우시안 프로세스의 주요 단점은 데이터 집합이 클수록 속도가 느리다는 것이다. 실제로 더 복잡한 환경(상대적으로 대규모 데이터셋이 필요하다)을 학습하기 위해서는 주로 심층신경망을 사용한다. 게다가 심층신경망은 이미지가 관측치인 환경 모델을 학습할 수 있다.

환경 모델을 학습하는 주요 방법은 두 가지다. 첫 번째는 모델을 한 번 학습한 후 고정시키는 방법이고 두 번째는 모델을 처음부터 학습시키지만 계획이나 폴리시가 변경되면 재학습시키는 방법이다. 두 가지 옵션은 다음 그림과 같다.

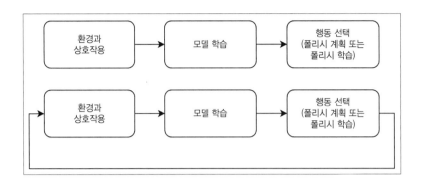

그림 상단은 순차적 모델-기반sequential model-based 알고리듬으로 에이전트는 모델을 학습하기 전에만 환경과 상호작용한다. 그림 하단은 반복적 모델-기반cyclic approach to model-based 학습으로 여기서 모델은 다른 폴리시에서 발생한 추가 데이터를 이용해 정제한다.

그림 하단 부분에서 알고리듬이 얻을 수 있는 장점을 이해하려면 핵심 개념을 정의해야 한다. 환경의 역학 관계dynamics를 학습하기 위해 데이터 집합을 수집하려면 환경을 탐색할 수 있는 폴리시가 필요하다. 하지만 초기에는 폴리시가 결정론적일 수도 있고 완전하게 랜덤일 수도 있다. 따라서 제한된 수의 상호작용인 경우 해당 탐색 공간은 매우 제한적일 것이다.

그로 인해 최적 궤도를 계획하거나 학습하는 데 필요한 환경 부분을 학습하지 못하기도 한다. 하지만 새롭고 더 나은 폴리시에서 발생한 새로운 상호작용을 이용해 모델을 재훈련시키면 아직 방문하지 않은 환경의 모든 부분을 폴리시 관점에서 학습할 수 있을 것이다. 이를 데이터 집계aggregation라고 한다.

실제로 대부분의 경우 모델을 알 수 없으며 생성된 새로운 폴리시에 적응하기 위해 데이터 집계 메서드를 사용해 학습한다. 모델을 학습하는 것은 어려운 작업으로 잠재적인 문제는 다음과 같다.

- **모델 과적합**Overfitting the model: 학습한 모델은 환경의 전역 구조를 인지하지 못하고 지역적 부분을 과적합한다.

- **부정확한 모델**Inaccurate model : 불완전한 모델의 폴리시를 계획하거나 학습하면 잠정
  적으로 치명적인 결과를 초래한다.

모델을 학습해야 하는 좋은 모델-기반 알고리듬good model-based algorithms은 이러한 문제에
잘 대응해야 한다. 잠정적 해결 방법은 베이지안 신경망 같이 불확실성을 추정하는 알고
리듬을 사용하거나 모델의 앙상블을 사용하는 것이다.

장·단점

모든 종류의 강화학습 알고리듬을 개발할 때 고려해야 할 3가지 기본 항목은 다음과 같다.

- **점근 성능**[1] : 시간과 하드웨어 면에서 무한 리소스를 사용할 수 있다고 가정할 때
  알고리듬이 달성할 수 있는 최대 성능이다.
- **월 클락 타임** : 주어진 계산 능력으로 알고리듬이 특정 성능에 도달하는 데 필요한
  학습 시간이다.
- **샘플효율성**sample efficiency : 특정 성능에 도달하기 위해 환경과 상호작용한 횟수다.

이미 모델-프리와 모델-기반 강화학습의 샘플효율성을 모두 알아봤고 모델-기반 강화
학습이 샘플효율성 면에서 상대적으로 우수하다는 것을 알고 있다. 하지만 월 클락 타임
wall clock time과 성능은 어떠한가? 모델-기반 알고리듬은 일반적으로 모델-프리 알고리듬
보다 점근 성능이 낮으며 학습 속도가 느리다. 일반적으로 성능과 속도가 낮아지면 데이
터효율성이 높다.

모델-기반 학습 성능이 떨어지는 이유 중 하나는 폴리시에 추가 오류를 발생시키는 모델
의 부정확성 때문이다. 학습 월 클락 타임이 상대적으로 긴 것은 계획 알고리듬의 속도가

---

1 동일한 프로그램도 입력 양에 따라 데이터를 처리하는 성능이 달라진다. 이 경우 입력 크기를 n으로 표현하고 입력 크기가 커지
  면 시간은 점점 증가한다. 따라서 매우 큰 입력으로 프로그램 수행 시간 또는 사용 공간에 대한 객관적 평가 지표를 계산한 값을
  말한다. 점근적 상한선을 빅 오(O)로 표기하고 점근적 하한선을 빅 오메가(Ω)로 표기하며 점근적 상한과 하한의 교집합을 세타
  (θ)로 표기한다. – 옮긴이

느리거나 부정확하게 학습된 환경에서 폴리시를 학습시키는 데 더 많은 상호작용이 필요하기 때문이다. 또한 모델-기반 알고리듬은 매 스텝마다 실행돼야 하는 계획 연산 비용이 높아 상대적으로 느린 추론 시간을 갖는다.

결론적으로 모델-기반 알고리듬을 훈련시키는 데 필요한 추가 시간을 고려해야 하고 이러한 접근법이 상대적으로 낮은 점근 성능asymptotic performance을 갖고 있다는 점을 알아야 한다. 하지만 폴리시보다 모델을 학습하기 쉬운 경우와 환경과의 상호작용에 비용과 실행 시간이 많이 필요한 경우 모델-기반 학습을 고려해야 한다.

두 가지 면에서 모델-프리model-free 학습과 모델-기반model-based 학습이 존재하며 두 방법은 각각 매력적인 특징이 있지만 뚜렷한 단점도 있으므로 모든 경우에 최고인 학습 방법은 없다고 할 수 있다.

▮ 모델-기반 학습과 모델-프리 학습 결합하기

훈련과 런타임 모두에서 어떻게 계획하는 것이 계산적으로 비용이 많이 드는지 그리고 더 복잡한 환경에서 알고리듬을 계획하면 좋은 성능을 달성할 수 없다는 사실을 알게 됐다. 이미 언급한 다른 전략은 폴리시를 배우는 방법이다. 폴리시는 각 스텝에서 계획할 필요가 없어 추론이 훨씬 빠르다.

폴리시를 배우는 간단하고 효과적인 방법은 모델-기반 학습과 모델-프리 학습을 결합하는 것이다. 최근 모델-프리 알고리듬의 혁신적 연구로 이러한 결합 방법을 주로 다루고 있으며 현재까지 가장 보편적인 접근법이다. 다음 절에서 개발할 알고리듬인 ME-TRPO도 이 방법 중 하나다. 이 알고리듬을 더 자세하게 알아보겠다.

모델-기반과 모델-프리 접근법의 유용한 조합

모델-프리 학습은 접근 성능^{asymptotic performance}이 좋지만 샘플 복잡성은 열악하다. 반면 모델-기반 학습은 데이터 관점에서 효율적이지만 더 복잡한 작업에서는 어려움을 겪는다. 모델-기반과 모델-프리 접근법을 결합하면 모델-프리 알고리듬의 고성능을 달성하는 동시에 샘플 복잡성이 일관되게 감소하는 안정적인 지점에 도달할 수 있다.

두 방법을 통합하는 방법은 여러 가지이며 이를 제안하는 알고리듬은 전혀 다르다. 예를 들어 바둑^{GO}과 장기^{Chess} 같은 모델의 경우 검색 트리와 가치 기반 알고리듬은 서로 더 나은 행동 가치를 추정하는 데 도움이 된다.

또 다른 예는 환경 학습과 폴리시를 심층신경망 아키텍처에 직접 결합해 학습한 역학 관계가 폴리시 계획에 기여하도록 하는 것이다. 상당한 수의 알고리듬이 사용하는 또 다른 전략은 학습한 환경 모델을 사용해 폴리시를 최적화하는 샘플을 추가로 생성하는 방법이다.

즉 학습 모델 내에서 시뮬레이션 게임을 실행해 폴리시를 훈련시킨다. 이것은 여러 가지 방법으로 할 수 있지만 주요 레시피는 다음 의사코드와 같다.

```
while not done:
    > collect transitions {(s, a, s′, r)ᵢ} from the real environment using a policy π
    > add the transitions to the buffer D
    > learn a model f(s, a) that minimizes ∑(f(s, a) − s′)² in a supervised way
using data in D
    > (optionally learn r(s, a))

repeat K times:
    > sample an initial state s₀
    > simulate transitions {(sₛ, a, s′ₛ, rₛ)ᵢ} from the model s′ₛ = f(sₛ, a) using a policy π
    > update the policy π using a model-free RL
```

이 의사코드는 두 가지 사이클을 포함한다. 맨 바깥쪽 사이클은 실제 환경에서 데이터를 수집해 모델을 훈련시키는 반면 맨 안쪽 사이클에서는 모델-프리 알고리듬을 사용해 폴리시를 최적화하는 데 사용되는 시뮬레이션 샘플을 만든다. 보통 역학 관계dynamics 모델은 평균제곱오차MSE 손실을 최소화할 수 있도록 지도 방식으로 훈련시킨다. 모델의 예측이 정확할수록 정확한 폴리시를 얻을 수 있다.

맨 안쪽 사이클에서는 전체 또는 고정-길이의 궤도를 시뮬레이션할 수 있다. 실제로 고정-길이의 궤도는 모델의 불완전성을 완화하기 위해 채택한다. 또한 궤도는 실제 전이가 포함된 버퍼에서 샘플링한 랜덤 상태 또는 초기 상태에서 시작한다. 전체-길이의 궤도는 모델이 부정확한 상황에서 필요하며 이는 궤도가 실제 궤도에서 너무 많이 이탈하는diverge 것을 방지하기 때문이다. 이 상황을 설명하려면 다음 그림을 참조하자. 실제 환경에서 수집한 궤도는 검정색이며 시뮬레이션 궤도는 점선이다.

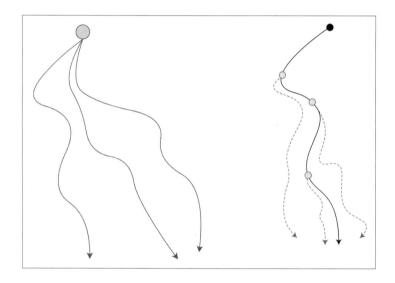

초기 상태에서 시작하는 궤도가 길고 부정확한 모델의 오류가 이후 모든 예측에 전파되면서 더 빠르게 분기diverge한다는 것을 알 수 있다.

메인 사이클을 한 번만 반복할 수 있고 환경의 근사 모델을 학습하는 데 필요한 모든 데이터를 수집할 수 있다는 점에 유의하기 바란다. 하지만 앞에서 설명한 이유로 새로운 폴리시에서 비롯된 전이(transitions)를 이용해 모델을 주기적으로 재교육하기 위해 반복적인 데이터 집계 방법을 사용하는 것이 좋다.

이미지에서 모델 만들기

지금까지 본 모델-기반 학습과 모델-프리 학습을 결합한 방법은 특히 저차원 상태 공간에서 작동하도록 설계됐다. 따라서 고차원 관측 공간을 이미지로 어떻게 다룰지 알아둬야 한다.

한 가지 방법은 잠재 공간$^{latent\ space}$에서 학습하는 것이다. 잠재 공간은 이미지 같은 고차원 입력 s의 임베딩 $g(s)$라는 저차원 표현이다. 저차원의 잠재 공간은 오토 인코더$^{auto\ encoder}$ 같은 신경망으로 만들 수 있다. 오토 인코더의 예는 다음 그림과 같다.

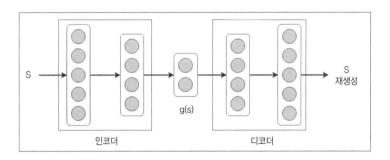

오토 인코더는 이미지를 작은 잠재 공간 $g(s)$에 맵핑하는 인코더와 잠재 공간을 원래 이미지로 복구하는 디코더로 이뤄져 있다. 오토 인코더의 결과로서 잠재 공간은 2개의 유사한 이미지가 잠재 공간에서도 유사하도록 제한된 공간에서 이미지의 주요 특징을 표현해야 한다.

강화학습에서 오토 인코더는 입력 S를 재구성하도록 훈련시킬 수 있으며 다음 관측 값 S' (필요할 경우 보상과 함께)를 예측하도록 훈련시킬 수 있다. 다음으로 잠재 공간을 이용해 동적 모델과 폴리시 둘 다 학습시킬 수 있다. 이 접근법의 주요 장점은 이미지 표현이 상대적으로 작아 속도가 크게 증가한다는 것이다. 하지만 잠재 공간에서 학습한 폴리시는 오토 인코더를 이용해 정확한 표현으로 복구시킬 수 없을 때 심각한 결함이 발생해 어려움을 겪는다.

고차원 공간에서의 모델-기반 학습은 매우 활발한 연구 분야다.

 이미지 관측을 통해 학습하는 모델-기반 알고리듬에 관심이 있다면 카이저(Kaiser)가 저술한 논문 「Model-Based Reinforcement Learning for Atari」(https://arxiv.org/pdf/1903.00374.pdf)를 읽어보길 바란다.

지금까지 모델-기반 학습과 모델-프리 학습의 결합을 이론적인 방법으로 다뤘다. 이러한 내용은 패러다임을 이해하는 데 필요하지만 실제로 실행해봐야 한다. 첫 번째 모델-기반 알고리듬의 세부 사항과 구현을 알아보자.

▌ 역진자에 적용한 ME-TRPO 모델

'모델-기반과 모델-프리 접근법의 유용한 조합' 절에서 설명한 의사코드의 바닐라 모델 기반과 모델-프리 알고리듬에는 많은 변형이 존재한다. 그 대부분은 환경 모델의 불완전성에 대처할 다양한 방법을 제안한다.

이것은 모델-프리 메서드와 동일한 성능에 도달하기 위해 해결해야 할 주요 문제다. 복잡한 환경에서 배운 모델은 항상 부정확성이 있다. 따라서 학습 과정을 안정시키고 가속화하기 위해 모델의 불확실성을 추정하거나 제어하는 것이 주요 과제다.

ME-TRPO는 모델의 불확실성^{uncertainty}을 유지하고 학습 과정을 정규화^{regularize}하기 위해 여러 모델로 구성된 앙상블을 사용할 것을 제안한다. 이러한 여러 모델은 서로 다른 가중치 초기화와 훈련 데이터를 갖는 심층신경망으로서 함께 사용하면 데이터가 충분하지 않아 최적 해를 탐색하지 못하는 경향이 있는 영역에 대해 더 강건한 환경의 일반 모델을 제공한다.

다음으로 폴리시는 앙상블로 시뮬레이션한 궤도에서 학습한다. 특히 폴리시를 학습하기 위해 선택한 알고리듬은 TRPO로 7장, 'TRPO와 PPO 구현'에서 설명했다.

ME-TRPO 이해하기

ME-TRPO의 첫 번째 부분은 환경의 역학 관계(모델의 앙상블)를 학습한다. 알고리듬은 임의의 폴리시 π로 환경과 상호작용해 전이^{transition} 데이터 집합을 수집한다.

다음으로 이러한 데이터 집합 $(s, a, s', r)_i$은 지도 방식으로 모든 역학 모델 f_{θ_i}를 훈련시키는 데 사용한다. 모델 f_{θ_i}는 서로 다른 랜덤 가중치로 초기화하고 서로 다른 미니 배치로 훈련시킨다. 과적합 이슈를 피하기 위해 데이터셋^{dataset}에서 검증 집합을 만든다. 또한 학습 조기 종료^{early stopping} 메커니즘(머신 러닝에서 널리 사용되는 정규화 기술)은 검증 데이터 집합에 대해 손실이 개선되지 않을 경우 훈련 과정을 중단시키는 역할을 한다.

알고리듬의 두 번째 부분에서는 TRPO를 통해 폴리시를 학습한다. 특히 폴리시는 학습된 모델에서 수집한 데이터에 근거해 훈련한다. 이러한 환경을 실제 환경이 아닌 시뮬레이션 환경이라고 한다. 폴리시가 단일 학습 모델의 부정확한 영역을 활용하지 않도록 하기 위해 전체 모델 앙상블 f_{θ_i}에서 예측된 전이를 사용해 폴리시 π를 훈련시킨다. 특히 폴리시는 앙상블 중 랜덤하게 선택한 모델 f_{θ_i}에서 획득한 전이로 구성된 시뮬레이션 데이터셋을 훈련시킨다. 훈련 과정에서 폴리시를 지속적으로 모니터링하고 성능 개선을 멈추면 즉시 훈련 과정을 중단한다.

마지막으로 두 부분으로 구성된 사이클은 수렴될 때까지 반복한다. 하지만 새로운 이터레이션마다 새로 학습된 폴리시 π를 실행해 실제 환경의 데이터를 수집하고 수집된 데이터는 이전 이터레이션의 데이터 집합과 함께 집계^{aggregate}한다. ME-TRPO 알고리듬은 다음과 같은 의사코드로 표현할 수 있다.

```
Initialize randomly policy π and models f_{θ_1}..f_{θ_N}
Initialize empty buffer D

while not done:
    > populate buffer D with transitions (s,a,s',r)_i from the real
environment using policy π (or random)
    > learn models f_{θ_1}(s,a)..f_{θ_N}(s,a) that minimize ∑(f_{θ_i}(s,a) - s')^2 in a supervised
way using data in D

    until convergence:
        > sample an initial state s_0
        > simulate transitions (s_s,a,s'_s,r_s)_i using models {f_{θ_i}}_{i=1}^K and the policy π
        > take a TRPO update to optimize policy π
```

여기서 주목할 부분은 대부분의 모델-기반 알고리듬과 달리 환경 모델에서는 보상이 임베드되지 않았다는 것이다. 따라서 ME-TRPO는 보상함수가 알려져 있다고 가정한다.

ME-TRPO 구현하기

ME-TRPO의 코드는 매우 길기 때문에 이번 절에서는 전체 코드를 제공하지 않겠다. TRPO와 관련된 모든 코드는 7장, 'TRPO와 PPO 구현'에서 이미 설명했으므로 이번 절에서는 일부 코드를 생략한다. 하지만 전체 구현에 관심이 있거나 알고리듬을 사용하려면 깃허브를 참조하길 바란다.

여기서는 다음 내용을 설명하고 구현해보겠다.

- 게임을 시뮬레이션하고 폴리시를 최적화하는 내부 사이클
- 모델을 훈련시키는 함수

나머지 코드는 TRPO 코드와 동일하다.

다음 스텝은 ME-TRPO의 핵심을 구현한 내용이다.

1. **폴리시 변경**: 실제 환경과의 상호작용 과정에서 변경한 유일한 내용은 폴리시다. 특히 폴리시는 첫 번째 에피소드에서 랜덤하게 작동하지만 나머지 부분에서는 알고리듬을 시작할 때 고정된 랜덤 표준편차를 사용해 가우시안 분포에서 행동을 샘플링한다. 이 변경은 TRPO 구현에서 `act, val=sess.run([a_sampl, s_values], feed_dict={obs_ph: [env.n_obj]}`를 다음 코드로 바꾸면 된다.

```
...
if ep == 0:
    act = env.action_space.sample()
else:
    act = get_act_smp([env.n_obs], init_log_std)
...
```

2. **심층신경망 f_{θ_i} 적합화하기**: 신경망은 이전 단계에서 수집한 데이터 집합으로 환경 모델을 학습한다. 데이터 집합은 훈련과 검증용 집합으로 구분하며 검증용 집합은 학습 조기 종료 기술로 트레이닝을 지속할 가치가 있는지 여부를 결정하는 데 사용한다.

```
...
model_buffer.generate_random_dataset()
train_obs, train_act, _, train_nxt_obs, _ = model_buffer.get_training_
batch()
valid_obs, valid_act, _, valid_nxt_obs, _ = model_buffer.get_valid_batch()
print('Log Std policy:', sess.run(log_std))
for i in range(num_ensemble_models):
    train_model(train_obs, train_act, train_nxt_obs, valid_obs, valid_act,
valid_nxt_obs, step_count, i)
```

model_buffer는 환경에 의해 생성된 샘플을 포함하는 FullBuffer 클래스의 인스턴스이며 generate_random_dataset은 훈련 및 유효성 검증을 위해 2개의 파티션을 작성하고 get_training_batch 및 get_valid_batch를 호출해 리턴한다.

다음 행에서는 데이터 집합, 현재 스텝 수, 훈련을 받아야 하는 모델의 인덱스 정보를 전달해 각 모델을 train_model 함수로 학습한다. num_ensemble_models는 앙상블을 채우는 모델의 총 개수다. ME-TRPO 논문에서는 5~10개 모델이면 충분한 것으로 제안했다. 인자 i는 앙상블의 어떠한 모델을 최적화해야 하는지를 설정한다.

3. **시뮬레이션 환경에서 가상 궤도를 생성하고 폴리시를 적합화하기**

```
best_sim_test = np.zeros(num_ensemble_models)
for it in range(80):
    obs_batch, act_batch, adv_batch, rtg_batch =
simulate_environment(sim_env, action_op_noise, simulated_steps)

    policy_update(obs_batch, act_batch, adv_batch, rtg_batch)
```

이 작업은 폴리시가 개선될 때까지 80회 이상 반복한다. 학습 모델로 표현한 simulate_environment는 시뮬레이션 환경에서 폴리시를 롤링해 데이터 집합(관측, 행동, 어드밴티지, 가치, 리턴으로 구성)을 수집한다. 사례에서 폴리시는 함수 action_op_noise로 표시하며 상태가 제공되면 학습된 폴리시에 근거해 행동 하나를 리턴한다. 그 대신 환경 sim_env은 앙상블 환경 중 각 단계에서 무작위로 선택된 환경 f_{θ_i}의 모델이다. simulate_environment 함수에 전달된 마지막 인자는 가상 환경에서 수행할 스텝 수를 설정하는 simulate_steps다.

궁극적으로 policy_update 함수는 가상 환경에서 수집한 데이터로 폴리시를 업데이트하기 위해 TRPO 단계를 실행한다.

4. **학습 조기 종료 스텝 메커니즘 구현 및 폴리시 평가하기**: 학습 조기 종료 메커니즘은 폴리시가 환경 모델에 과적합되는 것을 방지한다. 이 메커니즘은 개별 모델마다

폴리시의 성능을 모니터링해 작동한다. 폴리시가 개선한 모델의 비율이 임계 값을 초과하면 사이클을 종료한다. 이 방법은 해당 폴리시의 과적합 시작 여부를 알려주는 좋은 지표가 된다. 테스트 과정 훈련과 달리 폴리시는 한 번에 1개 모델에서 테스트한다. 훈련 기간 동안 개별 궤도는 환경의 모든 학습 모델에 의해 생성된다.

```python
if (it+1) % 5 == 0:
    sim_rewards = []

    for i in range(num_ensemble_models):
        sim_m_env = NetworkEnv(gym.make(env_name), model_op,
pendulum_reward, pendulum_done, i+1)
        mn_sim_rew, _ = test_agent(sim_m_env, action_op,
num_games=5)
        sim_rewards.append(mn_sim_rew)

    sim_rewards = np.array(sim_rewards)
    if (np.sum(best_sim_test > = sim_rewards) >
int(num_ensemble_models*0.7)) \
        or (len(sim_rewards[sim_rewards >= 990]) >
int(num_ensemble_models*0.7)):
            break
    else:
        best_sim_test = sim_rewards
```

폴리시 평가는 5회의 훈련 이터레이션마다 실행한다. 앙상블의 각 모델에 대해 NetworkEnv 클래스의 새 객체가 초기화된다. 실제 환경의 동일한 기능을 제공하지만 실제 환경에서는 학습된 모델에서 전이 값을 반환한다. NetworkEnv는 Gy.wrapper를 상속하고 reset과 step 함수를 오버라이드해 전이 값을 반환한다. 생성자의 첫 번째 파라미터는 실제 초기 상태를 얻는 데만 사용되는 실제 환경이며 model_os는 상태와 행동이 주어지면 다음 상태를 생성하는 함수다. 마지막으로 pendulum_reward와 pendulum_done은 보상과 실행 완료 플래그에 해당하는 done 플래그를 리턴하는 함수다. 두 함수는 특정 기능을 중심으로 구축됐다.

5. 동적 모델 훈련시키기: train_model 함수는 모델을 최적화해 미래 상태를 예측한다. 이 함수는 간단하게 이해할 수 있다. 스텝 2에서 앙상블 모델을 훈련시킬 때 이 함수를 사용했다. train_model은 앞에서 봤던 인자를 취하는 내부 함수다. 외부 루프의 ME-TRPO 이터레이션마다 모든 모델을 재훈련시킨다. 즉 랜덤한 초기 가중치에서 시작해 모델을 훈련시킨다. 이전 최적화에서 다시 시작하지 않는다. 따라서 train_model이 호출될 때와 훈련을 실행하기 전에 모델의 초기 랜덤 가중치를 복원한다. 다음 코드는 가중치를 복원하고 코드 실행 전후의 손실을 계산한다.

```
def train_model(tr_obs, tr_act, tr_nxt_obs, v_obs, v_act, v_nxt_obs,
step_count, model_idx):
        mb_valid_loss1 = run_model_loss(model_idx, v_obs, v_act, v_nxt_obs)

        model_assign(model_idx, initial_variables_models[model_idx])

        mb_valid_loss = run_model_loss(model_idx, v_obs, v_act, v_nxt_obs)
```

run_model_loss는 현재 모델의 손실 값을 반환하고 model_assign은 initial_variables_models[model_idx]에 있는 파라미터를 복원한다.

다음으로 마지막 model_iter 이터레이션에서 유효성 검증 집합의 손실이 개선되는 동안 해당 모델을 훈련시킨다. 하지만 가장 좋은 모델이 마지막 모델이 아닐 수도 있으므로 가장 좋은 모델을 추적하고 훈련이 끝날 때 해당 파라미터를 복원한다. 또한 데이터 집합을 무작위로 섞어 미니 배치로 나눈다. 코드는 다음과 같다.

```
acc_m_losses = []
last_m_losses = []
md_params = sess.run(models_variables[model_idx])
best_mb = {'iter':0, 'loss':mb_valid_loss, 'params':md_params}
it = 0

lb = len(tr_obs)
shuffled_batch = np.arange(lb)
```

```
                np.random.shuffle(shuffled_batch)

            while best_mb['iter'] > it - model_iter:
                # 개별 미니 배치에 대해 모델을 업데이트한다.
                last_m_losses = []
                for idx in range(0, lb, model_batch_size):
                    minib = shuffled_batch[idx:min(idx+minibatch_size,lb)]
                    if len(minib) != minibatch_size:
                        _, ml = run_model_opt_loss(model_idx, tr_obs[minib],
tr_act[minib], tr_nxt_obs[minib])
                        acc_m_losses.append(ml)
                        last_m_losses.append(ml)

                # 검증셋에 대해 손실 값(loss)이 개선됐는지 여부를 확인한다.
                mb_valid_loss = run_model_loss(model_idx, v_obs, v_act,
v_nxt_obs)
                if mb_valid_loss < best_mb['loss']:
                    best_mb['loss'] = mb_valid_loss
                    best_mb['iter'] = it
                    best_mb['params'] = sess.run(models_variables[model_idx])

                it += 1

            # 검증 손실이 적은 모델을 복원한다.
            model_assign(model_idx, best_mb['params'])

            print('Model:{}, iter:{} -- Old Val loss:{:.6f} New Val loss:{:.6f}
-- New Train loss:{:.6f}'.format(model_idx, it, mb_valid_loss1,
best_mb['loss'], np.mean(last_m_losses)))
```

run_model_opt_loss는 model_idx 인덱스를 갖는 모델의 옵티마이저를 실행한다.

여기까지가 ME–TRPO 구현이다. 다음 절에서 구현 내용을 실행하는 방법을 살펴보겠다.

로보스쿨 실험하기

잘 알려진 이산형 제어 환경 카트폴과 유사한 연속형 제어 환경 로보스쿨 역진자RoboSchool Inverted Pendulum에서 ME-TRPO를 테스트해보자. RoboSchool Inverted Pendulum-v1의 스크린샷은 다음과 같다.

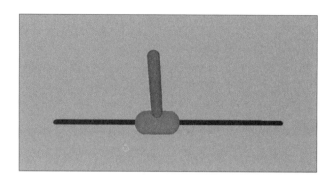

이 게임의 목표는 카트를 움직여 막대 폴을 똑바로 세우는 것이다. 막대가 넘어지지 않은 스텝은 +1의 보상을 얻는다.

ME-TRPO는 보상함수와 done 함수가 필요하다는 점을 고려할 때 이 작업에 대해 두 함수를 정의해야 한다. 이를 위해 관측과 행동 값이 무엇이든 1을 반환하는 Pendulum_reward를 정의했다.

```
def pendulum_reward(ob, ac):
    return 1
```

pendulum_done은 막대 각도의 절대값이 고정 임계 값보다 높으면 True를 반환한다.

해당 상태에서 이 각도를 직접 검색할 수 있다. 실제로 해당 상태의 세 번째와 네 번째 요소는 각각 기울어진 각도의 코사인과 사인 값이다. 다음으로 각도 중 하나를 임의로 선택해 각도를 계산할 수 있다. 따라서 pendulum_done은 다음과 같다.

```
def pendulum_done(ob):
    return np.abs(np.arcsin(np.squeeze(ob[3]))) > .2
```

7장, 'TRPO와 PPO 구현'에 사용한 것과 비교하면 ME-TRPO는 거의 변경되지 않은 TRPO의 하이퍼 파라미터 외에 다음을 필요로 한다.

- 다이내믹 모델의 옵티마이저 학습률 mb_lr
- 다이내믹 모델을 훈련시키는 데 사용한 미니 배치 사이즈 model_batch_size
- 개별 이터레이션에서 실행하기 위한 시뮬레이션 스텝 수 simulated_steps(이 값은 폴리시를 훈련시키는 데 사용되는 배치 사이즈다)
- 앙상블을 구성하는 모델 수 num_ensemble_models
- 검증데이터 집합 오차가 감소되지 않아 모델 훈련을 중단하기 전에 대기할 이터레이션 수 model_iter

로보스쿨 역진자RoboSchool Inverted Pendulum 환경에서 사용한 하이퍼 파라미터 값은 다음과 같다.

하이퍼 파라미터	값
학습률(mb_lr)	1e-5
모델 배치 사이즈(model_batch_size)	50
시뮬레이션 스텝 수(simulated_steps)	50000
모델 수(num_ensemble_models)	10
학습 조기 종료 이터레이션(model_iter)	15

로보스쿨 역진자 실험 결과

성능 그래프는 다음과 같다.

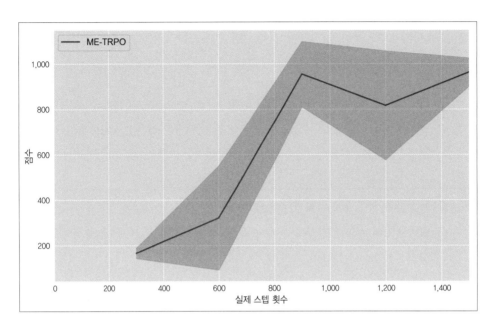

보상은 실제 환경과의 상호작용 횟수를 파라미터로 갖는 함수로 표현할 수 있다. 900 스텝과 약 15게임 만에 에이전트는 최고 성능인 1,000점을 달성했다. 폴리시는 15회 업데이트됐고 750,000 시뮬레이션 스텝을 통해 학습했다. 연산 측면에서 알고리듬은 중간급 컴퓨터에서 약 2시간 동안 훈련해 결과를 얻었다.

결과는 변동성이 매우 높으며 랜덤 시드가 다르면 성능곡선도 다를 것이라는 점을 알아야 한다. 이러한 현상은 모델-프리 알고리듬에도 해당하는 현상이며 여기서는 차이가 더 심하다. 아마도 실제 환경에서 수집한 데이터가 매우 다르기 때문일 것이다.

▌ 요약

9장에서는 모델-프리 알고리듬에서 벗어나 환경 모델을 학습하는 알고리듬을 알아봤다. 이러한 종류의 알고리듬을 개발하도록 영감을 준 패러다임 변화의 주요 원인을 살펴봤다. 다음으로 모델을 다룰 때 발견할 수 있는 두 가지 주요 사례(모델을 이미 아는 경우와 모델을 학습시켜야 하는 경우)를 구분해봤다.

또한 모델을 사용해 다음 행동을 계획하거나 폴리시를 학습하는 방법을 알아봤다. 이 방법을 선택하는 데 정해진 규칙은 없지만 일반적으로 행동의 복잡도, 관측 공간, 추론 속도와 관련 있다. 다음으로 모델-프리 알고리듬의 장·단점을 조사하고 모델-프리 알고리듬과 모델-기반 학습을 결합해 모델-프리 알고리듬으로 폴리시를 학습하는 방법을 상세하게 알아봤다. 이 방법은 이미지 같은 고차원 관측 공간에서 모델을 사용하는 새로운 방법을 보여줬다.

마지막으로 모델-기반 알고리듬과 관련된 모든 자료를 더 잘 파악하기 위해 ME-TRPO를 개발했다. 이 방법은 모델의 앙상블과 TRPO를 사용해 폴리시를 학습함으로써 모델의 불확실성에 대응할 것을 제안했다. 모든 모델은 다음 상태를 예측하는 데 사용하므로 폴리시를 학습할 시뮬레이션 궤도를 만든다. 결과적으로 해당 폴리시는 전적으로 학습한 환경 모델에 근거해 훈련시킨다.

9장에서는 모델-기반 학습을 알아봤다. 10장에서는 새로운 학습 장르인 모방을 통해 학습하는 알고리듬을 설명하겠다. 또한 전문가의 행동에 따라 FlappyBird 게임을 할 수 있는 에이전트를 개발하고 훈련시킬 것이다.

▌질문

1. 에이전트가 체커를 플레이하도록 훈련시키기 위해 10회 게임만 가능한 경우 모델-기반 알고리듬을 사용해야 하는가 아니면 모델-프리 알고리듬을 사용해야 하는가?
2. 모델-기반 알고리듬의 단점은 무엇인가?
3. 환경 모델을 모르면 모델을 어떻게 학습시킬 수 있는가?
4. 데이터 집계 메서드를 사용하는 이유는?
5. ME-TRPO는 훈련을 어떻게 안정시키는가?
6. 모델 앙상블은 폴리시 학습을 어떻게 개선시키는가?

▌심화학습 자료

이미지로부터 폴리시를 학습하는 모델-기반 알고리듬을 알아보려면 논문 「Model-Based Reinforcement Learning for Atari」(https://arxiv.org/pdf/1903.00374.pdf)를 읽어 보길 바란다.

ME-TRPO에 대한 논문은 다음을 참조하길 바란다. https://arxiv.org/pdf/1802.10592.pdf

DAgger 알고리듬으로 모방 학습하기

보상을 통해 학습하는 방법은 강화학습의 중요한 특징이다. 이 방법을 통해 에이전트는 별도 감독없이 폴리시를 학습하고 개선한다. 하지만 주어진 환경에서 별도 전문가를 사용하는 경우도 있다. 모방 학습[L] 알고리듬은 전문가의 행동을 모방하고 폴리시를 학습하는 방법이다.

어떠한 작업을 배울 때 전문가의 시연demonstration을 보고 배우는 것을 견습 학습apprenticeship learning이라고 한다. 견습 학습은 여러 가지 접근법이 있는데 대표적으로 전문가의 행동을 그대로 따라하는 방법Behavior Cloning과 행동 의도를 학습하는 방법Inverse Reinforcement Learning 이 있다.

일반적으로 정답인 행동을 보여주고 그대로 따라하도록 폴리시를 학습시키는 방식을 행동 따라하기라고 한다. 이 방법은 경로가 길수록 오차가 커지며 상태가 조금만 달라져도 잘 대응하지 못하는 단점이 있다. 따라서 모방 문제에만 적용 가능하며 지도 학습의 단점을 갖고 있다.

반면 견습 학습은 대상 작업에 대한 최적의 폴리시를 배우기 위해 전문가의 행동을 그대로 따라하기보다 해당 행동이 갖는 함축적인 의미인 의도를 학습하는 방법이다.

10장에서는 모방 학습을 소개한다. 모방 학습은 강화학습과 달리 매우 큰 상태 공간과 빈도가 적은 보상 환경에서도 뛰어난 성능을 발휘한다. 하지만 모방 학습은 전문 에이전트가 있는 경우에만 가능하다는 한계가 있다.

10장에서는 모방 학습의 주요 개념과 특징에 중점을 두고 설명하겠다. DAgger^{Dataset Aggregation}이라는 모방 학습 알고리듬을 구현한 후 에이전트가 Flappy Bird를 실행하도록 훈련시켜보겠다. 이를 통해 새로운 알고리듬을 마스터하고 해당 원리를 익혀보겠다.

10장 마지막 절에서는 역강화학습^{IRL, Inverse Reinforcement Learning}을 설명한다. IRL은 가치와 보상 관점에서 다른 에이전트의 행동을 추출하고 학습하는 방법이다. 즉 IRL은 전문가^{expert}의 폴리시^{policy}를 이용해 보상함수를 학습하는 방법이다. 즉 전문가의 시연^{demonstration}을 이용해 학습한다.

10장에서는 다음 내용을 다룬다.

- 모방 접근법
- 플라피 버드^{Flappy Bird} 게임하기
- 데이터셋 집계 알고리듬 이해하기
- IRL

▌기술적 요구 사항

모방 학습 알고리듬의 핵심 개념을 이해하기 위해 간단한 이론을 소개한 후 실제 모방 학습^{Imitation Learning} 알고리듬을 구현해보겠다. 다만 핵심 부분만 설명하겠다. 전체 구현 내용에 관심이 있다면 깃허브(https://github.com/PacktPublishing/Reinforcement-Learning-Algorithms-with-Python)를 참조하길 바란다.

Flappy Bird 설치

10장 후반부에서는 유명한 Flappy Bird 게임(https://en.wikipedia.org/wiki/Flappy-Bird)을 대상으로 모방 학습 알고리듬을 실행하겠다. 이를 위해 이번 절에서는 Flappy Bird 설치 방법을 소개한다.

게임 환경을 설치하기 전에 몇 가지 라이브러리를 추가로 설치한다.

- 우분투에서 설치 절차는 다음과 같다.

```
$ sudo apt-get install git python3-dev python3-numpy libsdlimage1.2-
dev libsdl-mixer1.2-dev libsdl-ttf2.0-dev libsmpeg-dev
libsdl1.2-dev libportmidi-dev libswscale-dev libavformat-dev
libavcodec-dev libfreetype6-dev
$ sudo pip install pygame
```

- 맥 사용자라면 다음 명령으로 라이브러리를 설치한다.

```
$ brew install sdl sdl_ttf sdl_image sdl_mixer portmidi
$ pip install -c https://conda.binstar.org/quasiben pygame
```

- 우분투와 맥 사용자 모두 다음 절차를 따른다.
  1. 먼저 PLE를 복제한다. 복제^{cloning}는 다음 코드로 실행한다.

```
git clone https://github.com/ntasfi/PyGame-Learning-Environment
```

PLE는 Flappy Bird를 포함하는 환경 집합이다. 따라서 PLE를 설치하면 Flappy Bird를 사용할 수 있다.

2. 다음으로 PyGame-Learning-Environment 폴더로 이동한다.

```
cd PyGame-Learning-Environment
```

3. 마지막으로 다음 명령을 이용해 Flappy Bird를 설치한다.

```
sudo pip install -e .
```

이제 Flappy Bird를 사용할 수 있다.

▌ 모방 접근

IL^Imitation Learning은 전문가를 모방해 새로운 기술을 습득하는 방법이다. 이러한 모방을 이용해 배우는 특징은 순차적 의사결정 폴리시를 학습하는 데 반드시 필요한 것은 아니지만 오늘날 많은 문제를 해결하는 데 필요한 방법 중 하나다. 강화학습만으로는 모든 작업을 해결할 수 없으며 복잡한 환경의 거대한 공간에서 폴리시를 부트스트래핑하는 것이 핵심 요소^key factor다. 다음 그림은 모방 학습 과정의 핵심 구성 요소를 개략적으로 표현한 내용이다.

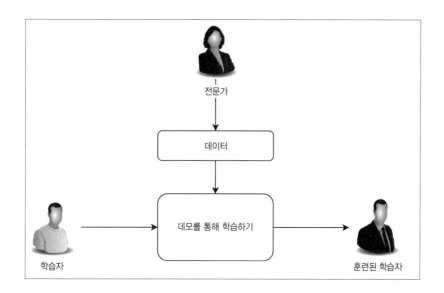

전문가

데이터

데모를 통해 학습하기

학습자

훈련된 학습자

지능형 에이전트(전문가)가 이미 환경에 존재한다면 작업을 수행하고 환경을 탐색하는 데 필요한 행동 관련 정보를 신규 에이전트(학습자)에게 더 효율적으로 제공할 수 있다. 이 상황에서 새로운 에이전트는 처음부터 배울 필요가 없으므로 더 효율적인 학습이 가능하다. 또한 전문가 에이전트는 지도자^{teacher}로 사용돼 새로운 에이전트에게 업무 지시와 피드백을 할 수 있다. 이 점이 기존 강화학습과 모방 학습의 차이다. 모방 학습에서 전문가는 학생을 지도해야 하는 가이드와 학생의 실수를 교정해야 하는 감독자 두 가지 역할을 한다.

가이드나 감독자 모델 중 하나를 사용할 수 있는 경우 모방 학습 알고리듬은 전문가의 기능을 대체할 수 있다. 따라서 그만큼 모방 학습이 중요하다고 할 수 있다.

운전 보조 사례

이러한 주요 개념을 더 잘 이해하기 위해 10대가 운전하는 과정을 살펴보자. 자동차를 처음 봤고 어떻게 운전하는지 전혀 모르는 10대가 있다고 가정한다. 그들이 운전을 배우는 세 가지 접근법은 다음과 같다.

1. 자동차 키만 받고 감독없이 스스로 모든 것을 배워야 한다.

2. 자동차 키를 받기 전에 100시간 동안 조수석에 앉아 다양한 기상 조건과 도로에서 운전하는 전문가를 살펴본다.

3. 전문가가 운전하는 것을 관찰하지만 가장 중요한 점은 운전 도중 전문가가 피드백을 제공한다는 것이다. 예를 들어 전문가는 차량 주차 방법의 실시간 지침을 주고 차선 유지법의 피드백을 직접 줄 수 있다.

첫 번째 사례는 에이전트가 차를 부수지 않고 보행자를 치지 않는 경우와 같이 희박한 보상sparse rewards만 받는 강화학습 접근법이다.

두 번째 사례는 전문가의 행동을 순수하게 재현해 역량competence을 개발하는 수동적인 IL 접근법이다. 전반적으로 지도 학습 방식에 매우 가깝다.

세 번째 사례는 훈련 기간 동안 학습자가 동작을 할 때마다 전문가가 지도하는 형태의 모방 학습 접근으로 능동적인 IL 접근법이다.

IL과 RL 비교하기

IL과 강화학습의 차이에 중점을 두고 IL 접근법을 더 상세하게 알아보겠다. 이러한 비교는 매우 중요하다. 모방 학습에서 학습자는 보상을 전혀 모르는데 이 제약 조건은 매우 중요한 의미가 있다.

예제로 다시 돌아가 살펴보면 초보 운전자의 경우 가능하면 전문가의 움직임을 수동적이거나 능동적인 방식으로 흉내낼 수 있다. 환경으로부터 객관적 보상을 받지 못하면 전문가의 주관적인subjective 감독하에 관련 정보를 얻는다. 따라서 초보 운전자는 전문가의 추론 과정을 알지 못하므로 이를 이해해 개선할 수 없다.

IL은 대상 행동action을 유발한 근본 원인을 모른 채 전문가의 동작을 모방하는 방법이다. 예제에서 젊은 운전자는 궤도를 잘 이해하는 것처럼 보이지만 여전히 지도자teacher가 선택한 의도를 제대로 모른 채 실행하고 있다. 보상을 받은 이유를 모르면 모방 학습을 실행한 에이전트는 강화학습에서 실행된 총 보상을 극대화할 수 없다.

이 점이 IL과 RL의 주요 차이점이다. IL은 대상 행동을 하게 된 근본 원인을 잘 모른다. 따라서 지도자를 능가할 수 없다. RL은 IL과 달리 상대적으로 직접적인 지도를 적게 받고 빈도가 적은sparse 보상에만 접근할 수 있다. 이러한 상황을 표현하면 다음 그림과 같다.

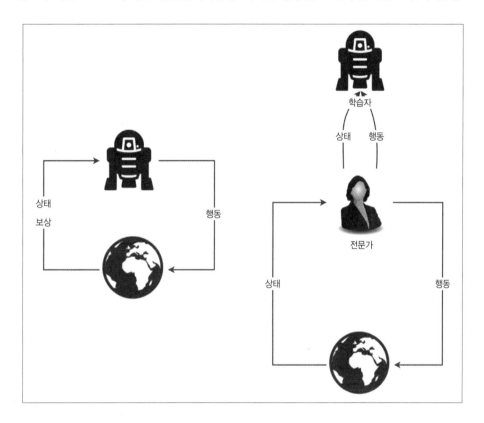

왼쪽은 일반적인 강화학습 사이클이고 오른쪽은 모방 학습 사이클이다. 모방 학습에서 학습자는 아무 보상도 못 받는다. 즉 모방 학습은 전문가가 제공한 상태state와 행동action만 받을 뿐이다.

모방 학습에서 전문가의 역할

전문가expert, 감독관supervisor, 교사teacher는 모방 학습 알고리듬에서 동일한 개념이다. 이들은 신규 에이전트(학습자)가 학습해야 할 내용을 표현한다.

기본적으로 전문가는 사람부터 전문가 시스템까지 모든 형태가 가능하다. 첫 번째 사례는 상대적으로 명확하며 이미 사용하는 방법으로 인간이 할 수 있는 작업을 알고리듬이 실행할 수 있도록 교육시키는 것이다. 이 경우 장점은 많은 작업에 적용해볼 수 있다. 두 번째 사례는 그리 흔한 경우는 아니다. 모방 학습IL으로 훈련시킨 새로운 알고리듬을 선택하는 이유 중 하나는 기술적 한계로 인해 전문가 시스템을 더 이상 개선할 수 없기 때문이다. 예를 들어 전문가는 정확하지만 매우 빠른 속도로 추론할 수 없는 느린 트리 탐색 알고리듬과 같다. 따라서 추론을 더 빨리 하려면 심층신경망을 이용해 전문가를 대체할 수 있어야 한다. 트리 검색 알고리듬 감독하에서 신경망을 훈련시키는 데 시간이 걸릴 수 있지만 일단 훈련이 완료되면 알고리듬을 실행하는 동안 훨씬 빨리 실행할 수 있다.

지금까지 학습자learner가 취한 폴리시의 품질은 주로 전문가가 제공한 정보의 품질에 따라 결정됐다. 전문가가 보유한 역량 수준은 지도를 받는 학생이 취하는 업무 성과의 상한 값이다. 즉 지도를 받는 학생은 전문가를 능가할 수 없다. 따라서 지도자의 역량 수준이 낮으면 좋지 않은 데이터를 학습자에게 제공하는 것과 같다. 전문가의 수준은 최종 에이전트의 품질 기준이 되는 핵심 요소가 된다. 즉 지도자의 역량이 떨어지면 에이전트는 좋은 폴리시를 취할 수가 없다.

IL 구조

모방 학습의 모든 구성 요소를 다뤘으니 이제 모방 학습 알고리듬을 설계하는 데 사용할 수 있는 알고리듬과 접근법을 설명하겠다.

모방 문제를 해결하는 가장 간단한 방법은 다음 그림과 같다.

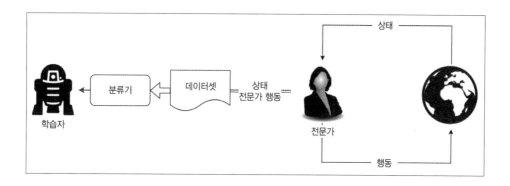

앞의 그림은 두 가지 주요 단계로 요약할 수 있다.

- 전문가가 환경에서 데이터를 수집한다.
- 수집한 데이터셋에 대해 지도 학습해 폴리시를 학습한다.

불행하게도 지도 학습이 모방 학습보다 탁월한 성능을 갖는 것은 사실이지만 대부분 현실 문제에 적용하는 것이 어렵다.

지도 학습 방식이 좋은 대안이 아닌 이유를 알려면 다음과 같은 지도 학습의 기본 전제 조건을 알아야 한다.

첫째, 훈련과 테스트 집합dataset은 동일한 분포에 속해야 한다.

둘째, 해당 데이터는 독립적이고 동일한 분포를 해야 한다.

하지만 폴리시는 다양한 궤도에 대응하고 분포가 점점 변화하는 문제에도 대응할 수 있어야 하는robustness 문제가 있다.

에이전트가 지도 학습만 이용해 자동차 운전 훈련을 받았다고 가정하자. 이 경우 전문가 궤도에서 약간만 벗어나면 전에는 볼 수 없었던 다른 분포 상태에 있게 될 것이다. 이러한 문제가 발생하면 대응 방안으로 에이전트가 취해야 할 다음 행동을 전혀 모르는 문제가 발생한다. 지도 학습 문제에서는 이러한 상황이 큰 문제가 되지 않는다. 현재 예측이 빗나가더라도 다음 예측에 영향을 미치지 않기 때문이다. 하지만 모방 학습 문제에서 사용하는 알고리듬은 폴리시를 학습하며 후속 행동이 밀접하게 상호연관돼 있어 독립적이고 동일한 분포의 속성(iid)은 더 이상 유효하지 않게 된다. 즉 하나의 행동은 독립적이지 않고 다른 모든 행동에 복합적인 영향을 미치고 결과를 만들어낸다.

자율주행차self-driving car의 경우 대상 폴리시의 분포가 전문가의 폴리시 분포와 다르게 되면 나쁜 행동이 누적돼 극도로 안 좋은 결과가 발생하고 올바른 궤도trajectory로 회복하기 매우 어려워진다. 이러한 모방 학습의 경우 궤도 길이가 길수록 더 나빠진다. 지도 학습 문제의 경우 현재 예측이 다음 예측에 영향을 미치지 않는 i.i.d. 속성의 데이터를 가지므로 길이 1의 궤도를 갖는 문제라고 할 수 있다. 이와 같은 지도 학습 패러다임을 수동 학습passive learning이라고 한다.

수동적 모방을 이용해 학습한 폴리시에 치명적인 영향을 미칠 수 있는 분포 변화에 대응하기 위해 다양한 기술을 사용해볼 수 있다. 어떠한 것은 새로운 것이지만 대부분 기존 알고리듬의 변경이다. 그중 효과적인 두 가지 방법은 다음과 같다.

- 데이터에 대한 과적합없이 일반화한 모델 학습하기
- 수동 모방 학습과 능동 모방 학습 이용하기

첫 번째 전략은 간단하게 다룰 수 있는 대상이 아니므로 두 번째 전략을 알아보겠다.

수동 모방과 능동 모방 비교하기

앞에서 능동 모방active imitation이라는 용어를 소개했다. 10대가 운전 방법을 배우는 과정에서 학습자가 전문가로부터 피드백을 받아 운전하는 상황을 능동 모방이라고 했다. 일반적으로 능동 모방은 전문가가 지정한 행동에 근거해 온-폴리시on-policy 데이터를 학습하는 방법이다.

수동 학습passive learning에서 입력 s(상태 또는 관측치)와 출력 a(행동)는 모두 전문가가 제공한다. 이와 달리 능동 학습에서 s는 학습자로부터 샘플링하며 a는 전문가가 해당 상태 s에서 취한 행동이 된다. 신규 에이전트의 목표는 맵핑 $\pi(a|s)$를 학습하는 것이다.

온-폴리시 데이터로 능동 학습을 하는 경우 학습자는 전문가 궤도로부터 작은 이탈이 발생할 때 행동을 교정해 대응할 수 있다(수동적 모방만으로는 행동을 교정할 수 없다).

▌ Flappy Bird 게임하기

10장 후반부에서 DAgger라는 모방 학습 알고리듬을 개발해 테스트해보겠다. Flappy Bird 환경은 동명의 유명한 게임을 에뮬레이션한 것이다. 이 책에서는 여러분이 이 환경을 사용하는 코드를 구현하는 데 필요한 도구를 제공한다. 우선 인터페이스부터 살펴보자.

Flappy Bird는 아케이드 학습 환경ALE, Arcade Learning Environment 인터페이스를 모방한 환경 집합인 PLEPyGame Learning Environment에 속한 게임이다. 이 게임은 Gym 인터페이스와 유사하다. 사용은 간단하지만 Gym 환경과의 차이는 나중에 살펴보겠다.

Flappy Bird의 목표는 새가 날아 수직 형태의 파이프와 부딪치지 않고 통과하는 것이다. 새는 날개를 움직이는 한 가지 행동만 취한다. 만약 새가 날지 못하면 중력 때문에 지면으로 하강한다. 이 게임의 스크린샷은 다음과 같다.

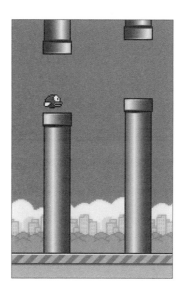

환경을 이용하는 방법

다음 스텝에서 환경을 이용하는 방법을 살펴보겠다.

1. 파이썬 스크립트에서 Flappy Bird를 사용하려면 PLE와 Flappy Bird를 임포트한다.

```
from ple.games.flappybird import FlappyBird
from ple import PLE
```

2. Flappy Bird 객체를 만들고 몇 가지 파라미터를 PLE에 전달한다.

```
game = FlappyBird()
p = PLE(game, fps=30, display_screen=False)
```

display_screen으로 스크린에 디스플레이할지 여부를 선택할 수 있다.

3. init() 메서드를 호출해 환경을 초기화한다.

```
p.init()
```

환경과 상호작용하고 상태 정보를 얻기 위해 주로 네 가지 함수를 사용한다.

- p.act(act), 게임에서 act 행동을 실행한다. act(act)는 실행한 행동에서 획득한 보상을 리턴한다.
- p.game_over(), 게임이 최종 상태에 도달했는지 여부를 확인한다.
- p.reset_game(), 게임을 초기 상태로 리셋한다.
- p.getGameState(), 환경의 현재 상태 정보를 수집한다.
  대상 환경의 RGB 상태(전체 화면) 정보를 수집하고 싶다면 p.getScreenRGB()를 사용할 수도 있다.

4. 종합하면 Flappy Bird 게임을 5회 실행하기 위한 스크립트는 다음과 같다. 해당 코드를 작동시키려면 주어진 상태에서 행동을 리턴하는 함수인 get_action(state)을 정의해야 한다.

```
from ple.games.flappybird import FlappyBird
from ple import PLE

game = FlappyBird()
p = PLE(game, fps=30, display_screen=False)
p.init()

reward = 0

for _ in range(5):
    reward += p.act(get_action(p.getGameState()))

    if p.game_over():
        p.reset_game()
```

주목해야 할 두 가지 항목은 다음과 같다.

- getGameState()는 플레이어의 위치, 속도, 거리, 다음 파이프의 위치로 구성된 딕셔너리 형태의 자료를 리턴한다. get_action 함수로 표현한 폴리시 메이커에 상태 정보를 전달하기 전에 딕셔너리는 NumPy 배열로 변환하고 정규화한다.
- 어떠한 행동도 실행하지 않을 경우 입력 값으로 act(action)는 None이 된다. 새가 더 높이 날기 위해 날개를 접어야 하는 경우 119가 된다.

▌ 데이터 집합 집계 알고리듬 이해하기

데모를 통해 학습하는 가장 성공적인 알고리듬 중 하나는 DAgger^{Dataset Aggregation}다. 이 알고리듬은 유도된 상태의 분포에서 잘 수행되는 반복 폴리시 메타-알고리듬이다. DAgger의 가장 주목할 특징은 실수로부터 회복하는 방법을 전문가가 학습자에게 가르치는 능동 메서드^{active method}를 제공해 폴리시 분포차^{distribution mismatch} 문제를 해결하는 것이다.

기존 IL 알고리듬은 전문가의 행동을 예측하는 분류기를 학습한다. 이는 전문가가 관찰한 훈련 예제로 이뤄진 데이터 집합dataset에 대상 모델을 적합시킨다는 의미다. 입력은 관측치이며 행동actions은 원하는 출력 값이다. 하지만 이전 추론에 따라 학습자의 예측은 미래 상태나 과거에 경험한 관측치에 영향을 미치므로 i.i.d. 가정을 위배하는 문제가 있다.

DAgger은 학습자로부터 샘플링한 신규 데이터의 집계 파이프라인을 여러 번 반복하고 집계한 데이터셋dataset으로 훈련시킴으로써 분포 변화에 대응한다. 이 알고리듬을 간단하게 설명한 그림은 다음과 같다.

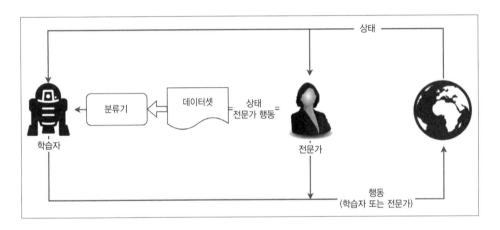

전문가는 분류기가 사용하는 데이터 집합dataset을 만들어낸다. 하지만 이터레이션을 진행할 때 환경에서 실행하는 행동은 전문가나 학습자로부터 나온다.

DAgger 알고리듬

DAgger는 다음 과정을 반복해 진행한다. 첫 번째 이터레이션에서 궤도 데이터 집합 D는 전문가의 폴리시에서 만들며 과적합시키지 않고 여러 궤도를 최상으로 적합시키는 첫 번째 폴리시 π_1을 훈련시키는 데 사용한다. 다음으로 이터레이션 I 동안 학습한 폴리시 π_i로 신규 궤도를 수집하며 데이터 집합 D에 추가한다. 이후 신규 및 이전 궤도로 집계한 데이터 집합 D를 이용해 신규 폴리시 π_{i+1}을 훈련시킨다.

DAgger 논문(https://arxiv.org/pdf/1011.0686.pdf)에 따르면 다른 많은 모방 학습 알고리듬보다 성능이 뛰어난 능동 온–폴리시 학습active on-policy learning이 있다. 이러한 능동 온–폴리시 학습은 심층신경망을 이용해 매우 복잡한 폴리시를 학습할 수 있다.

이 외에 이터레이션 i에서 전문가가 여러 행동을 제어하도록 폴리시를 변경할 수 있다. 이 기술은 전문가를 더 잘 활용해 학습자가 환경을 점점 제어할 수 있게 한다. 다음 의사코드를 참조하면 알고리듬을 더 잘 알 수 있다.

알고리듬의 의사코드는 다음과 같다.

```
Initialize D = ∅
Initialize π₀ = π* (π* is the expert policy)

for i 0..n:
        > Populate dataset Dᵢ with (s, π*(s)). States are given by πᵢ (sometimes the
expert could take the control over it) and actions are given by the expert π*

        > Train a classifier πᵢ₊₁ on the aggregate dataset D = D ∪ Dᵢ
```

DAgger의 구현

구현 코드는 세 가지 주요 부분으로 구분할 수 있다.

- 전문가 추론 함수를 적재해load 상태가 설정된 행동을 예측한다.
- 학습자를 위한 계산 그래프를 만든다.
- DAgger 이터레이션을 작성해 데이터 집합dataset을 빌드하고 신규 폴리시를 학습한다.

여기서는 중요한 부분만 설명할 것이므로 나머지는 깃허브를 참조하길 바란다.

전문가 추론 모델 적재

전문가는 상태를 입력받아 최고의 행동을 리턴하는 폴리시가 돼야 한다. 이러한 역할을 수행할 수 있다면 전문가가 될 수 있다. 특히 이러한 실험을 위해 PPO^{Proximal Policy Optimization}를 이용해 훈련시킨 에이전트를 전문가로 사용했다. 원칙적으로 PPO 사용은 큰 의미는 없지만 모방 학습 알고리듬에서 전문가의 역할에 사용하기 위해 이 솔루션을 채택했다.

PPO로 훈련시킨 전문가 모델은 훈련 대상 가중치를 쉽게 복원할 수 있도록 파일에 저장했다. 그래프를 복원해 사용하려면 다음 3단계가 필요하다.

1. 메타 그래프를 임포트한다. 계산 그래프는 `tf.train.import_meta_graph`를 이용해 복원할 수 있다.

2. 가중치를 복원한다. 임포트한 계산 그래프에 사전 훈련된 가중치를 로드해야 한다. 가중치는 최신 체크 포인트에 저장돼 있으며 `tf.train.latest_checkpoint(session, checkpoint)`로 복원할 수 있다.

3. 출력 텐서에 접근한다. 복원한 그래프의 텐서는 `graph.get_tensor_by_name (tensor_name)`을 사용해 접근한다. 여기서 `tensor_name`은 그래프에서의 텐서 이름이다.

다음 코드는 전체 과정을 요약한 결과다.

```
def expert():
    graph = tf.get_default_graph()
    sess_expert = tf.Session(graph=graph)

    saver = tf.train.import_meta_graph('expert/model.ckpt.meta')
    saver.restore(sess_expert,tf.train.latest_checkpoint('expert/'))

    p_argmax = graph.get_tensor_by_name('actor_nn/max_act:0')
    obs_ph = graph.get_tensor_by_name('obs:0')
```

다음으로 상태가 주어질 때 전문가의 행동을 리턴하는 함수가 중요하므로 해당 함수를 리턴하는 방식으로 expert 함수를 설계한다. 이를 위해 expert() 내부에 expert_policy(state)라는 내부 함수를 정의하고 출력으로 행동을 리턴한다.

```
def expert_policy(state):
    act = sess_expert.run(p_argmax, feed_dict={obs_ph:[state]})
    return np.squeeze(act)

return expert_policy
```

학습자의 계산 그래프 만들기

학습자의 계산 유형을 정수 값 0(아무 것도 하지 않는다)이나 1(비행)로 설정한다.

계산 그래프를 구현하는 단계는 다음과 같다.

1. 은닉층에는 ReLu 활성화 기능이 있고 최종 계층에는 선형 기능이 있는 완전 연결 다층 퍼셉트론인 심층신경망을 만든다.

2. 모든 입력 상태에 대해 최대값을 갖는 행동을 취한다. 이 기능은 axis가 1인 함수 tf.math.argmax(tensor, axis)를 이용해 실행한다.

3. 행동 플레이스 홀더를 원-핫 텐서로 변환한다. 손실함수에서 사용할 로짓과 레이블labels이 차원 [batch_size, num_classes]을 가져야 하므로 원-핫 텐서 변환이 필요하다. 하지만 레이블 act_ph는 [batch_size] 크기를 가지므로 원-핫 인코딩을 이용해 필요한 형태로 변환한다. 원-핫 인코딩을 위한 텐서플로우 함수는 tf.one_hot이다.

4. 손실함수를 만든다. 손실함수로 소프트맥스 크로스-엔트로피를 이용한다. 이 함수는 상호배타적 클래스를 갖는 이산형 분류에 사용하는 표준 손실함수다. 손실함수는 로짓과 레이블을 이용하는 softmax_cross_entropy_with_logits_v2(labels, logits) 결과를 이용한다.

5. 마지막으로 소프트맥스 크로스-엔트로피의 평균을 배치별로 계산하며 Adam을 이용해 최소화한다.

5단계 구현 코드는 다음과 같다.

```
obs_ph = tf.placeholder(shape=(None, obs_dim), dtype=tf.float32, name='obs')
act_ph = tf.placeholder(shape=(None,), dtype=tf.int32, name='act') p_logits =
mlp(obs_ph, hidden_sizes, act_dim, tf.nn.relu, last_activation=None)
act_max = tf.math.argmax(p_logits, axis=1)
act_onehot = tf.one_hot(act_ph, depth=act_dim)
p_loss =
tf.reduce_mean(tf.nn.softmax_cross_entropy_with_logits_v2(labels=act_onehot, logits=p_
logits))
p_opt = tf.train.AdamOptimizer(p_lr).minimize(p_loss)
```

세션과 전역 변수를 초기화하고 함수 learner_policy(state)를 정의한다. 이 함수는 특정 상태에 대해 상대적으로 높은 확률을 갖는 행동을 반환한다.

```
sess = tf.Session()
sess.run(tf.global_variables_initializer())

def learner_policy(state):
    action = sess.run(act_max, feed_dict={obs_ph:[state]})
    return np.squeeze(action)
```

DAgger loop 만들기

DAgger 알고리듬의 핵심 기능을 정의해야 할 시점이다. 기본 내용은 'DAgger 알고리듬' 절에서 의사코드로 정의했다. 하지만 실제로 어떻게 작동하는지 상세하게 살펴보자.

1. 이미 방문한 상태와 전문가 타깃 행동을 저장할 두 리스트 X와 y로 구성된 데이터셋을 초기화한다. 또한 환경을 초기화한다.

```
X = []
y = []

env = FlappyBird()
env = PLE(env, fps=30, display_screen=False)
env.init()
```

2. DAgger 이터레이션 동안 반복 실행한다. 신규 데이터 집합에 대한 모든 이터레이션에 대해 학습기를 보유하고 있어야 하므로 모든 DAgger 이터레이션의 시작 시점에 학습자learner의 계산 그래프를 다시 초기화해야 한다. 또한 환경을 리셋하며 랜덤 행동 횟수만큼 실행한다. 각 게임의 시작 부분에서 결정론적 환경에 확률적 구성 요소를 추가하기 위해 랜덤 행동을 한다. 이렇게 하면 더 강건한 폴리시를 획득할 수 있다.

```
for it in range(dagger_iterations):
    sess.run(tf.global_variables_initializer())
    env.reset_game()
    no_op(env)

    game_rew = 0
    rewards = []
```

3. 환경과 상호작용해 신규 데이터를 수집한다. 앞에서 언급했듯이 첫 번째 이터레이션은 expert_policy를 호출해 행동을 선택해야 하는 전문가expert를 포함하고 있지만 다음 이터레이션에서는 학습자learner가 제어권을 갖는다. 게임의 현재 상태를 X(입력 변수)에 추가하고 해당 상태에서 전문가가 취한 행동을 y(출력 변수)에 추가해 데이터 집합을 준비한다. 게임이 끝나면 게임을 재설정하고 game_rew를 0으로 설정한다. 개발한 코드는 다음과 같다.

```
for _ in range(step_iterations):
    state = flappy_game_state(env)
```

```
if np.random.rand() < (1-it/5):
    action = expert_policy(state)
else:
    action = learner_policy(state)

action = 119 if action == 1 else None

rew = env.act(action)
rew += env.act(action)

X.append(state)
y.append(expert_policy(state))
game_rew += rew

if env.game_over():
    env.reset_game()
    np_op(env)

    rewards.append(game_rew)
    game_rew = 0
```

행동은 2회씩 실행된다. 따라서 1초당 행동 횟수를 30 대신 15로 줄여도 되는 효과를 얻게 된다.

4. 집계한 데이터셋에 대해 신규 폴리시를 훈련시킨다. 파이프라인은 표준이다. 데이터셋은 셔플링한 batch_size 길이의 미니 배치로 나눈다. 다음으로 개별 미니 배치에 대해 train_epochs 횟수만큼 p_opt를 실행해 최적화를 반복해 실행한다. 구현한 코드는 다음과 같다.

```
n_batches = int(np.floor(len(X)/batch_size))
shuffle = np.arange(len(X))
np.random.shuffle(shuffle)
shuffled_X = np.array(X)[shuffle]
shuffled_y = np.array(y)[shuffle]

ep_loss = []
    for _ in range(train_epochs):
```

```
            for b in range(n_batches):
                p_start = b*batch_size
                tr_loss, _ = sess.run([p_loss, p_opt], feed_dict=
                            obs_ph:shuffled_X[p_start:p_start+batch_size],
                            act_ph:shuffled_y[p_start:p_start+batch_size]})

            ep_loss.append(tr_loss)
    print('Ep:', it, np.mean(ep_loss), 'Test:',
np.mean(test_agent(learner_policy)))
```

test_agent는 학습자가 얼마나 잘 학습하는지 파악하기 위해 일부 게임을 대상으로 learner_policy를 테스트한다.

Flappy Bird 결과 분석

모방 학습의 결과를 살펴보기 위해 비교 대상으로 강화학습으로 실행한 결과를 사용해보겠다. 이러한 비교는 공정하다고 볼 수는 없지만(두 알고리듬은 매우 다른 조건에서 작동한다) 전문가를 사용할 수 있다면 모방 학습이 더 훌륭한 보상을 제공하는 이유를 알 수 있다.

전문가는 PPO^{Proximal Policy Optimization}를 이용해 200만 스텝 동안 훈련시킨 결과를 사용했다. 약 40만 스텝 후 약 138점의 최고점에 도달했다.

다음 하이퍼 파라미터를 이용해 Flappy Bird 게임에서 DAgger를 테스트해봤다.

하이퍼 파라미터	변수명	값
학습자 은닉층	hidden_sizes	16,16
DAgger 이터레이션	dagger_iterations	8
개발 학습률	p_lr	1e-4
DAgger 이터레이션에 대한 스텝 수	step_iterations	100
미니 배치 사이즈	batch_size	50
훈련 에포크	train_epochs	2000

다음 그래프는 진행한 스텝 횟수별 DAgger의 성능을 보여준다.

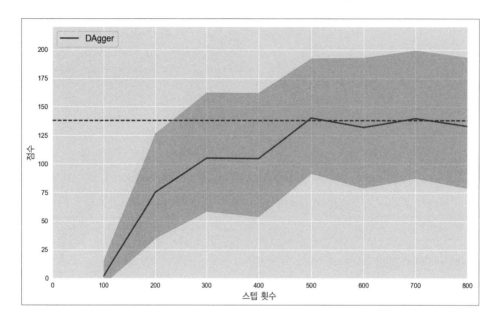

점선으로 표시된 수평선은 전문가에 의해 도달한 평균 성능이다. 결과적으로 수백 회 스텝만으로도 전문가 수준에 도달했다. 전문가를 훈련시키기 위해 PPO를 학습시킨 경우와 비교하면 샘플효율성 측면에서 매우 개선된 결과다.

다시 말하지만 비교 대상 메서드가 서로 다른 상황에 있으므로 공정한 비교는 아니다. 하지만 전문가를 사용할 수 있다면 모방 학습법을 사용하는 것이 좋다. 적어도 초기 폴리시를 학습하는 경우 적은 데이터로도 좋은 폴리시policy를 얻을 수 있어 다른 방법보다 낫다. 이러한 장점 때문에 산업현장에서도 실용적으로 사용되고 있다.

▌ IRL

모방 학습ᴸ의 가장 큰 한계는 전문가로부터 배운 것에서 벗어나 다른 궤도를 학습하고 목표를 달성할 수 없다는 것이다. 전문가의 행동만 모방해 학습하면 학습자는 해당 행동 범위에만 한정해 학습하므로 전문가가 도달하려는 최종 목표를 이해하지 못하는 문제가 있다. 따라서 전문가보다 더 나은 성과를 내지 않아도 되는 경우에만 사용하는 것이 좋다.

IRL은 IL처럼 전문가를 활용해 학습하는 강화학습 알고리듬이다. 차이점은 IRL은 전문가를 이용해 보상함수를 학습한다는 것이다. 따라서 IRL은 IL처럼 전문가의 데모 시연을 그대로 따라하지 않고 전문가가 행동하는 의도를 파악한다. 에이전트는 보상함수를 학습하고 그에 근거해 폴리시를 개선한다.

데모 시연demonstrations은 전문가의 목표를 이해하는 데만 사용하므로 에이전트는 지도자의 행동 범위에 구속되지 않으며 더 나은 전략을 배울 수 있다. 예를 들어 IRL로 학습하는 자율주행차는 최소 시간으로 A 지점에서 B 지점으로 이동하면서 사람과 사물에 피해를 주지 않아야 하는 목표를 학습할 수 있다. 따라서 IRL로 학습한 자동차는 강화학습 알고리듬에서와 같이 보상함수를 최대화하는 폴리시를 스스로 학습한다.

하지만 IRL에는 적용을 제한하는 여러 가지 문제가 있다. 전문가의 시연이 최선이 아닐 수 있으며 결과적으로 학습자가 자신의 잠재력을 충분하게 발휘하지 못하고 잘못된 보상을 유지할 수도 있다. 학습한 보상함수의 평가도 또 다른 문제점이다.

▌ 요약

10장에서는 강화학습 알고리듬에서 벗어나 모방 학습이라는 새로운 학습 방법을 알아봤다. 이와 같은 신규 패러다임의 특징은 전문가의 행동을 흉내내는 학습 방법에 있다. 모방 학습은 보상 신호가 없다는 점과 전문가가 제공하는 많은 정보를 사용할 수 있다는 점에서 강화학습과 다르다.

새로운 상태에서 학습자의 행동 신뢰도를 높이기 위해 학습자가 학습에 사용하는 데이터 집합을 상태 행동 집합에 추가해 확장할 수 있다는 것을 알아봤다. 이 프로세스를 데이터 집계라고 한다. 또한 새로운 데이터는 새로운 학습 폴리시에서 발생하며 이 경우 동일한 학습 폴리시에서 발생하는 온-폴리시 데이터를 언급했다. 온-폴리시 상태와 전문가 피드백의 통합은 학습 품질을 높이는 매우 좋은 접근법이다.

다음으로 가장 성공적인 모방 학습 알고리듬 중 하나인 DAgger를 개발해 Flappy Bird 게임에 적용해봤다.

모방 학습 알고리듬은 전문가의 행동을 따라하기만 하므로 전문가보다 좋은 성능을 달성할 수 없다는 한계가 있다. 따라서 전문가로부터 보상함수를 추론해 이 문제를 극복하는 역강화학습inverse RL을 소개했다. 이 방법을 이용하면 폴리시는 지도자와 독립적으로 학습할 수 있다.

11장에서는 순차적 문제sequential tasks를 해결하는 또 다른 방법인 진화 알고리듬을 살펴보겠다. 블랙박스 형태의 함수를 최적화하는 알고리듬의 메커니즘과 장점을 학습해 최적화 분석을 적용해보기 어려운 문제에 더 효과적으로 적용해볼 수 있을 것이다. 이 외에 진화 전략이라는 진화 알고리듬을 상세하게 알아보고 구현해보겠다.

▌ 질문

1. 모방 학습은 진화 학습 기술에 속한다고 할 수 있는가?
2. 바둑Go에서 패하지 않는 에이전트를 만들기 위해 모방 학습을 사용하겠는가?
3. DAgger의 전체 명칭은 무엇인가?
4. DAgger의 주요 장점은 무엇인가?
5. IL보다 IRL을 사용하는 것이 좋은 분야는 무엇인가?

▍ 심화학습 자료

- DAgger를 소개한 논문은 다음과 같다. 「A Reduction of Imitation Learning and Structured Prediction to No-Regret Online Learning」 https://arxiv.org/pdf/1011.00686.pdf.
- 모방 학습 알고리듬을 더 알아보려면 다음 논문을 참조하길 바란다. https://arxiv.org/pdf/1801.06503.pdf.
- 역강화학습Inverse RL을 더 알아보려면 다음 논문을 참조하길 바란다. 「A Survey of Inverse Reinforcement Learning: Challenge, Methods, and Progress」 https://arxiv.org/pdf/1806.06877.pdf.

11

블랙박스 최적화 알고리듬 이해하기

지금까지 가치 기반 학습에서 폴리시 기반 학습까지, 모델-프리부터 모델-기반 학습까지 강화학습 알고리듬을 살펴봤다. 11장에서는 순차적 문제의 또 다른 해결 방법으로 블랙박스 알고리듬인 진화 알고리듬EA, Evolutionary Algorithm을 알아보겠다. EA는 진화 메커니즘에 의해 실행되며 역전파가 필요하지 않아 강화학습보다 선호되는 방법이다. 또한 EA는 강화학습에 보완적인 기능도 제공한다. 11장에서는 EA가 대상 문제를 해결하는 방법을 더 잘 알도록 강화학습 알고리듬을 간단하게 복습하겠다. 다음으로 EA의 기본 구성 요소와 해당 알고리듬의 작동 방식을 알아보겠다. 또한 가장 널리 알려진 EA 중 하나인 진화 전략ES, Evolution Strategies을 좀 더 깊이 살펴보겠다.

최근 OpenAI가 순차적^{Sequential} 문제 해결에 ES를 사용함으로써 그에 대한 관심과 사용이 증가했다. 또한 OpenAI는 ES 알고리듬의 처리 속도를 효율화하기 위해 여러 CPU를 이용한 병렬 컴퓨팅$^{Parallel\ Computing}$을 도입했다. 진화 전략을 설명한 후 알고리듬을 자세하게 알아보고 텐서플로우를 이용해 관심 있는 작업에 적용해보겠다.

11장에서는 다음 내용을 다룬다.

- 강화학습의 대안
- EA의 핵심
- 확장 가능한 진화 전략
- 확장 가능한 ES를 달 착륙선^{LunarLander} 게임에 적용하기

강화학습의 대안

강화학습 알고리듬은 순차적 의사결정 문제를 해결할 때 일반적으로 사용하는 방법이다. 일반적으로 강화학습 이외의 순차적 의사결정 문제를 해결하는 방법은 많지 않다. 지금까지 다양한 최적화 방법을 적용해봤지만 강화학습만 순차적 의사결정 문제에서 잘 작동했다. 하지만 강화학습만 유일한 솔루션이라고 볼 수는 없다.

11장은 강화학습 알고리듬의 내부 구동 원리를 다시 살펴보고 순차적 의사결정 문제를 해결할 강화학습 구성 요소의 유용성을 알아보겠다. 이러한 강화학습에 대한 간단한 요약은 강화학습을 대체할 수 있는 새로운 유형의 알고리듬을 소개하는 데 도움이 된다.

강화학습에 대한 간단한 요약

폴리시는 초기에 랜덤하게 초기화해 설정한 스텝 수 또는 전체 궤도만큼 환경과 상호작용해 데이터를 수집한다. 강화학습은 환경과 상호작용할 때마다 방문한 상태^{state}, 행동^{action},

보상reward을 기록한다. 이러한 정보는 환경에서 에이전트가 받는 영향의 내용을 완전하게 표현해준다. 다음으로 폴리시를 개선하기 위해 역전파 알고리듬(손실함수에 근거해 더 나은 추정 값이 되게 하는 알고리듬)을 이용해 네트워크의 각 가중치에 대한 그래디언트를 계산하며 확률적 그래디언트 하강SGD, Stochastic Gradient Descent 옵티마이저를 이용한다. 이 과정(환경에서 데이터를 수집하고 SGD)으로 신경망을 최적화하는 과정은 사전에 설정한 수렴 기준을 만족할 때까지 반복해 진행한다.

앞으로 논의할 두 가지 주요 내용은 다음과 같다.

- **시간을 고려한 크레딧 배정**Temporal Credit Assignment: 강화학습은 각 단계에서 폴리시를 최적화하는 알고리듬이므로 매 단계마다 행동action과 상태state에 대한 좋고 나쁨의 정도(품질)를 설정해야 한다. 이것은 각 상태-행동state-action 쌍에 값을 배정해 수행한다. 또한 감가율discount factor을 이용해 시간적으로 먼 미래의 행동에 대한 영향도를 최소화하고 최근 행동에 대한 영향도는 상대적으로 크게 한다. 감가율을 통해 행동에 대한 크레딧을 배정하는 문제를 해결할 수 있다. 하지만 시스템의 정확도가 떨어지는 문제inaccuracies가 발생한다.

- **탐색**Exploration: 행동의 탐색 비율을 유지하기 위해 강화학습 알고리듬의 폴리시에 노이즈를 삽입한다. 노이즈를 주입하는 방식은 알고리듬에 따라 다르지만 일반적으로 대상 행동은 확률 분포에서 샘플링한다. 노이즈를 이용해 행동을 결정하는 방법을 도입하면 에이전트가 동일 상태에 두 번 있더라도 다른 행동을 수행함으로써 두 가지 궤도를 경험할 수 있다. 이 전략은 결정론적 환경deterministic environment에서 탐색할 수 있게 해준다.

  매번 경로를 이탈함으로써 에이전트는 다양하며 잠재적으로 더 나은 솔루션을 발견할 수도 있다. 이와 같이 추가된 노이즈는 데이터가 많아지면 점근적으로 asymptotically 0이 되는 경향이 있으므로 에이전트는 더 좋고 최종적인 결정론적 폴리시에 수렴할 수 있다.

하지만 역전파, 시간을 고려한 크레딧 배정, 확률적 행동은 복잡한 폴리시를 학습하고 빌드하는 데 반드시 필요한 과정일까?

대안

대답은 '아니오'다.

10장, 'DAgger 알고리듬을 이용한 이미테이션 학습'에서 배웠듯이 역전파와 SGD를 사용해 이미테이션 문제로 폴리시 학습을 축소시킴으로써 다음에 어떠한 행동을 취해야 할지 예측하기 위해 전문가로부터 차별적 모델을 학습할 수 있다. 하지만 이 작업은 여전히 역전파를 포함하며 전문가가 항상 필요하다.

전역global 최적화를 위한 알고리듬의 또 다른 알고리듬이 있다. 이를 EA라고 하며 역전파를 사용하지 않으며 두 가지 원칙(시간을 고려한 크레딧 배정과 노이즈 액션을 통한 탐색)이 필요 없다. 게다가 11장 도입부에서 언급했듯이 진화 알고리듬은 매우 일반적이어서 순차적 의사결정 작업을 포함해 다양한 문제에 사용할 수 있다.

EAs

EA는 많은 측면에서 강화학습 알고리듬과 다르며 주로 생물학적 진화에 근거해 탄생했다. 진화 알고리듬EAs에는 유전자 알고리듬genetic algorithm, 진화 전략evolution strategies, 유전자 프로그래밍genetic programming 같은 많은 유사한 메서드가 포함되는데 이는 구현 세부 사항과 표현의 특성이 다르다. 하지만 모두 추측-확인 과정으로 순환하는 네 가지 기본 메커니즘(재생산reproduction, 돌연변이mutation, 교차crossover, 선택selection)에 기반한다. 11장에서는 네 가지 기본 메커니즘을 살펴보겠다.

진화 알고리듬은 블랙박스 알고리듬으로 정의한다. 이 알고리듬은 함수 f에 대한 어떠한 가정도 하지 않고 함수 $f(w)$를 w에 대해 최적화한다. 따라서 f는 어떠한 것이든 될 수 있으며 f의 출력 값에만 관심을 가지면 된다. 진화 알고리듬의 가장 큰 장점은 f의 구조를 신경 쓸 필요가 없고 문제 해결에 가장 적합하고 더 자유롭게 최적화 분석을 할 수 있다는 것이다. 반면 주요 단점은 최적화 방법을 설명할 수 없어 최적화 메커니즘을 해석할 수 없다는 것이다. 따라서 최적화 메커니즘 해석이 매우 중요한 문제에서는 이 방법이 적합하지 않다.

대부분의 경우 순차적 문제를 해결하기 위해 강화학습을 사용한다. 하지만 OpenAI는 최근 발표한 논문에서 진화 알고리듬인 진화 전략을 강화학습의 대안으로 사용할 수 있다는 점을 언급했다. 이러한 사실은 진화 알고리듬으로도 좋은 성능을 달성할 수 있고 병렬 컴퓨팅을 이용해 가공할 확장 가능 능력을 달성할 수 있기 때문이다.

학습하기 어려운 작업을 대상으로 진화 알고리듬을 적용하기 전에 EA를 좀 더 자세하게 알아보자.

▌ EA의 핵심

EA는 생물학적 진화 과정을 참조해 개발했으며 생물학적 진화를 시뮬레이션하는 기술과 메커니즘을 모델링한 방법이다. 이는 EA가 새로운 대안 해를 만들기 위해 많은 시행착오를 겪어야 한다는 의미다. EA에서 대안 해solution는 자연 상태와 같이 적자생존한 것으로 개체individuals라고 부른다. 강화학습에서는 개체를 폴리시policy로 정의했다.

EA의 장점 중 하나는 미분이 필요 없는derivative-free 메서드라는 것이다. 이 장점 덕분에 EA는 심층신경망은 물론 모든 종류의 미분 가능한 함수와 미분 가능하지 않은 함수에 적용 가능하다. 이 조합은 다음 그림과 같다. 각 개체는 별도의 심층신경망이므로 각 순간마다 개체 수와 동일한 신경망을 갖는다. 다음 그림에서 개체군population은 5개 개체다.

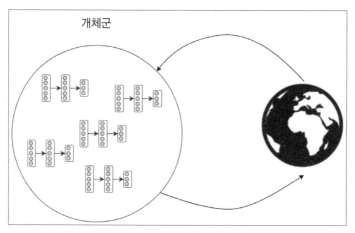

그림 11.1 진화 알고리듬을 이용한 심층신경망의 최적 해

진화 알고리듬의 특성은 각각 다르지만 내부 사이클은 모든 EA가 동일하고 다음과 같이
작동한다.

1. 군(후보 솔루션 또는 표현형이라고 한다)이 각각 다른 속성(크로모솜chromosomes 또는 제노
   타입genotypes) 셋을 갖도록 만든다. 초기 개체군은 랜덤하게 초기화한다.

2. 개별 후보 해의 품질은 적합도 함수fitness function를 이용해 독립적으로 평가한다.
   일반적으로 적합도 함수는 목적함수와 관련 있다. 지금까지 사용한 용어를 이용
   하면 적합도 함수는 에이전트(후보 해)의 전체 수명 동안 누적된 총 보상으로 정
   의할 수 있다.

3. 다음으로 개체군population에서 적합도가 높은 새로운 세대를 만들기 위해 게놈을
   변경한다. 경우에 따라 적합도가 낮은 후보 해를 다음 세대를 생성하기 위한 열
   위 개체negative example로 사용할 수 있다. 전체 단계는 알고리듬에 따라 크게 다르
   다. 유전자 알고리듬 같은 알고리듬은 교차crossover, 돌연변이mutation를 통해 새로
   운 개체individuals를 만들어 키운다. 진화 전략 같은 나머지 다른 방법은 돌연변이만
   이용해 신규 개체(자손)를 키운다. 11장 후반부에서 교차와 돌연변이를 상세하게
   설명하겠다. 하지만 일반적으로 교차는 부모로부터 유전자 정보를 받아 결합하

는 방법이고 돌연변이는 자손 대에서 몇 가지 유전자 값을 변경만 하는 방법이다.

4. 최종 조건을 만족시킬 때까지 1~3단계까지 진행하는 전체 과정을 반복한다. 각 이터레이션에서 생성된 개체군은 세대^{generation}라고 한다.

다음 그림과 같은 반복 과정은 사전에 설정한 적합도 수준에 도달하거나 최대 세대 수에 도달하면 종료한다. 이미 설명했듯이 개체군은 교차와 돌연변이를 통해 만든다. 하지만 이러한 과정은 알고리듬에 따라 다양하다.

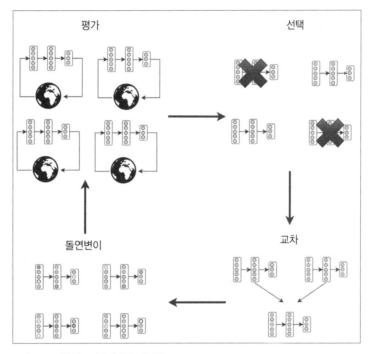

그림 11.2 진화 알고리듬의 주요 사이클

일반적인 EA의 주요 코드 부분은 매우 간단하며 여기 표시한 것처럼 코드 몇 줄만으로 작성할 수 있다. 이 코드를 요약하면 적합한 세대$^{fitted\ generation}$가 생성될 때까지 각 이터레이션에서 신규 후보 개체를 만들고 평가하는 작업을 한다. 해당 후보 개체는 이전 세대의 최적합 개체로부터 생성된다.

```
solver = EvolutionaryAlgorithm()

while best_fitness < required_fitness:
    candidates = solver.generate_candidates() # 교차와 돌연변이 예제

    fitness_values = []
    for candidate in candidates:
        fitness_values.append(evaluate(candidate))

    solver.set_fitness_values(fitness_values)

    best_fitness = solver.evaluate_best_candidate()
```

 솔버의 상세 구현은 사용되는 알고리듬에 따라 다르다.

EA의 응용 프로그램은 실제로 경제학에서 생물학까지 그리고 컴퓨터 프로그램 최적화ant colony optimization까지 많은 분야와 문제에 걸쳐 사용되고 있다.

순차적 의사결정 문제를 해결하기 위해 진화 알고리듬을 적용하는 데 주로 관심이 있으므로 이러한 유형의 작업을 해결하는 데 사용하는 가장 일반적인 EA인 유전자 알고리듬GA, Genetic Algorithms과 진화 전략ES, Evolution Strategies을 소개하겠다. 11장 후반부에서 ES의 확장성이 뛰어난 버전을 개발해 한 단계 더 발전시켜보겠다.

유전자 알고리듬

GA의 개념은 매우 간단하다. 현재 세대를 평가하고 최고 성과를 갖는 개체만 이용해 다음 후보 해를 만들고 나머지 개체는 버린다. 이 과정은 앞에서 그림으로 설명했다. 생존 개체는 교차와 돌연변이 연산을 통해 다음 세대를 만들어낸다. 이와 같은 두 가지 과정은 다음 그림과 같다. 교차 연산은 생존 개체 중 두 가지 해를 선택한 후 각각의 파라미터를 결

합해 이뤄진다. 반면 돌연변이는 자손의 유전자형^{genotype}에서 임의의 일부 파라미터를 변경하는 것과 관련 있다.

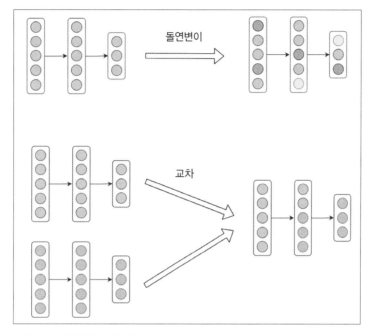

그림 11.3 돌연변이와 교차에 대한 설명

돌연변이와 교차는 다양한 방법으로 접근할 수 있다. 간단하게 교차는 부모로부터 유전자를 랜덤하게 선택해 실행하고 돌연변이는 고정 표준편차를 갖는 가우시안 노이즈^{Gaussian noise}를 추가해 해를 계산할 수 있다. 최고 개체의 유전자^{genes}를 새로 생성될 개체에 주입해 설정 조건이 만족될 때까지 해당 솔루션을 더 좋게 만들 수 있다. 하지만 복잡한 문제에서 이러한 간단한 해는 지역 최적 해에 빠지기 쉽다. 즉 대상 해가 소수 후보 해 집합 내에만 존재하는 지역 최적 해가 된다. 이러한 경우에는 NEAT^{Nero Evolution of Augmenting Topologies} 같은 더 발전된 유전자 알고리듬을 사용해야 한다. NEAT는 네트워크의 가중치뿐만 아니라 네트워크의 구조도 변경한다.

진화 전략

진화 전략ESes, Evolution Strategies은 돌연변이를 이용해 새로운 개체군population을 만들기 때문에 GA보다 쉽다.

돌연변이는 정규 분포에서 표본 추출한 값을 대상 유전자형genotype에 추가해 실행한다. 매우 간단한 ES 버전은 전체 개체군에서 성능이 가장 좋은 개체를 선택하고 고정 표준편차와 최고의 성능을 보여주는 개체의 평균값을 파라미터로 하는 정규 분포에서 다음 세대를 샘플링해 구현한다.

소규모 문제를 제외한 영역에서는 이 알고리듬을 사용하지 않는 것이 좋다. 1개의 리더만 따르고 고정 표준편차를 사용할 경우 잠정적 해solution가 다양한 공간을 탐색할 수 없기 때문이다. 따라서 이 방법을 이용하면 아마도 지역 최소화narrow local minimum 해를 얻는 것으로 끝날 가능성이 크다. 즉각적이고 더 나은 전략은 최고의 성과를 내는 N개 후보 솔루션을 결합하고 각 후보 해의 적합도fitness 순위에 따라 가중치를 부여해 자손offspring을 만드는 것이다. 이와 같이 적합도fitness values에 따라 개별 후보 해의 순위를 매기는 작업을 적합도 랭킹fitness ranking이라고 한다. 이 전략은 목적함수 변환transformation의 영향을 받지 않으므로 실제 적합도를 사용하는 것보다 선호하는 방법이며 최대한 새로운 세대의 개체가 이상치outlier로 너무 많이 이동하지 않도록 하는 장점이 있다.

CMA-ES

CMA-ESCovariance Matrix Adaptation Evolution Strategy는 진화 전략 알고리듬이다. 간단한 진화 전략과 달리 CMA-ES는 다변량 정규분포에 근거해 새로운 후보 솔루션을 샘플링한다. CMA라는 용어는 다음 세대에서 탐색 공간을 확대시키거나 축소시키기 위해 조정한 공분산[1] 행렬에 해당 변수 간 종속성dependencies이 존재한다는 내용에서 근거한 것이다.

간단하게 말해 CMA-ES는 주변 공간에 대한 확신이 있을 때는 주어진 방향으로 공분산

---

[1] 자료가 평균값으로부터 얼마나 떨어져 있는지를 나타낸 값이다. – 옮긴이

행렬covariance matrix을 점점 감소시켜 검색 공간을 축소한다. 이와 달리 주변 공간에 대한 확신이 없을 때는 주어진 방향으로 공분산 행렬을 증가시켜 검색 공간을 확대시킨다.

ES 대 RL

ES는 RL의 흥미로운 대안이다. 그럼에도 불구하고 올바른 접근법을 선택하려면 장·단점pros and cons을 분석해야 한다. ES의 주요 장점을 간단하게 살펴보면 다음과 같다.

- **미분Derivative이 필요 없는 방법**: ES에서는 역전파가 필요 없다. 적합도 함수fitness function(누적 보상cumulative reward 함수)를 추정하기 위해 순방향forward으로만 연산을 실행한다. 미분이 필요 없으므로 미분이 불가능한 함수(예: 적용이 까다로운 어텐션 메커니즘)인 경우에도 사용할 수 있다. 또한 역전파를 피할 수 있어 코드의 효율성과 속도를 향상시킬 수 있다.

- **일반화 기능이 뛰어남**: ES가 일반화generality 기능이 뛰어난 것은 주로 블랙박스 최적화 방법이라는 특성 때문이다. ES는 강화학습과 달리 에이전트, 실행 행동, 방문 상태를 신경쓰지 않으므로 이를 추상화할 수 있고 평가하는 데만 집중할 수 있다. ES는 명확한 목표 없이도 매우 드문sparse 피드백으로 학습할 수 있다. 또한 ES는 훨씬 더 큰 함수 집합을 최적화할 수 있다는 점에서 뛰어난 일반화 기능을 갖고 있다.

- **쉬운 병렬화 및 견고함**: ES는 RL보다 훨씬 쉽게 병렬화할 수 있으며 수천 개 작업자worker로 연산 작업을 분산시킬 수 있다. 진화 전략은 알고리듬 작동에 필요한 하이퍼 파라미터 수가 적어 견고하다고 할 수 있다. 예를 들어 강화학습과 비교해 궤도trajectories의 길이, 람다 값lambda value, 감가율discount factor, 건너 뛸 프레임 수 등을 설정할 필요가 없다. 또한 ES는 시평time horizon이 매우 긴 작업에 쉽게 적용할 수 있다.

반면 강화학습은 다음과 같은 장점이 있다.

- **샘플효율성**sample efficiency: 강화학습 알고리듬은 환경에서 얻은 정보를 더 잘 활용하므로 결과적으로 학습에 필요한 데이터가 적고 단계steps가 줄어든다.
- **탁월한 성능**excellent performance: 일반적으로 강화학습 알고리듬이 진화 전략보다 성능이 뛰어나다.

▌ 확장 가능한 진화 전략

블랙박스 진화 알고리듬evolutionary algorithms과 진화 전략evolution strategies을 소개했으니 학습한 내용을 실제로 적용해보겠다. OpenAI가 발표한 논문「Evolution Strategies as a Scalable Alternative to Reinforcement Learning」은 강화학습 알고리듬의 대안으로 진화 전략을 채택하는 데 큰 기여를 했다.

이 논문이 기여한 주요 내용은 복수의 CPU를 이용해 ES를 확장한 접근법이다. 특히 이 접근법은 스칼라scalars만 포함한 CPU 간 새로운 통신 전략을 사용함으로써 수천 개 병렬 작업자parallel workers를 이용해 확장이 가능하다.

일반적으로 ES는 많은 경험이 필요하므로 RL보다 효율성이 떨어진다. 하지만 새로운 전략을 채택하면 필요한 연산을 많은 작업자workers에 분산시켜 실행함으로써 상대적으로 적은 월 클락 시간wall clock time에 작업을 해결할 수 있다. 예를 들어 논문에서 저자는 CPU 코어 개수에 비례해 속도를 높여 1,440개 CPU로 10분 만에 3D 휴머노이드 워킹 패턴을 학습했다. 일반적인 강화학습 알고리듬은 이 정도 확장성에 도달할 수 없어 동일한 작업을 학습하는 데 꽤 많은 시간이 소요된다.

논문에서는 어떠한 확장 방법을 사용했는지 살펴보자.

핵심

이 논문에서는 다음과 같이 평균 목표 값을 최대화하는 ES 버전을 사용했다.

$$E_{\theta \sim p_\mu} F(\theta)$$

확률적 그래디언트 상승을 이용해 μ로 파라미터화한 개체군 p_μ을 검색해 이 작업을 수행한다. F는 목적함수objective function 또는 적합도 함수fitness function이며 θ는 액터의 파라미터다. 문제에서 $F(\theta)$는 환경에서 θ를 이용해 에이전트가 획득한 확률적 리턴이다.

개체군 분포 p_μ는 다음과 같이 평균 μ과 고정 표준편차 σ를 갖는 다변량 가우시안 분포를 한다.

$$E_{\theta \sim p_\mu} F(\theta) = E_{\epsilon \sim N(0,I)} F(\theta + \sigma \epsilon) \qquad (11.1)$$

여기서 확률적 그래디언트 추정 값을 사용해 다음과 같이 단계 업데이트step update를 정의할 수 있다.

$$\theta \leftarrow \theta + \alpha \frac{1}{n\sigma} \sum_{i=1}^{n} F(\theta + \sigma \epsilon_i) \epsilon_i \qquad (11.2)$$

(11.2) 식에서는 개체군population의 에피소드 결과를 사용해 역전파 없이 확률적 그래디언트를 추정할 수 있다. Adam이나 RMSProp 등과 같은 업데이트 방법 중 하나를 사용해 대상 파라미터를 업데이트한다.

ES 병렬화하기

여러 CPU를 이용하면 ES를 쉽게 확장할 수 있다. 즉 병렬화 ES에서 개별 작업자worker는 각각의 개체군 후보 솔루션에 배정된다. 평가는 완전하게 자동으로 수행할 수 있으며 논문에서 설명한 대로 각 CPU 장치 간 몇 개의 스칼라만 공유해 각 작업자가 최적 연산을 병렬로 수행할 수 있다.

특히 작업자 간 공유되는 유일한 정보는 에피소드의 스칼라 리턴인 $F(\theta + \sigma\epsilon_i)$과 샘플링 ϵ_i에 사용된 랜덤 시드^{seed}다. 스칼라 리턴 값만 보내 데이터 양을 더 줄일 수 있지만 이 경우 각 작업자의 랜덤 시드를 다른 모든 작업자와 동기화시켜야 한다. 논문에서는 스칼라 리턴만 보내는 두 번째 기술을 사용했지만 우리는 스칼라 리턴과 랜덤 시드를 보내는 첫 번째 기술을 사용했다. 간단한 구현을 할 경우 두 기술의 차이는 없으며 두 기술 모두 매우 낮은 대역폭^{bandwidth}이 필요하다.

다른 트릭

알고리듬의 성능을 향상시키기 위해 두 가지 기술을 더 사용할 수 있다.

- **적합도 형성 – 객관적 순위**: 이전에 논의했는데 이 기술은 매우 간단하다. 원래의 리턴을 이용해 업데이트를 계산하는 대신 순위 변환^{rank transformation}을 사용한다. 순위^{rank}는 목적함수의 변환에 영향을 미치지 않으므로 스트레드 리턴에서 더 잘 실행된다. 또한 이상치의 노이즈를 제거한다.
- **미러 노이즈**: 이 트릭은 분산을 줄여주며 2개의 노이즈 ϵ와 $-\epsilon$로 네트워크를 평가한다. 즉 각 개체에 대해 2개의 돌연변이인 $\theta_+ = \mu + \sigma\epsilon$와 $\theta_- = \mu - \sigma\epsilon$를 갖도록 한다.

의사코드

이러한 모든 기능을 결합한 병렬 진화 전략^{parallelized evolution strategy}은 다음 의사코드와 같다.

```
--------------------------------------------------------------------
Parallelized Evolution Strategy
--------------------------------------------------------------------


Initialize parameters θ₀ on each worker
Initialize random seed on each worker
```

```
for iteration = 1..M do:
    for worker = 1..N do:
        Sample ε ~ ℕ(0, I)
        Evaluate individuals F(θ_t − σε) and F(θ_t − σε)

    Spread returns to each other worker

    for worker = 1..N do:
        Compute normalized rank K from the returns
        Reconstruct ε_i from the random seeds of the other workers
        θ_{t+1} ← θ_t + α (1/nσ) Σ_{i=1}^{n} K_i ε_i   (maybe using Adam)
```

이제 남은 것은 이 알고리듬을 구현하는 것이다.

확장 가능한 구현

구현을 단순화하고 병렬화한 ES가 제한된 수의 작업자 및 CPU와 잘 작동하도록 하기 위해 다음 다이어그램에 표시된 것과 유사한 구조를 개발할 것이다. 기본 프로세스는 각 CPU 코어 당 하나의 작업자를 생성하고 기본 사이클을 실행한다. 각 이터레이션마다 주어진 수의 새로운 후보자를 작업자가 평가할 때까지 기다린다. 논문에서 제공한 구현과 달리 각 작업자는 이터레이션마다 1개 이상의 에이전트를 평가한다. 따라서 CPU가 4개인 경우 4개 작업자가 생성된다. 다음으로 메인 프로세스를 반복할 때마다 작업자 수(예를 들어 40개)보다 더 큰 총 배치 크기를 원할 경우 각 작업자는 매번 10명의 개체를 생성하고 평가한다. 리턴 값과 시드^seeds는 메인 애플리케이션으로 리턴되며 다음 몇 행의 코드를 계속 진행하기 전에 40개 개체 모두의 결과를 기다린다.

다음으로 해당 결과는 모든 작업자에게 일괄적으로 전파되며 (11.2) 식에 제공된 업데이트에 따라 각각의 신경망을 최적화한다.

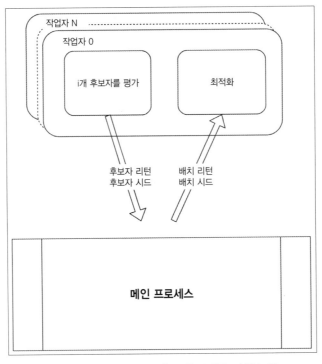

그림 11.4 ES의 병렬 버전 관련 주요 구성 요소를 보여주는 다이어그램

방금 설명한 내용을 근거로 해당 코드는 세 가지 주요 부분으로 구분할 수 있다.

- 대기열^{queues}과 작업자를 생성하고 관리하는 메인 프로세스
- 작업자의 작업을 정의하는 함수
- 반품 순위 지정 및 상담원 평가 같은 간단한 작업을 수행하는 일부 기능

작업자를 자세하게 설명하기 전에 알고리듬을 알도록 메인 프로세스의 코드를 설명하겠다.

메인 함수

메인 함수는 Gym 환경의 이름, 신경망의 은닉층 사이즈, 총 세대 수, 작업자 수, Adam 학습률, 배치 사이즈, 표준편차 노이즈를 인자로 갖는 ES라는 함수로 정의한다.

ES.py

```
def ES(env_name, hidden_sizes=[8,8], number_iter=1000, num_workers=4, lr=0.01,
indiv_per_worker=10, std_noise=0.01):
```

작업자 간 공유되는 초기 시드seed를 설정해 동일한 가중치로 파라미터를 초기화한다. 또한 작업자가 각 이터레이션에 대해 생성 및 평가해야 하는 개체 수를 계산하고 2개의 multiprocessing.Queue 대기열을 만든다. 2개의 대기열queues은 작업자에게 전달되는 변수와 작업자로부터 전달받는 변수에 대한 진입entry과 출구exit 지점point이다.

ES.py

```
initial_seed = np.random.randint(1e7)

# 출력 값(단일 반환 및 시드 값)에 대한 대기열 생성
output_queue = mp.Queue(maxsize=num_workers*indiv_per_worker)
# 입력 파라미터에 대한 대기열 만들기(배치 반환 및 배치 시드)
params_queue = mp.Queue(maxsize=num_workers)
```

다음으로 멀티 프로세싱 프로세스인 multiprocessing.Process를 인스턴스화한다. 이것은 worker 함수를 실행하며 비동기 방식으로 Process 생성자에 대한 첫 번째 인수로 제공된다. worker 함수에 전달되는 다른 모든 변수는 args에 할당되며 대기열 2개를 추가해 ES에서 취한 파라미터와 거의 동일하다. start() 메서드가 호출되면 프로세스가 실행되기 시작한다.

ES.py

```
processes = []
# 각 작업자에 대한 병렬 프로세스 생성
for widx in range(num_workers):
    p = mp.Process(target=worker, args=(env_name, initial_seed, hidden_sizes, lr, std_
noise, indiv_per_worker, str(widx), params_queue, output_queue))
    p.start()
    processes.append(p)
```

일단 병렬 작업자parallel workers를 시작하면 여러 세대generations에 걸쳐 반복해 실행하면서 모든 개체가 각 작업자에서 생성되고 평가될 때까지 기다릴 수 있다. 모든 세대에서 생성된 총 개체 수는 작업자 수 num_workers에 개별 작업자에서 생성된 개체 수 indiv_per_worker를 곱해 계산한다. 이 아키텍처는 수천 개 CPU를 사용할 수 있는 논문상 구현에 비해 4개의 CPU 코어만 사용 가능한 구현에만 해당한다. 일반적으로 모든 세대에서 생성된 개체 수는 20~1,000 사이다.

ES.py

```
for n_iter in range(number_iter):

    batch_seed = []
    batch_return = []

    # 후보 개체가 충분하게 평가될 때까지 기다린다.
    for _ in range(num_workers*indiv_per_worker):
        p_rews, p_seed, p_steps = output_queue.get()

        batch_seed.append(p_seed)
        batch_return.extend(p_rews)
        tot_steps += p_steps
```

이전 코드에서 output_queue.get()은 output_queue에서 요소element를 가져온다. 이 요소는 작업자가 제공한 값이다. 실제 구현에서 output_queue.get()은 두 가지 요소를 리턴한다. 첫 번째 요소인 p_rews는 p_seed를 사용해 생성된 에이전트의 적합도fitness(리턴 값)다. 이 값은 두 번째 요소로 제공된 p_seed를 이용해 생성한다.

for 사이클이 종료되면 리턴 값 순위를 매기고 배치 리턴 값과 시드를 params_queue 큐에 배치한다. 모든 작업자는 에이전트를 최적화하기 위해 params_queue 큐를 읽는다. 해당 코드는 다음과 같다.

ES.py

```
batch_return = []

# 후보 개체가 충분하게 평가될 때까지 기다린다.
for _ in range(num_workers*indiv_per_worker):
    p_rews, p_seed, p_steps = output_queue.get()

    batch_seed.append(p_seed)
    batch_return.extend(p_rews)
    tot_steps += p_steps
```

마지막으로 모든 훈련 이터레이션을 완료했다면 작업자를 종료한다.

ES.py

```
# 모든 작업자를 종료시킨다.
for p in processes:
    p.terminate()
```

이것으로 주요 함수 설명은 끝났다. 이제 할 일은 작업자를 구현하는 것이다.

작업자

작업자Workers의 기능은 worker 함수에 정의돼 있으며 이전에 mp.Process에 대한 인수argument로 전달했다. 설명할 공간이 많이 필요해 모든 코드를 다룰 수 없어 여기서는 핵심 구성 요소만 설명하겠다. 더 상세하게 보려면 깃허브에 있는 코드를 살펴보길 바란다.

worker 함수의 처음 몇 행에서 폴리시를 실행하고 최적화하기 위해 계산 그래프를 생성한다. 구체적으로 폴리시는 활성화 함수로 tanh 비선형성이 있는 다층-퍼셉트론multi-layer perceptron이다. 이 경우 Adam은 (11.2) 식 두 번째 항을 계산한 기대 그래디언트expected gradient를 적용하는 데 사용한다.

다음으로 agent_op (o) 및 evaluation_on_noise (noise)를 정의한다. agent_op (o)는 폴리시(또는 후보 솔루션)를 실행해 주어진 상태 또는 관측치 o에 대한 행동을 얻는다. evaluation_on_noise (noise)는 현재의 폴리시 파라미터에 noise(폴리시와 동일한 형태)를 추가해 얻은 새로운 후보 솔루션을 평가한다.

가장 흥미로운 부분은 최대 4개 CPU에 의존하고 전역 변수를 초기화할 수 있도록 지정해 신규 세션을 만든다는 것이다. 여러분이 사용할 수 있는 CPU가 4대가 안 돼도 걱정할 필요 없다. allow_soft_placement를 True로 설정하면 지원되는 장치만 사용 가능하도록 텐서플로우에 지시한다.

ES.py

```
config_proto = tf.compat.v1.ConfigProto(device_count={'CPU': 4}, allow_soft_
placement=True)
    tf.compat.v1.Session(config=config_proto)
```

4개 CPU를 모두 사용하더라도 각 작업자당 1개만 배정한다. 계산 그래프를 정의할 때 계산을 실행할 장치를 설정한다. 예를 들어 작업자가 CPU 0만 사용하도록 지정하려면 with 문 안에 사용할 장치를 정의한다.

ES.py

```
    with tf.device("/cpu:" + worker_name):
  # CPU worker_name에서 계산할 그래프
```

구현으로 돌아가 작업자가 할 일이 있을 때까지 무한 반복해 작업을 실행한다. 이 조건은 다음 while문에서 확인할 수 있다.

주목할 부분은 신경망의 가중치에 대해 많은 연산을 실행하므로 평탄화한flattened 가중치를 처리하는 것이 상대적으로 쉽다는 것이다. 예를 들어 [8, 32, 32, 4] 형태의 리스트를 처리하는 대신 길이가 8*32*32*4인 1차원 배열에서 계산을 실행한다. [8, 32, 32, 4]

형태의 리스트에서 8*32*32*4인 1차원 배열로 변환하거나 그 반대로 변환하는 기능은 TensorFlow에 정의돼 있다(이 작업을 수행하는 방법을 알고 싶다면 깃허브의 전체 구현 코드를 살펴보길 바란다).

또한 while 루프를 시작하기 전에 평탄화한 에이전트의 모양을 가져온다.

ES.py

```
agent_flatten_shape = agent_flatten.shape

while True:
```

while 루프에서 후보candidates를 생성하고 평가한다. 후보 솔루션은 가중치에 정상적인 노이즈를 추가($\theta + \sigma\epsilon$)해 구축한다. 이 작업은 매번 새로운 랜덤 시드를 선택해 이뤄지며 정규 분포에서 노이즈인 σ를 고유하게 샘플링한다. 이렇게 하는 이유는 나중에 다른 작업자가 이미 사용한 시드를 이용해 동일한 노이즈perturbation를 재생성해야 하기 때문이며 알고리듬의 핵심 부분이다. 다음으로 2개의 새로운 자손offspring(미러 샘플링을 사용하기 때문에 2개다)을 평가하고 결과를 output_queue 큐에 저장한다.

ES.py

```
for _ in range(indiv_per_worker):
    seed = np.random.randint(1e7)

    with temp_seed(seed):
        # 정규 분포에서 추출한 각 에이전트의 가중치에 대한 표본
        sampled_noise = np.random.normal(size=agent_flatten_shape)

    # 미러링된 샘플링
    pos_rew, stp1 = evaluation_on_noise(sampled_noise)
    neg_rew, stp2 = evaluation_on_noise(-sampled_noise)

    # 리턴 값과 시드를 대기열에 배치한다.
    # 여기서는 완전한 섭동 sampled_noise가 아닌 시드(스칼라 값)만 보낸다.
    output_queue.put([[pos_rew, neg_rew], seed, stp1+stp2])
```

다음 코드(이전에 사용했다)는 NumPy 랜덤 시드인 **seed**를 로컬로 설정하는 방법이다.

```
with temp_seed(seed):
    ..
```

with문 외부에서 랜덤 값을 생성하는 데 사용되는 시드는 더 이상 시드가 아니다.

while 루프의 두 번째 부분은 모든 리턴 및 시드의 획득, 해당 시드[seed]에서 노이즈[perturbations]의 재구성, (11.2) 식에 따른 확률적 그래디언트 추정 값 계산, 폴리시 최적화와 관련 있는 내용이다. params_queue 큐는 앞에서 봤던 메인 프로세스를 이용해 채운다. 이러한 기능은 첫 번째 단계에서 작업자가 생성한 정규화한 순위와 개체군의 시드를 전달해 실행한다. 코드는 다음과 같다.

ES.py

```
# Get all the returns and seed from each other worker
batch_return, batch_seed = params_queue.get()

batch_noise = []
for seed in batch_seed:

    # 시드로부터 섭동을 재생성한다.
    with temp_seed(seed):
        sampled_noise = np.random.normal(size=agent_flatten_shape)

    batch_noise.append(sampled_noise)
    batch_noise.append(-sampled_noise)

# 확률적 그래디언트 추정 값을 계산한다.
vars_grads = np.zeros(agent_flatten_shape)
for n, r in zip(batch_noise, batch_return):
    vars_grads += n * r
vars_grads/= len(batch_noise) * std_noise

# 방금 계산한 추정 그래디언트에 근거해 Adam 최적화를 실행한다.
do_apply_g(-vars_grads)
```

앞의 코드에서 마지막 몇 행은 기울기를 추정한다. 즉 (11.2) 공식의 두 번째 항을 계산한다.

$$\frac{1}{n\sigma} \sum_{i=1}^{n} F_i \epsilon_i \qquad (11.3)$$

(11.3) 식에서 F_i는 i에 대해 정규화한 순위[rank]이고 ϵ_i는 노이즈[2] 후보다.

apply_g는 Adam을 사용해 vars_grads 그래디언트 (11.3)를 적용하는 연산이다. 그래디언트 하강이 아닌 상승을 실행해야 하므로 -var_grads를 전달한 것을 알아두자.

이게 전부다. 이제 환경에 적용하고 성능을 테스트해야 한다.

▌ 확장 가능한 ES를 LunarLander에 적용하기

확장 가능한 진화 전략이 LunarLander 환경에서 얼마나 잘 실행될지 알아보자.

6장, '확률적 PG 최적화 학습하기'에서 A2C 및 REINFORCE에 대해 LunarLander를 이미 사용해봤다. 이 게임은 연속 행동을 통해 탐사선을 달에 착륙시키는 것이다. 이 환경의 난이도를 중간으로 설정하고 ES의 결과를 A2C로 획득한 결과와 비교하겠다.

이 환경에서 가장 좋은 하이퍼 파라미터는 다음과 같다.

하이퍼 파라미터	변수명	값
신경망 사이즈	hidden_sizes	[32, 32]
훈련 이터레이션 횟수(세대 수)	number_iter	200
Worker's number	num_workers	4
Adam 학습률	lr	0.02

---

2 생물학적 동요를 말하며 유전자 알고리듬에서 유전자가 실수 값인 경우 무작위로 선택된 유전자에 매우 작은 양을 더하거나 줄이는 작업을 말한다. – 옮긴이

하이퍼 파라미터	변수명	값
작업자별 개체 수	indiv_per_worker	12
표준편차	std_noise	0.05

결과는 다음 그래프와 같다. 곡선은 매우 안정적이고 매끄럽다. 또한 250만~300만 단계 후 평균점수는 약 200에 도달한다. A2C(그림 6.7) 결과와 비교하면 진화 전략이 A2C 및 REINFORCE보다 거의 2~3배 많은 스텝을 진행했다는 것을 알 수 있다.

논문에서 설명했듯이 (수백 개 CPU를 사용하는) 대규모 병렬 처리를 사용하면 몇 분 안에 좋은 정책을 얻을 수 있다. 불행하게도 여러분은 이와 같은 계산 능력이 없을 것이다. 하지만 원한다면 직접 시도해볼 수 있다.

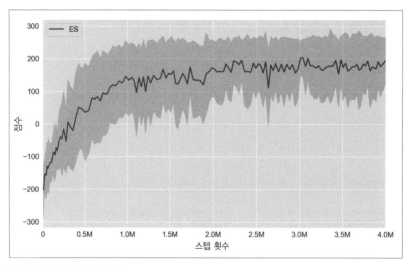

그림 11.5 확장 가능한 진화 전략의 성능

전반적으로 결과는 양호하다. 따라서 ES는 매우 긴 시평 문제와 발생 빈도가 적은 보상 문제에 적합한 솔루션이다.

▌ 요약

11장에서는 강화학습 작업에 적용할 수 있는 생물학적 진화에서 영감을 얻은 새로운 블랙박스 알고리듬인 EA를 알아봤다. EA는 강화학습과 다른 관점에서 해당 문제를 해결한다. 강화학습 알고리듬을 설계할 때 다뤄야 하는 많은 특성은 진화 방법에서 필요 없다는 것을 알게 됐다. 두 가지 방법의 차이는 본질적 최적화 방법과 기본 가정에 있다. 예를 들어 EA는 블랙박스 알고리듬이므로 강화학습에서와 같이 미분 가능한 함수를 더 이상 사용하지 않아도 돼 원하는 함수가 뭐든지 최적화할 수 있다. 11장에서 살펴봤듯이 EA는 장점과 단점 모두 있다.

다음으로 두 가지 진화 알고리듬인 유전자 알고리듬genetic algorithms과 진화 전략evolution strategies을 살펴봤다. 유전자 알고리듬은 교차crossover와 돌연변이mutation를 이용해 부모로부터 자손을 생성하므로 더 복잡하다. 진화 전략은 이전 세대의 돌연변이를 통해 만들어진 개체군에서 가장 우수한 개체individuals를 선택한다. ES는 단순해 수천 개 병렬 작업자를 활용해 해당 알고리듬 규모를 확장할 수 있다. 이러한 규모 확장 가능성을 OpenAI 논문에서 데모 시연했으며 ES가 복잡한 환경에서 강화학습 알고리듬과 동등한 성능을 낼 수 있다는 것을 입증했다.

진화 알고리듬을 익히기 위해 11장에서 언급한 논문에 있는 확장 가능한 진화 전략을 구현해봤다. ES 구현 내용을 달 탐사선LunarLander 환경에서 테스트해본 결과 고성능을 달성할 수 있다는 것을 알게 됐다. 하지만 ES는 AC와 REINFORCE보다 2~3배 더 스텝steps이 필요하다는 것이 단점이다. 이 문제는 여러 작업자를 이용한 선형 형태의 규모 확장으로 대응이 가능하며 충분한 병렬 연산 파워를 활용할 수 있어 강화학습 알고리듬 대비 시간 측면에서 어렵지 않게 문제를 해결할 수 있다.

12장에서는 강화학습으로 돌아가 탐색-활용 딜레마 문제를 알아보겠다. 이 문제의 의미는 무엇이며 왜 중요한지 알아보겠다. 다음으로 각 상황에 대한 가능 해solution 중 가장 적합한 알고리듬을 선택하는 메타 알고리듬으로 ESBAS를 개발해보겠다.

▌질문

1. 순차적 의사결정 문제를 해결하기 위한 강화학습의 대안으로 알고리듬 2개를 설명하시오.
2. 진화 알고리듬에서 새로운 객체를 생성하는 프로세스는 무엇인가?
3. 유전자 알고리듬 같은 진화 알고리듬 개발에 아이디어를 제공한 방법은 무엇인가?
4. CMA-ES는 진화 전략으로 어떻게 발전했는가?
5. 진화 전략의 장·단점은 무엇인가?
6. 논문 「The Evolution Strategies as a Scalable Alternative to Reinforcement Learning」에서 분산을 낮추기 위해 진화 전략에 사용한 트릭은 무엇인가?

▌심화학습 자료

- 강화학습의 확장 가능한 대안인 ES와 관련해 OpenAI의 논문인 「The Evolution Strategies as Scalable Alternative to Reinforcement Learning」을 읽고 싶다면 http://arxiv.org/pdf/1703.03864.pdf를 참조하길 바란다.
- NEAT^{Evolving Neural Networks through Augmenting Topologies}를 제안한 논문을 읽고 싶다면 http://nn.cs.utexas.edu/downloads/papers/stanley.ec02.pdf를 참조하길 바란다.

12

ESBAS 알고리듬 개발하기

지금까지 학습한 내용을 이용하면 체계적이고 간결한 방식으로 강화학습 문제를 해결할 수 있다. 즉 당면한 문제에 대해 강화학습 알고리듬을 설계, 개발하고 환경을 최대한 활용할 수 있다. 10, 11장에서는 강화학습 이외의 알고리듬을 알아봤으며 해당 알고리듬으로 동일한 문제를 해결할 수 있다는 것을 알게 됐다.

12장 전반부에서는 책 전반부에서 이미 경험한 탐색-활용Exploration-exploitation 딜레마를 소개하겠다. 이미 책에서 해당 딜레마의 해결 방법(엡실론 탐욕 정책)을 설명했다. 하지만 12장에서는 탐색-활용 딜레마의 다양한 해결 방법을 소개한다. 특히 UCBUpper Confidence Bound 같은 알고리듬은 휴리스틱(예: 엡실론 탐욕 정책) 방법보다 복잡하지만 좋은 성능을 보여준다. 멀티-암드 밴딧 문제 같은 기초적인 강화학습 문제를 대상으로 탐색-활용 딜레마를 해결하는 전략을 알아보겠다. 간단한 테이블 형태의 강화학습 문제이지만 이를 시발점으로 테이블 형태에서 벗어나 더 복잡한 문제에서 탐색-활용 딜레마를 해결할 전략을 설명하겠다.

탐색-활용 딜레마 소개를 통해 최신 강화학습 알고리듬에서 풀기 어려운 탐색 환경에 대처하는 데 사용하는 주요 방법을 파악할 수 있을 것이다. 이외에도 다른 유형의 문제를 해결할 때 이러한 딜레마의 적용 가능성을 더 폭넓은 관점에서 설명하겠다. 이와 관련해 강화학습 측면에서 온라인 알고리듬 선택 문제를 다루는 메타 알고리듬인 ESBAS^{Epochal} ^{Stochastic Bandit Algorithm Selection}를 개발해보겠다. 에피소드별 확률적 밴딧 알고리듬 선택 방법 ESBAS은 각 에피소드에서 예상되는 리턴 값^{return}을 극대화하는 최고의 강화학습 알고리듬을 선택하기 위해 멀티-암드 밴딧 문제의 아이디어와 전략을 사용한다.

12장에서는 다음 내용을 다룬다.

- 탐색 대 활용
- 탐색 접근법
- ESBAS

▌ 탐색 대 활용

탐색-활용 균형 딜레마^{trade-off dilemma} 또는 탐색-활용 문제는 많은 영역에서 중요하다. 탐색-활용 균형 딜레마는 실제로 강화학습에만 국한된 것이 아니며 일상생활에서도 사용되고 있다. 이 딜레마의 기본 개념은 지금까지 알려진 최상의 해 영역을 활용하는 것이 좋은지 새로운 해 영역을 탐색해보는 것이 좋은지 판단하는 것이다.

아마존에서 책을 구입한다고 가정하자. 평소 좋아하는 작가의 책을 구입할 수 있는 반면 동일한 장르에서 아마존이 제안한 책을 구입할 수도 있다. 전자는 확신을 갖고 책을 구입한 경우다. 하지만 후자는 큰 기대없이 책을 구입한 경우다. 후자의 경우 구입한 책이 평소 좋아하는 작가의 책보다 좋다면 구매 행동에 매우 만족할 것이다.

이와 같이 이미 배운 내용을 활용exploitation하는 행동 방법과 약간의 위험을 무릅쓰고 새로운 대안을 탐색exploration하는 행동 방법 간 충돌conflict은 강화학습에서도 매우 일반적인 문제다. 에이전트는 미래에 더 많은 장기 보상을 얻기 위해 단기 보상을 희생하고 새로운 공간을 탐색할 수 있다.

이 모든 것은 처음 겪는 경험이 아닐 것이다. 사실 강화학습 알고리듬을 처음 개발할 때부터 이 문제를 다뤘다. 지금까지 주로 ϵ-탐욕 전략 같이 간단한 휴리스틱 방법을 사용하거나 확률적 폴리시에 따라 탐색이나 활용 여부를 결정했다. 경험적으로 이러한 전략은 잘 작동했지만 이론적으로 최적 성능을 달성할 수 있는 몇 가지 다른 기술이 있다.

12장에서는 탐색-활용 딜레마 설명을 시작으로 테이블 형태 문제에서 최적 성과를 달성할 수 있는 몇 가지 탐색 알고리듬을 소개하겠다. 또한 동일한 전략을 테이블 형태가 아닌 복잡한 작업에 적용하는 방법도 설명하겠다.

강화학습 알고리듬에서 가장 도전적인 아타리Atari 게임 중 하나는 몬테주마의 복수Montezuma's Revenge로 게임 화면은 다음과 같다. 이 게임의 목표는 보석을 수집하고 적을 죽여 점수를 얻는 것이다. 주인공은 미로 형태의 건물labyrinth 안에 있는 방을 이동하기 위해 모든 키를 찾아내고 장애물을 피해 주변을 돌아다니는 데 필요한 아이템을 모아야 한다. 이 게임은 빈도가 적은 보상sparse reward, 장기간 운영long-term horizon, 최종 목표와 상관 없는 부분 보상partial reward 때문에 모든 강화학습 알고리듬에서 해결하기 까다로운 환경을 갖춘 게임이다. 실제로 이와 같은 세 가지 특징 때문에 몬테주마의 복수는 탐색 알고리듬을 테스트하기에 좋은 최상의 환경이다.

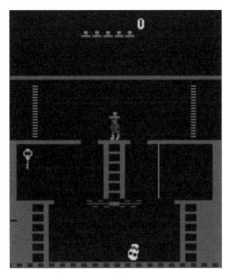

몬테주마의 복수 스크린샷

탐색-활용 딜레마 분야의 전체 내용을 살펴보기 위해 처음부터 다시 살펴보자.

멀티-암드 밴딧

멀티-암드 밴딧 문제는 탐색-활용 간 균형 딜레마exploration-exploitation trade-off dilemma를 설명하기 위해 사용하는 고전적 강화학습 문제다. 에이전트는 예상 보상을 극대화하기 위해 고정된 자원 조건하에서 탐색-활용 비중을 선택해야 한다. 멀티-암드 밴딧이라는 명칭은 여러 개의 서로 다른 확률 분포에 근거해 확률적 보상을 제공하는 여러 개의 슬롯머신과 게임을 하는 도박꾼에서 유래했다. 도박꾼은 가장 많은 장기 보상을 얻기 위해 최고의 전략을 학습해야 한다.

이 상황은 다음 그림으로 설명할 수 있다. 도박꾼은 최고 상금을 획득하기 위해 서로 다른 미지의 보상 확률을 고려해 5개의 슬롯머신 중 하나를 선택해야 한다.

5개 암드 밴딧 문제의 예

멀티-암드 밴딧 문제는 몬테주마의 복수 같은 문제와 어떠한 관계일까? 두 게임 모두 최고 보상을 획득하기 위해 새로운 행동을 시도(새로운 암을 선택)하는 것이 좋은지 지금까지의 행동 중 최고의 행동을 시도(최고의 암을 다시 선택)하는 것이 좋은지 결정하는 것과 관련있다. 다만 몬테주마의 복수 게임은 에이전트의 상태가 매번 바뀌는 반면 멀티-암드 밴딧 게임은 한 가지 상태에만 있고 순차적 구조를 갖고 있지 않아 과거의 행동은 미래에 영향을 미치지 않는다는 차이점이 있다.

그럼 멀티 암드 밴딧 문제는 탐색과 활용 사이의 최적 균형을 어떻게 찾을 수 있을까?

▌ 탐색 접근법

간단하게 말해 멀티-암드 밴딧 문제를 포함해 모든 탐색 문제는 랜덤 전략이나 더 지능적인 방법으로 해결할 수 있다. 랜덤 전략에 근거한 알고리듬을 ϵ-탐욕greedy 알고리듬이라고 한다. 반면 지능적인 방법에 해당하는 알고리듬은 UCB 같은 최적 탐색과 톰슨 샘플링 같은 사후 탐색posterior exploration이다. 이번 절에서는 ϵ-탐욕 전략과 UCB 전략을 알아보겠다.

탐색은 위험risk과 보상reward의 균형을 맞추는 것이 전부다. 하지만 탐색 알고리듬의 품질을 어떻게 측정할 수 있을까? 바로 후회regret를 이용하는 것이다. 후회란 한 번의 스텝을 실행하는 과정에서 잃어버린 기회opportunity에 해당한다. 즉 시간 t에서 후회 L은 다음과 같다.

$$L_t = V^* - Q(a_t)$$

위의 식에서 V^*는 최적 가치이고 $Q(a_t)$는 a_t의 행동-가치action-value다.

따라서 목표는 모든 행동에 대한 전체 후회를 최소화해 탐색과 활용 사이의 절충점을 찾는 것이다.

$$L = \sum_i (V^* - Q(a_i))$$

전체 후회를 최소화하는 것은 누적 보상을 최대화하는 것이다. 여기서는 이와 같은 후회 개념에 근거해 탐색 알고리듬이 작동하는 방법을 설명하겠다.

ϵ-탐욕 전략

이미 ϵ-탐욕 전략 개념을 확장해 Q-러닝과 DQN 같은 알고리듬에서 탐색을 사용해봤다. 이 방법은 매우 간단한 접근법이지만 매우 중요한 문제에서도 높은 성능을 보여줬다. 이러한 이유 때문에 딥 러닝 알고리듬에서 널리 사용되고 있다.

ϵ-탐욕 전략은 대부분 최고 행동을 선택하지만 때때로 랜덤 행동을 선택하는 방법이다. 랜덤 행동을 선택할 확률은 0부터 1까지의 범위를 갖는 ϵ 값으로 결정한다. 즉 $(1-\epsilon)$ 확률에 따라 알고리듬이 최상의 행동을 활용하고 ϵ 확률에 따라 랜덤한 행동을 선택해 기존과 다른 새로운 최적 해를 탐색한다.

멀티-암드 밴딧 문제에서 행동 가치$^{action\ values}$는 과거의 경험에 근거해 추정하며 행동을 통해 획득한 보상의 평균값으로 계산한다.

$$Q_t(a) = \frac{1}{N_t(a)} \sum_t r_t 1[a_t = a]$$

위의 수식에서 $N_t(a)$는 행동 a를 선택한 횟수이고 1은 시간 t에서 행동 a가 선택됐는지 여부를 나타내는 불^{boolean} 값이다. 밴딧은 ϵ-탐욕 알고리듬에 따라 행동을 취하고 랜덤 행동을 선택해 탐색을 실행하거나 상대적으로 높은 Q 값을 갖는 행동 a를 선택해 활용을 실행한다.

ϵ-탐욕 정책의 단점은 선형 형태의 기대 후회 값$^{expected\ linear\ regret}$을 갖는다는 것이다. 대수 법칙$^{law\ of\ large\ numbers}$에 의하면 최적 예상 총 후회 값은 스텝이 진행됨에 따라 스텝 수에 비례해 포화하는 로그 그래프 형태$^{logarithmic\ to\ the\ number\ of\ timesteps}$를 갖는 것이 좋다. 따라서 ϵ-탐욕 전략이 최적 방법이라고 할 수 없다.

최적 값에 도달하는 간단한 방법은 시간이 지남에 따라 ϵ 값이 소멸^{decay}하는 방법을 사용하는 것이다. 이렇게 하면 시간이 지남에 따라 활용보다 탐색을 선택할 확률이 줄어드는 효과가 있다. 이를 위해 딥 강화학습 알고리듬에서 ϵ-탐욕 전략은 선형 또는 지수 형태의 ϵ-소멸 방법을 결합해 사용한다.

하지만 ϵ-탐욕 전략에서 최적의 ϵ과 소멸 비율$^{decay\ rate}$ 값을 설정하는 것은 쉽지 않다. 따라서 멀티-암드 밴딧 문제를 최적화할 또 다른 전략이 개발됐다.

UCB 알고리듬

UCB 알고리듬은 불확실성에 직면했을 때 낙관론^{optimism}으로 알려진 원리와 관련 있는 방법으로 대수 법칙에 근거한 통계-기반 원리다. UCB는 보상의 표본 평균과 보상의 상한 신뢰도$^{Upper\ Confidence\ Bound}$ 추정을 기반으로 낙관적 추측$^{optimistic\ guess}$을 한다. 이 낙관적 추측은 각 행동의 예상 보상pay-off을 결정하고 행동의 불확실성을 고려한다. 따라서 UCB는 위험risk과 보상을 동시에 고려해 항상 높은 잠재적 보상을 갖는 행동을 선택한다. 다음으로 UCB 알고리듬은 현재 행동에 대한 낙관적 추정치가 상대적으로 낮을 때 다른 행동으로 변경한다.

특히 UCB는 $Q_t(a)$를 이용해 각 행동의 평균 보상과 각 행동에 대한 UCB인 U를 추적track한다. 다음으로 (12.1) 식을 최대화하는 암arm을 선택한다.

$$a_t = argmax_{a \in A} \; Q_t(a) + U_t(a) \quad (12.1)$$

(12.1) 식에서 U는 대상 행동의 불확실성uncertainty을 반영하기 위해 평균 보상average reward에 추가해 고려하는 인자additional argument다.

UCB1

UCB1은 UCB 계열family에 속하며 이 방법은 U의 선택에서 큰 역할을 한다. UCB1에서 UCBUpper Confidence Bound인 $U_t(a)$ 계산은 다음 (12.2) 식과 같이 행동(a)이 선택된 횟수인 $N_t(a)$와 선택된 총 행동 횟수인 T를 추적해 계산한다.

$$U_t(a) = c\sqrt{\frac{ln \, T}{N_t(a)}} \quad (12.2)$$

(12.2) 식에 의하면 행동의 불확실성은 선택된 횟수와 관련 있다. 무한 번 시도하면 대수 법칙을 따르므로 예상되는 가치expected value가 어느 정도 될지 확신할 수 있다. 반대로 시도 횟수가 적으면 예상되는 보상expected reward이 어느 정도일지 확신할 수 없으므로 추가 시도를 통해 좋은 행동인지 나쁜 행동인지 알아내야 한다. 따라서 현재 단 몇 회만 시도해 불확실성이 높은 행동에 대한 탐색을 장려해야 한다. (12.2) 식에서 $N_t(a)$가 작으면 해당 행동을 선택한 횟수가 적다는 의미이며 전반적으로 불확실한 추정치를 가지므로 $U_t(a)$는 큰 값을 가질 것이다. 하지만 $N_t(a)$가 크면 $U_t(a)$는 작은 값을 갖고 해당 추정치는 상

대적으로 정확하다고 판단할 수 있다. 또한 높은 평균 보상을 받은 행동 a를 최고의 행동으로 우선 고려해야 한다.

ϵ-탐욕 방법에 비해 UCB의 주요 장점은 실제로 행동 횟수를 카운팅^{counting}하는 것이다. 실제로 멀티-암드 밴딧 문제는 개별 행동의 선택 횟수와 평균 보상을 이용하는 UCB 방법으로 해결할 수 있다. 이 두 정보(개별 행동의 선택 횟수와 평균 보상)를 이용해 (12.1) 식과 (12.2) 식을 계산한 후 시점 t에서의 최고의 행동을 계산한다. 즉 다음 (12.3) 식을 이용해 시점 t에서의 최고 행동을 알아낼 수 있다.

$$a_t = argmax_{a \in A}\, Q_t(a) + c\sqrt{\frac{ln\, T}{N_t(a)}} \quad (12.3)$$

UCB는 탐색을 위한 매우 강력한 방법이며 멀티-암드 밴딧 문제에 대해 스텝 수에 비례해 포화하는 로그함수 형태의 예상 총 후회 값^{logarithmic expected total regret}을 계산하고 최적 트렌드에 도달하게 하는 방법이다. ϵ-탐욕 탐색 방법도 로그함수 형태의 후회 값^{regret}을 계산할 수 있지만 미세하게 조정된 지수 형태의 소멸 값^{finely-tuned exponential decay}을 이용한 세심한 설계가 필요하다. 따라서 탐색과 활용의 균형을 맞추기가 더 어렵다.

 UCB의 변형으로는 UCB2, UCB-Tuned, KL-UCB 방법이 있다.

탐색 복잡도

UCB 특히 UCB1이 비교적 쉬운 알고리듬으로 어떻게 전체 후회^{overall regret}를 줄이고 멀티-암드 밴딧 문제에 대한 최적화를 달성할 수 있는지 알아봤다. 하지만 멀티-암드 밴딧 문제는 상태가 없는^{stateless} 단순한 문제다.

그렇다면 UCB는 복잡한 문제를 어떻게 해결할까? 이 질문에 답하기 위해 모든 문제를 세 가지 주요 범주로 분류하면 다음과 같다.

- **상태가 없는**stateless **문제**: 이 문제의 예는 멀티-암드 밴딧multi-armed bandit이다. 이 경우 탐색은 UCB1 같은 더 정교한 알고리듬으로 처리할 수 있다.

- **중소 규모의 테이블**tabular **구조 문제**: 더 발전된 메커니즘으로 탐색할 수 있지만 경우에 따라 전체 이득benefit이 작기 때문에 더 복잡한 접근법을 사용할 정도의 가치는 없다.

- **대규모 비-테이블**non-tabular **구조 문제**: 현재 우리는 매우 복잡한 환경에 있다. 이러한 환경은 잘 정의돼 있지 않으며 연구원은 여전히 최선의 탐색 전략을 찾기 위해 끊임없이 노력하고 있다. 복잡성이 증가할수록 UCB 같은 최적화 탐색 방법을 적용하기 힘들기intractable 때문이다. 예를 들어 UCB는 연속 상태continuous states를 갖는 문제를 다룰 수 없다. 하지만 여기서 포기할 필요는 없으며 멀티-암드 밴딧 상황에서 학습한 탐색 알고리듬을 사용하면 된다. 즉 최적 탐색 방법에 근접해 있으며 연속적인 환경에서도 잘 작동하는 많은 접근법을 사용하면 된다. 예를 들어 UCB 같은 카운팅-기반 접근법은 근접한 상태에 대해 유사한 카운트를 부여함으로써 무한 개의 상태를 갖는 문제에 맞게 조정해 사용할 수 있다. 이 알고리듬은 몬테주마의 복수 같이 매우 어려운 환경에서도 강화학습 모델의 성능을 상당하게 개선하는 데 사용됐다. 대부분의 강화학습 문제에서 상대적으로 복잡한 접근법을 사용해 발생하는 복잡도 증가는 그만한 가치가 없을 가능성이 크며 ϵ-탐색 같이 상대적으로 간단한 랜덤 전략을 사용하는 것도 좋은 성능을 보여준다.

> ⓘ UCB1 같은 탐색에 대한 카운트 기반 접근법만 간단하게 설명했지만 후회 측면에서의 최적 가치(optimal value in regret)를 달성할 또 다른 두 가지 정교한 방법이 있다는 사실에 주목해야 한다. 첫 번째는 사후 분포(posterior distribution)에 근거한 사후 샘플링(예: Thompson sampling)이고 두 번째는 엔트로피 추정을 통한 불확실성(uncertainty)의 내부 측정 결과에 따른 정보 획득(information gain)이다.

▌ ESBAS

강화학습에서 탐색 전략의 주요 용도는 에이전트가 환경을 잘 탐색하도록 돕는 것이다. DQN에서 ϵ-탐욕 정책을 사용하는 경우와 다른 알고리듬에서 폴리시에 노이즈를 추가하는 사례를 살펴봤다. 하지만 탐색 전략exploration strategies을 사용하는 다른 방법도 있다.

따라서 지금까지 제시된 탐색 개념을 더 잘 파악하고 이러한 알고리듬의 대체 사용 사례를 소개하기 위해 ESBAS라는 알고리듬을 설명하고 개발해볼 것이다. 이 알고리듬은 논문 「Reinforcement Learning Algorithm Selection」에서 소개했다.

ESBAS는 강화학습 관점에서 온라인 알고리듬 선택Algorithm Selection을 위한 메타-알고리듬meta-algorithm이다. ESBAS는 궤도 중에서 채택할 수 있는 최고의 알고리듬을 선택하기 위해 탐색 방법을 사용해 기대 보상을 최대화한다.

ESBAS를 설명하기 위해 우선 알고리듬 선택AS이 무엇이며 기계학습과 강화학습에 어떻게 사용하는지 설명하겠다. 다음으로 ESBAS에 초점을 맞춰 내부 구동 방식을 자세하게 설명하면서 의사코드로 표현하겠다. 마지막으로 ESBAS를 구현해 Acrobot 환경에서 테스트해보겠다.

알고리듬 선택 알아보기

ESBAS의 기능을 더 잘 이해하기 위해 먼저 알고리듬 선택AS, Algorithm Selection을 알아보자. 정상적인 설정에서는 주어진 작업에 대해 특정 및 고정 알고리듬을 개발해 훈련시킨다. 시간이 지나면서 데이터 집합dataset이 변경되거나 해당 데이터 집합이 과적합overfit되거나 다른 알고리듬이 일부 제한된 상황에서 더 잘 작동하면 해당 알고리듬을 변경할 수 없는 문제가 발생한다. 따라서 선택한 알고리듬은 항상 동일하게 유지된다. 알고리듬 선택 작업은 이러한 문제를 해결해준다.

AS는 기계학습 분야에서 오픈 문제[1]다. AS란 현재 수요에 근거해 포트폴리오라는 다양한 옵션 중 최상의 알고리듬을 선택하는 메타-알고리듬을 설계하는 방법이다. 이러한 과정을 그림으로 표현하면 다음과 같다. AS는 포트폴리오상 서로 다른 여러 알고리듬 중 문제 영역별로 특정 알고리듬이 나머지 알고리듬보다 성능이 우수하다는 가정을 전제한다. 따라서 상호보완 기능이 있는 알고리듬을 사용하는 것이 좋다.

예를 들어 다음 그림에서 메타-알고리듬은 포트폴리오(예: PPO, TD3 등)에서 적합한 알고리듬을 선택한다. 이 알고리듬은 상호보완적이지 않으며 특정 상황에서 더 나은 성능을 발휘하므로 메타-알고리듬이 선택할 수 있는 다양한 장점이 있다.

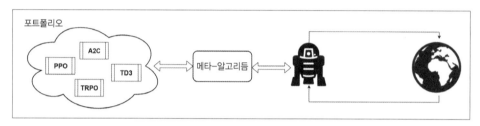

강화학습을 위한 알고리듬 선택 방법

예를 들어 모든 종류의 지형에서 운전 가능한 자율주행 자동차를 설계해야 한다면 도로, 사막, 빙판에서 놀라운 성능을 발휘할 수 있는 알고리듬을 훈련시키는 것이 좋을 것이다. 이러한 문제에 잘 대응하기 위해 AS는 세 가지 알고리듬 중 각 상황에 어느 것을 사용할 것인지 지능적으로 선택할 수 있다. 예를 들어 AS는 비오는 날 얼음 위에서 훈련한 폴리시가 나머지 폴리시보다 더 잘 작동한다는 것을 알 수 있다.

강화학습에서 폴리시는 매우 자주 변경되며 데이터 집합dataset은 시간이 지나면서 지속적으로 증가한다. 따라서 에이전트를 어느 정도 훈련시킨 단계보다 초기 단계에서 시작점

---

1 정확하게 정의할 수 있고 객관적이고 검증 가능한 솔루션이 있다는 것을 전제하지만 아직 해결되지 않은 문제를 말한다. - 옮긴이

starting point 간 최적의 신경망 크기와 학습률 설정에 따라 큰 차이가 있다. 예를 들어 에이전트는 높은 학습률로 학습을 시작하고 더 많은 경험을 축적할수록 학습 횟수를 줄일 수 있다. 이러한 점은 강화학습이 알고리듬 선택을 테스트하는 데 매우 적합한 분야라는 것을 보여준다. 따라서 강화학습을 대상으로 AS를 테스트해보겠다.

ESBAS 내부 구조

ESBAS를 제안한 논문은 배치batch와 온라인online 설정 분야에서 알고리듬을 테스트했다. 12장에서는 배치 설정에 중점을 두고 설명하겠다. 이 두 알고리듬은 매우 유사하며 온라인 버전에 관심이 있다면 논문 내용을 상세하게 읽어보길 바란다. 실제로 온라인 설정의 행동 선택AS은 가장 최근 선택한 슬라이딩 윈도우에서 학습할 때 SSBASSliding Stochastic Bandit AS로 명칭이 변경된다. 기초 내용부터 알아보자.

ESBAS에 대해 맨 먼저 언급할 것은 USB1 전략에 기초하고 있으며 고정 포트폴리오fixed portfolio에서 오프–폴리시 알고리듬을 선택하기 위해 밴딧–스타일의 선택을 사용한다는 점이다. 특히 ESBAS는 다음과 같이 작동하는 세 부분으로 나눌 수 있다.

1. ESBAS는 지수 크기exponential size의 많은 에포크 동안 반복 수행한다. 각 에포크마다 맨 먼저 수행하는 작업은 포트폴리오에서 사용할 수 있는 모든 오프–폴리시 알고리듬을 업데이트하는 것이다. 이 작업은 해당 시점까지 수집한 데이터를 이용해 실행한다(첫 번째 에포크의 경우 데이터 집합dataset이 비어 있다). 나머지 다른 업무는 메타–알고리듬을 재설정하는 것이다.

2. 다음으로 해당 에포크epoch 동안 메타–알고리듬은 다음 궤도를 제어할 오프–폴리시 알고리듬(포트폴리오에 있는 알고리듬 중)을 선택하기 위해 (12.3) 식에 따라 낙관적인 추측을 계산해 전체 후회를 최소화한다. 그 다음 해당 알고리듬으로 궤도를 실행한다. 한편 궤도의 모든 전이를 수집해 나중에 오프–폴리시 알고리듬으로 폴리시를 훈련시키는 데 사용할 데이터 집합에 추가한다.

3. 궤도가 종료되면 메타-알고리듬은 환경에서 얻은 강화학습 리턴^{return}으로 특정 오프-폴리시 알고리듬의 평균 보상을 업데이트하고 발생 횟수를 증가시킨다. UCB1은 평균 보상과 발생 횟수를 사용해 (12.2) 식의 UCB를 계산한다. 이 값은 다음 궤도를 생성^{roll out}할 오프-폴리시 알고리듬을 선택하는 데 사용한다.

알고리듬을 더 잘 이해하기 위해 코드 블록 내 ESBAS 의사코드를 제시하면 다음과 같다.

ESBAS

Initialize policy π^a for every algorithm a in the portfolio P
Initialize empty dataset D

for $\beta = 1..M$ **do**
    for a in P **do**
        Learn policy π^a on D with algorithm a
    Initialize AS variables: $n \leftarrow 0$ and for every $a \in P$: $n^a \leftarrow 0, x^a \leftarrow 0$

    for $t = 2^\beta..2^{\beta+1} - 1$ do
        ⊳ Select the best algorithm according to UCB1

$$a^{max} = argmax_{a \in P} \left(x^a + \sqrt{\frac{\xi \, ln(n)}{n^a}} \right)$$

        Generate trajectory τ with policy π^{max} and add transitions to D
        ⊳ Update the average return and the counter of a^{max}

$$x^{max} \leftarrow \frac{n^{max} x^{max} + R(\tau)}{n^{max} + 1} \quad (12.4)$$
$$n^{max} \leftarrow n^{max} + 1$$
$$n \leftarrow n + 1$$

ξ은 하이퍼 파라미터이고 $R(\tau)$는 τ 궤도 동안 획득한 강화학습의 반환 값^{return}이며 n^a는 알고리듬 a의 카운터이고 x^a는 평균 반환 값^{return}이다.

논문에서 설명했듯이 온라인 AS는 강화학습의 다음 네 가지 문제를 해결했다.

1. **샘플효율성**Sample efficiency : 폴리시의 다양화Diversification는 ESBAS 샘플을 효율적으로 만드는 추가 정보를 제공한다. 더구나 커리큘럼 학습Curriculum learning과 앙상블 학습Ensemble learning의 속성을 결합한 것이다.

2. **견고성**Robustness : 포트폴리오의 다양화는 해당 영역에 적합하지 않은 알고리듬을 더 우수한 알고리듬으로 대체할 수 있어 견고성을 보장한다.

3. **수렴성**Convergence : ESBAS는 후회regret의 최소화를 보장한다.

4. **커리큘럼 학습**Curriculum learning : AS는 일종의 커리큘럼 전략을 제공한다. 예를 들어 초기에는 얕은 학습 모델shallow learning을 선택하고 종료 시에는 딥 러닝deep learning 모델을 사용한다.

구현

ESBAS는 몇 가지 구성 요소만 추가하면 돼 쉽게 구현할 수 있다. 가장 중요한 부분은 포트폴리오에서 오프-폴리시off-policy 알고리듬의 정의와 최적화다. 이와 관련해 ESBAS는 알고리듬의 선택을 변경할 수 있게 한다. 관련 논문에서는 Q 러닝과 DQN 모두 사용했다. 여기서는 RGB 상태 공간을 갖는 환경에서 사용 가능한 복잡한 작업을 처리할 수 있는 알고리듬을 제공하기 위해 DQN을 사용한다. DQN은 5장, '딥 Q-네트워크'를 참조하길 바란다. ESBAS에서도 동일한 구현 내용을 사용한다.

구현을 진행하기 전에 설정해야 할 마지막 사항은 포트폴리오 구성이다. 이미 신경망 아키텍처와 관련해 다양한 포트폴리오를 만들었지만 다른 조합을 시도해볼 수도 있다. 예를 들어 학습률이 다른 DQN 알고리듬으로 포트폴리오를 구성할 수 있다.

구현은 다음과 같이 구분해 진행한다.

- `DQN_optimization` 클래스는 계산 그래프를 작성하고 DQN으로 폴리시를 최적화한다.

- UCB1 클래스는 UCB1 알고리듬을 정의한다.
- ESBAS 함수는 ESBAS의 메인 파이프라인을 구현한다.

여기서는 마지막 두 부분을 설명하겠다. 전체 구현 코드는 깃허브를 참조하길 바란다 (https://github.com/packtpublishing/Reinforcement−Learning−Algorithms−with−Python).

ESBAS(..)부터 먼저 시작하자. DQN의 하이퍼 파라미터 외에 ξ 하이퍼 파라미터를 나타 내는 별도의 x_I 인자만 있다. ESBAS 함수의 주요 내용은 앞에서 설명한 의사코드와 동 일하다. 따라서 구현 내용을 쉽게 이해할 수 있다.

모든 인자로 함수를 정의한 후 텐서플로우의 기본 그래프를 재설정하고 2개의 Gym 환경 (하나는 훈련용이고 다른 하나는 테스트용)을 만들 수 있다. 다음으로 각 신경망 사이즈에 대 해 DQN_optimization 객체를 인스턴스화하고 이를 리스트에 추가해 포트폴리오를 만들 수 있다.

```
def ESBAS(env_name, hidden_sizes=[32], lr=1e-2, num_epochs=2000, buffer_size=100000,
discount=0.99, render_cycle=100, update_target_net=1000,
        batch_size=64, update_freq=4, min_buffer_size=5000, test_frequency=20, start_
explor=1, end_explor=0.1, explor_steps=100000,
        xi=1):

    # TF2.0에 대한 tf.reset_default_graph()
    tf.keras.backend.clear_session()
    # 훈련과 테스트용 환경을 생성한다.
    env = gym.make(env_name)
    # 학습 내용을 비디오로 저장하기 위한 설정을 한다.
    env_test = gym.wrappers.Monitor(gym.make(env_name), "VIDEOS/TEST_VIDEOS"+env_
name+str(current_milli_time()),force=True, video_callable=lambda x: x%20==0)

    dqns = []
    for l in hidden_sizes:
        dqns.append(DQN_optimization(env.observation_space.shape, env.action_space.n,
l, lr, discount))
```

이제 DQN 방식으로 포토폴리오의 폴리시를 훈련시키는 내부 함수인 `DQNs_update`를 정의하겠다. 포트폴리오의 모든 알고리듬은 DQN이며 유일하게 신경망 사이즈만 다르다는 점을 고려하자. 최적화는 `DQN_optimization` 클래스의 `optimize`와 `update_target_network` 메서드를 이용해 실행한다.

```python
def DQNs_update(step_counter):
    # 네트워크를 훈련시킬 시기인 경우
    if len(buffer) > min_buffer_size and (step_counter % update_freq == 0):

        # 버퍼에서 미니 배치를 샘플링한다.
        mb_obs, mb_rew, mb_act, mb_obs2, mb_done = buffer.sample_minibatch(batch_size)

        for dqn in dqns:
            dqn.optimize(mb_obs, mb_rew, mb_act, mb_obs2, mb_done)

    # update_target_net 단계마다 타깃 네트워크를 갱신한다.
    if len(buffer) > min_buffer_size and (step_counter % update_target_net == 0):

        for dqn in dqns:
            dqn.update_target_network()
```

항상 그렇듯 환경을 재설정하고 `ExperienceBuffer`(다른 장에서 사용한 동일 클래스 이용) 객체를 인스턴스화하며 탐색 소멸 값을 설정하는 변수를 초기화해야 한다.

```python
step_count = 0
episode = 0
beta = 1
# 경험 버퍼를 초기화한다.
buffer = ExperienceBuffer(buffer_size)
obs = env.reset()
# 폴리시 탐색 초기화
eps = start_explor
eps_decay = (start_explor - end_explor) / explor_steps
```

드디어 여러 에포크에 걸쳐 반복하는 루프문을 시작할 수 있다. 앞의 의사코드는 각 에포크 동안 다음과 같은 기능을 실행한다.

1. 폴리시는 경험 버퍼experience buffer에 근거해 훈련시킨다.
2. 궤도는 UCB1에 의해 선택된 폴리시를 이용해 실행한다.

첫 번째 단계는 에포크의 전체 길이(지수 길이를 갖는다)를 앞에서 정의한 DQN_update를 호출해 실행한다.

```
for ep in range(num_epochs):
    # 폴리시 트레이닝
    for i in range(2**(beta-1), 2**beta):
        DQNs_update(i)
```

두 번째 단계에서는 궤도가 실행되기 직전에 UCB1 클래스의 신규 객체를 인스턴스화하고 초기화한다. 다음으로 while 명령은 지수 크기의 에피소드를 반복하며 while 루프 내에 UCB1 객체는 다음 궤도를 실행할 알고리듬을 선택한다. 궤도 진행 동안 행동은 dqns[best_dqn]로 선택한다.

```
ucb1 = UCB1(dqns, xi)
list_bests = []
ep_rew = []
beta += 1

while step_count < 2**beta:

    # 다음 궤적을 실행할 최상의 정책 알고리듬을 선택한다.
    best_dqn = ucb1.choose_algorithm()
    list_bests.append(best_dqn)

    g_rew = 0
    done = False
```

```
while not done:
    # 엡실론 소멸
    if eps > end_explor:
        eps -= eps_decay

    # eps-탐욕 액션을 선택한다.
    act = eps_greedy(np.squeeze(dqns[best_dqn].act(obs)), eps=eps)

    # 환경에서의 액션을 실행한다.
    obs2, rew, done, _ = env.step(act)

    # 재생 버퍼에 변환을 추가한다.
    buffer.add(obs, rew, act, obs2, done)

    obs = obs2
    g_rew += rew
    step_count += 1
```

각각 전개한 후 마지막 궤도에서 획득한 강화학습 리턴 값으로 UCB1을 업데이트한다. 또한 모든 보상을 추적하기 위해 환경을 재설정하고 현재 궤도의 보상을 리스트에 추가한다.

```
# 방금 사용한 알고리듬의 UCB 파라미터를 업데이트한다.
ucb1.update(best_dqn, g_rew)

# 환경은 종료, ... 재설정 및 변수 초기화
obs = env.reset()
ep_rew.append(g_rew)
g_rew = 0
episode += 1
```

여기까지가 ESBAS 함수 내용의 전부다.

클래스 UCB1은 (12.3) 식을 계산하는 데 필요한 속성을 초기화하는 생성자로 구성한다. (12.3) 식에서와 같이 포트폴리오 알고리듬 중 현재 최상의 알고리듬을 반환하는 choose_algorithm() 메서드와 (12.4)에서와 같이 획득한 마지막 보상 idx_algo 알고리듬의 평균 보상을 업데이트하는 update(idx_algo, traj_return) 메서드로 구성한다. 해당 코드는 다음과 같다.

```python
class UCB1:
    def __init__(self, algos, epsilon):
        self.n = 0
        self.epsilon = epsilon
        self.algos = algos

        self.nk = np.zeros(len(algos))
        self.xk = np.zeros(len(algos))

    def choose_algorithm(self):
        # UCB1을 따라 최상의 알고리듬을 취한다.
        current_best = np.argmax([self.xk[i] + np.sqrt(self.epsilon * np.log(self.n) /
self.nk[i]) for i in range(len(self.algos))])
        for i in range(len(self.algos)):
            # 5보다 작을 경우 랜덤 선택
            if self.nk[i] < 5:
                return np.random.randint(len(self.algos))

        return current_best

    def update(self, idx_algo, traj_return):
        # 평균 RL 리턴 값을 갱신한다.
        self.xk[idx_algo] = (self.nk[idx_algo] * self.xk[idx_algo] + traj_return) /
(self.nk[idx_algo]+1)
        # 궤도 시행 횟수를 늘린다.
        self.nk[idx_algo]+= 1
        self.n += 1
```

이제 Acrobot 환경에서 테스트하고 성능을 확인해볼 수 있다.

Acrobot 실행하기

Gym 환경 중 하나인 Acrobot-V1에서 ESBAS를 테스트해보겠다. Acrobot 시스템은 2개의 관절joint과 2개의 연결link로 이뤄졌고 2개의 연결 관절이 작동하는 구조다. 처음에 연결은 아래쪽으로 매달려 있으며 하단 연결의 끝을 특정 높이까지 회전시키는 것이 목표다. 다음 그림은 시작부터 종료 위치까지 시간순으로 애크로봇acrobot의 움직임을 표시한 결과다.

애크로봇의 움직임 순서

포트폴리오는 크기가 다른 3개의 심층신경망으로 이뤄져 있다. 크기 64의 은닉층이 1개뿐인 소형 신경망, 크기 16의 은닉층이 2개인 중형 신경망, 크기 64의 은닉층이 2개인 대형 신경망이다. 논문에서와 같이 하이퍼 파라미터 ξ 값을 0.25로 설정한다.

결과

결과는 다음 그림과 같다. 이 그림은 ESBAS의 학습곡선이다. ESBAS 3x는 완전한 포트폴리오(이전에 열거된 3개의 신경망 포함)다. ESBAS 1x는 최고 성능의 신경망(사이즈가 64인 2개의 은닉층을 갖는 심층신경망) 1개만 갖는 학습곡선이다. 포트폴리오에 알고리듬이 하나만 있는 경우 ESBAS는 메타 알고리듬의 기능을 실제로 사용하지 않는다. 하지만 결과를 비교하기 위한 기준을 설정하기 위해 사용했다. 다음 그림에서 ESBAS 3x는 ESBAS 1x보다 항상 위에 있다. 따라서 ESBAS는 실제로 최상의 옵션을 선택했다는 것을 알 수 있다. 이와 같이 특이한 형태는 DQN 알고리듬을 오프라인으로 학습하기 때문에 가능하다.

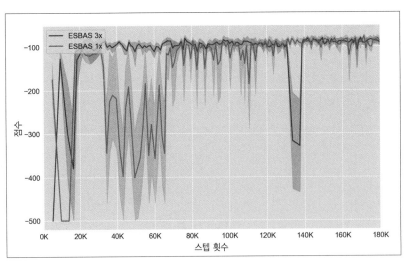

어두운 색 그림자(dark shade)로 표현한 3개의 알고리듬과 밝은 색 그림자(lighter shade)로
표현한 1개의 알고리듬으로 표시한 ESBAS의 성능

> **ⓘ** 12장 그림을 원색으로 보려면 다음 파일을 참조하길 바란다.
> http://www.packtpub.com/sites/default/files/downloads/9781789131116_ColorImages.
> pdf

훈련을 시작할 때 점수가 급증하는 현상을 볼 수 있으며 폴리시를 훈련하고 메타-알고
리듬을 재설정하는 시점인 20,000, 65,000, 131,000 스텝에서도 점수가 급증하는 현상
을 볼 수 있다.

이제 ESBAS가 다른 알고리듬에 비해 1개의 알고리듬만 선호하는 시점이 언제인지 알아
낼 수 있다. 다음 그림에서 그 시점을 찾아보자. 그림에서 작은 신경망은 값 0, 중간 규모
의 신경망은 1, 대규모 신경망은 2로 표현했다. 각 점은 각 궤도에서 선택된 알고리듬을
나타낸다. 초기 시작 단계에서는 더 큰 신경망이 선호되지만 곧바로 중간 규모의 신경망
으로 변경되고 그 다음에는 더 작은 신경망으로 바뀐다는 것을 알 수 있다. 약 64,000 스
텝 후 메타 알고리듬이 대규모 신경망으로 바뀐다.

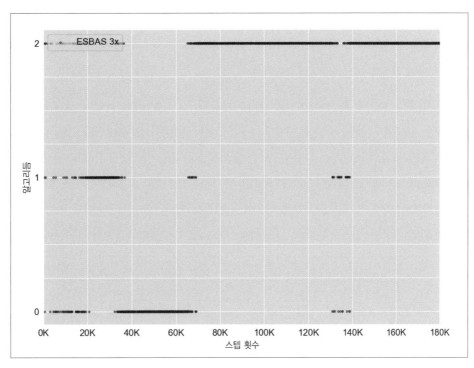

메타 알고리듬의 선호도를 보여주는 그림

앞의 그래프에서 두 가지 ESBAS 버전은 동일한 값으로 수렴한다. 하지만 수렴 속도는 매우 다르다. 실제로 AS의 진정한 잠재력(즉 포트폴리오에 3개의 알고리듬이 있는 알고리듬)을 활용하는 ESBAS 버전이 훨씬 빨리 수렴한다. 결국 장기적으로 최상의 신경망은 단일 옵션(사이즈가 64인 2개의 은닉층을 갖는 심층신경망)으로 ESBAS 버전에서 사용하는 버전이므로 둘 다 동일 값으로 수렴한다.

▌ 요약

12장에서는 탐색–활용 딜레마를 알아봤다. 이 문제는 11장에서 이미 다뤘지만 상대적으로 간단한 전략을 사용했다. 12장에서는 유명한 멀티–암드 밴딧multi-armed bandit 문제를 시작으로 탐색-활용 딜레마를 상세하게 알아봤다. UCB 같은 더 정교한 카운터-기반 알고리듬에서는 스텝 횟수에 비례해 포화하는 예상 총 후회 값expected logarithmic regret을 이용해 최적 성능에 어떻게 도달하는지 알아봤다.

다음으로 행동 선택AS, Action Selection에 탐색 알고리듬을 사용해봤다. 메타 알고리듬meta algorithm은 당면한 과제를 가장 잘 수행하는 알고리듬을 선택하는 방법으로 이를 위한 AS는 탐색 알고리듬의 흥미로운 분야다. AS는 강화학습의 출구outlet 전략도 갖고 있다. 예를 들어 AS는 다음 궤도를 실행하기 위한 최고의 폴리시를 선택하는 데 사용할 수도 있다. 이 기능도 ESBAS의 기능이다. ESBAS는 UCB1을 이용해 오프라인-폴리시 강화학습 알고리듬의 온라인 선택 문제를 해결한다. 12장에서는 ESBAS를 상세하게 알아보고 구현해봤다.

이제 탐색과 활용 사이의 균형을 조정할 수 있는 고성능 강화학습을 설계하고 개발하는 데 필요한 모든 것을 알게 됐다. 또한 10, 11장에서는 여러 다양한 환경에서 강화학습 이외에 어떠한 알고리듬이 사용하기 적합한지 아는 데 필요한 기술을 습득했다. 하지만 몇 가지 고급 강화학습 주제와 문제점을 간과했다. 이와 관련해 13장에서는 비지도 학습unsupervised learning, 내부 동기intrinsic motivation, 강화학습 과제, 알고리듬의 견고함을 개선하는 방법을 설명하겠다. 또한 전이 학습transfer learning을 사용해 시뮬레이션에서 실제 현실로 전환하는 방법을 살펴보겠다. 이외에 딥 강화학습 알고리듬의 훈련 및 디버깅을 위한 팁과 모범 사례도 설명하겠다.

▌ 질문

1. 탐색-활용 딜레마란 무엇인가?
2. 11장, '강화학습 알고리듬'에서 이미 사용한 2개의 탐색 전략은 무엇인가?
3. UCB란 무엇인가?
4. 몬테주마의 복수와 멀티 암드 밴딧 문제 중 어느 것이 해결하기 어려운가?

5. ESBAS는 온라인 강화학습 알고리듬 섹션 문제를 어떻게 해결했는가?

▌ 심화학습 자료

- 멀티 암드 밴딧 문제를 폭넓게 알아보고 싶다면 「A Survey of Online Experiment Design with Stochastic Multi−Armed Bandit」 https://arxiv.org/pdf/1510.00757.pdf를 참조하길 바란다.
- 몬테주마의 복수에 대한 내부적 동기를 활용하는 논문을 읽으려면 「Unifying Count−Based Exploration and Intrinsic Motivation」 https://arxiv.org/pdf/606001868.pdf를 참조하길 바란다.
- 원본 ESBAS 논문은 https://arxiv.org/pdf/1701.08810.pdf를 참조하길 바란다.

13

강화학습 문제를 해결하기 위한 실제 구현

13장에서는 앞에서 설명한 딥 강화학습deep reinforcement learning 알고리듬의 개념 중 일부를 요약해 사용 방법을 폭넓게 살펴보고 주어진 문제에 가장 적합한 알고리듬을 선택하는 규칙을 만들어보겠다. 또한 딥 강화학습 알고리듬을 개발하기 위한 몇 가지 가이드라인을 제안하겠다. 이 가이드라인은 개발 초기부터 수행해야 할 절차를 보여주므로 디버깅에 많은 시간을 소모하지 않고 쉽게 실험할 수 있게 하는 지침이다. 이외에 튜닝해야 할 가장 중요한 하이퍼 파라미터와 관심을 가져야 할 정규화 프로세스normalization process를 설명하겠다.

다음으로 안정성, 효율성, 일반화 같은 문제를 해결해 이 분야의 주요 과제를 해결하는 방법도 알아보겠다. 세 가지 주요 문제는 고급 강화학습 기술(예: 비지도 강화학습 및 전이 학습)로 전환하는 핵심 포인트로 고려하겠다. 비지도 강화학습과 전이 학습은 앞에서 언급한 세 가지 문제 사항을 해결한 기술이므로 까다로운 강화학습 문제를 전개하고 해결하는 데 중요한 방법이다.

또한 현실 문제real-world problems에 강화학습을 적용하는 방법 및 시뮬레이션과 실제 현실과의 차이gap를 해소하기 위해 강화학습 알고리듬을 사용하는 방법도 살펴보겠다.

책 전반에 걸쳐 설명한 내용의 결론으로 기술 및 사회학적 관점에서 강화학습의 미래를 논의하겠다.

13장에서는 다음 내용을 다룬다.

- 딥 강화학습의 모범 사례Best Practice
- 딥 강화학습의 도전 과제
- 고급 기술
- 현실에서의 강화학습
- 강화학습의 미래와 사회적 영향

▌ 딥 강화학습의 모범 사례

책 전반에 걸쳐 많은 강화학습 알고리듬을 다뤘다. 일부는 단순한 개선(TD3, A2C 등)이고 나머지는 근본적으로 새로운 접근법(TRPO, DPG 등)을 이용해 목표를 달성하기 위한 여러 가지 대안이다. 또한 순차적 의사결정 작업을 해결하기 위해 모방 학습 및 진화 전략 같은 비강화학습Non Reinforcement Learning 최적화 알고리듬도 설명했다. 따라서 여러 대안 중 특정 문제에 적합한 강화학습 알고리듬을 알아내기 힘들 수도 있다. 이를 위해 특정 문제에 가장 적합한 알고리듬을 선택하는 데 사용할 수 있는 규칙을 설명하겠다.

또한 책에서 살펴본 알고리듬 중 일부를 구현해봤다면 해당 알고리듬을 적절하게 가동시키기 위해 여러 부분을 하나의 코드로 합치는 작업이 어렵다는 것을 알 수 있을 것이다. 딥 강화학습 알고리듬은 디버그나 훈련시키기가 매우 어렵다. 게다가 전체 훈련 과정은 많은 시간이 필요해 무척 고된 작업이다. 따라서 딥 강화학습 알고리듬을 개발하면서 발생하는 문제 사항을 예방할 몇 가지 전략이 필요하다. 이러한 전략을 살펴보기 전에 적합한 알고리듬을 선택하는 방법부터 알아보자.

적합한 알고리듬 선택하기

여러 유형의 강화학습 알고리듬을 비교하는 주요 기준은 샘플효율성^{sample efficiency}과 훈련 시간^{training time}이다.

 샘플효율성은 에이전트가 작업을 학습하는 데 필요한 환경과의 상호작용 횟수다. 우리가 제시할 숫자는 알고리듬의 효율성 지표로 일반적인 환경에서 다른 알고리듬과 관련해 측정하고 비교한 결과다.

알고리듬 선택에 영향을 미치는 항목은 여러 가지다. 하지만 중요도는 별로 높지 않으며 아이디어 제공 차원에서 해당 항목을 거론하면 CPU와 GPU의 가용성, 보상함수의 유형, 확장 가능 여부, 알고리듬의 복잡도, 환경의 복잡도가 있다.

이러한 비교를 위해 진화 전략 같은 그래디언트-프리 블랙박스 알고리듬, DAgger 같은 모델-기반 강화학습, 모델-프리 강화학습을 검토해보겠다. 모델-프리 강화학습으로는 DDPG 및 TRPO 같은 폴리시 그래디언트^{Policy Gradient} 알고리듬과 DQN 같은 가치-기반 ^{Value-based} 알고리듬의 차이를 구분해볼 것이다.

다음 그림은 네 가지 범주의 알고리듬에 대한 데이터효율성을 비교한 결과다(맨 왼쪽 방법은 맨 오른쪽 방법보다 샘플효율성이 낮다). 오른쪽으로 이동할수록 알고리듬 효율이 증가한다. 따라서 그래디언트-프리^{Gradient-free} 메서드는 환경에서 더 많은 데이터가 필요하며 폴리시 그래디언트, 가치-기반, 모델-기반 강화학습 순으로 샘플효율성이 높다.

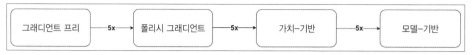

그림 13.1 모델–기반 강화학습 메서드, 폴리시 그래디언트 알고리듬, 가치–기반 알고리듬, 그래디언트–프리 알고리듬의 샘플효율성 비교(왼쪽 방법이 오른쪽 방법보다 샘플효율성이 낮아 상대적으로 더 많은 데이터가 필요하다)

반대로 알고리듬의 훈련 시간은 샘플효율성과 반대다. 왼쪽 방법이 오른쪽 방법보다 학습 속도가 빠르다. 모델–기반Model-based 알고리듬은 가치–기반Value-based 알고리듬보다 학습 속도가 느리다. 폴리시 그래디언트Policy Gradient 알고리듬은 그래디언트 프리Gradient free 알고리듬보다 훈련 속도가 5배 느리며 가치–기반 알고리듬은 폴리시 그래디언트 알고리듬보다 훈련 속도가 5배 느리다.

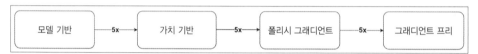

그림 13.2 모델–기반 강화학습 메서드, 가치–기반 알고리듬, 폴리시 그래디언트 알고리듬, 그래디언트 프리 알고리듬의 훈련 속도 비교(왼쪽 방법이 오른쪽 방법보다 훈련 속도가 느려 상대적으로 많은 시간이 필요하다)

알고리듬의 샘플효율성은 훈련 속도와 상호보완적 관계다. 즉 데이터효율성이 높은 알고리듬은 훈련 속도가 느리며 훈련 속도가 빠른 알고리듬은 데이터효율성이 낮다. 따라서 에이전트의 전체 학습 시간은 훈련 시간과 환경과의 상호작용 속도를 모두 고려해야 하므로 샘플효율성과 훈련 시간 사이의 적절한 절충점trade-off을 찾아야 한다. 실제로 모델–기반 알고리듬과 더 효율적인 모델–프리 알고리듬의 주요 목적은 환경과의 상호작용 스텝 횟수를 최대한 줄여 가상 시뮬레이션보다 결과 값을 얻는 데 상대적으로 많은 자원과 시간이 필요한 실제 환경에서 효율적으로 훈련시키고 전개할 수 있게 하는 것이다.

강화학습 알고리듬 개발하기

일단 필요한 알고리듬을 정의한 후 잘 알려진 알고리듬이든 새로운 알고리듬이든 가장 적합한 알고리듬을 개발해야 한다. 책에서 봤듯이 강화학습 알고리듬은 지도 학습 알고리듬과 공통점이 별로 없다. 따라서 알고리듬의 디버깅, 실험, 조정이 쉽도록 지도 학습과 다른 측면에서 접근해야 한다.

- **쉬운 문제부터 시작한다** 처음부터 원하는 목적을 모두 반영한 코드로 최대한 빨리 실험하고 싶을 것이다. 하지만 쉬운 문제에서 시작하고 점진적으로 복잡한 환경으로 진행하는 것이 좋다. 이렇게 하면 전체 훈련과 디버깅 시간을 크게 줄일 수 있다. 예를 들어보자. 이산형 또는 연속형 환경이 필요하다면 CartPole-v1 또는 Roboschool Inverted Pendulum-v1으로 시작한다. 다음으로 Roboschool Hopper-v1, LunarLander-v2 같은 중간 수준의 복잡도 환경이나 RGB 이미지를 갖는 환경으로 이동한다. 이 시점에서 해당 코드의 버그를 모두 수정해 최종 작업에서 훈련과 조정^{tune}을 할 수 있어야 한다. 또한 뭔가 작동하지 않는 경우에는 어느 부분을 살펴봐야 할지 신속하게 파악할 수 있어야 한다.

- **강화학습 훈련 과정은 느리다** 딥 강화학습 알고리듬을 훈련시키는 작업은 시간이 걸리고 학습곡선은 모든 종류의 형태가 가능하다. 앞에서 봤듯이 학습곡선(스텝 횟수에 따른 궤도의 누적 보상)은 로그함수, 하이퍼볼릭 탄젠트 함수 또는 다음 그림과 같이 상대적으로 복잡한 함수로 만들 수 있다. 실제로 학습곡선은 보상함수, 희소성, 환경의 복잡도에 따라 다양한 형태를 띤다. 새로운 환경에서 작업 중이고 어떠한 것이 예상될지 잘 모르겠다면 학습 진행이 멈출 때까지 인내심을 갖고 계속 실행하는 것이 좋다. 또한 훈련 기간 동안 진행 경과 그래프에 너무 신경 쓰지 않는다.

- **몇 가지 기준^{baselines}을 개발한다** 신규 작업의 경우 알고리듬을 비교할 수 있도록 최소한 두 가지 기준을 개발하는 것이 좋다. 하나는 단순한 랜덤 에이전트이고 다른 하나는 REINFORCE와 A2C 같은 알고리듬이다. 이 기준을 성능과 효율의 하한 값으로 사용하면 된다.

- **그래프와 히스토그램** 알고리듬 진행을 모니터링하고 디버깅하기 위해 필요한 작업은 손실함수, 누적 보상, 행동, 궤도 길이, Kullback−Leibler 페널티, 엔트로피, 가치함수 같은 주요 파라미터에 대한 값을 그래프로 표시하는 것이다. 평균값 외에 최소값, 최대값, 표준 편차를 표시할 수 있다. 이 책에서는 주로 텐서보드를 이용해 정보를 표시했지만 사용 가능한 도구라면 모두 가능하다.

- **여러 시드seeds를 사용한다** 강화학습은 신경망과 환경 모두에 랜덤성을 반영해 여러 시행trial 결과 사이의 상관성이 없도록 해야 한다. 일관성과 안정성을 보장하려면 여러 개의 랜덤 시드를 사용하는 것이 좋다.

- **정규화** 환경 설계에 따라 보상reward, 어드밴티지advantage, 관측 값observation을 정규화하는 것이 좋다. 예를 들어 TRPO와 PPO에서와 같이 어드밴티지 값이 평균 0과 표준 편차 1을 갖도록 배치 단위로 정규화할 수 있다. 또한 관측 값은 초기 랜덤 스텝의 집합을 이용해 정규화할 수 있다. 그 대신 해당 보상은 디스카운트를 적용한 값 또는 적용하지 않은 값의 평균과 표준 편차를 추정해 정규화한다.

- **하이퍼 파라미터 조정** 하이퍼 파라미터는 클래스와 알고리듬의 유형에 따라 전혀 다르다. 예를 들어 가치 기반 메서드는 폴리시 그래디언트와 비교하면 여러 개의 고유한 하이퍼 파라미터를 갖는다. 또한 TRPO와 PPO 같은 폴리시 기반 알고리듬도 각각 여러 개의 고유한 하이퍼 파라미터를 갖는다. 이 책에서는 설명한 알고리듬별로 사용한 하이퍼 파라미터와 중요한 조정 대상 하이퍼 파라미터를 설명했다. 주요 하이퍼 파라미터에는 모든 강화학습에 사용하는 파라미터로 학습률과 감가율discount factor이 있다. 강화학습에서 학습률은 지도 학습보다 상대적으로 덜 중요하지만 알고리듬이 실행되게 하는 하이퍼 파라미터다. 감가율은 강화학습 알고리듬만 갖고 있다. 감가율을 사용하면 목적함수를 수정할 때 바이어스가 발생할 수 있다. 하지만 더 나은 정책을 만드는 데 도움을 준다. 따라서 어느 정도까지는 시평선이 짧을수록 안정성이 좋아지므로 사용하는 것이 좋다.

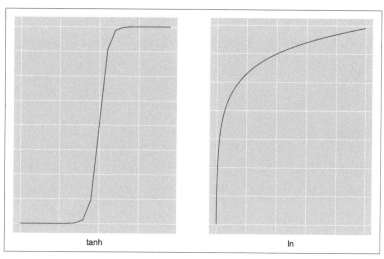

그림 13.3 로그와 하이퍼볼릭 탄젠트 함수의 예

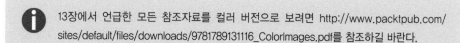

13장에서 언급한 모든 참조자료를 컬러 버전으로 보려면 http://www.packtpub.com/
sites/default/files/downloads/9781789131116_ColorImages.pdf를 참조하길 바란다.

이와 같은 여러 기술을 채택하면 알고리듬을 훨씬 쉽게 훈련시키고 개발과 배포를 할 수
있다. 또한 더 안정적이고 견고한 알고리듬을 만들 수 있다. 강화학습과 심층신경망을 결
합해 더 나은 알고리듬을 설계하려면 딥 강화학습의 문제점을 알아야 한다. 딥 강화학습
에서 해결해야 할 주요 과제를 다음 절에서 설명하겠다.

▎ 딥 강화학습의 도전 과제

최근 강화학습 알고리듬 연구에 많은 자원이 투입되고 있다. 특히 함수 근사 목적으로 심
층신경망을 도입한 이후 매우 뛰어난 결과를 얻고 있다. 하지만 몇 가지 주요 문제는 여
전히 해결되지 않은 상태다. 그로 인해 강화학습 알고리듬을 더 폭넓고 흥미로운 작업에

사용하지 못하고 있다. 주요 문제 사항에는 규모 확장성scalability과 탐색exploration도 포함돼 있지만 여기서는 안정성stability, 재현성reproducibility, 효율성efficiency, 일반화generalization 문제를 설명하겠다.

안정성과 재현성

안정성과 재현성은 서로 연관돼 있다. 두 가지 특성의 목표는 여러 실행에 대해 일관성 있고 작은 변화의 영향을 받지 않는 알고리듬을 설계하는 것이다. 따라서 하이퍼 파라미터 값에 따라 알고리듬의 결과가 크게 변할 정도로 견고함이 떨어지면 안 된다.

딥 강화학습 알고리듬의 재현을 어렵게 만드는 주요 요인은 심층신경망의 고유한 특성이다. 즉 심층신경망의 랜덤 초기화와 최적화의 확률적인 특징 때문이다. 또한 강화학습 환경이 확률적stochastic인 특징을 갖는다는 점을 고려하면 강화학습의 재현은 매우 어렵다. 이러한 요인을 종합해 고려하면 강화학습의 결과 해석은 어렵다고 볼 수 있다.

Q 러닝과 REINFORCE에서 볼 수 있듯이 강화학습 알고리듬의 높은 불안정성으로 안정성 테스트가 필요하다. 예를 들어 가치-기반 알고리듬에서는 수렴을 보장하지 않으며 높은 바이어스와 불안정성 때문에 어려움을 겪는다. DQN은 학습 과정의 안정성을 확보하기 위해 경험 리플레이와 네트워크의 업데이트 지연 같은 트릭을 사용한다. 이 두 가지 전략은 불안정한 문제를 완화시킬 수 있지만 해당 문제를 완전하게 해결하지는 못한다.

안정성과 재현성 측면에서 알고리듬 고유의 제약 조건을 극복하려면 알고리듬의 외부에서 해결 방안을 찾아야 한다. 결과의 재현성과 일관성을 검증하기 위해 다양한 벤치마킹과 경험 규칙을 사용할 수 있으며 다음과 같다.

- 가능하면 여러 유사한 환경에서 알고리듬을 테스트한다. 예를 들어 행동과 상태 공간 측면에서는 서로 비슷하지만 목표가 다른 로보스쿨RoboSchool이나 아타리Atari Gym 같은 환경에서 테스트해본다.

- 다양한 랜덤 시드를 이용해 많은 시도^{trials}를 해본다. 랜덤 시드를 변경하면 전혀 다른 결과를 얻는다. 그 예로 다음 그래프는 동일한 알고리듬과 하이퍼 파라미터에 대해 다른 시드를 적용한 결과다. 그림상에서 결과의 차이가 크다는 것을 알 수 있다. 일반적으로 3~5개 랜덤 시드를 사용하는 것이 좋다. 예를 들어 논문에서는 5회 실행의 모든 결과에 대해 평균과 표준 편차를 계산하는 것이 좋다.
- 결과가 불안정할 경우 더 안정적인 알고리듬을 사용하거나 몇 가지 추가 전략을 사용하는 것이 좋다. 또한 하이퍼 파라미터 변경에 따른 효과는 알고리듬과 환경에 따라 크게 달라질 수 있다는 점을 명심한다.

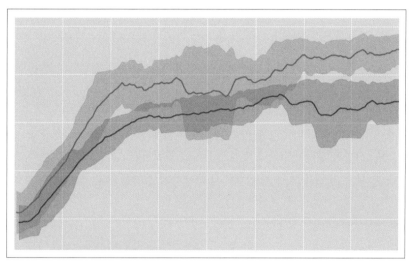

그림 13.4 랜덤 시드를 이용해 동일한 알고리듬을 두 번 실행한 결과

효율성

앞 절 '적합한 알고리듬 선택하기'에서 알고리듬별로 샘플효율성이 매우 다르다는 사실을 알게 됐다. 또한 12장에서 가치-기반 학습 같은 샘플효율적인 방법도 학습을 위해서는 환경과의 많은 상호작용이 필요하다는 것을 알게 됐다. 유일하게 모델-기반 강화학습^{model-based RL}

만 필요한 데이터 양이 적어도 된다는 장점이 있다. 하지만 모델-기반 메서드는 성능 저하 같은 단점이 있다.

따라서 하이브리드 모델-기반과 모델-프리 방법을 개발해야 한다. 하지만 이 방법은 엔지니어에게는 어렵고 실제 환경에서 사용하기에도 부적합하다. 알다시피 효율성 문제는 해결하기 매우 어렵지만 강화학습 메서드를 실제 환경에 적용하려면 반드시 해결해야 할 중요한 분야다.

가상 시뮬레이션과 달리 매우 느린 현실 환경에 대처하는 방법은 다음과 같다.

첫째, 처음에 상대적으로 정확도가 낮은 시뮬레이터를 사용한 후 최종 환경에서 에이전트를 미세하게 조정하는 방법이다.

둘째, 에이전트를 최종 환경에서 직접 훈련시키되 대상 문제를 처음부터 학습하지 않아도 되도록 관련 지식을 사전에 일부 전수하는 방법이다. 운전 감각을 익힌 후 운전을 배우는 것과 같다.

두 방법 모두 기존 환경에서 다른 환경으로 지식을 이전시키므로 전이 학습transfer learning 방법이라고 한다. 이 방법은 고급 기술 절에서 상세하게 설명하겠다.

일반화

일반화는 의미는 다르지만 상호 관련 있는 두 가지 면이 있다.

첫째, 일반적으로 강화학습에서 일반화 개념은 관련 환경에서 좋은 성과를 거둘 수 있는 알고리듬의 능력capability을 말한다. 예를 들어 상태가 안 좋은 도로를 걷는 방법을 학습한 에이전트는 포장도로에서 좋은 성능을 보여줄 거라고 기대할 수 있다. 따라서 일반화 능력이 뛰어난 에이전트는 다른 환경에서 더 좋은 성과를 거둘 거라고 예상할 수 있다.

둘째, 잘 사용하지 않는 일반화의 의미로 한정된 데이터만 수집할 수 있는 환경에서 좋은 성능을 얻기 위한 알고리듬의 속성property을 말한다.

강화학습에서 에이전트는 스스로 방문할 상태를 선택할 수 있으며 원한다면 어떠한 문제 공간problem space에 과적합시킬 수 있도록 방문할 상태state를 선택할 수 있다. 하지만 일반화 기능을 좋게 하려면 절충점trade-off을 찾아야 한다. 에이전트는 일종의 자기 규제self-regularization 메서드로 작동하므로 환경에 대해 잠재적으로 무한한 데이터를 수집할 수 있는 경우에만 부분적인 절충이 필요하다.

다양한 환경에 적용 가능한 일반화 능력을 확보하기 위해 에이전트는 단순한 상태-행동 맵핑을 구별하고 여러 요인을 사용해 작업을 해석할 수 있는 추상화 추론abstract reasoning이 가능해야 한다. 추상화 추론의 예는 모델-기반 강화학습, 전이 학습, 보조 작업auxiliary task 같은 방법이다. 보조 작업은 나중에 다루겠지만 간단하게 말해 본 과제와 공동으로 학습시키는 보조 과제로 강화학습 에이전트를 증강시켜 일반화와 샘플효율성sample efficiency을 향상시키는 데 사용하는 기술이다.

고급 기술

앞에서 언급한 과제의 간단한 해결책은 없다. 하지만 효율성efficiency, 일반화generalization, 안정성stability을 개선하기 위해 연구된 여러 기술이 있다. 효율성과 일반화에 중점을 둔 가장 폭넓고 유망한 두 기술은 비지도 강화학습unsupervised reinforcement learning과 전이 학습transfer learning이다. 대부분의 경우 이러한 전략은 앞에서 설명한 딥 강화학습 알고리듬과 함께 사용한다.

비지도 강화학습

비지도 강화학습은 지도supervision를 받지 않는 방법이라는 측면에서 일반적인 비지도 학습과 유사하다. 비지도 학습에서는 데이터에 레이블을 설정하지 않듯이 비지도 강화학습에서는 보상을 제공하지 않는다. 즉 하나의 행동이 주어지면 환경은 다음 상태만 리턴한다.

보상reward과 완료done 현황 정보 모두 제공되지 않는다.

비지도 강화학습은 수작업으로 설계된 보상이 있는 환경이 확장성이 없거나 환경이 여러 개의 작업을 처리할 수 있는 경우 유용하게 사용할 수 있다. 후자의 경우 비지도 학습을 통해 환경의 역학 관계dynamics를 학습할 수 있다. 비지도 소스unsupervised source 정보를 학습하는 방법은 빈도가 매우 드문 보상sparse rewards을 갖는 환경에서 추가 정보의 출처로 사용할 수 있다.

지도supervision 없이 환경을 학습할 수 있는 알고리듬을 어떻게 설계할 수 있을까? 모델-기반 학습을 사용할 수는 없을까? 글쎄, 모델-기반 강화학습은 다음 행동을 계획하거나 추론하기 위한 보상 신호가 필요하다. 따라서 다른 해결 방안이 필요하다.

내재적 보상

앞에서 언급한 문제를 해결하는 방법은 에이전트에 내재적intrinsic 보상 함수를 개발하는 것으로서 이 방법은 에이전트가 오직 믿음belief만으로 행동을 결정하는 방법이다. 이 방법은 신생아가 행동을 학습하는 데 사용하는 접근법과 유사하다. 실제로 신생아는 즉각적인 보상immediate benefit이 없더라도 세상을 탐험하기 위해 순수한 탐험적 패러다임을 사용한다. 신생아는 이렇게 획득한 지식을 나중에 유용하게 사용할 수 있다.

내재적 보상은 어떠한 상태에 대한 새로움novelty의 정도를 기준으로 추정한 결과에 대해 일종의 탐색 가산점Exploration Bonus을 부여하는 방법이다. 즉 에이전트는 더 새로운 상태일수록 더 많은 내재적 보상을 받게 돼 새로운 환경 공간을 탐색할 수 있다. 따라서 내재적 보상을 대안 탐색 전략으로 사용할 수 있다는 것을 알 수 있다. 실제로 많은 알고리듬이 외재적 보상(환경에서 반환되는 일반적인 보상)을 사용해 몬테주마의 복수Montezuma's Revenge 같이 발생 빈도가 매우 낮은 보상sparse reward 환경에서 탐색 능력을 향상시켰다. 내재적 보상을 추정하는 방법은 12장, 'ESBAS 알고리듬 개발'에서 살펴본 것과 매우 유사하지만 폴리시 탐색을 유도하기 위해 여기서는 순전하게 비지도 탐색 메서드에만 집중하겠다(폴리시 탐색 전략은 여전히 외재적 보상과 관련 있다).

새로운 상태에 보상을 제공하고 환경을 효율적으로 탐색하는 두 가지 주요 호기심 주도 전략Curiosity-Driven Strategies에는 카운트 기반 전략과 역학 기반 전략이 있다.

- 카운트 기반 전략은 각 상태state의 방문 횟수를 계산counting 또는 추정하고 방문 빈도가 적은 상태의 탐색을 장려해 이러한 상태에 대해 높은 내재적 보상Intrinsic Reward을 부여하는 것을 목표로 한다. 카운트 기반 전략은 방문 카운트 전략Visitation Counts Strategies이라고도 한다.

- 역학dynamics 기반 전략은 에이전트의 폴리시로 환경의 역학 모델을 훈련시키고 예측 오류나 예측 불확실성 또는 예측 개선에 근거해 내재적 보상을 계산한다. 근본적인 생각은 방문한 상태에 모델을 적합화시켜 새로운 상태일수록 더 높은 불확실성Uncertainty이나 추정 오차Estimation Error를 갖게 하는 것이다. 다음으로 이 값을 이용해 내재적 보상을 계산하고 새로운 상태를 탐색하도록 장려하는 데 사용한다.

일반적인 환경에 호기심 주도 접근법만 적용하면 어떻게 될까? 논문 「Large-Scale Study of Curiosity-Driven Learning」에서는 관련 질문 내용을 다뤘고 아타리 게임에서는 호기심 주도curiosity-driven 에이전트가 외재적 보상Extrinsic Reward 없이 해당 작업을 배우고 숙달할 수 있다는 것을 알게 됐다.

이 논문의 저자는 로보스쿨에서 걷는 행동이 순전히 내재적 보상에 근거한 비지도 알고리듬에서 나왔다는 데 주목했다. 또한 이러한 발견은 환경이 설계된 방식 때문이라고 주장했다. 실제로 인간이 설계한 환경(예: 게임)에서는 외재적 보상이 종종 새로움novelty을 추구하는 목적과 일치한다. 게임화되지 않은 환경에서는 순수한 호기심 주도의 비지도 접근법을 이용하면 지도Supervision 없이도 환경을 탐색하고 학습할 수 있다. 또 다른 대안으로 강화학습 알고리듬은 내재적 보상과 외재적 보상을 결합해 탐색 증가와 성능 개선을 할 수 있다.

전이 학습

두 환경이 서로 유사하더라도 환경 사이에서 지식을 이전하는 것은 매우 어려운 작업이다. 전이 학습 전략은 초기 학습 환경에서 새로운 환경으로의 전환transition이 최대한 쉽고 원활하도록 지식 격차를 해소하는 방법이다. 특히 전이 학습은 소스 환경(또는 여러 환경)에서 대상 환경으로 관련 지식을 효율적으로 이전하는 작업이다. 따라서 일련의 소스 작업에서 정보를 획득해 새로운 대상 작업으로 지식을 이전한 경험이 많을수록 에이전트는 더 빨리 배우고 대상 작업을 잘 수행할 수 있다.

일반적으로 훈련을 받지 않은 초기 상태의 에이전트는 아무 정보도 갖지 않은 시스템이라고 봐야 한다. 하지만 여러분은 게임을 할 때 다양한 사전 지식을 사용한다. 적의 모양과 색상, 역학 관계를 이용해 적의 의도를 추측한다. 이러한 사실은 다음 그림에 표시된 스페이스 인베이더Space Invader 게임에서와 같이 적이 여러분을 향해 슈팅할 때 적의 의도를 인지할 수 있다는 의미다. 또한 게임의 일반적인 역학 관계dynamics를 쉽게 추론할 수 있다. 여러분과 달리 강화학습 에이전트는 훈련을 시작할 때 아무 것도 모른다. 여러분은 이러한 비교를 통해 다양한 환경 간 지식을 전이하는 학습 기능이 중요하다는 것을 알 수 있다. 소스 작업에서 획득한 경험을 재사용할 능력이 있는 에이전트는 새로운 환경에서 엄청난 속도로 학습할 수 있다. 예를 들어 소스source 환경이 퐁Pong이고 대상target 환경이 브레이크 아웃Breakout이면 많은 시각적 구성 요소를 재사용할 수 있어 계산 시간을 많이 절약할 수 있다. 이러한 장점을 이해하기 위해 매우 복잡한 환경에서 얻을 수 있는 효율성을 검토해보자.

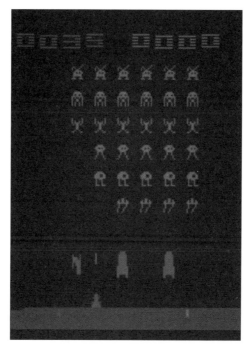

그림 13.5 스페이스 인베이더의 스크린샷. 스프라이트(sprites)의 역할을 추론할 수 있는가?

전이 학습에서 대상 도메인에 필요한 시도 횟수로 0-샷 학습$^{\text{shot learning}}$, 1-샷 학습 등이 있다. 예를 들어 0-샷 학습은 소스 도메인에서 학습한 폴리시를 추가 훈련 없이 대상 도메인에 직접 사용하는 방법이다. 이 경우 에이전트는 새로운 작업에 적응하기 위해 강력한 일반화 기능을 개발해야 한다.

전이 학습의 유형

많은 유형의 전이 학습이 있으며 사용 방법은 해당 사례와 요구 사항에 따라 다르다. 여러 전이 학습은 소스 환경 수에 따라 다르다. 훈련 소스 환경이 많을수록 에이전트는 더 많은 다양성을 가지며 대상 도메인에서 많은 경험을 사용할 수 있다. 복수의 소스 도메인에서 전이 학습을 하는 것을 멀티-태스크 학습$^{\text{Multi-Task Learning}}$이라고 한다.

1-태스크 학습

1-태스크 학습이나 단순한 전이 학습은 하나의 도메인에서 폴리시를 훈련하고 새로운 도메인으로 이전하는 작업이다. 이를 위해 세 가지 주요 기술을 사용할 수 있으며 다음과 같다.

- **미세 조정**Fine-Tuning 이미 학습한 모델을 개선refinement하는 작업이다. 비전, 자연어 처리 같은 기계학습을 실행한 경험이 있다면 이 기술을 사용해봤을 것이다. 하지만 강화학습에서 미세 조정은 상대적으로 더 신중한 엔지니어링 작업이 필요함에도 불구하고 다른 학습보다 낮은 수준의 혜택benefit을 제공해 기존 분야에서 사용하기 어렵다. 두 가지 강화학습 모델의 차이가 두 가지 다른 이미지를 학습한 모델의 차이보다 크기 때문이다. 예를 들어 고양이와 개를 분류하는 기능은 퐁Pong과 브레이크아웃Breakout을 해결하는 기능과 비교하면 상대적으로 쉬운 과제다. 하지만 강화학습에서도 미세 조정을 사용할 수 있으며 마지막 몇 개 계층layer만 조정하면(또는 행동 공간이 전혀 다른 경우 이를 대체한다) 일반화 속성Generalization Properties이 향상될 수 있다.

- **도메인 랜덤화** 소스 영역의 역학 구조가 다양하다면 새로운 환경에서 폴리시가 대응할 수 있는 견고한 능력robustness을 높일 수 있다. 도메인 랜덤화Domain Randomization는 시뮬레이터의 메커니즘physics 설정을 변경하고 소스 도메인을 조작해 실행할 수 있다. 이와 같이 무작위로 수정해 여러 소스 도메인에서 훈련시킨 폴리시는 대상 도메인에서 사용하는 데 큰 문제가 없을 만큼 견고해진다. 이 전략은 현실에서 사용해야 하는 에이전트를 훈련시키는 데 효과적이다. 폴리시는 랜덤화 전략을 통해 더 견고robust해질 수 있다. 또한 시뮬레이터는 요구 수준의 성능을 제공하기 위해 물리적 환경physical world과 반드시 일치할 필요는 없다.

- **도메인 적응**Domain Adaptation 이 기술은 시뮬레이션-기반 소스 도메인의 폴리시를 대상 현실Physical World에 매핑하는 데 사용하는 또 다른 프로세스다. 도메인 적응은 소스 도메인의 데이터 분포가 대상 도메인의 데이터 분포와 일치하도록 변경하는 것이다. 주로 이미지 기반 작업에 사용하며 일반적으로 GANGenerative Adversarial

Networks을 사용해 합성 이미지를 실제 이미지로 변환한다.

멀티 태스크 학습

멀티 태스크 학습에서 에이전트가 교육받을 수 있는 환경 수가 많을수록 대상 환경에서 더 많은 다양성과 좋은 성과를 얻을 수 있다. 여러 소스 작업은 하나 이상의 에이전트가 학습할 수 있다. 1개의 에이전트만 훈련시키면 타깃 태스크에 대한 전개를 쉽게 진행할 수 있다. 이외에 여러 개의 에이전트가 각각의 작업을 학습하면 결과 폴리시는 앙상블로 학습할 수 있고 타깃 작업에 대한 예측은 평균값을 이용하거나 여러 폴리시를 하나의 폴리시로 병합시키기 위해 희석distillation이라는 중간 단계를 사용해야 한다. 특히 희석 과정은 모델 앙상블에 대한 지식을 빨리 추론하고 전개하기 쉬운 하나의 지식으로 압축한다.

▌ 현실에서의 강화학습

지금까지 심층 강화학습 알고리듬을 개발할 때의 모범 사례와 강화학습의 도전 과제를 살펴봤다. 또한 비지도 강화학습과 메타 러닝이 낮은 효율성과 일반화 문제를 어떻게 해결하는지 살펴봤다. 이제 실제 환경에서 강화학습 에이전트를 사용할 때 해결 대상 문제와 시뮬레이션 환경의 차이gap를 어떻게 극복할 것인지 알아보겠다.

대부분의 강화학습 애플리케이션은 실제 현실에서 행동action을 실행할 수 있는 에이전트를 설계하는 작업이 필요하며 실제 현실에서 전개할 필요가 있다. 따라서 복잡한 물리적 환경을 다룰 때 직면하는 주요 문제를 알고 몇 가지 필요한 기술을 검토해야 한다.

강화학습을 현실에 적용할 때 해결해야 할 문제

실제 환경을 다룰 때 샘플효율성 및 일반화 문제 외에도 안정성과 도메인 제약 조건 같은 문제에 직면한다. 실제로 에이전트는 종종 안정성과 비용 문제 때문에 현실과 상호작용하는 과정이 어려운 경우가 많다. 이러한 문제를 해결하기 위해 훈련 과정 동안 행동 변경을 제한하는 TRPO나 PPO 같은 제약 조건 알고리듬을 사용하는 방법이 있다. 이 방법은 에이전트가 행동을 취할 때 제약 조건을 이용해 급격한 변화를 일으키지 않게 한다. 하지만 매우 민감한 도메인 분야에서는 급격한 변화 방지를 학습할 기회가 상대적으로 적다. 예를 들어 자율주행 학습을 위해 처음부터 도로에서 자동차를 훈련시킬 수는 없다. 하지만 자동차를 절벽 밑으로 떨어뜨려 비극적인 결과를 초래하지 않으려면 폴리시를 수백 회 또는 수천 회 학습시켜야 한다. 이러한 문제에 대응하기 위해 현실에 적용하기 전에 시뮬레이션을 이용해 폴리시를 훈련시키는 방법은 매우 중요하다. 시뮬레이션을 이용해 훈련시킨 에이전트도 현실에서 테스트하려면 더 많은 안전 문제를 검토해야 한다.

시뮬레이션-우선 학습 방법은 실현 가능한 접근법이며 실제 환경의 복잡도에 따라 대상 작업의 성능이 개선될 수 있다. 시뮬레이터는 실제 환경과 최대한 유사해야 한다. 극단적인 예를 들어 그림 13.6 같이 왼쪽 시뮬레이터가 오른쪽 같은 현실을 전혀 반영하지 않았다면 해당 시뮬레이터를 사용할 수 없다. 이러한 현실과 시뮬레이터의 차이를 현실 격차Reality Gap라고 정의한다.

그림 13.6 가상 세계와 현실세계의 비교

하지만 현실과 매우 유사한 시뮬레이션 환경을 사용하는 것이 어려울 수도 있다. 마지막으로 해결해야 할 사항은 시뮬레이터가 필요로 하는 연산 능력이다. 이 제약 사항은 상대적으로 빠르지만 정확성이 떨어지는 시뮬레이터를 이용해 학습을 전개한 후 현실 격차를 줄이기 위해 현실과의 일치도를 점점 증가시켜 부분적으로 해결하는 방법을 사용할 수 있다. 결과적으로 시뮬레이션은 속도가 중요하다. 하지만 이 시점에서 에이전트는 이미 대부분의 태스크를 학습해야 하고 스스로 상세 조정을 위해 몇 회의 반복만 필요하다. 하지만 일반적으로 현실을 정확하게 반영한 고정밀 시뮬레이터를 개발하는 것은 매우 어렵다. 따라서 실제로 현실 격차를 해결하려면 일반화 기술이 필요하다.

시뮬레이션과 현실 사이의 차이 줄이기

시뮬레이션과 현실 사이의 차이를 극복하고 현실에 문제없이 적용하려면 앞에서 제안한 도메인 적응Domain Adaptation, 도메인 랜덤화Domain Randomization 같은 몇 가지 일반화 기법을 사용해야 한다. 예를 들어 「Learning Dexterous In Hand Manipulation」 논문에서 저자는 도메인 랜덤화를 사용해 인간과 같은 형상의 로봇이 물리적 객체를 능숙하게 다루도록 훈련시켰다. 폴리시는 랜덤한 물리적 특성과 시각적 특성을 갖는 다양한 경험을 제공하는 병렬 시뮬레이션을 통해 학습한다. 이 시스템을 현장에 적용했을 때 인간 수준의 능숙한 제어 성능을 보여준 점을 고려하면 전반적으로 현실화Realism보다 일반화Generalization가 해당 메커니즘의 핵심이다.

자기만의 환경 만들기

이 책에서는 개별 강화학습 알고리듬을 설명하기 위해 가장 필요하다고 할 수 있는 빠르고 작은 규모의 작업을 예제 환경으로 사용했다. 하지만 이와 같은 단순한 환경 외에도 가제보Gazebo, 로보스쿨Roboschool, 무조코Mujoco 같은 동작Locomotion 학습 환경과 기계 엔지니어링, 교통, 자율주행 자동차, 보안 등의 시뮬레이션 환경도 있다. 이외에도 어떠한 환경에서는 스스로 자기만의 환경을 만들어야 한다.

보상함수는 설계하기 어렵지만 강화학습에서 매우 중요한 부분이다. 부적합한 보상함수를 사용하면 현실적으로 대상 환경을 학습시키기 어려우며 에이전트는 바람직하지 않은 행동을 학습할 수 있다. 1장, '강화학습의 환경The Landscape of Reinforcement Learning'에서 보트─레이싱 게임 예제를 설명했다. 이 예제에서 보트는 가능하면 궤도를 빨리 끝내기 위해 앞으로 나아가는 대신 재생성되는 아이템을 획득하기 위해 전진하지 않고 원형으로 운전을 반복해 보상reward을 최대화하는 문제가 발생한 것을 언급했다. 이러한 문제점은 보상함수를 설계할 때 피해야 할 행동 유형이다.

모든 환경에 적용할 수 있는 보상함수를 설계할 때 주의할 점은 양수의 보상을 사용해 탐색을 권장하고 터미널 상태나 음수의 보상을 갖지 않는 것이다. 최대한 빨리 터미널 상태에 도달하는 것이 목표라면 보상 형태는 중요하게 고려할 대상이다. 이 책의 전체 영역에 걸쳐 빈도가 적은 보상sparse rewards 문제를 제기했다. 최적의 보상함수는 부드럽고 밀도가 높은 형태의 함수가 되게 하는 것이 좋다.

이유가 무엇이든 보상함수를 수식으로 표현하기 어렵다면 사용 가능한 감독Supervision 신호로 두 가지 방법이 있다.

- 이미테이션 학습이나 역강화학습을 이용해 대상 과제에 대한 데모 시연을 한다.
- 에이전트의 행동에 대한 피드백을 제공하기 위해 사람의 선호도를 사용한다.

사람의 선호도를 이용하는 방법은 여전히 훌륭한 접근법이다. 이 분야에 관심이 있다면 논문 「Deep Reinforcement Learning from Policy-Dependent Human Feedback an interesting read」(https://arxiv.org/abs/1902.04257)를 참조하길 바란다.

▌ 강화학습의 미래와 사회에 미치는 영향

AI는 이미 50년 전부터 시작됐지만 최근 몇 년 동안 매우 혁신적인 발전으로 전 세계의 관심을 받는 주요 기술이 됐다. 새로운 혁신은 주로 지도 학습 분야에서 심층신경망 기술의 발전을 통해 이뤄졌다. 하지만 최근 인공지능에서 화두가 되는 분야는 강화학습이며 가장 주목할 부분은 강화학습 분야에서 딥 강화학습을 사용하는 기술이다. 바둑^{Go}이나 도타^{Dota} 게임에서 이룬 혁신적 성과는 강화학습 알고리듬의 뛰어난 성능을 구체적으로 보여줬다. 장기적 계획, 팀워크 능력, 인간조차 이해하기 힘든 신규 게임 전략 생성 등이 그 예다.

시뮬레이션 환경하에서 얻은 주목할 결과는 현실에서 강화학습을 적용할 동기 부여가 됐다. 아직 초기 단계지만 많은 분야에서 효과를 거두고 있고 의미 있는 변화를 가져왔다. 강화학습은 이미 다양한 일상생활에 침투했으며 몇 가지 가능성만 언급하자면 단순 반복적인 업무를 자동화하고 현실 수준의 도전 과제를 해결하고 새로운 의약품을 발견해 삶을 개선할 수 있을 것이다. 하지만 미래에 일상화돼 있을 강화학습 시스템은 안전하고 신뢰할 수 있어야 한다. 강화학습이 이러한 기술 수준에 아직 오르지는 않았지만 곧 현실화될 것으로 생각한다.

예를 들어 자동화 무기 도입 같은 인공지능의 비윤리적 사용은 전반적으로 우려되는 사항이다. 인공지능은 급속하게 변화하는 기술이므로 정책 입안자와 대중은 해당 문제 사항을 터놓고 논의하기 어렵다. 많은 저명 인사는 인공지능이 미래 인류를 위협할 잠재력이 있다고 말한다. 하지만 실제로 미래는 예측하기 어려우며 인간에 필적할 능력을 갖는 에이전트를 개발하기 전까지는 해결해야 할 과제가 아직 많다. 인간은 창조성, 감성, 적응력을 갖고 있지만 강화학습은 이러한 능력을 아직 흉내낼 수 없는 수준이다.

가까운 미래에 강화학습이 가져올 결과물로 매우 부정적인 면이 조심스럽게 강조되고 있다. 하지만 정교한 강화학습 에이전트를 물리적 환경에서 실현하려면 이미 언급한 강화학습이 해결하지 못한 문제를 처리해야 한다. 이러한 과제는 강화학습으로 대응해야 하며 일단 해결되면 사회적 불평등을 감소시키고 삶의 질은 물론 세상을 바꿀 잠재력을 갖다 줄 것이다.

▌요약

책 전반에 걸쳐 많은 강화학습 알고리듬을 학습하고 구현해봤다. 하지만 한 가지 방법만 선택해야 한다면 쉽지 않을 것이다. 따라서 13장에서는 여러분이 해결하려는 문제에 가장 적합한 강화학습 알고리듬을 선택하는 데 사용할 수 있는 경험 기반 규칙을 설명했다. 이 규칙은 주로 알고리듬의 연산 시간과 샘플효율성을 고려한 방법이다. 이외에 딥 강화학습 알고리듬을 더 쉽게 훈련시키고 디버깅할 수 있는 팁과 트릭을 설명했다.

13장에서 강화학습의 도전 과제인 안정성^{Stability}, 재현 가능성^{Reproducibility}, 효율성^{Efficiency}, 일반화^{Generalization}도 논의했다. 이러한 내용은 현실세계에 강화학습 에이전트를 적용하기 위해 극복해야 할 주요 과제다. 실제로 비지도 강화학습과 전이 학습$^{Transfer\ Learning}$과 같은 두 가지 학습 전략이 일반화와 샘플효율성을 개선하는 데 사용할 수 있는 기술이라는 것을 상세하게 알아봤다.

또한 강화학습이 삶에 미칠 수 있는 가장 중요한 문제와 문화적, 기술적 측면의 영향력을 자세하게 설명했다.

이 책을 통해 강화학습을 폭넓게 이해하고 이 분야가 매력적인 분야라는 것을 알게 됐길 바란다.

▌질문

1. 샘플효율성을 기준으로 DQN, A2C, ES를 나열하시오.
2. 100 CPU가 사용 가능한 상태에서 훈련에 소요되는 시간을 기준으로 DQN, A2C, ES를 나열하시오.
3. 카트폴^{CartPole}과 몬테주마의 복수$^{Montezuma's\ Revenge}$ 중 강화학습 알고리듬 디버깅을 먼저 해야 하는 것은?

4. 멀티플 딥 강화학습 알고리듬을 비교할 때 멀티플 시드를 사용하는 것이 더 좋은 이유는?

5. 내부 보상은 환경 탐색에 도움이 되는가?

6. 전이 학습이란 무엇인가?

▌ 심화학습 자료

- 아타리 게임에서 순수 호기심 주도 접근Pure Curiosity-Driven Approach을 이용하는 접근법을 알아보려면 논문 「Large-Scale Study of Curiosity-Driven Learning」 (https://arxiv.org/pdf/1808.04355.pdf)을 참조하길 바란다.

- 민첩한 손 동작dexterous in-hand manipulation 학습을 위한 도메인 랜덤화를 사용하려면 논문 「Learning Dexterous In-Hand Manipulation」(https://arxiv.org/pdf/1808.00177.pdf)을 참조하길 바란다.

- 인간의 피드백을 보상함수의 대안으로 적용할 수 있다는 것을 보여주는 몇 가지 연구 활동을 알아보려면 논문 「Deep Reinforcement Learning from Policy-Dependent Human Feedback」(https://arxiv.org/pdf/1902.04257.pdf)을 참조하길 바란다.

찾아보기

파이썬 기반 강화학습 알고리듬

DP, Q-Learning, AC, DQN, TRPO, PPO, DDPG, TD3, Imitation Learning, ESBAS 알아보기

발 행 | 2021년 8월 25일

지은이 | 안드레아 론자
옮긴이 | 정 사 범

펴낸이 | 권 성 준
편집장 | 황 영 주
편 집 | 이 지 은
디자인 | 윤 서 빈

에이콘출판주식회사
서울특별시 양천구 국회대로 287 (목동)
전화 02-2653-7600, 팩스 02-2653-0433
www.acornpub.co.kr / editor@acornpub.co.kr

한국어판 ⓒ 에이콘출판주식회사, 2021, Printed in Korea.
ISBN 979-11-6175-557-1
http://www.acornpub.co.kr/book/rl-python

책값은 뒤표지에 있습니다.